U0474571

出土文獻綜合研究專刊之十九

《周易》卦爻辭校釋

王化平 著

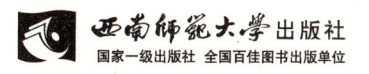

西南師範大學出版社
國家一級出版社 全國百佳圖書出版單位

圖書在版編目(CIP)數據

《周易》卦爻辭校釋/王化平著. — 重慶：西南師範大學出版社，2020.12
　　ISBN 978-7-5697-0481-5

Ⅰ.①周… Ⅱ.①王… Ⅲ.①《周易》-研究 Ⅳ.①B221.5

中國版本圖書館 CIP 數據核字(2020)第 208917 號

《周易》卦爻辭校釋
ZHOUYI GUA YAO CI JIAOSHI

王化平 著

責任編輯	李浩强
責任校對	于詩琦
裝幀設計	觀止堂_未氓
排　　版	王　興
出版發行	西南師範大學出版社
	地址：重慶市北碚區天生路2號
	郵編：400715　市場營銷部電話：023-68868624
	網址：http://www.xscbs.com
經　　銷	新華書店
印　　刷	安徽新華印刷股份有限公司
幅面尺寸	170mm×240mm
印　　張	29
字　　數	530 千字
版　　次	2020 年 12 月　第 1 版
印　　次	2020 年 12 月　第 1 次
書　　號	ISBN 978-7-5697-0481-5
定　　價	298.00 元

自 序

這是我的第三本小書，前兩本有勞師長賜序，我至今銘感在心。現在想換一個方式，不敢再驚擾師長，決定自己動手寫一篇"序"。

我之所以研究《周易》，起初並非主動選擇。2000年9月，碩士入學後與導師魏啟鵬先生第一次見面。就在四川大學望江校區的荷花池邊，魏師給了我一本《道家文化研究》第三輯，其中有馬王堆漢墓帛書《要》篇的釋文，他要我先看看。爲了讀懂這篇文獻，我開始看《周易》。越看下去，越覺得有趣。

我一開始學習《周易》，就被卦爻辭搞得混混噩噩，爲了讀懂，有時會去翻很多書。隨着新材料的增多，"新解"風起，而與古注相比，很多"新解"其實未必靠譜。後來研究數字卦，接觸到一些出土材料和民族志資料，我對象數從最初的質疑轉向儘可能地理解。不過，我注釋卦爻辭時，雖用一些象數方法，但力求剋制，以免演繹過度。具體來說，基本不涉及漢以後的象數，所用者大體不出《彖傳》《象傳》二傳和《左傳》《國語》的範圍，卦象主要是天地雷風水火山澤、父母六子，爻方面主要是陰陽和爻位。不求變化多端，但求簡潔平實。卦爻辭本爲卜筮之用，完全摒棄象數過於極端。卦爻辭創作時間較早，不在西周初年，就在西周中晚期，所用象數直接、簡單的可能性更大，過於複雜多出於後人的演繹。

在象數之外，卦爻辭的訓詁還必須遵循語言學的規律。我們現在看到的卦爻辭是系統性很強的文獻，不管是流傳過程中的不斷編輯、改寫造成的，還是創作之初既已具備，這個系統性都是無法否認的。因此，釋讀卦爻辭中的字詞，有必要兼顧它們在同一個卦內，乃至《周易》全書內的用例。內部用例之外，還有外部用例。我贊成《周易》卦爻辭與《詩經》中很多作品的創作時代比較接近，即應在西周中晚期。有鑒於此，我在注釋卦爻辭時常會參考《詩經》中的詞句。

每部文獻都有其獨特性，尤其像《周易》這樣的文獻。解釋一部文獻中的字詞，不能不基於它的獨特性。《周易》的最大獨特性是它用詩性的語言承載了卜筮的功能。所以卦爻辭的解釋最好能夠說明何以有吉凶休咎之不同，因此有時不能不兼顧象數。就訓釋卦爻辭來說，象數不僅是易學問題，也是語言學問題。任何語言都有其語境，象數就是卦爻辭的語境之一。

基於以上想法，我在解釋卦名時會參考卦象，並將《序卦傳》附在每卦之下。在解釋卦爻辭時，儘可能貼近所在之卦的主旨，有時還考慮卦象、爻象。爲方便參考，將《彖傳》和《象傳》也抄下來，以供讀者參考。從文獻學的角度看，《彖傳》和《象傳》是目前所見時代最早、系統最完備的釋《易》之作，具有重要的參考價值，抄錄下來也是有必要的。我既不主張經、傳分觀，也不主張完全循着傳統的經傳合觀的思路去解釋經文。我一方面用到一些出土文獻及古文字學帶來的新知識，另一方面又注意卦爻辭的特殊性和系統性。

比如釋坤卦中的"直方大"，我推測可能與卜兆相關，主要依據是卦爻辭的卜筮性質。認爲屯卦中的"即鹿无虞"之"鹿"不應讀作"麓"，是據《詩經》中"鹿"的意象與朋友相聚有聯繫，而屯卦也有相聚之義。在辨析蒙卦卦辭所見"告"與"吉"這組異文時，雖然有石經等材料的佐證，但仍從卜筮背景和傳世文獻所見引《易》材料出發，認爲宜作"告"字理解。需卦的卦名在上博簡中寫作"乳"字，與"養育"和"飲食之道"相關，似乎證明《彖傳》《序卦傳》的解釋有其可信度。不過，西周初期銅器銘文中的

"需"字字形可以較直觀地表現需卦上下卦的卦象①,故此相信卦名最初可能寫作"需",到戰國時期纔出現作"乳"的寫法。履卦上九爻辭歷來有爭議,基於履卦文例及《詩經·小雅·大東》中的"君子所履,小人所視",我選擇了與鄭張尚芳先生相似的解釋。泰卦六五爻中的"帝乙歸妹以祉"解釋起來同樣有爭議,我在書中選擇了俞樾、于省吾等人基於通假和卦爻辭文例提出的兩種意見。豫卦九四爻辭不僅異文多,而且歧解也多。本書在解釋時根據帛書用字,並從九四爻多疑懼的角度出發,認爲"勿疑朋盍簪"當讀作一句。解釋咸卦時,我沒有采信一些古文字學者的看法,堅持認爲"咸"宜讀爲"感",不宜依"欽"字作解。在清華簡《筮法》公佈之後,認爲咸卦與夫婦之道相關的傳統觀點看起來更有可信度,更何況卦辭中有"取女吉",顯然指向夫婦之道。同樣基於象數,本書認爲臨卦初九和九二中的"咸"字也當釋作"感"。訟卦中,逢陽爻皆有訟,逢陰爻則不訟。四陽爻中,唯九五爻訟而大吉。同樣與爻之陰陽屬性及爻位相關的是蠱卦諸爻,此類現象都可證明陰陽和爻位是卦爻辭編撰者的部分參考依據。由於卦爻辭並非成於一人一時,故此許多象數條例未必會貫徹始終。師卦中的"在師中吉",有學者讀作"在師,中吉",因卦爻辭中除此之外別無僅言"中吉"的用例,故不予采信。至於"輿脱輻,夫妻反目""壯于大輿之輹"中的"輻"字,則依據古代車馬形制、《漢書·揚雄傳》中的文例和"輿脱輻"乃"夫妻"關係的比喻,認爲"輻"字不宜作"輹"字解。

  總之,本書在解釋卦爻辭時,試圖在象數與語言學方法之間取得一種平衡。在兩者之間的取捨當然不能完全避免主觀,但總比兩者取一更趨合理。我在書中做出的一些選擇或新的解釋,不敢說完全正確,但總有一定依據,不是憑空臆想。

  這本書的初稿是在 2015 年完成的,在此之前,我做了一個資料長編,收集了前人的許多注釋意見。2016 年對初稿做過較大修改,2017 年和 2018 年斷斷續續修改,2019 年又做了較多的修改,甚至推翻了之前的某

---

①在本書初稿完成後,我看到李守力先生在解釋需卦卦名時,也引用了銅器銘文中的字形。不過,他由"需"聯想到"儒",與我的思路有很大不同。參見李守力《周易詮釋》,蘭州大學出版社,2016 年,第 92 頁。

些看法。我不敢肯定以後還會堅持書中的一些意見,不排除會有修改調整。修改書稿的過程中,有時會很氣餒,因爲陸續發現起初自以爲首創的想法其實前人早已提出。現在科研撰書,常提到"獨創""創新",我對自己的這本書,現在絲毫不敢說創新。自古至今,釋《易》說《易》者難計其數,我能想到的,前人恐怕早已想到,關鍵看我是否注意到。因此,書名雖是"《周易》卦爻辭校釋",事實上我主要是在集釋的基礎上,選取某些個人認爲較可信的意見。撰寫的目的不在資料性,故此篇幅不大。

雖不敢談創新,但我自認爲每一個卦名,每一條卦爻辭的解釋,都經歷過再三斟酌。此書是個人學術生涯中的重要一步,人們說到自己的作品時,常說"敝帚自珍",大概也是因爲如此。不過我天資魯鈍,常感心有餘而力不足,書籍出版之後,必有許多可供學界同仁批評的地方,對此我衷心願意洗耳恭聽。

凡　例

一、本書所用《周易》經文以中華書局影印阮元校刻《十三經注疏》本爲底本，先取唐開成石經《周易》校勘，前者簡稱爲"今本"，後者稱"唐石經"。後取簡帛等古本或古文獻中的資料校勘，若有缺文，或需補足正確字形者，加方括號"[　]"表示；有衍文、訛字需刪除者，加圓括號"(　)"表示。

二、在卦爻辭之下一般有"異文""易傳""釋義"三部分，"異文"旨在搜集各種資料中所見卦爻辭的異文，並加以校勘。在簡帛文獻和敦煌遺書中，有許多異文是常見的異體字、古文字或通假字，比如"亓（其）""亡（无）""無（无）""无（毋）""兇（凶）""非（匪）""冬（終）""才（在）""可（何）""矦（侯）"等，這類異文一般不錄入，以免行文過於煩瑣。討論的異文以少見的通假字、異體字和古文字，以及其他可能引起歧讀的字形爲主。凡在一卦中重複出現的卦名用字，一般祇在討論卦名時記錄各種文獻中的異文，這類異文在爻辭中出現時，不再重複記錄。簡帛中爻題有誤書者，一般不錄入。若沒有異文，或沒有需要特別說明的異文則不設"異文"一項。因"異文"部分引用文獻較多，爲簡潔起見，頻繁引用的文獻一般不做腳注。

三、本書所收傳世文獻中的異文很多錄自陸德明《經典釋文》、李富孫《易經異文釋》和宋翔鳳《周易考異》等。《經典釋文》以黄焯《經典釋文彙校》爲準，個別有疑義處録出黄氏校勘意見。本書記録所有異文資料時，雖然儘量核對原始文獻，但因涉及文獻很多，工作量極大，難免會有疏忽。

四、"易傳"下摘録《彖傳》《象傳》《序卦傳》和《文言傳》四種，因爲前兩篇不僅時間早，而且可爲解讀卦爻辭提供幫助。《序卦傳》對理解卦名意義有一定價值，故亦録入。《文言傳》對理解乾、坤兩卦有幫助，且篇幅短，故此一併録入。本書的重點是解釋卦爻辭，所以對"易傳"文字僅在必要時做簡要解釋。四種"易傳"文字一律以阮元校刻《十三經注疏》中華書局影印本爲底本，並取唐開成石經校勘，一般不録入異文。

五、乾卦下的"易傳"一律置於"用九"爻之後，坤卦的《文言傳》在"用六"爻之後，其他卦的"易傳"都在相應的卦爻辭之後。

六、部分引用文獻在正文中的簡稱

上海博物館藏戰國楚竹書《周易》——上博簡

帛書《六十四卦》——帛書

帛書《二三子問》——《二三子問》（除帛書《繫辭》冠以"帛書"兩字外，《衷》《要》《繆和》《昭力》諸篇均僅注篇名）

阜陽雙古堆漢簡《周易》——阜簡

《説文解字》——《説文》

敦煌寫卷《周易》——"伯""斯"字樣及編號

《經典釋文》——《釋文》

《周易集解》——《集解》

漢熹平石經《周易》殘字——漢石經

景刊唐開成石經——唐石經

《南宋初刻本周易注疏》——南宋初刻本

阮元《十三經注疏校勘記》——《校勘記》

清華大學藏戰國竹簡《筮法》——《筮法》

清華大學藏戰國竹簡《別卦》——《別卦》

傳世本《歸藏》——傳本《歸藏》

王家臺秦墓竹簡《歸藏》——秦簡《歸藏》或秦簡

上海博物館藏戰國楚竹書《周易》釋文以馬承源主編《上海博物館藏戰國楚竹書》(三)(上海古籍出版社,2003年)爲主,同時參考季旭昇主編《上海博物館藏戰國楚竹書(三)讀本》(萬卷樓圖書股份有限公司,2005年)、侯乃峰《〈周易〉文字彙校集釋》(臺灣古籍出版有限公司,2009年)、丁四新《楚竹書與漢帛書〈周易〉校注》(上海古籍出版社,2011年)等書。帛書諸篇以裘錫圭主編《長沙馬王堆漢墓簡帛集成》(叁)所收釋文爲準,同時參考張政烺《馬王堆帛書〈周易〉經傳校讀》(收入《論易叢稿》,中華書局,2012年)、于豪亮《馬王堆帛書〈周易〉釋文校注》(上海古籍出版社,2013年)等書。阜陽雙古堆漢簡《周易》釋文依據韓自強《阜陽漢簡〈周易〉研究》(上海古籍出版社,2004年),敦煌寫卷資料主要參考張涌泉《敦煌經部文獻合集》(中華書局,2008年)。漢石經《周易》殘字主要據屈萬里《漢石經周易殘字集證》(中研院歷史語言研究所叢刊之四十六,1961年),同時參考馬衡《漢石經集存》(上海書店出版社,2014年)。唐石經資料主要依據《景刊唐開成石經》,同時參考《十三經辭典·周易卷》(陝西人民出版社,2012年)所附"唐開成石經拓片(縮印件)"。《周易集解》主要依據李道平《周易集解纂疏》(中華書局,1994年)一書。

清華大學藏戰國竹簡《筮法》和《別卦》釋文主要據李學勤主編之《清華大學藏戰國竹簡》(肆)(中西書局,2013年)。

傳世本《歸藏》主要據馬國翰編撰的《玉函山房輯佚書》(上海古籍出版社,1990年),王家臺秦墓竹簡《歸藏》釋文主要據王明欽《王家臺秦墓竹簡概述》一文(載艾蘭、邢文編《新出簡帛研究:新出簡帛國際學術研討會文集》,文物出版社,2004年)。

七、對於所引文獻中明顯的文字、標點錯誤,均徑改之,不再做說明。

| 目 錄 |

上經

乾卦第一 …………………………………………… 2
坤卦第二 …………………………………………… 14
屯卦第三 …………………………………………… 23
蒙卦第四 …………………………………………… 32
需卦第五 …………………………………………… 40
訟卦第六 …………………………………………… 48
師卦第七 …………………………………………… 56
比卦第八 …………………………………………… 66
小畜卦第九 ………………………………………… 73
履卦第十 …………………………………………… 80
泰卦第十一 ………………………………………… 87
否卦第十二 ………………………………………… 95
同人卦第十三 ……………………………………… 102
大有卦第十四 ……………………………………… 108
謙卦第十五 ………………………………………… 114
豫卦第十六 ………………………………………… 121
隨卦第十七 ………………………………………… 129
蠱卦第十八 ………………………………………… 135
臨卦第十九 ………………………………………… 142
觀卦第二十 ………………………………………… 147

噬嗑卦第二十一 153
賁卦第二十二 160
剝卦第二十三 167
復卦第二十四 174
无妄卦第二十五 181
大畜卦第二十六 187
頤卦第二十七 195
大過卦第二十八 202
坎卦第二十九 208
離卦第三十 216

下 經

咸卦第三十一 224
恒卦第三十二 231
遯卦第三十三 238
大壯卦第三十四 244
晉卦第三十五 250
明夷卦第三十六 257
家人卦第三十七 263
睽卦第三十八 269
蹇卦第三十九 278
解卦第四十 284
損卦第四十一 290
益卦第四十二 296
夬卦第四十三 302
姤卦第四十四 310
萃卦第四十五 317
升卦第四十六 323

困卦第四十七	328
井卦第四十八	335
革卦第四十九	343
鼎卦第五十	350
震卦第五十一	357
艮卦第五十二	363
漸卦第五十三	369
歸妹卦第五十四	376
豐卦第五十五	383
旅卦第五十六	391
巽卦第五十七	398
兌卦第五十八	404
渙卦第五十九	409
節卦第六十	416
中孚卦第六十一	421
小過卦第六十二	427
既濟卦第六十三	433
未濟卦第六十四	440
主要參考文獻	446
後記	449

上經

乾卦第一

☰ 乾下乾上　乾：元亨，利貞。

【異文】

今本"乾"字，帛書、《二三子問》和《衷》皆作"鍵"，清華簡《筮法》作"倝"，此字本義是旗杆①。《說文·倝部》云："日始出光倝倝也。從旦，㫃聲。"所謂"旦"可能是從早期表示旗杆之字形中的類似構件形變而來。《金文編》中"旅"字下面收有三個字形②：

父辛瓿　　　且丁甗　　　廣父己簋

徐中舒以爲"倝"左下的"early"是從以上字形頂端三角形或菱形一類的構件演變而來的。從構件位置和相似度來看，應是從表示左右兩人手持旗杆的部分形變而來的。形變之後發生分化，以"倝"表示旗杆，以"㫃"表示旌旗。《說文》說"倝"字字義有誤，不過讀音則可取。

在《說卦傳》中有"離爲乾卦"一句，陸德明《經典釋文》載鄭玄云："乾當爲幹，陽在外，能幹正也。""乾"字，董遇作"幹"。由鄭玄與董遇的

---

① 徐中舒：《鳳氏編鐘考釋》，載《徐中舒歷史論文選輯》(上冊)，中華書局，1998年，第213頁。
② 容庚：《金文編》，中華書局，1985年，第465頁。

意見看，"乾"與"幹"讀音當相同。而"幹"之讀音又與"桿""杆""檊"相同，故此可知，"乾"亦當與"杆"等讀音相同。再結合"倝"之字形，可知徐中舒以其本義爲旗杆是足可信據的。

其實，"倝"與"乾"音義皆有密切關係。"倝"字在楚文字中被假借爲表示乾燥義的"乾"字，如《九店楚簡》621號墓簡14："倝（乾）、炮、窐（煎）。"①而在秦文字中，表示乾燥義則直接用"乾"字，睡虎地秦簡《日書》中多見，如《日書》甲種39簡背壹"其上旱則淳，水則乾"②。在《詩經》中，"乾"也用爲乾燥義，如《中谷有蓷》"中谷有蓷，暵其乾矣"。《説文·乙部》："乾，上出也。从乙。乙，物之達也。"段玉裁注云："此乾字之本義也。自有文字以後，乃用爲卦名，而孔子釋之曰'健也'。健之義生於上出。上出爲乾，下注則爲濕，故乾與濕相對。俗别其音，古無是也。"③段氏以爲"自有文字以後，乃用爲卦名"，恐怕是錯誤的。

後來卦名寫作"乾"，其實是假借字。帛書用"鍵"字，也是假借。《象傳》有"天行健"句，學者以爲"健"是乾卦卦名本來寫法。孔穎達云："此既象天，何不謂之'天'而謂之'乾'者，'天'者定體之名，'乾'者體用之稱，故《説卦》云'乾，健也'，言'天'之體以健爲用。聖人作《易》，本以教人，欲使人法天之用，不法天之體，故名'乾'不名'天'也。"④從八純卦的卦名看，多數屬孔穎達所説的"體用之稱"。乾卦卦名最早雖然未必寫作"健"，但不管寫作何種字形，其詞義都應包含"健"。

今本"亨"字，帛書作"享"。按，今本之"亨"字，帛書除此處之外，都寫作"亨"，所以此處當是形近而訛。

【釋義】

卦辭"元亨利貞"有多種斷句，如"元，亨，利，貞""元亨，利貞""元

---

① 湖北省文物考古研究所、北京大學中文系：《九店楚簡》，中華書局，2000年，第141、144頁。
② 睡虎地秦墓竹簡整理小組：《睡虎地秦墓竹簡》，文物出版社，1990年，第212頁。
③ 段玉裁：《説文解字注》，上海古籍出版社，1988年，第740頁。
④ 孔穎達：《周易正義》，載《儒藏》精華編第二册，北京大學出版社，2009年，第20頁。

亨利貞"等。考慮到"元"字常與"亨"字同時出現，且位置固定，故不宜單獨成句。"利"字在經文中亦不單獨成句，常有"利涉大川""利居貞"這類句式，故"利貞"也應連讀。"元亨""利貞"常各自以短句形式出現在其他重卦的卦辭中，所以也不宜連讀。

如劉大鈞所言，"元"字釋爲"大"則"元永貞"不好解釋，且有"元吉""大吉"之分，"元"與"大"當非同義①。李零則認爲："元，古可訓大，混言無別，但細究其義，還有所不同。元是大，但不是一般的大，而是最大。"②其釋可從。

考全部卦爻辭中，"亨"字出現 46 次，其中 7 次是在爻辭中，分別是否初六（貞吉，亨）、六二（大人否，亨），大有九三（公用亨于天子），隨上六（王用亨于西山），大畜上九（何天之衢，亨），升六四（王用亨于岐山）和節六四（安節，亨）。大有九三、隨上六、升六四中的"亨"字應作"享"字。兩字均從"亯"字分化，且字形相近，故後世易混淆。另外，否初六與九四、六二與九五以及節六四和初九都是陰陽相應的，均有陰陽相通的意義。大畜上九"何天之衢"，意思是道路寬闊，也有"通"的含義。

在 38 個卦的卦辭中有"亨"字（萃卦卦辭有兩個"亨"字，其中之一是衍字），其中 7 個是純卦（8 個純卦中祇有艮卦卦辭中没有）。或許古人以爲揲蓍起卦時連得兩個相同的經卦是非常難得的，所以得一純卦是比較好的運氣，有人、神相通的意義。但艮卦有止象，與通相反，所以不繫以"亨"字。另外 31 個卦分別是：屯、蒙、需、小畜、履、泰、同人、大有、謙、隨、蠱、臨、噬嗑、賁、復、无妄、大過、咸、恒、萃、升、困、革、鼎、豐、旅、涣、節、小過、既濟、未濟。在這 31 個卦中，屯、蒙、需、臨、无妄、大過、萃、升、革、鼎、小過這 11 個卦之外的 20 個卦都是陰卦與陽卦相重，比如小畜是乾下巽上，泰是乾下坤上，它們都是陰陽相通的。而在屯、蒙等 11 個卦中，臨、无妄、萃、升、革、鼎這 6 個卦的二

---

① 劉大鈞：《周易概論》（增補修訂本），巴蜀書社，2016 年，第 144 頁。
② 李零：《死生有命，富貴在天：〈周易〉的自然哲學》，生活・讀書・新知三聯書店，2013 年，第 39 頁。

爻和五爻是陰陽相應的，其他5個卦雖然沒有陰陽相應，但屯是談婚姻（詳見下文）、蒙是談教化、需是陰者上升（坎爲水，爲陰，在乾上），大過和小過則是陽爲陰所包，或陰爲陽所包。這5個卦其實也與"陰陽交通"的含義相關。

簡而言之，"亨"字是通的意思，指陰與陽、人與神、人與人溝通或道路暢達。"亨"字此義當然與其字源有關，上博楚簡寫作"卿"也證明了這點，學者就此問題已多有高論①，此處不贅。雖然"亨"在《周易》之外的經典文獻中多假借爲"烹"，或讀作"享"，但由宴饗而引申之有通義，亦符合詞義的引申規律。《易經》用語與一般的筮書時有不同，"亨"字或許也應歸於此類。

利，利於。貞，貞問，是指貞問之事，非指貞問之行爲。利貞就是利於貞問之事。

初九：潛龍，勿用。

【異文】

"潛"，帛書作"潚"，《二三子問》作"寖"，《衷》作"櫼""潛"，因上古讀音相近，諸異文皆可讀爲"潛"。"龍"，《衷》常作"蠪"，當係異體。

【釋義】

重卦有六爻，從下往上依次疊加，猶如積薪，故最下一條稱"初"，其後依次爲"二""三""四""五""上"。用"初"不用"一"，是要表達初始、在下的雙重含義。用"上"不用"六"，是要表達終了、在上之義。但重卦反覆則另成一卦，終始亦顛倒之。故初爻到上爻並不是單嚮的發展，而是往復不已的循環。因此，爻位之稱初、上，與六十四卦之

---

① 就筆者所見，大略有劉保貞：《從今、帛、竹書對比解〈易經〉"亨"字》，《周易研究》2004年第6期。朱興國：《釋〈周易〉術語"亨"》，收入氏著《三易通義》，齊魯書社，2006年，第411—413頁。西山尚志：《關於〈周易〉的"亨"字》，簡帛研究網，http://www.jianbo.org/admin3/2007/xishanshangzhi002.htm，2007年1月15日。李零：《死生有命，富貴在天：〈周易〉的自然哲學》，生活·讀書·新知三聯書店，2013年，第40—41頁。

有既濟、未濟,實際上同爲一理。陽爻稱九、陰爻稱六,陰、陽爻的這種稱法可能較晚出現,因爲在《左傳》《國語》中仍不見如此稱法。

20世紀以來,學者對"龍"之爲物有多種推測,影響較大者是説"龍"指星宿。不管"龍"是指傳説中的動物,還是星宿,在《易經》中它們都不是實指,而是君子、陽剛的象徵。二爻始"見",故在其下的初爻當爲"潛",即隱藏。龍隱藏在下,非不能,時不至也。"勿用"在經文中頻繁出現,王引之理解爲"無所施行"①,李零認爲"用"和"勿用"與"行動的選擇有關"②。從某些爻辭的語境看,"勿用"在經文中至少有兩種含義,乾初爻之"勿用"是對卜問之事的否定回答,意思是得此爻則不可行動。鄭玉姍釋之爲"不宜"③,頗切合語境。而在師卦上六"大君有命,開國承家,小人勿用"中,"勿用"則含有不要任用的意思。當然,在卜筮語境下,此"勿用"同樣有"不宜"的內涵。

九二:見龍在田,利見大人。

【異文】

"龍",《衷》引作"蠪"。

【釋義】

見,讀爲現。田,田地。田地是人皆可見之所,非隱蔽之處。象徵君子、陽剛之物的龍在田地出現,寓意"利見大人"。孔穎達云:"'見龍在田'是自然之象,'利見大人',以人事託之。"④此處"見龍在田"猶如後世所説的祥瑞。"大人",與"小人"相反,指有一定身份地位的人。不過,從卜筮語境看,此處的"大人"亦可指比筮問者身份和地位更高的人。秦漢《日書》中,有言某日"入官"的占辭,"利見大人"

---

① 王引之:《經義述聞》,江蘇古籍出版社,2000年,第3—4頁。
② 李零:《死生有命,富貴在天:〈周易〉的自然哲學》,生活·讀書·新知三聯書店,2013年,第70—71頁。
③ 鄭玉姍:《出土與今本〈周易〉六十四卦經文考釋》,花木蘭文化出版社,2010年,第63—64頁。
④ 孔穎達:《周易正義》,載《儒藏》精華編第二冊,北京大學出版社,2009年,第22頁。

當與之類似。

九三：君子終日乾乾，夕惕若，厲，无咎。

【異文】

"乾乾"，帛書諸篇均作"鍵鍵"，係通假。"惕"，帛書、《二三子問》和《衷》均作"沂"，應爲"泥"字之訛，"沂""泥"兩字音、義俱近，二者之關係有如"失""矢"互作[①]。"厲"，《説文·夕部》云："夤，敬惕也。从夕寅聲。《易》曰：'夕惕若夤。'""夤"字實爲"厲"字之誤，許慎引此句是想解釋夤字从夕，故有敬惕義。在《骨部》"骼"字下即引作"夕惕若厲"，與今本同。段玉裁《説文解字注》、王引之《經義述聞》對此均有詳細解釋。

【釋義】

王夫之云："内卦已成，乾道已定。""其象與上九同，則過於進而不已，危道也。"[②]其説有理。也就是説，至三爻時已有小成，得一乾卦。四至上爻又將成一乾卦，故九三繫以"乾乾"，其理據與坎六三言"來之坎坎"相同。這種疊詞在《詩經》中亦較常見，如"桃之夭夭""坎坎伐檀兮"等。不過，在卦爻辭中，有時與卦象相關，因此釋義與《詩經》中有所不同。《淮南子·人間》云："終日乾乾，以陽動也；夕惕若厲，以陰息也。因日以動，因夜以息，唯有道者能行之。"[③]似釋"惕"爲息。但既然"以陽動也""以陰息也""惟有道者能行之"，又何來"厲"？是以《淮南子》的解釋祇是一家之言，未必是正解。《尚書·冏命》："怵惕惟厲，中夜以興，思免厥愆。"[④]"惕"就是警覺、警惕，"厲"就是

[①]秦樺：《利用出土文獻校讀周易經文》，復旦大學碩士學位論文，2008年，第56—60頁；《再説"夕惕若"》，載《中國學研究》第十一輯，濟南出版社，2008年，第431—435頁。此文還引用了金文中的若干材料，説明"夙夜匪懈"一類的勤勉思想在西周時期頗爲人們看重，這對理解"夕惕若"一句很有幫助。
[②]王夫之：《周易内傳》，載《船山全書》第一册，嶽麓書社，2011年，第47頁。
[③]劉文典：《淮南鴻烈集解》，中華書局，1989年，第620頁。
[④]孔穎達：《尚書正義》，載阮元校刻《十三經注疏》影印本，中華書局，1980年，第246頁。

危險。

王弼云:"處下卦之極,愈於上九之亢,故竭知力而後免於咎也。乾三以處下卦之上,故免亢龍之悔。坤三以處下卦之上,故免龍戰之災。"①也就是説與上九之"亢"相比,九三爻"終日乾乾,夕惕若"程度略輕,故雖"厲"而"无咎"。"咎"是災難,比"厲"更嚴重。

九四:或躍在淵,无咎。

【異文】

"或",《校勘記》:"《釋文》出或躍,古本或作惑。"當作"或"字爲是。"躍",帛書作"鑰",《衷》作"鱬",三字音近,當從今本作"躍"字。

【釋義】

《詩·小雅·鶴鳴》:"魚潛在淵,或在于渚。"句式与九四相似,可以參照。九四與初九、九二、九五比,是一種全然不同的狀態。龍可潛於淵,可現於田,可躍於淵,亦可飛於天,就像詩句中的魚或潛於深淵,或游於淺水一樣,有多種狀態。或,或者的意思。淵,與田和天比,空間要小,位置要偏僻,人煙罕至。躍與潛比,一動一静,九四爻比初九爻位置高,因此是動。與九二比,九四爻在上卦的最下,在重卦中位置雖高過二爻,但就各自在内、外卦中的位置而言,反而要低於二爻,而與初爻相類,因此是淵。九五爻是上卦之中,位置最佳,所以是"天"。

九五:飛龍在天,利見大人。

【異文】

"飛",帛書、《衷》均作"罪",《二三子問》《史記·孝武本紀》《史記·

---

① 王弼:《周易注》,載《儒藏》精華編第一册,北京大學出版社,2009年,第695頁。

封禪書》均引作"蜚"①,兩異文均假借作"飛"字。"龍",《衷》作"蠪"。

【釋義】

"在天"與四爻之"在淵"相比,已有高高在上、聲名顯赫、無人不知的態勢,所以亦説"利見大人"。又,此爻也可説明四爻的"或躍在淵"是指雖然躍起,但終究在深淵之中,不爲人所見。

在神話傳説中,龍可騰雲駕霧。筮辭用神話傳説中的人物、形象本較常見,如秦簡《歸藏》中就是如此。以爲龍指星宿,太過實在,不合筮書多言神話傳説的特點。

上九:亢龍,有悔。

【異文】

"上",帛書作"尚",兩字可通。爻題中的"上"帛書皆作"尚",下文不再出校。"亢",帛書、帛書《繫辭》、《二三子問》均作"抗",《衷》作"炕",《説文·心部》引作"忼",《漢書·王莽傳下》引作"忼",皆爲"亢"之假借字。"悔",帛書、帛書《繫辭》、《二三子問》及《衷》均作"愳",帛書諸篇中的"悔"字常寫作此形,上半部分本當從"母",寫作"毋"係形近訛混。

【釋義】

王肅曰:"窮高曰'亢'。知進忘退,故悔也。"②亢,亢奮。上九爻處於一卦之終,位置最高,所以爲"亢"。"有悔"是説必然犯下錯誤,事後將有悔意。

---

①司馬遷:《史記》卷十二,點校本二十四史修訂本,中華書局,2014年,第589頁。卷二十八,第1671頁。
②王肅:《周易注》,《漢魏二十一家易注》,載《儒藏》精華編第一册,北京大學出版社,2009年,第579頁。

用九：見群龍无首，吉。

【異文】

"用"，帛書作"迵"。今本坤卦"用六"，帛書作"迵六"。"龍"，《衷》作"蠪"。

【釋義】

這是乾卦的第七條爻辭，祇有乾、坤兩卦有七條爻辭。乾云"用九"，坤云"用六"，帛書分別作"迵九""迵六"。張立文以爲"迵"爲本字，"迵九"猶"通達九或同爲九"[1]。廖名春以爲"用""迵"皆是"通"的通假字，"用九"即"通九"，"通九"即指六爻全是陽爻[2]。

乾、坤兩卦設置"用九""用六"首先當與筮法有關。依筮法，當六爻皆變時，則以"用九""用六"爻辭爲判斷依據。但這個背景並不意味着"用"字是指六爻皆爲陰爻或陽爻，正確理解"用"字的含義還是要將這兩條爻辭置於卜筮的語境之中。依筮法，占得六爻皆爲老陽則變爲坤卦，亦即諸陽爻均變爲陰爻。所謂的"群龍"即指六陽爻，"无首"是指皆變爲陰爻，采取了謙退，而非剛健的做法。這是陽剛之勢達到頂峰時出現的一種狀態，也正是強調陰陽和諧、相互轉化、互爲包容的《易經》極爲看重的一種理想狀態。從這個角度看，"用九"當指運用、使用陽爻或陽剛之氣，整條爻辭以及爻題在內，表達了運用陽剛之氣，或處於陽剛態勢時，要懂得謙退的思想。"用"字不用讀破，帛書用"迵"，是因爲其意義與"勿用""利用"等語辭中的"用"意義略有不同[3]，故另用音近字形區別之。

---

[1] 張立文：《帛書周易注譯》（修訂本），中州古籍出版社，2008年，第8—9頁。
[2] 廖名春：《〈周易〉乾坤兩卦卦爻辭五考》，《周易研究》1999年第1期。
[3] 陳仁仁對卦爻辭中的"用"字有專篇研究，參見氏著《戰國楚竹書〈周易〉研究》，武漢大學出版社，2010年，216—229頁。

【易傳】

《彖》曰：大哉乾元！萬物資始，乃統天。雲行雨施，品物流形，大明終始，六位時成，時乘六龍以御天。乾道變化，各正性命。保合大和，乃利貞。首出庶物，萬國咸寧。

【釋義】

《彖傳》《象傳》《文言傳》本皆單行，不與經文並行，鄭玄始將它們合在一起。《彖傳》衹解卦名、卦辭，解卦名多從卦象、剛柔角度剖析，解卦辭則多用爻象。本書鈔録《彖傳》等篇是因它們是解釋卦爻辭的早期文獻，多有參考價值。本書重點辨析卦爻辭異文、解釋卦爻辭，故不單獨解釋《易傳》文字，有關討論均放在卦辭下的【釋義】内。乾、坤兩卦下的傳文位置與其他卦不同，爲與古文獻體例相合，本書亦變例應之。

《象》曰：天行健，君子以自强不息。"潛龍勿用"，陽在下也。"見龍在田"，德施普也。"終日乾乾"，反復道也。"或躍在淵"，進无咎也。"飛龍在天"，大人造也。"亢龍有悔"，盈不可久也。"用九"，天德，不可爲首也。

【釋義】

《象傳》分《大象傳》和《小象傳》。"天行健，君子以自强不息"是《大象傳》内容，其他解爻辭者均是《小象傳》内容。

在六十四卦中，《乾·象傳》在解釋卦名時采用了不同於其他卦的體例。像"雲雷，屯"，先列上、下卦象，再列卦名，而"天行健"一句中則没有卦名。這當是《象傳》的特例。以下均不單獨解釋《象傳》文字，有關討論均放在卦爻辭下的【釋義】内。

《文言》曰："元"者，善之長也。"亨"者，嘉之會也。"利"者，義之和也。"貞"者，事之幹也。君子體仁足以長人，嘉會足以合禮,利物足以和義,貞固足以幹事。君子行此四德者,故曰"乾,元,亨,利,貞"。

初九曰"潛龍勿用",何謂也?子曰:"龍德而隱者也。不易乎世,不成乎名。遯世无悶,不見是而无悶。樂則行之,憂則違之,確乎其不可拔,潛龍也。"

九二曰"見龍在田,利見大人",何謂也?子曰:"龍德而正中者也。庸言之信,庸行之謹。閑邪存其誠,善世而不伐,德博而化,《易》曰:'見龍在田,利見大人。'君德也。"

九三曰"君子終日乾乾,夕惕若,厲,无咎",何謂也?子曰:"君子進德脩業。忠信,所以進德也。脩辭立其誠,所以居業也。知至至之,可與幾也。知終終之,可與存義也。是故居上位而不驕,在下位而不憂。故乾乾因其時而惕,雖危无咎矣。"

九四曰"或躍在淵,无咎",何謂也?子曰:"上下无常,非爲邪也。進退无恒,非離群也。君子進德脩業,欲及時也。故无咎。"

九五曰"飛龍在天,利見大人",何謂也?子曰:"同聲相應,同氣相求。水流濕,火就燥。雲從龍,風從虎。聖人作而萬物覩。本乎天者親上,本乎地者親下,則各從其類也。"

上九曰"亢龍有悔",何謂也?子曰:"貴而无位,高而无民,賢人在下位而无輔,是以動而有悔也。"

"潛龍勿用",下也。"見龍在田",時舍也。"終日乾乾",行事也。"或躍在淵",自試也。"飛龍在天",上治也。"亢龍有悔",窮之災也。乾元"用九",天下治也。

"潛龍勿用",陽氣潛藏。"見龍在田",天下文明。"終日乾乾",與時偕行。"或躍在淵",乾道乃革。"飛龍在天",乃位乎天德。"亢龍有悔",與時偕極。乾元"用九",乃見天則。

"乾,元"者,始而亨者也。"利貞"者,性情也。乾始能以美利利天下,不言所利,大矣哉!大哉乾乎!剛健中正,純粹精也。六爻發揮,旁通情也。時乘六龍,以御天也。雲行雨施,天下平也。

君子以成德爲行,日可見之行也。"潛"之爲言也,隱而未見,行而未成,是以君子弗"用"也。

君子學以聚之,問以辯之,寬以居之,仁以行之。《易》曰"見龍在田,利見大人",君德也。

九三重剛而不中,上不在天,下不在田,故"乾乾"因其時而"惕",雖危"无咎"矣。

九四重剛而不中,上不在天,下不在田,中不在人,故"或"之。或之者,疑之也。故"无咎"。

夫"大人"者與天地合其德,與日月合其明,與四時合其序,與鬼神合其吉凶,先天而天弗違,後天而奉天時。天且弗違,而況於人乎,況於鬼神乎。

"亢"之爲言也,知進而不知退,知存而不知亡,知得而不知喪。其唯聖人乎!知進退存亡而不失其正者,其唯聖人乎!

【釋義】

《文言傳》祇釋乾、坤兩卦的卦爻辭,多借鑒《彖傳》《象傳》,以及其他古書。内容雖然比較雜,但不外乎以德義説卦爻辭。

《序卦》曰:有天地,然後萬物生焉。

【釋義】

《序卦傳》是解釋卦序的,闡釋了卦與卦之間的聯繫,尤其是相鄰之卦的卦名在意義和邏輯上的關係,對理解卦名有一定的價值,故本書將之拆分,與《彖傳》《象傳》並置各卦卦辭之下。乾象天,坤象地,有天地方有萬物,《序卦傳》從卦象的角度説明了乾、坤兩卦作爲全書開首兩卦的原因。從乾、坤兩個純卦的卦爻辭看,它們似乎並不象徵天、地。但在其他重卦中,它們却的確可以象徵天、地。《易經》將它們放在開篇,應該有深刻用意,《序卦傳》的解釋可備一觀。

坤卦第二

☷ 坤下坤上　坤：元亨，利牝馬之貞。 君子有攸往，先迷，後得主。 利西南得朋，東北喪朋，安貞吉。

【異文】

"坤"，帛書、《衷》、《繆和》均作"川"，漢石經作"巛"，《釋文》："坤，本又作巛。巛，今字也。"在《筮法》中，陰爻做"∧"，坤卦卦形就是三個陰爻疊加，左旋90度就是"巛"字。因其讀音、字形均與"川"相近，故學者多以爲是"川"字，繼而認爲卦名作"川"是假借字①。在楚簡中，"川"和"巛"確實不易分開②，但在漢碑中，用作卦名的"巛"與山川之"川"一般不混用，"巛"是記錄坤卦卦名的專用字符，幾乎不見用作"山川"之義。因此，兩字在漢代時讀音雖同，但字形有別，意義不同。後來寫作"坤"實另有來源，是字形訛變、五行思想影響的結果。許慎引《易》是從孟氏易學，孟氏易學以陰陽五行釋卦，故以"坤"字作爲卦

---

①王引之：《經義述聞》，江蘇古籍出版社，2000年，第4—5頁。
②陳居淵先生認爲古文"巛"與"川"字經常混用，並舉郭店楚墓竹簡《唐虞之道》《成之聞之》《尊德義》和上海博物館藏戰國楚簡《緇衣》的用例。在郭店竹簡《唐虞之道》中，有"山川"一詞，所用"川"字字形與陳居淵先生所舉"大巛之道"中的"巛"字一模一樣，整理者亦釋作"川"，讀爲"順"。所舉另兩篇中的例子，整理者亦釋作"川"，讀爲"順"。參見陳居淵《周易今古文考證》，商務印書館，2015年，第23頁。郭店竹簡字形可參見荆門市博物館編：《郭店楚墓竹簡》，文物出版社，1998年。《成之聞之》"川"字例可見圖版第51頁，該篇第三二和三八簡；《唐虞之道》篇中"川"字用例可見圖版第39頁，該篇第四和第六簡；《尊德義》篇中的"川"字用例可見圖版第55頁，該篇第一二簡。上博簡用例可見馬承源主編《上海博物館藏戰國楚竹書（一）》(上海古籍出版社，2001年）圖版第51頁，《緇衣》篇第7簡。

名。在《筮法》中，坤卦名作""，程燕以爲從大，昆聲。因坤卦象地，地道廣大，故以大爲義符①。《筮法》正是以坤卦對應五行的土，《説文》云"從土從申，土位在申"，説解雖然未必準確，但有一定根據。傳本《歸藏》坤卦卦名作"𠔇"，與清華簡用字在形體上應有關聯。秦簡《歸藏》作""，字形前所未見，諸家所釋各有不同，或釋作"寡"，或釋作"寅"，或認爲是"貴"字形訛②。侯乃峰推測可釋作"真"，讀爲"坤"③。從字形的分析看，王寧的看法似較合理。"貴"字小篆作""，聲符與《筮法》所用字形的上半部分極爲相近。在戰國璽印中，有被釋作"坤"的字，其形右邊爲"申"應無疑問，而左邊所從不似"土"，而似"立"，近乎人形④。《筮法》所見字形上部與""（即"申"）形近，下部近似人形，因此，疑後世"坤"字實由《筮法》所用字形訛變而成，左邊之所以訛成"土"形，五行思想的影響恐怕是主因。

坤卦卦名在戰國秦漢時期或許有兩組寫法，一是寫作"川""巛"的一組，屬於《周易》體系；一組如《筮法》、秦簡《歸藏》，"坤"本屬於這一組，這是非《周易》體系的。記録卦名的"巛"和"川"哪個更早，目前很難分辨清楚⑤。至於清華簡和秦簡《歸藏》的寫法，因與五行學説有關，應另有來源，故可能是後出的寫法。

"朋"，阜簡作"倗"，《衷》作"崩"，均讀爲"朋"。"喪"，帛書作"亡"。按，今本之"喪"字，帛書大多寫作"亡"，兩字義近故也。

---

①程燕：《談清華簡〈筮法〉中的"坤"字》，《周易研究》2014年第2期。
②王輝釋作"寅"，參見《王家臺秦簡〈歸藏〉索隱：兼論其成書年代》，載《古文字研究》第二十四輯，中華書局，2002年，第413—416頁。蔡運章釋作"寡"，參見《秦簡〈寡〉、〈天〉諸卦解詁：兼論〈歸藏易〉的若干問題》，《中原文物》2005年第1期。王寧認爲是"貴"字形訛，參見《對秦簡〈歸藏〉幾個卦名的再認識》，簡帛研究網，2002年10月12日。
③侯乃峰：《〈周易〉文字彙校集釋》，臺灣古籍出版有限公司，2009年，第17—18頁。
④戰國璽印字形轉引自高明、涂白奎：《古文字類編》（增訂本），上海古籍出版社，2008年，第341頁。
⑤季旭昇認爲："最早的卦名可能是有音無字，不同時代的卦名用字不同，取義也未必完全相同。"這是很有道理的。參看季旭昇：《從清華肆談〈周易〉"坤"卦卦名》，載《李學勤先生學術成就與學術思想國際研討會論文集》，未出版，清華大學，2019年12月，第301—312頁。

【易傳】

《彖》曰：至哉坤元！萬物資生，乃順承天。坤厚載物，德合无疆。含弘光大，品物咸亨。牝馬地類，行地无疆，柔順利貞。君子攸行，先迷失道，後順得常。"西南得朋"，乃與類行。"東北喪朋"，乃終有慶。"安貞"之吉，應地无疆。

《象》曰：地勢坤，君子以厚德載物。

《序卦》曰：有天地，然後萬物生焉。

【釋義】

坤卦卦辭中的很多句子均應從陰柔這層含義入手，最明顯的就是"利牝馬之貞"這一句。"牝馬"指母馬，占得此卦，即有利於母馬。"君子有攸往，先迷，後得主"，攸，所也。有所往，若居人先則迷失，若居人後則"得主"。所謂"得主"是説有了主心骨，明確了方向，與"迷"義相反。《左傳》宣公二十三年記欒盈之亂，欒盈潛回曲沃，昔日屬衆見之而曰"得主"，其"主"之字面意義是主人。有此"主"，則衆人可團結一致，勠力同心。是"得主"又有明確方向、走出迷茫的含義。坤是陰順之卦，象徵臣服、順從，因此以"得主"爲有利。下文"利西南得朋"正是承"得主"而來。

至於"利西南得朋，東北喪朋"兩句，歷代釋家多有爭議，有以卦氣説釋之者，也有以卦圖釋之者。卦爻辭撰寫之初恐怕不會有系統的卦氣理論，且除坤卦外，蹇卦、解卦也言及"西南""東北"，但兩卦中並無坤卦，故卦辭中的方位本與坤卦無關。王夫之認爲："此據文王演《易》之地而言。岐周之西南乃隴蜀，接西番之地，崇山疊嶂，地氣博厚，故曰'得朋'；東北爲關東豫兗之野，平迤而屬於海，地氣已薄，故曰'喪朋'。'喪朋'則不怙其積厚之勢，而和衍以受天施，故曰'乃終有慶'。"[①]後屈萬里疑"東北"指商，"西南"指周，因《周易》是周人作

————————
① 王夫之：《周易稗疏》，載《船山全書》第一册，嶽麓書社，2011年，第751頁。

品,所以"利西南"①。因爲先祖起源地的原因,殷商王室和貴族尊東北方位②。周人因殷人尊東北方位而以"東北"爲不利,以自己處殷商之方位"西南"爲利,這是有可能的。"朋",有釋作朋友者,也有釋作貨幣者。結合前文"得主"看,宜作朋友理解。《象傳》云"乃與類行",顯然也是釋作"朋友"。從"朋"在甲骨、金文中的字形看,很像串起來的貝幣,其字起初本指貨幣單位,是量詞,後來引申到人,遂有"朋友"之義。

所謂"安貞吉",意即安寧正命且吉利,與前文的"利牝馬之貞"相呼應。

初六:履霜,堅冰至。

【異文】

"履",帛書作"禮",《衷》則與今本同,《釋文》云:"鄭讀履爲禮。"又,帛書有禮卦,即今本之履卦。是"履""禮"兩字本可通假。

【易傳】

《象》曰:"履霜""堅冰",陰始凝也。馴致其道,至"堅冰"也。

【釋義】

履,踩也。初六是陰爻,又處在坤卦最下,所以用"履霜"爲喻。"堅冰至",是對事態發展的預言,在這裏帶有占辭的性質。霜與冰相比,前者散碎脆弱,後者凝固堅硬,所以説"堅冰"。此爻寓意陰柔之氣久積亦可成就堅固,剛與柔、陰與陽本是相互轉化的。

---

① 屈萬里:《説易散稿》,轉引自劉大鈞總主編:《百年易學菁華集成初編·〈周易〉經傳》(肆),上海科學技術文獻出版社,2010年,第1368—1379頁。
② 楊錫璋:《殷人尊東北方位》,載《慶祝蘇秉琦考古五十五年論文集》,文物出版社,1989年,第305—314頁。

六二：直方大，不習，无不利。

【異文】

"无不利"，《衷》此處作"吉"。"无不利"與"吉"祇有細微的差別，兩者在流傳中容易混淆。

【易傳】

《象》曰：六二之動，直以方也。"不習，无不利"，地道光也。

【釋義】

疑"直""方""大"這三個詞是描述龜卜兆紋的。直，當如字讀，指兆紋很直，如《龜經》云："直者，不曲也，不斜也。"①方，併也。是説若干兆紋並行。大，即大小之大。《史記·龜策列傳》云："大者身也，小者枝也。"②是説兆紋粗大者爲主幹，與之相連而細小者，則爲枝叉。又，兆紋有所謂"大橫"，如《漢書·文帝本紀》："代王報太后，計猶豫未定。卜之，兆得大橫。占曰：'大橫庚庚，余爲天王，夏啓以光。'"③可見兆紋確可用大、橫等詞彙描述。因此，爻辭所説"直方大"或指兆紋既直且大，有幾條並行。"不習"，即"不襲"。朱駿聲云："習，重也，與襲通。《傳》曰：'卜不襲吉。'"④古代卜、筮並用，且常常先卜後筮，坤卦六二的這條爻辭也許是對某次龜卜的判斷。

六三：含章，可貞，或從王事，无成有終。

【異文】

"含"，帛書作"合"。按，姤卦九五有"含章"，帛書與今本完全相

---

①轉引自胡煦：《卜法詳考》，載《周易函書》，中華書局，2008年，第1171頁。
②司馬遷：《史記》卷一百二十八，點校本二十四史修訂本，中華書局，2014年，第3946頁。
③班固：《漢書》卷四，中華書局，1962年，第106頁。
④朱駿聲：《六十四卦經解》，中華書局，1953年，第15頁。

同,此處"合"字本作"含"字無疑。"或從王事",《衷》有一次引作"或從事",無"王"字,疑有脫文。

【易傳】

《象》曰:"含章可貞",以時發也,"或從王事",知光大也。

【釋義】

《象傳》以"含章可貞"爲一句,不妥。"可貞"是一條占辭,意即可以守常不變,如无妄之九四云"可貞,无咎",損卦云"可貞,利有攸往"。其否定式則是"不可貞",如蠱之九二"幹母之蠱,不可貞"、節卦"亨,苦節,不可貞"等。含,包藏的意思。章,花紋,文彩。《詩·小雅·六月》:"織文鳥章,白斾央央。"鄭玄箋:"鳥章,鳥隼之文章。"[①]爻辭中是指美好之物。或,承接前文,相當於"又"。"或從王事,无成有終",意思是以"含章"的態度隨從王行事,雖不會有成就,但可善終。《象》言"以時發也",是就"含"字發論,指其含而待時。言"知光大也",是說欲有所成就,就當待時而發。

六四:括囊,无咎无譽。

【異文】

"括",《二三子問》《衷》均作"聒",皆從"昏"得聲,例可通假。

【易傳】

《象》曰:"括囊""无咎",慎不害也。

【釋義】

孔穎達對這條爻辭的解釋很好:"括,結也。囊,所以貯物,以譬

[①]孔穎達:《毛詩正義》,載阮元校刻《十三經注疏》影印本,中華書局,1980年,第424—425頁。

心藏知也。閉其知而不用,故曰'括囊'。功不顯物,故曰'无譽'。不與物忤,故曰'无咎'。《象》曰'慎不害'者,釋所以'括囊,无咎'之義。由其謹慎,不與物競,故不被害也。"①

六五:黃裳,元吉。

【異文】

"裳",帛書、《二三子問》、《衷》均作"常",同"裳"。

【易傳】

《象》曰:"黃裳,元吉",文在中也。

【釋義】

《詩·邶風·綠衣》謂:"綠兮衣兮,綠衣黃裏。"毛傳云:"黃,正色。"②引申爲不偏不倚,無過與不及。又,《左傳》昭公十二年子服惠伯云:"黃,中之色也。"③可證毛傳之釋當爲正解。由於六五爻位處上卦中間位置,故"黃裳"當有中正不偏之義。《衷》:"'黃常,元吉',有而弗發也。""《易》曰:'黃常,元吉。'子曰:'尉文而不發之胃也。文人内其光,外其龍,不以其白陽人之黑,故其文茲章。'"④這是由裳爲下衣,常被上衣遮掩而引申出來的。不過,細究"黃裳"本義,似不可如此引申。因爲既言"黃裳",則已經顯露出來,否則《詩經》如何説"綠衣黃裳"?且六五爻位處上卦,位置顯要,不似初爻位置在下,不爲人知。黃懷信以爲《綠衣》是"丈夫悼念亡妻之詩,知'黃裳'爲婦女之裳"⑤,或可備參照。婦女正與坤卦及陰爻相匹配,黃又是中正之色,與五爻之爻位相契,故六五之下繫以"黃裳"。

---

①孔穎達:《周易正義》,載《儒藏》精華編第二册,北京大學出版社,2009年,第45頁。
②孔穎達:《毛詩正義》,載阮元校刻《十三經注疏》影印本,中華書局,1980年,第297頁。
③楊伯峻:《春秋左傳注》(修訂本),中華書局,1990年,第1337頁。
④裘錫圭主編:《長沙馬王堆漢墓簡帛集成》(叁),中華書局,2014年,第99、105頁。
⑤黃懷信:《周易本經匯校新解》,清華大學出版社,2014年,第10頁。

《象傳》以"文在中也"釋"黃裳,元吉","中"兼指爻位和黃色而言。《象傳》之"中"字常有多種含義,不單指爻位。

上六:龍戰于野,其血玄黃。

【異文】

"龍",《衷》、阜簡均作"蠪"。"戰",《衷》作"單",是通假字。"野",帛書、《二三子問》、《衷》均作"堅",《衷》則作"埜",均是"野"字異體。

【易傳】

《象》曰:"龍戰于野",其道窮也。

【釋義】

李鼎祚引侯果云:"窮陰薄陽,所以戰也。……六'稱龍'者,陰盛似龍,故'稱龍'也。"[1]到坤之上爻時,陰已臻極盛,極盛則迫陽,故以"龍戰于野"比喻之。"其血玄黃"是形容爭戰慘烈,龍顯疲態。《詩·周南·卷耳》"我馬玄黃",正是用"玄黃"狀寫動物的疲態。"玄黃"是聯綿詞,疲病之貌。此處"血"字非指血液,乃指血氣。《靈樞·營衛生會》:"黃帝曰:'夫血之與氣,異名同類。何謂也?'歧(岐)伯答曰:'營衛者,精氣也,血者,神氣也,故血之與氣,異名同類焉。'"[2]

用六:利永貞。

【異文】

"用",帛書作"迥"。

---

[1] 李道平:《周易集解纂疏》,潘雨廷點校,中華書局,1994年,第84頁。
[2] 《黃帝內經·靈樞經》卷四,人民衛生出版社,2013年,第257—258頁。

【易傳】

《象》曰：用六"永貞"，以大終也。

【釋義】

永，長久也。"利永貞"意謂利於長久的正命，"永貞"與"永貞吉"（見賁九三、益六二）中的"永貞"同義。陰柔與陽剛不同，陽剛勇猛進取，故成事也快；陰柔謙下卑順，故成事也慢。行謙下卑順者，要成事必長久隱忍，方能順受其成，故爻辭言"利永貞"。《象傳》謂"用六'永貞'"，意即運用柔道而能長久正命。"以大終也"，終究成就大業。"用六"與"永貞"相得益彰方可"以大終也"，這也説明"用"字不是全、皆，或者通達之類的意思，而是運用的意思。

【易傳】

《文言》曰：坤至柔而動也剛，至靜而德也方。後得主而有常，含萬物而化光。坤道其順乎，承天而時行。

積善之家，必有餘慶；積不善之家，必有餘殃。臣弑其君，子弑其父，非一朝一夕之故，其所由來者漸矣，由辯之不早辯也。《易》曰"履霜，堅冰至"，蓋言順也。

"直"其正也，"方"其義也。君子敬以直内，義以方外，敬義立而德不孤。"直方大，不習，无不利"，則不疑其所行也。

陰雖有美，"含"之以從王事，弗敢成也。地道也，妻道也，臣道也。地道"无成"而代"有終"也。

天地變化，草木蕃。天地閉，賢人隱。《易》曰"括囊，无咎无譽"，蓋言謹也。

君子黃中通理，正位居體，美在其中，而暢於四支，發於事業，美之至也。

陰疑於陽必"戰"。為其嫌於无陽也，故稱"龍"焉。猶未離其類也，故稱"血"焉。夫"玄黃"者，天地之雜也，天玄而地黃。

屯卦第三

☷ 震下坎上　屯：元亨，利貞。勿用有攸往，利建侯。

【異文】

"屯"，《衷》、阜簡均作"肫"，當讀爲"屯"。"建"，帛書作"律"，形近而誤。

【易傳】

《彖》曰：屯，剛柔始交而難生，動乎險中，大亨貞。雷雨之動滿盈，天造草昧，宜"建侯"而不寧。

《象》曰：雲雷，屯。君子以經綸。

《序卦》曰：盈天地之間者唯萬物，故受之以屯。屯者，盈也。屯者，物之始生也。

【釋義】

屯，當讀作屯聚之"屯"，讀作 zhūn 或是受了《彖傳》"剛柔始交而難生，動乎險中"這兩句話的影響而將屯卦卦象理解爲初生遇難。《象傳》言"雲雷，屯"，取自坎卦之雲象、震卦之雷象，兩象均有積聚之義。水氣積而爲雲，陰陽相聚方有雷。《序卦》言"屯者，盈也，屯者物之始生也"，它首先強調的是"盈"，亦有積聚的含義。然後拈出"物之始生也"，一方面是要與前文"有天地，然後萬物生焉"相承接，指出屯卦在六十四卦中，次于純陰純陽的乾、坤兩卦之後，可視爲後六十二卦之首、萬物之始；另一方面是要突出震卦的雷象。雷可喻指春天來臨，春天來臨則萬物始生。《序卦》《象傳》都未提到難的意思。再看屯卦九五"屯其膏"，"屯"字明顯是積聚之義。六二、六四以婚姻爲喻，同樣有積聚、聚合之義。

甲骨卜辭中亦有"屯"字，有時假借爲"春"字。《説文》云："難也。象艸木之初生屯然而難。"釋爲"難"，應當是引申義①。此義後世用"迍"字表達，且出現聯綿詞"迍邅"。甲骨卜辭中的"屯"字寫作草木初生的形象，因此有"初生"之義，此義置於至陰至陽的乾、坤兩卦之後，是頗具意味的。另外，由於"春"乃"屯"聲，因此使人們由"屯"聯想到春天，而春天的物候恰有降雨、春雷等。從這個角度看，屯卦有坎象水，震象雷，雷而有降雨，正是春天來臨之象。春季來臨，萬物復甦生長。今本將屯卦放在象征天地、陰陽的乾、坤兩卦之後，應當與這些認識有關。

卦辭中"勿用有攸往"是説不宜有所出行。"利建侯"，一般理解爲利於封邦建侯。李衡眉以爲："'侯'字似應釋爲'射侯'之'侯'，即箭靶。""縱觀全部卦爻辭，大多與婚媾一事有關。""所以，我們認爲，屯卦是取材於古代男子向女子求婚這一習俗的。而在古代，女子選擇男子的標準是陽剛之美，即尚武，具有男子漢氣魄。""從民族學資料中，可以看到射箭打靶本身就是一種求婚手段。"②"利建侯"除見於此處外，還在屯卦初九和豫卦卦辭中出現，豫卦云"利建侯，行師"，將"建侯"與"行師"相連，似可證明李衡眉的解釋更接近經文本義。

---

①季旭昇：《説文新證》卷一，福建人民出版社，2010年，第62頁。蔣玉斌：《釋甲骨金文的"蠢"兼論相關問題》，《復旦學報》2018年第5期，此文對甲骨文中的"屯"字做了深入分析，贊成"屯"是一個象形字，像草木（或其枝條）初生幼芽的樣子；"春"字乃从"屯"得聲。其考證不僅説明了"屯"字本義，而且梳理了"屯"與"春"的關係。由於"屯"象徵草木初生時的幼芽，因此，自然有初生的意義。

②李衡眉：《"利建侯"新解》，《周易研究》1989年第2期。

初九：磐桓，利居貞，利建侯。

【異文】

"磐桓"，帛書作"半遠"。"半"與"磐"上古音疊韻旁紐，"遠"與"桓"則聲韻皆同，因此"半遠"可讀爲"磐桓"。"磐"，阜簡作"般"，《釋文》："本亦作盤，又作槃。"黄焯云："《爾雅·釋文》引此文作'般桓'，般，正字。盤、槃，假借字。磐，後出字。"①《集解》作"盤"，《後漢書·种岱傳》有"槃桓"一詞。②

【易傳】

《象》曰：雖"磐桓"，志行正也。以貴下賤，大得民也。

【釋義】

孔穎達曰："磐桓，不進之貌。處屯之初，動即難生，故'磐桓'也。"③居，停止。"利居貞"是説利於居止正命，與"居貞吉"的意思相近。初九雖爲陽爻，但位置卑下，如同乾之初九，所以盤旋不進。既然如此，當然宜守常不變，宜在家"建侯"習射，而不是出征或迎娶。

六二：屯如邅如，乘馬班如，匪寇婚媾。女子貞不字，十年乃字。

【異文】

"邅"，帛書作"壇"，《說文·馬部》引作"驙"，《漢書·叙傳上》有"紛屯亶與蹇連兮"句，顏師古注引《易》作"亶如"④。黄焯云："宋本'邅'作'亶'，亶，正字。邅，後出字。"⑤朱珔以"屯"爲"迍"之假借，

---

①陸德明：《經典釋文彙校》，黄焯彙校，中華書局，2006年，第35頁。
②范曄：《後漢書》卷五十六，中華書局，1965年，第1829頁。
③孔穎達：《周易正義》，載《儒藏》精華編第二册，北京大學出版社，2009年，第49頁。
④班固：《漢書》卷一百上，中華書局，1962年，第4216頁。
⑤陸德明：《經典釋文彙校》，黄焯彙校，中華書局，2006年，第35頁。

"亶"爲"驙"之省借①。王筠則以"亶"爲"驙"之"省形存聲字"②。馬宗霍以《說文》云"亶，多穀也"，肯定"亶"非正字；《說文》有"驙"無"邅"，故"亶"是"驙"之省借③。按，段玉裁認爲"亶"從㐭，是以本義爲多穀，引申之則爲厚、信、誠。是以古本當作"亶"，假借作"驙"，意指衆多乘馬聚積在一起，難以前行。"驙""邅"都是後出字，帛書"壇"亦應讀爲"驙"。

"班"，帛書作"煩"，《釋文》："鄭本作般。"三字可通，當以"班"爲本字。"婚媾"，帛書作"閩厚"。"婚"是曉紐文部，"閩"是明紐文部，曉紐和明紐關係較近；"媾"是見紐侯部，"厚"則匣紐侯部，見紐和匣紐關係也較近，是以"閩厚"當讀爲"婚媾"。"媾"，《釋文》："馬云：重婚。本作冓。鄭云：'猶會。'本或作構者，非。""乃"，阜簡作"迺"，兩字在典籍中時常混用。

【易傳】

《象》曰：六二之難，乘剛也。"十年乃字"，反常也。

【釋義】

屯卦六二、六四、上六都與婚姻相關，描述了一個迎親的過程。六二是出發時的情形，六四是途中行進的情形，上六是迎娶到新娘後從女方家啓程回新郎家的情形。理解了這一點，則六二中的一些詞語就好解釋了。"屯如"是聚集的狀況。"邅如"，如馬融所釋，乃"難行不進之貌"④。"屯如邅如"是說"乘馬"聚集到一起，因未整列隊形而難行不進。"乘馬"，這裏當指馬車，包括了車、馬以及乘員。"班如"，《子夏易傳》等均釋作"相牽不進貌"⑤。此釋與"邅如"之"難行不

---

① 朱珔：《說文假借義證》卷十九，載《續修四庫全書》總第 215 册，上海古籍出版社，2003 年，第 146 頁。
② 王筠：《說文解字句讀》，中華書局，2016 年，第 371 頁。
③ 馬宗霍：《說文解字引經考·說文解字引易考》，中華書局，2013 年，第 61—63 頁。
④ 馬融：《周易傳》，《漢魏二十一家易注》，載《儒藏》精華編第一册，北京大學出版社，2009 年，第 231 頁。
⑤ 《子夏易傳》，《漢魏二十一家易注》，載《儒藏》精華編第一册，北京大學出版社，2009 年，第 202 頁。

進"重複,不合一般文例。且六四亦有"乘馬班如",其占辭云"往吉,无不利",是以"班如"當包含積極、正面的含義,不當釋作"相牽不進"之類的意思。"班"字本義是分瑞玉,引申之則有別義。《左傳》襄公十八年"有班馬之聲,齊師其遁",杜預注:"班,別也。"①"乘馬班如""班馬"中的兩"班"字用法相同,義亦相同。"乘馬班如"是說經歷了開始階段的混亂之後,乘馬終於分別排列,整齊有序。

匪,非也,否定詞。婚媾,婚姻。"匪寇婚媾"是說車隊不是爲了作戰,而是爲了婚姻,要去娶親。

此處的"貞"字顯然是動詞,是貞問、卜問的意思。虞翻曰:"字,妊娠也。"②朱熹曰:"字,許嫁也。《禮》曰:女子許嫁,笄而字。"③就六二爻的語境看,迎親隊伍已經啓程,此時早已過了許嫁的日子,何來貞問不嫁之理?是以"字"當非許嫁意。婚姻是男女大事,古人尤重之,貞問何時出嫁當是常見之禮,貞問不嫁則匪夷所思,此亦可證"字"非指許嫁。依人之常情,婚姻之後最爲關心的是生育問題。所以,當依虞翻的理解,"貞不字"是就不懷孕而貞問。睡虎地秦墓竹簡《日書》甲種一五〇簡正叄欄云:"女子以巳字,不復字。"④就是以"字"爲生育義。同樣是在占卜的語境中,故此處之"字"亦應是生育之義。貞問的結果是十年之後纔懷孕,事雖蹊蹺,但夫妻婚後多年方有生育却時或有之,且十年當非實指。《象傳》言"反常也",也是說結果不合常情。

六三:即鹿无虞,惟入于林中。君子幾,不如舍,往吝。

【異文】

"鹿",《釋文》:"王肅作麓,云:山足。"何爲本字,釋者各持己見。

---

① 孔穎達:《春秋左傳正義》,載阮元校刻《十三經注疏》影印本,中華書局,1980年,第1965頁。
② 虞翻:《周易注》,《漢魏二十一家易注》,載《儒藏》精華編第一册,北京大學出版社,2009年,第414頁。
③ 朱熹:《周易本義》,中華書局,2009年,第51頁。
④ 睡虎地秦墓竹簡整理小組:《睡虎地秦墓竹簡》,文物出版社,1990年,第206頁。

朱駿聲從王肅之釋,謂:"山足也。"①惠棟則曰:"鹿、麓古今字。山足有林,故云鹿林也。"②"虞",漢以來多釋作官職。程石泉駁之:"豈古人游獵,必須有此類官員隨行耶?"③尚秉和則承王弼等人意見,釋"虞"爲"備虞"④。陳鼓應釋"虞"爲"謀度,慮度",不過,又不完全否定傳統的釋義⑤。後文説"君子幾,不如舍",是有所捨棄也。不捨棄則或有所得,依此判斷,當以"鹿"爲本字較妥。《詩經》"呦呦鹿鳴",由鹿及友,此處亦類似。

"幾",《釋文》:"鄭玄作機,云:弩牙也。""機"應是假借作"幾"。"即",阜簡作"叟",與"即"雙聲,宜讀爲"即"。"虞",帛書作"華",阜簡作"吴"。"虞"和"吴"都是疑紐魚部,"華"則是匣紐魚部,三者音近,故可通,此宜作"虞"字。王輝先生以爲"華"當讀爲"譁","无虞"是"毋譁"之誤⑥。若依此釋,則後文的"君子幾,不如舍,往吝"就不好理解,故不可從。

"入",帛書作"人",形近而誤。今本"入"字,在帛書中多作"人"字。"吝",帛書作"㖝"。今本"吝"字帛書常作"閵"字,此處用字從文得聲,與"吝"讀音相同。

【易傳】

《象》曰:"即鹿无虞",以從禽也。君子舍之,"往吝"窮也。

【釋義】

即,就也,此字之釋歷來無歧見。元人俞琰説"虞"字,一方面以

---

①朱駿聲:《六十四卦經解》,中華書局,1953年,第22頁。
②惠棟:《周易述》,鄭萬耕點校,中華書局,2007年,第15頁。
③程石泉:《易辭新詮》,上海古籍出版社,2000年,第57頁。
④尚秉和:《周易尚氏學》,中華書局,1980年,第44頁。
⑤陳鼓應、趙建偉:《周易今注今譯》,商務印書館,2005年,第54頁。
⑥王輝:《馬王堆帛書〈六十四卦〉校讀札記》,載《古文字研究》第十四輯,中華書局,1986年,第281—294頁。

爲是官職，另一方面又引鄭玄注，以虞爲度義①。也就是説，虞之爲官職，即取其"度"義。因此，"虞"字當釋作準備、戒備的意思，古書多有此義，不贅舉。"即鹿無虞"是説在没有準備的情況下，無意中碰見了鹿。"惟入于林中"，是説鹿受到驚嚇，跑進林中。在這種情況下，君子應該會選擇放棄。"幾"字當依高亨之釋，借爲祈，求也②。鹿受驚嚇跑入林中之後，君子與其有所希求，不如捨棄。因爲一則没有充分準備，二則人終究跑不過鹿。《象傳》"即鹿无虞，以從禽也"，從，當通縱。無所準備而靠近禽獸，這相當於放縱禽獸，任其奔逃。

吝，恨惜。"往吝"是説君子若不放棄而追入林中，必是往而嘆惜，不遂其願。細味爻辭，其中藴義仍可能與婚姻有關。鹿是美好之物，以追鹿比喻人之求偶。獵鹿應充分準備，求偶求婚也是如此。

六四：乘馬班如。求婚媾，往吉，无不利。

【異文】

"婚媾"，帛書作"閩厚"。"屯"，阜簡作"肫"。

【易傳】

《象》曰：求而往，明也。

【釋義】

六二、六四、上六均是陰爻，故皆繫以"馬"。又六二至六四是三陰爻前後相連，所以六二、六四爻中有"班如"之辭。

---

① 俞琰：《周易集説》卷一，《通志堂經解》，康熙十九年刻本，第7頁。
② 高亨：《周易古經今注》（重訂本），中華書局，1984年，第172頁。

九五：屯其膏。小貞吉，大貞凶。

【易傳】

《象》曰："屯其膏"，施未光也。

【釋義】

孔穎達云："'屯其膏'者，'膏'謂膏澤恩惠之類。"①俞樾："《周官·太卜》曰：'凡國大貞，卜立君，卜大封。'鄭司農曰：'貞，問也。國有大疑，問於蓍龜。'據此則以大事問謂之'大貞'，以小事問謂之'小貞'。'小貞吉，大貞凶'，言可小事不可大事也。"②九五居尊位，本當廣施恩惠，今囤積膏澤，據爲己有，所以占辭說問小事吉，問大事則凶。

這條爻辭中的"大貞""小貞"乃當時習語，其中"貞"字之義與"利貞"之類中的"貞"字不同，應是貞問、卜問的意思。

上六：乘馬班如，泣血漣如。

【異文】

"班"，帛書作"煩"。"泣"，帛書作"汲"。"汲"是見紐緝部，"泣"是溪紐緝部，兩字旁紐、疊韻，此宜作"泣"字。"血"，《說文》引作"涕"，"泣血"與"泣涕"字雖不同，義却相同。《後漢書·寇榮傳》注、《隸釋》卷十《陳球後碑》均引作"泣涕"③。從《象傳》的引用及"何可長也"的釋義看，當作"泣血"爲是。"漣"，帛書作"連"。《說文·心部》引《易》作"泣涕憐如"。當作"漣"爲是，《詩·衛風·氓》有"泣涕漣漣"句，可與此處爻辭相參看。因哭泣與心情相關，故又作"憐"字以形容之。

---

①孔穎達：《周易正義》，載《儒藏》精華編第二冊，北京大學出版社，2009年，第51頁。
②俞樾：《群經平議》，載《續修四庫全書》總第178冊，上海古籍出版社，2003年，第6頁。
③洪适：《隸釋》卷十，《隸釋·隸續》，中華書局，1986年，第113頁。

【易傳】

《象》曰:"泣血漣如",何可長也。

【釋義】

"泣血"是形容内心非常悲傷,泪水漣漣,未必是泪盡而繼之以血。《詩·小雅·雨無正》"鼠思泣血",毛傳云:"無聲曰泣血。"①《禮記·檀弓》"高子皋之執親之喪也,泣血三年",注云:"言泣血無聲,如出血。"②新娘在出嫁時要哭別父母,至今仍有此婚俗,"泣血漣如"就是狀寫新娘離別父母時的傷心痛哭。人生有聚有散,聚久必散,散久則聚。屯卦以新娘與父母離別爲上六爻辭,寓意散聚有時。

---

①孔穎達:《毛詩正義》,載阮元校刻《十三經注疏》影印本,中華書局,1980年,第448頁。
②孔穎達:《禮記正義》,載阮元校刻《十三經注疏》影印本,中華書局,1980年,第1283頁。

蒙卦第四

☷坎下
☶艮上   蒙：亨。匪我求童蒙，童蒙求我。
初筮告，再三瀆，瀆則不告。利貞。

【異文】

卦名"蒙"，《別卦》作"恾"，上博簡雖殘缺，但從爻辭看，當寫作"尨"，可通作"蒙"。"亨"，《繆和》作"盲"，"亨""享"均從"亯"字分化，故三字時或相混。"童"，《繆和》引作"董"。《釋文》："童，字書作僮。"兩異文均應讀爲"童"。

高誘《吕氏春秋·勸學》注引《易》有"匪我求童蒙，童蒙來求我"[1]，蔡邕《處士圀叔則銘》有"童蒙來求，彪之用文"兩句[2]。阮元《校勘記》："《考文》引古本蒙下有'來'字。"《考文》即日本山井鼎所撰之《七經孟子考文》，此書有物觀的"補遺"，即《七經孟子考文補遺》[3]。

---

[1] 吕不韋：《吕氏春秋》卷第四《孟夏紀·勸學》，高誘注，上海書店，1986年，第36頁。
[2] 蔡邕：《蔡中郎集》卷六《處士圀叔則銘》，景印文淵閣《四庫全書》第1063册，第222頁。
[3] 景印文淵閣《四庫全書》本《七經孟子考文補遺》卷一云："謹按，足利學所藏《周易》四通，一通《正義》，即宋板也；三通皆寫本也。二通上、下經、《彖》、《象》、《文言》耳，一通逸夬至未濟，又别有《略例》一本，孔穎達《正義》'序'及'八論'共一本。其所存者，輾轉書寫，殘闕之餘，甚勞於比校矣。今《考文》所引別有曰'足利本'者，本足利學所刊活字板，而今所藏諸本是其元本也。但此本前後校讎，去非從是，與三通寫本稍有同異，爲可據耳。臣東歸之後，獲諸同學。其寫本三通各有出入，故三通同者，作'三本同'，二通同者，作'二本同'，共稱曰'古本'。本是一種類本，輾轉致有異也。臣未識其孰爲元本，爲不可擇焉爾。"李富孫、阮元等所説"足利本"即本諸《七經孟子考文補遺》，應當是山井鼎説的"足利學所刊活字板"。現國内有郭彧彙校之足利學校所藏南宋初刻《周易注疏》（《南宋初刻本周易注疏》，上海古籍出版社，2014年），據之可校清人所引"足利本"文字。

據日本足利學校所藏南宋初刻《周易注疏》，"求我"前無"來"字。有無"來"字全句意思大體不變。

兩"告"字帛書、《繆和》、漢石經均作"吉"，形近而訛，以"告"字爲是。《禮記·表記》引作"告"，《漢書·藝文志》云："故筮瀆不告，《易》以爲忌；龜厭不告，《詩》以爲刺。"是戰國秦漢時亦有讀作"告"字者。顏師古注云："《易·蒙卦》之辭曰'初筮告，再三瀆，瀆則不告'，言童蒙之來決疑，初則以實而告，至於再三，爲其煩瀆，乃不告也。"①俞琰以爲："不告，與《詩·小旻》'我龜既厭，不我告猶'之義同。初筮則其志專一，故告。再三則煩瀆，故不告。"②所以帛書"吉"當爲"告"字之訛，漢石經亦誤。論者多以"吉"爲正字，誤也。古人卜筮，一而再，再而三，經常多次，不會有"再三瀆，瀆則不吉"的說法。作"告"字則較合理，所謂"不告"或指占卜沒有得到結果。

"三"，帛書作"參"，讀爲"三"，簡帛常借"參"表示數字"三"。"瀆"，帛書作"擯"，《繆和》作"讀"，阜簡作"償"，《說文·黑部》"黷"字下引作"黷"，諸字均以"賣"爲聲符，讀音當相近。從上下文看，當以"瀆"爲本字。"則"，帛書作"即"，兩字讀音相近，可通。

【易傳】

《彖》曰：蒙，山下有險，險而止，蒙。"蒙亨"，以亨行，時中也。"匪我求童蒙，童蒙求我"，志應也。"初筮告"，以剛中也。"再三瀆，瀆則不告"。瀆，蒙也。蒙以養正，聖功也。

《象》曰：山下出泉，蒙。君子以果行育德。

《序卦》曰：物生必蒙，故受之以蒙。蒙者，蒙也，物之稺也。

【釋義】

卦象山下有泉，孔穎達曰："山下出泉，未有所適之處。"③也就是

---

① 班固：《漢書》卷三十，中華書局，1962年，第1771頁。
② 俞琰：《周易集說》卷一，《通志堂經解》，康熙十九年刻本，第9頁。
③ 孔穎達：《周易正義》，載《儒藏》精華編第二冊，北京大學出版社，2009年，第52頁。

說,卦象有流之不遠的寓意。此猶人之童稚,故名之爲"蒙"。鄭玄云:"蒙,幼小之貌,齊人謂'萌'爲'蒙'也。"① 另外,經文中的卦名用字常有多種含義,"蒙"字亦是,既可指童蒙,又可指蒙昧。又,"蒙"與"氓"聲母相同,韻部相近,或可通假,故在爻辭中又可喻指百姓,如初六、上九兩爻即是。

所謂"再三"非指兩次、三次,而是反復多次。卜以決疑,卜而神靈告之,不信,接着一而再、再而三地反復卜問。如此卜問,就好像童蒙求教於老師,經過老師反復叮嚀,仍然不得要領。這些都是蒙昧的表現。鄭玄云:"筮,問。"② 卦辭中的"筮"並非真指卜筮,依上下文看,應該是以卜筮爲比喻。

初六:發蒙,利用刑人。用說桎梏,以往吝。

【異文】

"發",帛書作"廢",此字以"發"爲聲符,故可與"發"通。"以",帛書作"已",兩字音近可通。"吝",帛書作"閵",《説文·辵部》"遴"字下引《易》作"遴",均是假借字。

【易傳】

《象》曰:"利用刑人",以正法也。

【釋義】

發,多理解爲揭去、啓發之類的含義,如孔穎達:"初近於九二,二以陽處中,而明能照闇,故初六以能發去其蒙也。"③ 朱熹:"占者遇此,當發其蒙。然發之之道,當痛懲而暫舍之,以觀其後。"④ 但如此釋義,

---

① 李道平:《周易集解纂疏》,潘雨廷點校,中華書局,1994年,第104頁。
② 鄭玄:《周易鄭注》,載《儒藏》精華編第一册,北京大學出版社,2009年,第68頁。
③ 孔穎達:《周易正義》,載《儒藏》精華編第二册,北京大學出版社,2009年,第52頁。
④ 朱熹:《周易本義》,中華書局,2009年,中華書局,2009年,第54頁。

並要與下文"利用刑人"相契合,實在有點牽强。于省吾以爲"發"當讀爲"瀺","發蒙"即"瀺蒙"①,謂以法律懲辦蒙昧。今帛書《周易》經文"發蒙"作"廢蒙",正可印證于氏之釋。其實,"發"字在古籍中有射殺之義,例如《詩·召南·騶虞》"彼茁者葭,壹發五豝"、《詩·小雅·吉日》"發彼小豝,殪此大兕"中的"發"都是此義。而在甲骨文卜辭中,"發"還可用於人牲,在《逸周書·世俘》中亦有此類記載②。《世俘》中雖然是用"廢"字,但"廢"與"發"古書多通,是以此爻中的"發蒙"當指對蒙昧之人施刑。

"桎梏",當從鄭玄之釋:"木在足曰桎,在手曰梏。"③均是刑具之名。説,通脱。"用説桎梏"與"利用刑人"相反,故占辭説"以往吝"。

九二:包蒙吉,納婦吉,子克家。

【異文】

"包",帛書作"枹",鄭玄作"苞",《釋文》:"鄭云:苞當作彪,彪,文也。"晁説之《古周易》云:"京房、鄭、陸績、一行皆作彪,文也。"④《校勘記》:"石經包作苞。"又云:"古經典'包容'字多从'艸'。"《校勘記》所説"石經"是唐開成石經。從"包"得聲諸字與"彪"聲韻皆近,此處宜讀爲"彪"。"納",帛書作"入",阜簡作"老"。"納""入"音、義皆近,阜簡恐有訛誤。

【易傳】

《象》曰:"子克家",剛柔節也。

---

① 于省吾:《雙劍誃尚書新證;雙劍誃詩經新證;雙劍誃易經新證》,中華書局,2009年,第633—634頁。
② 裘錫圭:《釋"勿""發"》,載《裘錫圭學術文集》,復旦大學出版社,2012年,第140—154頁。
③ 鄭玄:《周易鄭注》,載《儒藏》精華編第一册,北京大學出版社,2009年,第68頁。
④ 晁氏書早已亡佚,吕祖謙《古易音訓》收録之,此處是據復旦大學圖書館所藏清嘉慶七年刻宋咸熙輯佚的《古易音訓》,是書現有《續修四庫全書》影印本。

【釋義】

"包蒙",漢晉學者多釋爲"彪蒙",如孟喜曰:"彪,文也。"① 鄭玄曰:"苞,當作'彪'。彪,文也。"② 陸績曰:"彪,文也。"③ 後王引之又有詳細論證,可以參考④。"包蒙"乃教育童稚,使其擺脱蒙昧,知曉禮儀。經文中多次出現"包"字,如姤九二"包有魚"、九四"包无魚",泰九二"包荒",否六二"包承"、六三"包羞"。各"包"字釋義未盡相同。

孔穎達釋"子克家"爲"子孫能克荷家事"⑤,重在"家"字上,且承上文"納婦吉"而來,頗爲可信。

六三:勿用取女。見金夫,不有躬,无攸利。

【異文】

"取",《釋文》:"本又作娶。"《集解》亦作"娶"。李富孫云:"陸本作娶,足利本同。"南宋初刻本作"取"字,與今本同。"取"與"娶"是古今字關係。"躬",上博簡作"䠱",即"躬"字。帛書作"竆",阜簡作"躳",均可讀爲"躬"。"攸",上博簡作"卣",阜簡作"卣",均是"卣"字,通"攸"。

【易傳】

《象》曰:"勿用取女",行不順也。

【釋義】

尚秉和曰:"金夫者美稱。《詩》:'有匪君子,如金如錫,如圭如

---

① 孟喜:《周易章句》,《漢魏二十一家易注》,載《儒藏》精華編第一册,北京大學出版社,2009年,第211頁。
② 鄭玄:《周易鄭注》,載《儒藏》精華編第一册,北京大學出版社,2009年,第68頁。
③ 陸績:《周易述》,《漢魏二十一家易注》,載《儒藏》精華編第一册,北京大學出版社,2009年,第376頁。
④ 王引之:《經義述聞》,江蘇古籍出版社,2000年,第9頁。
⑤ 孔穎達:《周易正義》,載《儒藏》精華編第二册,北京大學出版社,2009年,第53頁。

璧',《左傳》:'思我王度,式如玉,式如金。'皆以金喻人之美。"①孔穎達以爲"金夫"是指上九,恐怕不當。此當從胡瑗釋義:"'金夫'者,剛陽之人也。六三以陰柔而居陽,位本不正也。以不正之女,不能順守婦道,比近九二剛陽之人,故起躁求之心而欲遽從之,是不有其躬,非清潔之行,故聖人戒之曰:勿用取此六三不正之女也。"②六三爻陰居陽位,且在九二之上,有陰凌陽之象,故説"不有躬,无攸利"。《象傳》"行不順"也正是指這點。《禮記·樂記》云:"好惡無節於内,知誘於外,不能反躬,天理滅矣。"③所謂"見金夫,不有躬"即是此類。程頤云:"女之從人,當由正禮,乃見人之多金,説而從之,不能保有其身者也。"④以"金夫"指富有之人。朱熹從之,謂:"金夫,蓋以金賂己而挑之,若魯秋胡之爲者。"⑤都是望文生義,不可從。

六三是陰爻,故將描述女性的爻辭繫於此。九二是陽爻,故將描述男性的爻辭繫於下。卦爻辭的編撰遵循了若干爻象,此在乾、坤、隨、比、恒等卦的某些爻辭中表現得尤爲明顯。蒙之九二和六三亦屬此類。

六四:困蒙,吝。

【異文】

"吝",帛書作"闉"。《校勘記》:"古本'吝'作'咎'。《象》注同,山井鼎云非。"《校勘記》所云"古本"用字也是引自《七經孟子考文補遺》一書,出自日本流傳的三種《周易正義》寫本。南宋初刻本此處與今本同作"吝",並無不同。

---

① 尚秉和:《周易尚氏學》,中華書局,1980年,第48頁。
② 胡瑗:《周易口義》,載《儒藏》精華編第三册,北京大學出版社,2009年,第60頁。
③ 孔穎達:《禮記正義》,載阮元校刻《十三經注疏》影印本,中華書局,1980年,第1529頁。
④ 程頤:《周易程氏傳》,中華書局,2011年,第29頁。
⑤ 朱熹:《周易本義》,中華書局,2009年,第55頁。

【易傳】

《象》曰:"困蒙"之吝,獨遠實也。

【釋義】

"困蒙"即爲蒙所困,無從解脱。六四近於五爻,常懷恐懼。蒙昧而兼恐懼,則不易解脱。又,六四下有坎卦,有險之象;上有艮卦,有駐止、遮蔽之象,進退維谷,因此繫以"困蒙"。

六五:童蒙,吉。

【異文】

"童",上博簡作"僮"。

【易傳】

《象》曰:"童蒙"之吉,順以巽也。

【釋義】

陳夢雷謂:"所謂童蒙者,不失赤子之心。純一未發以聽於人,非幼稚之謂也。"①蒙卦下三爻"發蒙""包蒙""勿用取女",以及上九的"擊蒙"均是針對蒙昧采取的不同舉措,六四、六五則是兩種不同的蒙昧狀態,一個是因爲恐懼而無從脱去蒙昧,另一個是因爲童真而充滿希望。又,六五之"童蒙"是童真之"蒙",而六三"見金夫,不有躬",則是世俗之"蒙"。前者可愛,後者可惡,故吉凶不同。

---

① 陳夢雷:《周易淺述》,九州出版社,2004年,第48頁。

上九：擊蒙，不利爲寇，利禦寇。

【異文】

"擊"，上博簡作"毄"，應讀爲"擊"。《釋文》："馬、鄭作繫。"《晁氏易》引荀爽、一行本亦作"繫"。按，今本中的"繫"字，帛書常寫作"擊"，兩字音近可通。"禦"，上博簡作"迎"，即"御"字。而帛書則作"所"。《釋文》："本又作衛。"作"衛"恐係形訛。蔡邕《明堂月令論》引作"利用禦寇"①。《校勘記》："古本'禦'上有'用'字。"當是因《象傳》作"利用禦寇"而增。南宋初刻本無此"用"字，"用"是虛詞，有無都不影響文義。

【易傳】

《象》曰：利用"禦寇"，上下順也。

【釋義】

無論作"繫"，還是作"擊"，用在此處均有治理的含義。《儀禮·少牢饋食禮》："司馬刲羊，司士擊豕。"鄭玄注："刲、擊，皆謂殺之。"②是擊有殺戮義。繫則由拴、係結而有拘押義，就這條爻辭論，拘押、殺戮都旨在治理、去除蒙昧。因此，此處讀作"繫"或"擊"都相差不遠。

上爻喻示事情發展至極端狀態，如乾之上九爲"亢龍"，坤之上六爲"龍戰于野，其血玄黃"。蒙之上九意即蒙昧至極，此時需要強力手段加以治理。寇有主動進攻的含義，"利禦寇"，意指宜於防禦仇敵進攻。"不利爲寇"，意指不宜主動進攻。自身蒙昧至極，當然不宜主動出擊，祇可備患而已。

---

①蔡邕：《蔡中郎集》卷三《明堂月令論》，景印文淵閣《四庫全書》第1063冊，第182頁。
②賈公彥：《儀禮注疏》，載阮元校刻《十三經注疏》影印本，中華書局，1980年，第1197頁。

需卦第五

䷄ ^{乾下}_{坎上} 需：有孚，光亨，貞吉，利涉大川。

【異文】

"需"，上博簡作"乳"①，帛書作"襦"，帛書《繫辭》《衷》均作"嬬"，皆係假借字。元胡一桂《周易啓蒙翼傳》引《歸藏》作"溽"②，此字上古日紐屋部，"需"則心紐侯部，雖然聲紐不同，但從"需"得聲的"嬬""襦"均是日母字，可知"溽"與"需"古音相近。"孚"，帛書作"復"，《釋文》："孚又作旉。"黄焯云："(《釋文》)宋本旉作專，盧本據錢本同。"當作"孚"爲是。"亨"，上博簡作"卿"，與"亨"字聲韻相同，可以通假。

【易傳】

《彖》曰：需，須也，險在前也。剛健而不陷，其義不困窮矣。"需有孚，光亨，貞吉"，位乎天位，以正中也。"利涉大川"，往有功也。

---

① 上博簡所用字形起初引起學者爭議，產生多種解釋。後清華簡《楚居》《繫年》刊布，基本可以確定就是"乳"字。除《楚居》外，此字又見於曾侯乙墓編鐘、令狐君壺、卅二年坪安君鼎等。相關考證文章可以參見陳劍：《竹書〈周易〉需卦卦名之字試解》，收入氏著《戰國竹書論集》，上海古籍出版社，2013年，第112—113頁；李零：《讀上博楚簡〈周易〉》，《中國歷史文物》2006年第4期，另在《死生有命，富貴在天：〈周易〉的自然哲學》第90—91頁亦有考證；趙平安《釋戰國文字中的"乳"字》，《中國文字學報》2012年第1期，此文又收入趙平安《金文釋讀與文明探索》一書，上海古籍出版社，2011年，第112—117頁。

② 胡一桂：《周易啓蒙翼傳》，景印文淵閣《四庫全書》第22冊，第239頁。

《象》曰：雲上於天，需。君子以飲食宴樂。

《序卦》曰：物稺不可不養也，故受之以需。需者，飲食之道也。

【釋義】

甲骨文中即有"需"字，但寫作從水從人之形，在青銅器銘文中，人形訛變爲一個似大又似天的構件，而所從之水則變爲雨。例如《金文編》中的以下字形①：

從字形看，下部極似"天"字。到春秋戰國時期，下部逐漸變爲形近的"而"，最終有了從雨從而的"需"字。從西周時期的"需"字看，上爲"雨"，下爲"天"，與需卦卦象極其吻合。《象傳》以坎卦象雲，其實並不貼切。坎有水象，蒸發上天則爲雲，下落則爲雨，是坎亦可象雨。卦象雨在上，"天"在下，故取名爲"需"。

不過，用"需"字爲卦名並非用其本義，而是假借爲"須"，所以當釋爲待。《説文·雨部》："需，䇓也，遇雨不進，止䇓也。從雨、而。《易》曰：雲上于天，需。"《立部》："䇓，立而待也。"段玉裁注云："今字多作需，作須，而䇓廢矣。""需與䇓音義皆同。樊遲名須，須者，䇓之叚借。䇓字僅見《漢書·翟方進傳》。"②事實上，"須"字在甲骨卜辭中已有"等待"之義③。"䇓"多一義符，恐是後起的分化字。由上六爻辭看，需卦各爻所述均是等待之事，釋"需"爲"待"顯然最爲貼切。上六處需卦最上，久等不至，返身回家，却見不請自來者三人。此爻雖没

---

① 容庚：《金文編》，中華書局，1985年，第753—754頁。
② 段玉裁：《説文解字注》，上海古籍出版社，1988年，第500頁。
③ 陳年福："'須'義疏證"，載《甲骨文詞義論稿》，上海古籍出版社，2007年，第177—178頁。

有出現"需"字,其實仍同其他五爻一樣,還是圍繞等待這個主題。

由《象傳》看,其言"需,須也,險在前也。剛健而不陷,其義不困窮矣"。須,即是待也。有險在前,不得不待時而行,且五爻是陽爻,故有"剛健而不陷,其義不困窮矣"的結果。《象傳》:"雲上於天,需。君子以飲食宴樂。"雲上於天則雨之降可待,故君子不憂,飲食宴樂以待雨至。

有孚,占問的事情將會應驗。即將發生之事的吉凶要視占問內容而定,因此,"有孚"大體是吉凶無定的。光亨,大亨也。王引之釋之甚確,可以參考:"《易》言'光'者有二義:有訓爲光輝者,觀六四'觀國之光',未濟六五'君子之光',履《象傳》'光明也',大畜《象傳》'輝光日新'是也;有當訓爲廣大者,光之爲言猶廣也。《大雅·皇矣》毛傳及《左傳》昭二十八年杜注,《周語》韋注竝曰:'光,大也。'《周頌·敬之》傳及《周語》注竝曰:'光,廣也。'《堯典》'光被四表',漢《成陽靈臺碑》'光'作'廣'。《荀子·禮論》:'積厚者流澤廣。'《大戴禮·禮三本篇》'廣'作'光'。需彖辭:'有孚,光亨。''光亨'猶'大亨'也。"①

貞吉,守常不變則吉。等待是對耐心的考驗,故卦辭強調守常不變則吉。

"利涉大川",是謂利於渡河。"利涉大川"在卦爻辭中多次出現,有釋者以爲與坎卦相關,其實未必。訟、同人、蠱、大畜、益、渙、中孚七卦的卦辭,以及頤上九、未濟六三兩爻辭都有"利涉大川"。以同人來説,離下乾上,内外卦和互卦中都無坎卦,蠱、大畜、益、中孚四卦也是如此。元人保巴認爲"大川者,非取坎水象則取兑澤象。又利涉大川者,非取舟虛象則取乘木象"②,其論涉及坎、離、兑、巽四卦象,範圍過大,不可信從。與"利涉大川"相反的是"不利涉大川",坎下乾上的訟卦卦辭有之。另一種表達是"不可涉大川",頤六五爻辭中有之。與"利涉大川"近義的則有"用涉大川",謙卦初六有之(謙卦中二、三、

---

① 王引之:《經義述聞》,江蘇古籍出版社,2000年,第9頁。
② 保巴:《周易原旨·易源奧義》,陳少彤點校,中華書局,2009年,第16頁。

四爻可成坎卦）。古代造船技術差，渡大江大河頗有危險，故有"利涉大川""不利涉大川"這樣的占辭。

又有論者以爲"利涉大川"與巽卦相關，因巽卦有木象，木可浮於水。此亦有特例，比如需卦中就找不出巽卦，而訟卦中有互卦巽，卦辭中却有"不利涉大川"。吳汝綸認爲："《易》之言'涉大川'者，以喻涉險而已，卦辭言'涉大川'者八，需之《象》曰'往有功'，蠱之《象》曰'往有事'，功亦事也。皆言涉險而往，將有所事也。同人之《象》曰'乾行'，大畜之《象》曰'應乎天者'。以涉險之德在乎剛健，二卦皆有乾，因以立義耳。若訟之云'入於淵'者，因坎立義也。益曰'木道乃行'，涣曰'乘木有功'，中孚曰'乘木舟虛'，則皆因巽立義也。"[1]其説可備參考。

初九：需于郊，利用恒，无咎。

【異文】

"郊"，上博簡作"蒿"，帛書作"茭"，均當讀爲"郊"。"恒"，上博簡作"死"，此爲"恒"字古文，簡帛中"恒"字常作此形。

【易傳】

《象》曰："需于郊"，不犯難行也。"利用恒，无咎"，未失常也。

【釋義】

需卦諸爻辭，由郊至沙，再到泥，是逐漸近於水，顯然是據各爻與外卦坎卦的距離來安排。由血到酒食，再到上六的"入于穴，不速之客三人來"，則是據等待時的不同心情來安排。

郊，是離家較遠的郊野之地。跑到很遠的地方去等，可見心情是急躁或興奮的，所以爻辭説"利用恒"，警告問筮者要有恒心。《象傳》

---

[1] 吳汝綸：《易説》，載《續修四庫全書》總第38册，上海古籍出版社，2003年，第354—355頁。

説"未失常也",因常有久義,"失常"即不能恒久,所以仍是講要堅持、要有恒心的意思。而"不犯難行也"則是就初九爻距上卦坎卦較遠做出的解釋,因爲坎有險象,自然是困難。初九距坎卦遠,所以"不犯難行也"。

九二:需于沙,小有言,終吉。

【異文】

"沙",上博簡作"坬",所從右半部分是"徙",而"徙"與"沙"聲紐相同,韻部支、歌旁轉,故可通①。《釋文》"鄭作沙",黃焯云:"沙,(《釋文》)宋本、葉鈔十行本、閩監本同,盧從惠氏改沙爲沙,沙與沙同。"李富孫引《說文》謂"沙有重文作沙"。何楷《古周易訂詁》引孟喜本"沙"下有"衍"字②,從各爻句式看,"需于"後均跟單字,有"衍"字不合此例,當係衍文。"小",帛書作"少",兩字本爲一字,後來分化成兩字。

【易傳】

《象》曰:"需于沙",衍在中也。雖"小有言",以吉終也。

【釋義】

經文中的很多説法祇是比喻,並非實指,像"需于沙""需于泥"就是,並非真的在沙地、泥地中等待,祇是以沙、泥比喻逐步增加的困難。沙是指河岸上的沙,再往前走,離水更近,就變成了泥。在沙地等待,離水較近,不安全,所以爻辭説"小有言"。言就是言語,所謂"小有言"即有言語上的爭吵,但並無大礙。終吉,最終是吉利的。在爻辭中有"中吉""終吉""初吉"這類説法,表達出吉凶隨時而變的思想。

---

①何琳儀:《楚竹書〈周易〉校記》,載《傳統中國研究集刊》第三輯,上海人民出版社,2007年,第22—57頁。

②何楷:《古周易訂詁》,景印文淵閣《四庫全書》第36冊,第42頁。

九三：需于泥，致寇至。

【異文】

"泥"，上博簡作"坭"①，當讀爲"泥"。帛書作"沂"，與"泥"形近，當爲訛字。"致"，上博簡作"至"，當讀爲"致"。"寇"，《釋文》："鄭、王肅本作戎。"作"戎"字當是近義替代。

【易傳】

《象》曰："需于泥"，災在外也。自我"致寇"，敬慎不敗也。

【釋義】

孔穎達："'泥'者，水傍之地，泥溺之處。逼近於難，欲進其道，難必害己，故'致寇至'。"②"致寇至"，指招致襲擊。《象傳》"災在外也"，指外卦的坎卦是災難。"敬慎不敗也"，是從"致寇"的經歷得出的，意在警告九三不可剛猛魯莽。這是《象傳》闡釋卦爻辭的常見邏輯。

六四：需于血，出自穴。

【易傳】

《象》曰："需于血"，順以聽也。

【釋義】

王弼將"血"釋爲血液之血，後人多從之，如高亨"需于血，出自穴者，言先立足於血泊之中，後乃從院牆穴竇中逃出"③云云。吳汝綸

---

①此字釋讀有爭議，暫從季旭昇：《上海博物館藏戰國楚竹書（三）讀本》（萬卷樓圖書股份有限公司，2005年）的意見，參見第8頁。
②孔穎達：《周易正義》，載《儒藏》精華編第二册，北京大學出版社，2009年，第55頁。
③高亨：《周易古經今注》（重訂本），中華書局，1984年，第177頁。

《易說》讀作"洫"①,是受坎卦及前三爻的影響,以爲"于"字後均是地點。殊不知六十四卦爻辭雖有六爻常以相同角度立辭的現象,但也有上、下三爻分從不同角度立辭的做法。需卦就是如此。馬融將小畜六四中的"血"字讀作"恤"②,其實此處之"血"亦當通"恤"。恤,憂也。六四爻近五位,懷有憂懼,故說"需于恤"。穴,房屋、居室。上古穴居,故穴指房屋。《詩·大雅·綿》"陶復陶穴",《繫辭傳》"上古穴居而野處"均可證上古穴居之俗。"需于血,出自穴"是說懷著焦急的心情等待,甚至走到居室外張望。

九五:需于酒食,貞吉。

【易傳】

《象》曰:"酒食,貞吉",以中正也。

【釋義】

朱熹謂:"酒食,宴樂之具,言安以待之。"③《禮記·樂記》:"故酒食者,所以合歡也。"備好酒食以待人,其心情與六四相比要篤定得多。貞吉,守常不變則吉。《象傳》"以中正也",是說五爻陽剛,並處上卦中位,既中且正。

上六:入于穴,有不速之客三人來,敬之,終吉。

【異文】

"入",帛書作"人",形近而誤。"速",《裏》作"楚",帛書作"楚",其後無"之"字,疑有脫文。《說文·艸部》"蔌"字下云:"遬,籀文速。"帛書《易傳》引用經文常與帛書經文不同,但多是通假關係。楚,上古

---

①吴汝綸:《易說》,載《續修四庫全書》總第38冊,上海古籍出版社,2003年,第346頁。
②馬融:《周易傳》,《漢魏二十一家易注》,載《儒藏》精華編第一冊,北京大學出版社,2009年,第234頁。
③朱熹:《周易本義》,中華書局,2009年,第58頁。

音初紐魚部。速,心紐屋部。兩字聲紐同爲齒音,讀音或相近,因而相通。

【易傳】

《象》曰:"不速之客"來,"敬之,終吉",雖不當位,未大失也。

【釋義】

上六爻在需卦、坎卦最上,等待已經完成,且坎有坑穴之象,故繫之"入于穴",意即返回居室。入室而見"不速之客",馬融:"速,召也。"①三人不請自到,當"敬之"。此敬字多釋作恭敬,其實不妥。因爲以卦象言,至上六而上卦之坎卦成,而坎有險象。以語境言,爻辭説"終吉",是暗指初始或有不吉。聞一多以爲:"敬當讀爲儆,言有不速之客來,當戒備也。"②其釋切合卦象和語境,可從。"敬"字有警惕義,如字讀即可。

---

① 馬融:《周易傳》,《漢魏二十一家易注》,載《儒藏》精華編第一册,北京大學出版社,2009年,第233頁。
② 聞一多:《周易義證類纂》,載《聞一多全集》第二册,生活・讀書・新知三聯書店,1982年,第57頁。

訟卦第六

坎下
乾上　訟：有孚窒惕，中吉，終凶。 利見大人，不利涉大川。

【異文】

"訟"，《衷》作"容"，兩字通假。"孚"，帛書作"復"。"窒"，上博簡作"懥"，帛書作"洫"，漢石經作"憤"，據《釋文》知馬融、鄭玄皆作"咥"。上博簡用字從"疐"得聲，與"窒"聲紐相同，韻部相近，可以通假。"洫"與"窒"韻雖相近，但聲紐懸隔。"惕"，上博簡作"惠"，帛書作"寧"。上博簡用字從"商"得聲，應與"惕"通假。"寧"字上古泥紐耕部，與透紐錫部的"惕"聲韻皆近，例可通假。"中"，帛書作一近似"克"的字，當是訛字①。"利見大人"，上博簡、帛書均作"利用見大人"，"用"在此為虛詞，有無都不影響文義。

【易傳】

《彖》曰：訟，上剛下險，險而健，訟。"訟，有孚窒惕，中吉"，剛來而得中也。"終凶"，訟不可成也。"利見大人"，尚中正也。"不利涉大川"，入于淵也。

---

① 張政烺：《馬王堆帛書〈周易〉經傳校讀·六十四卦》，載《張政烺文集·論易叢稿》，中華書局，2012年，第123—124頁。裘錫圭主編：《長沙馬王堆漢墓簡帛集成》(叁)，中華書局，2014年，第14頁。

《象》曰:天與水違行,訟。君子以作事謀始。

《序卦》曰:飲食必有訟,故受之以訟。

【釋義】

卦象坎下乾上,天在上,水在下。天高高在上,水往低處流,卦象所呈不過是正常秩序,《象傳》説"天與水違行,訟"實在有點牽强。《彖傳》的解釋要合理點:"險而健,訟。"需卦是講遇險則等待時機,不輕舉妄動。需卦覆之則成訟卦,是爲"險而健"。遇險而剛健不止,是易生争訟之象。重卦由下嚮上發展,故《彖傳》"險而健"較《象傳》"天與水違行"更加契合卦象。《象傳》説"君子以作事謀始",旨在强調成事不易,因此開始就應仔細謀劃。

窒,疑通致。惕,懼也。"有孚窒惕"意思是即將應驗之事會導致惕懼,不是令人愉快的事情。祇有如此解釋,纔與後文"中吉,終凶"的曲折變化相吻合。前人釋"孚"爲信,視"有孚"爲完全正面的事物,繼而糾纏於"窒惕"的意義,然後産生種種異解。

就訟卦論,"利見大人"是告誡問筮者遇此卦時當求助於"大人",不可一意孤行。需卦乾下坎上,有"利涉大川"。訟卦坎下乾上,有"不利涉大川",卦辭的設計似與需、訟是一組覆卦相關。

初六:不永所事,小有言,終吉。

【異文】

"不永所事",上博簡作"不出迎事","迎"即"御",而"御"與"所"音近可通,如蒙上九"利御寇",帛書作"利所寇"。上博簡此處文義晦澀,宜暫依今本讀法。

【易傳】

《象》曰:"不永所事",訟不可長也。雖"小有言",其辯明也。

【釋義】

王弼："處訟之始,訟不可終,故'不永所事',然後乃吉。凡陽唱而陰和,陰非先唱者也。四召而應,見犯乃訟。處訟之始,不為訟先,雖不能不訟,而了訟必辯明也。"①遇訟最忌固執己見,一意孤行。初六位置最下,遇訟而中輟,知難而退,長痛不如短痛,所以占辭説"小有言,終吉"。這一條爻辭説明,既言"終吉",則此前必有不吉者。卦辭言"中吉",則此前必當有不吉者。

九二:不克訟,歸而逋其邑人三百户,无眚。

【異文】

"歸而逋",上博簡作"逞肤"。"其邑人三百户",上博簡作"其邑人三四户"。"四"與"百"字形相近易混,宜暫依今本和帛書的讀法。"眚",上博簡作"禥",讀為"眚"。帛書作"省","省"與"眚"本係一字之分化。

【易傳】

《象》曰:"不克訟",歸逋竄也。自下訟上,患至掇也。

【釋義】

孔穎達:"克,勝也。以剛處訟,不能下物,自下訟上,與五相敵,不勝其訟,言訟不得勝也。"馬融:"眚,災也。"②"不克訟"就是訟事敗訴。"歸而逋其邑人三百户无眚",虞翻讀作"歸而逋,其邑人三百户无眚",孔穎達讀作"歸而逋其邑,人三百户无眚",《釋文》從"逋"字處斷句,蘇軾從"户"字處斷句③。各家斷句不同,則釋字就有不同。

---

① 王弼:《周易注》,載《儒藏》精華編第一册,北京大學出版社,2009年,第706頁。
② 馬融:《周易傳》,《漢魏二十一家易注》,載《儒藏》精華編第一册,北京大學出版社,2009年,第233頁。
③ 蘇軾:《東坡易傳》,景印文淵閣《四庫全書》總第9册,上海古籍出版社,2003年,第15頁。

爻辭先言"不克訟",是説訟事的結局。繼言"歸而逋其邑人三百户无眚",是説應對敗訴的措施和相繼發生的事情。一般來説,爻辭僅預測問筮者的未來,不對與之無關的第三者做預測。若作"其邑人三百户无眚"則是對第三者做預測,不合爻辭的通例。或許是爲了解釋這個疑問,丁晏、李國松等纔用連坐之法來解釋①,使邑人與"歸而逋"之問筮者産生直接聯繫。但古代連坐最殘酷的也不過株及九族,"其邑人三百户"多在九族之外,通常不在連坐範圍之中,敗訴對他們本没有直接影響。

聞一多:"荀爽曰:'逋,逃也,謂逃失邑中之陽人。'是讀'歸而逋其邑人三百户'九字爲句。案荀讀得之,惟解逋義未諦。訓逋爲逃,則是内動詞,内動詞不得有賓語。今觀'逋其邑'之語,逋顯係外動詞,而以'邑'爲其賓語,則荀説不攻自破。以聲求之,疑逋當讀爲賦(《論語·公冶長篇》"可使治其賦也",《魯論》作"傳",是其比)。《説文》曰:'賦,斂也。'《公羊傳》哀十二年何注曰:'賦者斂取其財物也。''不克訟,歸而賦其邑人三百户,无眚'者,蓋訟不勝而有罪,乃歸而賦斂其邑人,於是財用足而得以自贖,故曰'无眚'也。"②以"逋"字連下讀可取,但釋爲賦則不可取。"其邑人三百户"本就是"不克訟"者的賦斂對象,"歸而賦斂其邑人"談不上是收獲,自然不能與"不克訟"的損失相抵。

朱駿聲以爲:"逋,叚借爲捕。《南山經》注引記曰:'條風至,出輕繫,督逋留。'《淮南·天文》作'去稽留'。《廣雅·釋詁四》:'逋,遲也。'按,羈維之意。"③《説文·辵部》:"籀文逋从捕。"是逋、捕當同音,可通假。"歸而逋其邑人三百户"是説敗訴後,邑人三百户聞訊趁機出逃,幸而都被追捕了回來,所以是"无眚",即敗訴没有釀成災難。

---

① 丁晏:《周易訟卦淺説》,轉引自潘雨廷《讀易提要》(上海古籍出版社,2006年),第455頁;李國松意見轉引自馬振彪:《周易學説》,花城出版社,2002年,第83頁。
② 聞一多:《周易義證類纂》,載《聞一多全集》第二册,生活·讀書·新知三聯書店,1982年,第31頁。
③ 朱駿聲:《説文通訓定聲》,中華書局,1984年,第407頁。

六三：食舊德，貞厲，終吉。或從王事，无成。

【異文】

"食"，上博簡作"飤"，當讀爲"食"。"舊"，帛書字形無"艹"頭，應是異體。"厲"，上博簡作"礪"，古文字厂旁從石旁分化，此字即"厲"字①。帛書無"終吉"，是傳抄中的損益。

【易傳】

《象》曰："食舊德"，從上吉也。

【釋義】

孔穎達釋"食舊德"爲"食其舊日之德禄位"②，程頤則釋之爲"處其素分"③，意思是守其本分。惠棟讀"食"爲"蝕"，高亨繼之："食舊德，謂虧損其故日之德行也。食舊德而危難至，危難至則知惕懼，知惕懼則可無敗。故曰食舊德，貞厲，終吉。從王事者，貴克忠克勤，始終如一，否則將無所成，故又曰或從王事無成，亦承食舊德而言也。"④從下文"无成"分析，"食舊德"宜從孔穎達、程頤之釋。所謂"舊德"可能是自己此前創下的基業，也可能是祖蔭。六三陰柔處陽位，所謂"舊德"或指陽位，"食舊德"則不思進取，與陰柔爻象吻合。

貞厲，守常不變則危險。終吉，最終結局是吉利的。"終吉"着眼於長久的判斷，"貞厲"着眼於過程的判斷，兩者並不衝突。撰寫爻辭者對爭訟既不是完全肯定鼓勵，也不是完全否定勸退，而是強調因時因人而變。六三不當位，且是陰爻，所以用"食舊德""无成"這樣消極的爻辭。

---

①李零：《讀上博楚簡〈周易〉》，《中國歷史文物》2006年第4期。
②孔穎達：《周易正義》，載《儒藏》精華編第二冊，北京大學出版社，2009年，第58頁。
③程頤：《周易程氏傳》，中華書局，2011年，第39頁。
④高亨：《周易古經今注》（重訂本），中華書局，1984年，第178—179頁。

九四：不克訟。復即命渝，安貞吉。

【異文】

"渝"，上博簡作"愈"，帛書作"俞"，都讀爲"渝"。

【易傳】

《象》曰："復即命渝"，安貞不失也。

【釋義】

初六"不永所事"即不訟，六三"食舊德"亦是不訟，兩者皆陰爻居陽位，雖未必成就事業，但守成足矣。九二"不克訟"，九四亦"不克訟"，均是訟而敗訴，兩者皆陽爻，但居陰位，位不正，故不能勝訴。與九二不同的是，九四近九五，心有憂懼，故"復即命渝"，收斂鋒芒。

前人於"復即命渝"的句讀略有爭議，虞翻云："渝，變也。不克訟，故復位，變而成巽，巽爲命令，故復即命渝。"[1]王弼云："若能反從本理，變前之命，安貞不犯，不失其道，'爲仁猶己'，故吉從之。"[2]同樣以"復即命渝"爲一句。《朱子語類》云："訟九四'不克訟'句，'復即命'句，'渝'句，'安貞'句。吉。六三'食舊德'句，'貞'句，'厲終吉'句。曰'厲'自是一句，'終吉'又是一句。《易》辭只是元排此幾句在此。伊川作變其不安者爲安貞，作一句讀，恐不甚自然。"[3]是句讀不僅不同於虞翻，亦與程頤不同。後來屈萬里將"即命"釋作"就命，言就而聽命也"[4]，則與朱子所見的句讀相同。

不過，不管如何斷句，前人對爻辭的理解大體相同，即敗訴之後，立刻有所改變。"即"當是連詞，相當於則、乃。所謂"復即命渝"就是

---

[1] 虞翻：《周易注》，《漢魏二十一家易注》，載《儒藏》精華編第一册，北京大學出版社，2009年，第418頁。
[2] 王弼：《周易注》，載《儒藏》精華編第一册，北京大學出版社，2009年，第706頁。
[3] 黎靖德：《朱子語類》，王星賢點校，中華書局，1986年，第1750頁。
[4] 屈萬里：《說易散稿》，轉引自劉大鈞總主編：《百年易學菁華集成初編·〈周易〉經傳》（肆），上海科學技術文獻出版社，2010年，第1368—1379頁。

敗訴後回到城邑，接着下令改變。"安貞吉"是承"復即命渝"而來，自是説改變之後不當有反復，應該自此安寧正命，如此方爲吉利。

九五：訟，元吉。

【易傳】

《象》曰："訟，元吉"，以中正也。

【釋義】

訟卦中，逢陽爻皆有訟，逢陰爻則不訟。但四陽爻中，唯獨九五爻訟而大吉。這與九五的位置相關，五是陽位，陽爻居之，既中且正。以如此有利的時勢和剛健的特質，當然可訟，且可獲大吉的結果。縱觀訟卦諸爻，爻辭編排者的用心是顯而易見的。

上九：或錫之鞶帶，終朝三褫之。

【異文】

席每"錫"，上博簡、帛書均作"賜"。上博簡無"之"字。"鞶"，上博簡作"縏"，畔聲，乃"鞶"字異體①。帛書作"般"。《釋文》："徐云：'王肅作槃。'"均宜讀爲"鞶"。"帶"，上博簡作"縘"，是"帶"的異體。《釋文》出"帤"，云："亦作帶。""褫"，上博簡作"廌"，當通"褫"②。帛書作"擄"，與"褫"聲符相同，故相通。《集解》作"拕"。《釋文》："鄭本作拕，徒何反。""拕"透紐歌部，"褫"透紐支部，兩字讀音相近，應可通假。

【易傳】

《象》曰：以訟受服，亦不足敬也。

---

① 徐在國：《上博楚簡文字聲系》，安徽大學出版社，2013年，第3082頁。
② 季旭昇：《上海博物館藏戰國楚竹書(三)讀本》，萬卷樓圖書股份有限公司，2005年，第17頁。

【釋義】

馬融:"鞶,大也。旦至食時爲終朝。帶,大帶衣也。"①鞶帶是衣飾之屬,因其華麗且與官爵相關,故以之象徵官爵。王肅:"褫,解也。"②上九與九二、九四一樣,均是不當位之爻。此外,上九還居九五之上,有乘九五之勢。"終朝三褫之",爭訟雙方勝負交替,可見激烈程度。上九居訟卦最上,故訟事發展至極端,與初六"不永所事"正相反。

---

①馬融:《周易傳》,載《儒藏》精華編第一册,北京大學出版社,2009年,第233頁。
②王肅:《周易注》,《漢魏二十一家易注》,載《儒藏》精華編第一册,北京大學出版社,2009年,第580頁。

師卦第七

坎下
坤上　師：貞丈人吉，无咎。

【異文】

"師"，《別卦》和上博簡作"帀"，出土材料中，常用此形表示"師"字。阜簡卦辭殘缺，從殘存爻辭看，卦名當寫作"帀"。"丈人"，李富孫云："《集解》引崔憬云：《子夏傳》作大人，謂王者之師。案大、丈二字形相似，故轉寫易溷。……吳氏澄曰：丈字蓋大字之訛。"字形確實相近，但作"丈人"文義亦通，在沒有其他證據的情況下，暫且存疑。

【易傳】

《彖》曰：師，衆也。貞，正也。能以衆正，可以王矣。剛中而應，行險而順，以此毒天下，而民從之，"吉"又何咎矣？
《象》曰：地中有水，師。君子以容民畜衆。
《序卦》曰：訟必有衆起，故受之以師。師者，衆也。

【釋義】

師卦坎下坤上，水在地中，地中若無水則不可養萬物，故《象傳》說"君子以容民畜衆"。然撰《易》者何以將水與師相關聯呢？李士鉁的解釋可備一說："老子曰：'天下柔弱莫過乎水，而攻堅强者莫之能勝。'孫子曰：'兵形象水。水之形，避高而趨下。兵之形，避實而擊虛。水因地而制流,兵因敵而致勝。'然則兵法寓諸此矣。"①

貞,卜問也。丈人,似當從《子夏易傳》作"大人",《易經》數言"大人",而言"丈人"者僅此一處,此處或許是形近致訛。若作"丈人",則宜指老者。李道平:"《論語》'遇丈人'注云'丈人,老人也',《詩·大雅》曰'維師尚父',《小雅》曰'方叔元老',蓋古之命帥,多擇老成,故曰'丈人吉'也。"②任帥未必唯老者是尊,但行軍之前問諸老者或國中智者當有益處,秦穆公令孟明視等率師偷襲前訪諸蹇叔即是此類。如兵法所說,率師征戰是"國之大事,死生之地,存亡之道",問於長者、賢者可獲指點,有益於戰,故卦辭說"貞丈人吉"。

初六:師出以律,否臧,凶。

【異文】

"律",上博簡作"聿",讀爲"律"。"否",上博簡、帛書均作"不",呂祖謙《古易音訓》引《晁氏易》云:"劉、荀、陸、一行作'不'。"③不、否音近可通。"臧",上博簡作"𧫢",從言,爿聲。《説文·臣部》:"臧,善也。從臣,戕聲。"而"戕"也是從"爿"得聲,故上博簡用字可讀爲"臧"。

【易傳】

《象》曰:"師出以律",失律凶也。

【釋義】

師卦從"出師"開始,到行軍途中,最後以班師回朝、慶功行賞結束。

律,有釋爲軍律者,也有釋爲律吕者。如王弼:"爲'師'之始,齊師者也。齊眾以律,失律則散,故'師出以律'。律不可失,失律而臧,

---

① 李士鉁:《周易注》,載《續修四庫全書》總第39冊,上海古籍出版社,2003年,第13頁。
② 李道平:《周易集解纂疏》,潘雨廷點校,中華書局,1994年,第129頁。
③ 呂祖謙:《古易音訓》,載《續修四庫全書》總第2冊,上海古籍出版社,2003年,第33頁。

何異於否？失令有功，法所不赦，故師出不以律，否臧皆凶。"①是以軍律釋之。惠棟："律者，同律也。《周禮・太師》曰：'大師執同律，以聽軍聲而詔吉凶。'鄭注云：大師，大起軍師。兵書曰：王者行師出軍之日，太師吹律合音，商則戰勝，軍士強；角則軍擾多變，失士心；宮則軍和，士卒同心；徵則將急數怒，軍士勞；羽則兵弱，少威明。《史記・律書》曰：王者制事立法，壹稟于六律。六律爲萬事根本，其於兵械尤重，是師出以律之事也。"②是釋爲律呂。王引之以爲律爲律呂始於唐人，惠氏襲之爲非。李零駁王引之："其實，《史記・律書》，據《太史公自序》，内容是講兵事。他講得很清楚，此書所謂律是律曆之律。史公之意，律曆之律是六律之律，而非法令之律甚明。可見此說實非始自唐人。相反，軍中之法古稱軍法，未聞有稱軍律者。沈家本曾指出，律之本義，本指六律五聲平均之法，法令之律反而是引申義。"③另外，屈萬里引《周禮》文："《周禮・夏官》大司馬之職：'若師有功，則左執律，右秉鉞，以先愷樂獻于社。'鄭注：'律所以聽軍聲。'"④王引之雖引《周禮》文，但没引鄭玄注，故堅持認爲律是軍律。

從另一個角度分析，律必然是指律呂。因爲軍律有當與不當，嚴與不嚴，似無所謂善或不善。爻辭既言"否臧"，則必指善惡不定之類，律呂更符合此點。

九二：在師中，吉，无咎，王三錫命。

【異文】

"中"，上博簡作"审"，當爲異體。"錫"，帛書作"湯"，當是訛寫。上博簡、《昭力》作"賜"，《釋文》："鄭本作賜。""賜"字，古文中常寫作"錫"。"命"字下伯2616有"也"字。

---

① 王弼：《周易注》，載《儒藏》精華編第一册，北京大學出版社，2009年，第707頁。
② 惠棟：《周易述》，鄭萬耕點校，中華書局，2007年，第26頁。
③ 李零：《死生有命，富貴在天：〈周易〉的自然哲學》，生活・讀書・新知三聯書店，2013年，第98頁。
④ 屈萬里：《學易劄記》，載《讀易三種》，聯經出版事業公司，1984年，第484頁。

【易傳】

《象》曰："在師中,吉",承天寵也。"王三錫命",懷萬邦也。

【釋義】

孔穎達云："'在師中,吉'者,以剛居中而應於五,是'在師中,吉'也。"①這是依王弼之意,在"中"字處斷句。馬其昶："在,讀如在視之在。在師者,視師也。中吉,謂中行而吉。"②以"中吉"爲一句。《象傳》既然云"承天寵也",則當在"中"字後斷句。

中,有釋爲中軍者,也有釋爲中正不偏者。如朱駿聲："在師中,所謂中軍也。《周禮》:'一命受職,再命受服,三命受位。'《曲禮》:'一命受爵,再命受服,三命受車馬。'所謂'三錫'也。"③黃壽祺："在師,猶言'率師',《重定費氏學》:'在',讀'在視'之'在','在師'者,'視師'也。'視師'義同'率師'。這是說明九二陽剛居下卦之中,上應六五之'君',猶如統帥兵眾能持中不偏,故'吉'而'无咎'。"④《易經》中有"中吉""終吉""初吉","中吉"之中是指事態發展的中間階段,不指中正不偏。且若是"中吉"則前文當有不吉或危險,如訟卦"有孚窒惕"。此爻言"在師",僅是簡單描述,沒有吉凶休咎,所以後文不宜"中吉"爲一句。依黃壽祺對"在""中"的解釋,讀作"在師中,吉"更妥當。率師中正不倚,賞罰分明,當然是吉利。

至於"王三錫命",當依朱駿聲釋義。

---

① 孔穎達:《周易正義》,載《儒藏》精華編第二冊,北京大學出版社,2009年,第62頁。
② 馬振彪:《周易學說》,花城出版社,2002年,第91—92頁。
③ 朱駿聲:《六十四卦經解》,中華書局,1953年,第37頁。
④ 黃壽祺、張善文:《周易譯注》,上海古籍出版社,1989年,第75頁。

六三：師或輿尸，凶。

【異文】

"師"，阜簡作"币"。"輿"，上博簡作"𦥔"，帛書作"與"，均讀爲"輿"。"尸"，上博簡作"𡰱"，即"屍"字。帛書作"𡰱"，此字從"尸"得聲，可讀爲"尸"。

【易傳】

《象》曰："師或輿尸"，大无功也。

【釋義】

李鼎祚引盧氏云："失位乘剛，内外無應，以此帥師必大敗，故有'輿尸'之凶，功業大喪也。"①是釋"尸"爲"屍體"。程頤云："輿尸，眾主也，蓋指三也。"②俞樾更正其説："但輿訓眾，則六五曰'弟子輿尸'豈可云'弟子眾主'乎？輿當讀爲與，襄二年《左傳》'使正輿子賂夙沙衛'，又十年《傳》'王叔、陳生與伯輿爭政'，又三十一年《傳》'生去疾及展輿'，又定五年《傳》'囚閻輿罷'，《釋文》並曰'輿本作與'。《史記·孔子弟子傳》'曾參字子輿'，《家語》作'子與'，是輿、與古通用。'師或輿尸'者，'師或與尸'也，言師或與爲主，如後世有觀軍容使之類，故凶也。'弟子輿尸'者，'弟子與尸'也，言既使長子帥師，又使弟子與爲主，如晉河曲之戰，有趙穿是也。"③按俞樾的理解，六三言"師或輿尸，凶"未嘗有違常情，因爲大軍有主帥，也有輔佐者，此是常理，何來凶呢？程頤等釋"輿"爲眾，正是想説令出多頭而致凶，俞樾釋"輿"爲"與"反而割斷了爻辭的内部邏輯。但釋"輿"爲眾的話，確實不好解釋"弟子輿尸"。

---

① 李道平：《周易集解纂疏》，潘雨廷點校，中華書局，1994年，第134頁。
② 程頤：《周易程氏傳》，中華書局，2011年，第43頁。
③ 俞樾：《群經平議》，載《續修四庫全書》總第178册，上海古籍出版社，2003年，第6—7頁。

其實,"輿"即是舉、抬,"尸"就指屍體。古代戰爭,戰敗方忙於逃命,無法收拾戰場屍體,所以殽之戰前,没有隨軍的蹇叔對出征的兒子説:"余收爾骨焉。"這是説戰事結束後,家屬赴戰場收拾親人遺骸。换而言之,戰敗者是没法抬着屍體逃命的,大多衹能抛屍荒野。《左傳》文公三年載秦穆公伐晉不成,遂自茅津渡河,"封殽尸而還"。此正説明戰敗之時來不及處理戰死者的遺體。《左傳》文公十二年,秦晉發生戰争,晉國有人勸趙穿趁夜偷襲,趙穿却認爲:"死傷未收而棄之,不惠也。"①可見收埋戰死者遺體本是該做之事,但事實上却時常難以顧及。《左傳》宣公十二年記邲之戰中,"逢大夫與其二子乘,謂其二子無顧,顧曰:'趙傁在後。'怒之,使下,指木曰:'尸女於是。'授趙旃綏以免,明日以表尸之,皆重獲在木下"。戰争中自顧不暇,若不是有樹木爲標識,身爲貴族的逢大夫都未必能找到兒子的遺體。駕乘戰車的貴族如此,那些普通的徒兵就衹能抛屍戰場了。從勝者方面來説,戰敗方士兵的屍體可能會被筑爲"京觀",用來炫耀戰功。如邲之戰後,有人建議楚莊王筑京觀,但被拒絶。在戰争過程中,屍體令人想到死亡,會影響軍心。《左傳》僖公二十八年曹人被晉軍圍城,晉軍戰死頗多,"曹人尸諸城上,晉侯患之"。曹人陳晉人屍體於城上,一則以炫耀戰功,羞辱晉人;二則爲引晉人恐懼,打心理戰。晉侯害怕的主要是第二點,即擔憂軍心被擾亂。戰友的屍體可以唤起生者的恐懼,繼而動摇軍心。因此,六三爻"師或輿尸,凶"是説行軍時,士兵抬着屍體,即戰争中有死傷,這是凶兆。

六四:師左次,无咎。

【異文】

"次",上博簡作"𠂇",讀爲"次"。

---

① 楊伯峻:《春秋左傳注》(修訂本),中華書局,1990年,第592頁。

【易傳】

《象》曰:"左次,无咎",未失常也。

【釋義】

荀爽:"次,舍也。"①何以"師左次"而"无咎"?王弼以兵法釋之,孔穎達繼之:"'行師之法,欲右背高'者,此兵法也。故《漢書·韓信》云:'兵法欲右背山陵,前左水澤。'"②雖然都引兵法釋之,但何爲"左次"?各家均含糊其辭。李零釋之最佳:"'左次',指舍營于山之東南、水之西北。'左'是代表陽面。……次與師音義俱近,指舍營。《孫子·行軍》:'凡軍好高而惡下,貴陽而賤陰。'兵陰陽家是以高爲陽,以下爲陰;左、前爲陽,右、背爲陰。講究左邊和前方視野開闊,右邊和背後有高地爲依托,即所謂'右背山陵,前左水澤'。此説見銀雀山漢簡《孫子兵法·地形二》(《孫子兵法》佚篇)。"③不過,古書中也有不同説法,如《國語·越語下》范蠡云:"凡陳之道,設右以爲牝,益左以爲牡。"④又,《淮南子·兵略》:"所謂地利者,後生而前死,左牡而右牝。"高誘注云:"高者爲生,下者爲死。丘陵爲牡,谿谷爲牝。"⑤"牝""牡"均指地形地貌,"益左以爲牡"即"左牡",是説駐軍左邊爲丘陵。兵法貴變,故各家有不同。

此爻言"左次",還可從古禮的角度考慮。《老子》云"吉事尚左",河上公云:"左,生位也。"⑥《逸周書·武順》云:"天道尚右,日月西移;地道尚左,水道東流。"⑦左爲陽,故稱左爲生位。日月由東向西,古代地圖左東右西,故"天道尚右",反之"地道尚左"。六四在坤卦,是爲

---

① 荀爽:《周易注》,《漢魏二十一家易注》,載《儒藏》精華編第一册,北京大學出版社,2009年,第258頁。
② 孔穎達:《周易正義》,載《儒藏》精華編第二册,北京大學出版社,2009年,第63頁。
③ 李零:《死生有命,富貴在天:〈周易〉的自然哲學》,生活·讀書·新知三聯書店,2013年,第99頁。
④ 徐元誥:《國語集解》,王樹民、沈長雲點校,中華書局,2002年,第586頁。
⑤ 劉文典:《淮南鴻烈集解》,中華書局,1989年,第510頁。
⑥ 王卡:《老子道德經河上公章句》,中華書局,1993年,第126頁。
⑦ 黄懷信、張懋鎔、田旭東:《逸周書彙校集注》(修訂本),上海古籍出版社,2007年,第309頁。

地,故"尚左",云"師左次"。行軍尚生,故以"左次"。從卦象看,六四已脱坎險,居平易之地,是爲生地,所以説"左次",爲其處生地之故。

六五:田有禽,利執言,无咎。長子帥師,弟子輿尸,貞凶。

【異文】

"田",上博簡作"畋","田獵"之"田"古籍中常作"畋"。"禽",《釋文》:"徐本作擒。""帥",上博簡作"銜",可讀爲"率"字。帛書作"衛",當讀爲"率"。"輿尸",上博簡作"塈殔",與六三同。

【易傳】

《象》曰:"長子帥師",以中行也。"弟子輿尸",使不當也。

【釋義】

恒九四有"田无禽",解九二有"田獲三狐",巽有"田獲三品",諸"田"均讀爲"畋",指打獵。"田有禽"之"田"亦當指打獵。古代諸侯、貴族常以田獵練兵,所以在師卦中設計這麽一條爻辭。禽,即擒字。田有禽即指獲得野獸,有所擒獲。

"利執言"一句,至少有三種解釋,第一種如孔穎達:"己不直則有咎。己今得直,故可以執此言往問之而无咎也。"①是執、言均是實詞,執即堅持。朱熹則以爲:"敵加於己,不得已而應之,故爲'田有禽'之象,而其占利以搏執而无咎也。言,語辭也。"②釋執爲縛執,言爲虛詞。李道平:"'利執言'者,即《詩·小雅》'執訊'也。"③所謂"執訊"即生擒俘虜,在金文中多見,屈萬里亦有論述④。經文中"利……"的句式極多見,均爲占辭,此亦不當例外。既爲占辭,則不當與"田有禽"

---

① 孔穎達:《周易正義》,載《儒藏》精華編第二册,北京大學出版社,2009年,第63頁。
② 朱熹:《周易本義》,中華書局,2009年,第64頁。
③ 李道平:《周易集解纂疏》,潘雨廷點校,中華書局,1994年,第135頁。
④ 屈萬里:《〈周易〉卦爻辭成於周武王時考》,載劉大鈞總主編:《百年易學菁華集成初編·周易經傳》(貳),上海科學技術文獻出版社,2010年,第820—832頁。原載《文史哲學報》(中國臺灣)1950年第1期。

併説一事,而是由"田有禽"引申出來的判斷。此爻在師卦,應與戰爭有關。所以,李道平的解釋最爲可信。在圍獵中有所擒獲的話,則預示在戰爭中會生擒俘虜,這是將獵得的動物比擬作戰爭中擒獲的俘虜。

爻辭"長子帥師,弟子輿尸"是説長子爲帥而其他人抬着戰友的屍體行軍,或在戰場上收屍,此即意味着戰爭中有傷亡。此種情形必須改變,所以説"貞凶",即若守常不變則凶。爻辭對守常不變做出警示,旨在强調戰場瞬息萬變,運籌帷幄者理當隨機應變、當機立斷,不可因循守舊或優柔寡斷。

上六:大君有命,開國承家,小人勿用。

【異文】

"大君",帛書作"大人君","大"字後衍"人"字。上博簡作"大君子",衍一"子"字。"開",上博簡、帛書、阜簡均作"啓",今本可能是因避漢景帝劉啓名諱而改。"承",上博簡作"丞",帛書作"氶",即"拯"字,讀爲"承"。"承"字有異體作"氶",所從之"氶"即"拯"字。明夷六二"用拯馬壯",鄭玄云:"拯,承也。"①可見"拯""承"音義皆相近。"家",帛書與今本同,阜簡作"邦",前文已有"國",是當作"家"字爲妥,阜簡當有誤。阜簡不避劉邦、劉啓名諱,其底本可能源自劉漢之前。

【易傳】

《象》曰:"大君有命",以正功也。"小人勿用",必亂邦也。

【釋義】

上六在師卦最上,寓意戰爭已經結束,所謂"開國承家"是説戰後

---

① 《周易鄭注》,載《儒藏》精華編第一册,北京大學出版社,2009年,第95頁。

的論功封賞。荀爽:"開國,封諸侯;承家,立大夫也。"①"小人勿用"緊接"開國承家",同是承"大君有命"而來,意思是獎賞封侯之時,不可惠及小人。換言之,若是君子占得此爻,當是吉利之兆;若是小人占得此爻,則無吉利可言。雖然古文中的"小人"常指地位低賤者,但這裏所指恐怕主要是那些没有功勞的,或德行卑劣的人。

---

① 荀爽:《周易注》,《漢魏二十一家易注》,載《儒藏》精華編第一册,北京大學出版社,2009年,第258頁。

比卦第八

坤下
坎上　比：吉。 原筮，元永貞，无咎。
　　　不寧方來，後夫凶。

【異文】

"原筮"，上博簡作"备簪"。"备"字當是"邍"的省寫，"邍"即"原野"之"原"，經傳中多寫作"原"字。上博簡有"吉"字在"貞"字後，且"永"作"羕"，應讀作"元羕貞，吉"。

【易傳】

《彖》曰：比，吉也。比，輔也，下順從也。"原筮，元永貞，无咎"，以剛中也。"不寧方來"，上下應也。"後夫凶"，其道窮也。
《象》曰：地上有水，比。先王以建萬國，親諸侯。
《序卦》曰：眾必有所比，故受之以比。比者，比也。

【釋義】

卦象爲地上有水，《子夏傳》云："地得水而柔，水得土而流。"何晏云："水性潤下，今在地上，更相浸潤，比之義也。"[①] 比，就是親比的意思。水附地而行，"親密"無間，故以比名之。

[①] 李道平：《周易集解纂疏》，潘雨廷點校，中華書局，1994年，第139、142頁。

卦辭中"原筮"一句不好理解，干寶云："原，卜也，《周禮》三卜，一曰原兆。"①"原兆"當指兆紋寬廣有如原野。孔穎達云："欲相親比，必能原窮其情，筮決其意。"②朱震云："原，再也，如原蠶、原廟之原。"③兆紋有可見的形象，以"原野"形容之較好理解。筮的結果祇是一個卦象，沒有具體可見的形象，似不可以"原野"形容之。考慮到蒙卦有"初筮告"一句，故釋"原"爲再較合適。卦爻辭很多來源於某一次具體的卜筮，所以有"原筮"這樣的説法。清華簡《説命》中有"王䎽（原）比毕（厥）夢"④，其中"䎽（原）"與"比"當同義，是核查、推求之義。依此看，孔穎達的解釋是可信的。陳仁仁以爲原是田野之意，"原筮"即登於高處察看地形地貌之後，卜筮之，視其吉凶⑤。此亦可備參考。

元，與"元亨"之"元"同義，最大的意思。"永貞"在經文中明顯是積極意義，應與《周禮·春官·大祝》中的"永貞"同義。"大祝掌六祝之辭，以事鬼神示，祈福祥，求永貞。"鄭玄注云："永，長也。貞，正也。求多福，歷年得正命也。"孫詒讓引《論衡》釋"正命"："正命，謂本稟已自得吉也。性然骨善，故不假操行以求福而吉自至，故曰正命。"並説"正命"猶《洪範》所謂"考終命"⑥。因此，"元永貞"就是至爲多福、順享天年的意思。

方，方國。王夫之云："'不寧方'，謂不寧之方，猶《詩》言'幹不庭方'。"⑦茹敦和："《考工》祭侯之辭曰：'惟若寧侯，毋或若女不寧侯。''不寧方'者，猶《詩》所謂'不庭方'也。"⑧屈萬里："《詩·大雅·韓奕》'幹不廷方'，毛公鼎'率懷不廷方'，方者，國也。'不寧方來'，蓋謂不寧之方

---

① 干寶：《周易注》，《漢魏二十一家易注》，載《儒藏》精華編第一册，北京大學出版社，2009年，第628頁。
② 孔穎達：《周易正義》，載《儒藏》精華編第二册，北京大學出版社，2009年，第63頁。
③ 朱震：《漢上易傳》，九州出版社，2012年，第32頁。
④ 李學勤主編：《清華大學藏戰國竹簡（叁）》，中西書局，2012年，第125頁。
⑤ 陳仁仁：《比卦異文解讀》，《中國哲學史》2010年第3期。
⑥ 孫詒讓：《周禮正義》，中華書局，1987年，第1985頁。
⑦ 王夫之：《周易稗疏》，載《船山全書》第一册，嶽麓書社，2011年，第755頁。
⑧ 茹敦和：《周易二閭記》，載《續修四庫全書》總第23册，上海古籍出版社，2003年，第221頁。

國來歸附也。"①"後夫凶"即後來者凶。

初六：有孚，比之无咎。有孚盈缶，終來有它，吉。

【異文】

兩"孚"字，帛書均作"復"。"盈"，上博簡作"汹"，季旭昇認爲此形即表示"水滿"義之"盈"的本字②，可從。"有"，帛書作"或"，通作"有"。"它"，帛書作"沱"，《釋文》："本亦作他。"本應作"它"字。

【易傳】

《象》曰：比之初六，"有它，吉"也。

【釋義】

有釋者將"有孚"與"比之"連讀成句，不妥。此爻屬比卦，當言"比"之吉凶休咎。且依六二、六三諸爻看，均言"比之"云云。是宜讀作"比之，无咎"或"比之无咎"。"有孚盈缶"不好解釋。惠棟云："《後漢書·魯恭傳》：和帝初立，議遣車騎將軍竇憲擊匈奴。恭上疏諫曰：夫人道义於下則陰陽和於上，祥風時雨覆被遠方，夷狄重譯而至矣。《易》曰'有孚盈缶，終來有它，吉'，言甘雨滿我之缶，誠來有它而吉已。"③所引漢代故事雖然可資參考，但"有孚盈缶"仍然令人費解。疑"有孚盈缶"是比擬即將應驗之事頻繁發生。

于省吾認爲"終來"之"來"是"未"字之訛："古文來、未二字形近，在偏旁尤易渾錯……《易》言'有它'皆不吉之象，故曰'有它咎''有它不燕'，'不燕'即不安也。'終未有它'，故言吉也。"④是釋它爲意外、災禍。然考諸帛書，比卦初六"終來有它"作"終來有沱"，大過九四

---

①屈萬里：《周易集釋初稿》，載《讀易三種》，聯經出版事業公司，1983年，第72頁。
②季旭昇：《上海博物館藏戰國楚竹書（三）讀本》，萬卷樓圖書股份有限公司，2005年，第26頁。
③惠棟：《周易述》，鄭萬耕點校，中華書局，2007年，第29頁。
④于省吾：《雙劍誃尚書新證；雙劍誃詩經新證；雙劍誃易經新證》，中華書局，2009年，第641—642頁。

"有它"作"有它",中孚初九"有它不燕"作"有它不寧",唯比初六有異文,是"終來有它"之"它"不同於大過九四、中孚初九中的"它"。疑此"它"字當通"施"。上博簡《民之父母》"亡聖之樂,它及孫子",其中"它"字即通"施"①。"終來有施",是説(上天)終於施惠,降下雨水,與前文"有孚盈缶"相承。"施"字與《乾·彖傳》"雲行雨施"之"施"相同。

又比卦上卦爲坎,有雨象,初六與六四相應,六四是坎之初爻,故此説"有孚盈缶,終來有它,吉"。

六二：比之自内,貞吉。

【異文】

上博簡無"貞"字。

【易傳】

《象》曰："比之自内",不自失也。

【釋義】

"内"當指下位,"之"當指六三爻,二、三爻相承接、相親比,但二爻在三爻之内,故説"比之自内"。六二以陰爻居陰位,沉穩篤實,故爻辭斷之"貞吉",守常不變而吉。

六三：比之匪人。

【異文】

《釋文》："匪人,王肅本作'匪人,凶'。"

---

① 白於藍：《簡牘帛書通假字字典》,福建人民出版社,2008年,第128頁。

【易傳】

《象》曰:"比之匪人",不亦傷乎!

【釋義】

六三欲比於六四,但六四比於九五,無暇顧及六三,所以是"比之匪人"。比卦六三與上六均是欲比而不得,一是"比之匪人",如同遇人不淑;另一個是"比之无首",欲比而無人可比。兩爻中一個是下卦最上一爻,但陰爻處之,居位不正;另一個是上卦最上一爻,以陰爻而居陽爻之上,有乘九五之象。足見撰《易》者安排爻辭時兼顧了爻位。《象傳》"不亦傷乎",是感嘆六三爻心願不得滿足。

六四:外比之,貞吉。

【異文】

"比",上博簡作"妣",讀爲"比"。"貞吉",上博簡作"亡不利"。

【易傳】

《象》曰:外比於賢,以從上也。

【釋義】

虞翻:"在外體,故稱'外'。得位比賢,故'貞吉'也。"[①]六四爻當比於九五,而九五既中且正,是尊貴之爻,故稱"顯比"。所以,《象傳》說:"外比於賢,以從上也。"

[①] 虞翻:《周易注》,《漢魏二十一家易注》,載《儒藏》精華編第一冊,北京大學出版社,2009年,第421頁。

九五：顯比。王用三驅，失前禽，邑人不誡，吉。

【異文】

"顯"，阜簡作"㬎"，讀爲"顯"。"三"，上博簡作"晶"，《昭力》《繆和》作"參"。上博簡無"用"字。"驅"，《昭力》《繆和》作"毆"，《集解》作"敺"，《釋文》："徐云：鄭作敺。"均可讀爲"驅"。"失"，上博簡作"遊"，是楚文字中"失"字的常見寫法。"誡"，上博簡、帛書、《繆和》、《昭力》均作"戒"，《校勘記》云："石經初刻作戒，後改。"考爻辭文義，宜作"戒"字。

【易傳】

《象》曰："顯比"之吉，位正中也。舍逆取順，"失前禽"也。"邑人不誡"，上使中也。

【釋義】

九五爻中正剛直，尊貴之象，所以説"顯比"。馬融釋"三驅"謂："一曰乾豆，二曰賓客，三曰君庖。"①不可信，當從鄭玄之釋："驅禽而射之，三則已發軍禮。失前禽者，謂禽在前來者，不逆而射，傍去又不射，唯其走者，順而射之，不中亦已，是皆所失。用兵之法，亦如之，降者不殺，背敵不殺，以仁恩養威之道。"②古有所謂"三驅"之禮，程頤云："天子之畋，圍合其三面，前開一路，使之可去，不忍盡物，好生之仁也。衹取其不用命者，不出而反入者也。禽獸前去者皆免矣，故曰失前禽也。"③

《繆和》亦釋此爻：

湯曰："不可！我教子祝之，曰：'古者蛛蝥作罔（網），今之【人】緣

---

① 馬融：《周易傳》，《漢魏二十一家易注》，載《儒藏》精華編第一册，北京大學出版社，2009年，第233頁。
② 鄭玄：《周易鄭注》，載《儒藏》精華編第一册，北京大學出版社，2009年，第71—72頁。
③ 程頤：《周易程氏傳》，中華書局，2011年，第51頁。

序（緒）。左者使左，右者使右，尚（上）者使尚（上），下者使下，□□命者以祭先祖。'"諸侯聞之，曰："湯之德及禽（禽）獸（獸）魚鼈矣！"故共皮幣以進者卅（四十）又餘國。[①]

其義與程頤大體相同。

邑人見王有仁義之舉，故不加戒備，願意親比之，所以是吉。

上六：比（之）无首，凶。

【異文】

上博簡、帛書、漢石經"比"字後皆無"之"字。今本或是爲與六二等句式相同，衍一"之"字。

【易傳】

《象》曰："比之无首"，无所終也。

【釋義】

乾卦用九"群龍无首"，首，首領。此"比（之）无首"亦是無首領。上六是比卦最上一爻，比道已盡，欲比而無人可比。卦爻辭以初爻爲始、趾等，以上爻爲末、首等，上爻之上再無其他爻，故欲比而無人。這再次表明比卦中，諸爻（除五爻外）往往欲比於處在其上的爻。

[①] 裘錫圭主編：《長沙馬王堆漢墓簡帛集成》（叁），中華書局，2014 年，第 141 頁。

小畜卦第九

☰ 乾下
巽上　小畜：亨，密雲不雨，自我西郊。

【異文】

"小"，《別卦》、帛書作"少"。"畜"，《別卦》作"篧"，可讀爲"畜"。帛書作"蓺"，假借作"畜"。《衷》作"蓄"，《釋文》："本又作蓄。""郊"，帛書作"茭"，阜簡作"鄗"，均可讀爲"郊"。

【易傳】

《彖》曰：小畜，柔得位而上下應之，曰小畜。健而巽，剛中而志行，乃亨。"密雲不雨"，尚往也。"自我西郊"，施未行也。
《象》曰：風行天上，小畜。君子以懿文德。
《序卦》曰：比必有所畜，故受之以小畜。

【釋義】

要理解小畜卦象，就應與大畜卦比較。小畜是乾下巽上，大畜是乾下艮上。艮有止象，限剛健而止之，故有畜積之象。乾是純陽卦，爲大，艮能止之，故稱爲"大畜"。巽則不同，巽者順也，不能像艮卦那樣畜止乾卦三陽。但乾卦三陽爻終究在下（如泰卦中，乾卦在下，卦辭云"大來"，來則爲我所畜），故取名爲"小畜"，以顯其與"大畜"不同。巽有風象，所以《象傳》言"風行天上"。風行於天上，未肆虐大地,故有云淡風輕、風和日麗的氣象。這就如同君子養成懿美之文德,與之相處,如沐春風。《大象傳》要把具體的卦象轉化爲抽象的哲理,其間免不了各式各樣的聯想。

畜有禽畜義,也有積聚義,從初九、九二看,是談禽畜;從卦象看,是談積聚。巽爲陰卦,乾爲陽卦,兩卦相疊暗示陰陽相通,故卦辭説"亨"。又因爲是"小畜",積聚不夠,所以卦辭説"密雲不雨",雲雖積聚但不至於降雨。王夫之云:"所從來曰'自'。自西郊者,自西而鄉東也。凡雲鄉東行,乃不雨之徵,諺所謂'雲鄉東,一場空'也。"①因此,"自我西郊"可視作對"密雲不雨"的解釋。

初九:復自道,何其咎？吉。

【易傳】

《象》曰:"復自道",其義吉也。

【釋義】

復,返回。道,道路。"復自道"是説丟失的禽畜沿路返回。在禽畜丟失之後常常心焦如焚,因而求助於卜筮,看能否找回。卜筮的結果是禽畜將沿路返回,這當然是"吉",當然是"何其咎"。

九二:牽復,吉。

【異文】

"牽",帛書作"堅",音近相通。

【易傳】

《象》曰:"牽復"在中,亦不自失也。

---

① 王夫之:《周易稗疏》卷一,載《船山全書》第一册,嶽麓書社,2011年,第755頁。

【釋義】

牽,挽引。牽復,禽畜被人牽送回來。與初九相比,九二更有嚮外之象,故不會"復自道"。這一點可以參照乾卦初九和九二,乾初九是"潛龍",九二是"見龍在田"。初爻静在原地,二爻則要嚮外行動。《繫辭》云"乾坤,其《易》之門邪",這在爻辭的安排上是有體現的。

九三:輿說輻,夫妻反目。

【異文】

"輿",帛書、馬融均作"車",秦倞以爲作"車"字近古①,頗有理據。但兩字意義相近,且古籍中常混同,故此處不改。"輻",帛書作"緮",《說文·車部》引作"輿脫輹",《集解》亦作"輹",又引虞翻作"輻"。《釋文》:"輻本亦作輹。"《道德經》云:"三十輻共一轂,當其無,有車之用。"車轂中空,正可納輻,是以有無相用。"輿說輻"則是有無相隔,有、無猶男、女,是以用"輿說輻"引出"夫妻反目"。又,眾輻共湊於轂,故有團結、聚集一類的寓意,産生"輻湊(輳)"一詞,如《史記·貨殖列傳》有"能者輻湊,不肖者瓦解"兩句,就是取聚集之義。此爻由"輿說輻"引申及"夫妻反目",正是借用輻之有團結、聚集一類的寓意。不過,清代學者以爲古文獻中確有借"輻"爲"輹"的例子,如《詩·小雅·正月》:"無棄爾輔,員于爾輻。"馬瑞辰引曾釗意見,以爲輔當爲伏兔,輔與兔音近,故伏兔謂之輔。輻當爲輹,是"車下縛"也,是將車軸與伏兔綁縛在一起的革繩②。《正月》用"輔""輻"明顯有輔佐、輔臣一類的含義,同時說明輻、輹雖有音近假借的時候,但二者實有

---

① 秦倞:《利用出土文獻校讀〈周易〉經文》,復旦大學碩士學位論文,2008年,第24頁。
② 馬瑞辰:《毛詩傳箋通釋》,陳金生點校,中華書局,1989年,第607—609頁。

不同的意義①。大壯九四有"壯于大輿之輹",輹,伏兔。鄭玄云:"輿下縛木,軸相連,鉤心之木是也。"②雖與馬瑞辰的解釋不同,但不管是伏兔,還是綁縛伏兔與車軸的革繩,它們都在輿之下,比較隱蔽、低矮,若是革繩的話,還是柔軟的,更不易使公羊受傷。而輻條共湊於輪轂,猶如籬笆,公羊撞之,則可能傷到角。《漢書·揚雄傳上》描寫眾獸亂竄,有"觸輻關脰"句,顏師古注云:"言眾獸迫急,以角搶地,以領注地,或自觸車輻,關頸而死也。"③既然是"關頸而死",則"車輻"定當指輻湊之"輻",非伏兔或與之相關者。這説明漢人和唐人均認爲動物或有逃竄中觸輻條而死者,當然,揚雄也許是用《易經》之典故。因此,大壯九四中的"輹"當讀作"輻",小畜九三亦以"輿説輻"爲是。

　　清代學者多認爲"輻"當讀作"輹",其實是承襲兩漢以來的誤解,過於相信鄭玄等人的意見。現代學者據考古實物考辨古車輿名物多有所獲,對古人的一些看法既有肯定,也有修改,如汪少華《從"伏兔"看文獻記載與出土文物的關係》一文根據出土實物考辨"伏兔"即是如此。從此文的結論看,"伏兔"是位於車輿與車軸聯接處的一個部件④,古人對其位置的認識無疑是正確的。這更從側面證明動物逃竄或可撞在高大的輪輻上,而撞在車輿底下的伏兔上則可能性極小。清人認爲輻條不可言"脱",而伏兔則可言"脱",這完全是臆測。上引汪少華討論"輔車相依"的文章證明古代有爲增強車輪承重能力而安裝加固件的做法,既是如此,則車輪並非堅不可破。車輪破,輻條自然會脱落。今天的自行車車輪製造工藝當超古人,但輻條仍有脱出現象。古代車輪製作技術、材料均不及今日,道路也不及今日平坦,輻條脱落自然難免。

---

①汪少華:《從出土車輿看"輔車相依"》(《中國古車輿名物考辨》,商務印書館,2005年,第188—213頁),此文利用考古遺物考證了《詩·小雅·正月》中的"輔",結論認爲是加裝在車輪上用於增強車輪承重能力的部件。其文引用許多考古材料及前賢的討論,頗爲可信。依汪氏意見,馬瑞辰等對詩句的解釋就是錯誤的。但這並不影響本書對爻辭的解釋,故附記於此。
②鄭玄:《周易鄭注》,載《儒藏》精華編第一册,北京大學出版社,2009年,第72頁。
③班固:《漢書》卷八十七上,中華書局,1962年,第3549、3550頁。
④汪少華:《中國古車輿名物考辨》,商務印書館,2005年,第176—187頁。

| 上經 |

【易傳】

《象》曰："夫妻反目",不能正室也。

【釋義】

爻辭是用輻與轂的關係比擬夫妻關係,所以在"輿説輻"之後引出"夫妻反目"。《淮南子·説山》云:"轂强必以弱輻,兩堅不能相和,兩强不能引服。"强轂與弱輻猶如男女之勢、强弱之勢,成則可兩和,反之則反目。

六四:有孚,血去惕出,无咎。

【異文】

"孚",帛書、阜簡作"復"。"血",《釋文》:"馬云:'當作恤,憂也。'""惕",帛書作"湯",阜簡作"易","惕"當爲本字。

【易傳】

《象》曰:"有孚""惕出",上合志也。

【釋義】

血,當從馬融釋,通恤,憂也。惕,恐懼。"血去惕出",憂慮和恐懼全部消失。六四近五,故有憂慮恐懼。

九五:有孚攣如,富以其鄰。

【異文】

"孚"字,帛書、阜簡均作"復"。"攣"字,帛書作"䜌",漢石經作"攣"[①],《釋文》:"《子夏傳》作戀,云:思也。"三處異文都應讀爲"攣"。

[①] 侯乃峰以爲漢石經用字當爲"攣"字,參見《〈周易〉文字彙校集釋》,臺灣古籍出版有限公司,2009年,第99頁。

李零認爲上博簡有殘辭"孚膚女","膚"與"攣"讀音相近①。

"富以其鄰",阜簡作"不富以其鄐",衍一"不"字,"鄐"可能是訛字②。

【易傳】

《象》曰:"有孚攣如",不獨富也。

【釋義】

馬融:"攣,連也。"③九五爲什麽説"有孚攣如"？可能是因爲六四已經"有孚",九五又"有孚",所以説"攣如"。"富"字,以往多作貧富之富講,如孔穎達:"五是陽爻,即必富實……"④謙卦六五有"不富以其鄰,利用侵伐",是"富"不當是貧富之富,而當讀爲福佑之福。"富以其鄰",上天福佑其鄰。福佑的範圍比富裕要大,置於此處更適宜。鄰,指鄰居、鄰邦。

上九:既雨既處,尚德載。婦貞厲。月幾望,君子征凶。

【異文】

"德",阜簡、帛書、《子夏傳》、京房、虞翻等作"得",兩字讀音相近,可以相通。"載",阜簡作"戴",當爲形訛。"婦",帛書作"女",與"婦"義近。"幾",漢石經作"近",《釋文》:"《子夏傳》作近。""幾"與"近"義近。"望",阜簡作"堅"。"望"有古文作"𦣹",以此看,"堅"應讀爲"望"。"征",阜簡、帛書作"正"。

---

①李零:《讀上博楚簡〈周易〉》,《中國歷史文物》2006年第4期。
②阜簡照片模糊,看上去更像"鄰"字,但韓自強的釋文作"鄐"。這裏暫依韓氏釋文。參見韓自強《阜陽漢簡〈周易〉研究》,上海古籍出版社,2004年,第16、61頁。
③馬融:《周易傳》,《漢魏二十一家易注》,載《儒藏》精華編第一冊,北京大學出版社,2009年,第234頁。
④孔穎達:《周易正義》,載《儒藏》精華編第二冊,北京大學出版社,2009年,第68頁。

【易傳】

《象》曰:"既雨既處",德積載也。"君子征凶",有所疑也。

【釋義】

雨,降雨。處,止也。俞樾:"'既雨既處'者,既雨既止也。止謂雨止,猶言既雨既霽也。"① 上九畜止至極,故降雨。尚,高尚。載,通哉。于省吾:"按載、在、才、哉古通,《詩·文王》'陳錫載周',《周語》載作哉。《呂氏春秋·知分》'夫善哉',《淮南子》'哉'作'載'。"② 降雨不止則成災,現在"既雨既處",當然要說"尚德載"。

貞,卜問。"婦貞厲",婦女貞問遇此爻則有危險。因上九是陽爻居陰位,居位不正,所以說"婦貞厲",後面的"君子征凶"也是從此爻象引出。幾,當讀爲既。王輝依金文月相術語分析,認爲當以"既"爲是③,後李零亦有分析。李零云:"'既望'是月相術語,常見,不僅見於古書,也見於西周銅器。'幾望'則十分罕見,似乎僅見於此書。《易經》有三個'幾望',除此,下歸妹六五,中孚六四也有。這三個'幾望',小畜'幾望',上博本缺,馬王堆本、雙古堆本同;歸妹'幾望',上博本缺,馬王堆本作'既望',雙古堆本亦缺。中孚'幾望',上博本缺,馬王堆本作'既望',雙古堆本作'幾望'。其他古本,也是兩種寫法都有。我懷疑,《易經》的三個'幾望',其實都是'既望'。"④ 丁四新在分析帛書歸妹卦六五爻辭時,認爲"幾""既""近"均係"辭也"⑤。爻辭往往與卦象、陰陽爻象相關,小畜上九爻在小畜最上,畜積已是極致,盛極而衰,且上九爲陽爻,又不當位,前言"既雨既處"均言"既"。因此,讀作"月既望"更合適。

---

① 俞樾:《群經平議》,載《續修四庫全書》總第178册,上海古籍出版社,2003年,第8頁。
② 于省吾:《雙劍誃尚書新證;雙劍誃詩經新證;雙劍誃易經新證》,中華書局,2009年,第649—650頁。
③ 王輝:《馬王堆帛書〈六十四卦〉校讀札記》,載《古文字研究》第十四輯,中華書局,1986年,第281—294頁。
④ 李零:《死生有命,富貴在天:〈周易〉的自然哲學》,生活·讀書·新知三聯書店,2013年,第108頁。
⑤ 丁四新:《楚竹書與漢帛書〈周易〉校注》,上海古籍出版社,2011年,第332—334頁。

履卦第十

☱下☰上　履虎尾，不咥人。亨。

【異文】

"履"，《別卦》作"頮"，即"履"字。帛書作"禮"。"咥"，《文選·西征賦》作"履虎尾而不噬"，注引鄭玄亦作"噬"①，帛書作"真"。"真"上古章紐真部，"咥"是定紐質部，兩字韻部相近，聲紐亦較近。"咥"從"至"得聲，而"至"屬章紐。"噬"字禪紐月部，與"咥"字不僅聲韻相近，而且意義也相近。《集解》引荀注，"亨"字下有"利貞"兩字。

【易傳】

《彖》曰：履，柔履剛也。説而應乎乾，是以"履虎尾，不咥人，亨"。剛中正，履帝位而不疚，光明也。

《象》曰：上天下澤，履。君子以辯上下，定民志。

《序卦》曰：物畜然後有禮，故受之以履。

【釋義】

卦名爲履，兑下乾上。卦辭有"履虎尾"，六三、九四也有"履虎尾"，卦名"履"顯然與爻辭中的"履虎尾"關係緊密。"履"字本不重，

---

①《六臣注文選》卷十，中華書局，2012年，第197頁。

南宋馮椅《厚齋易學》已謂履、否、同人諸卦舊脫卦名,後劉沅、高亨等均襲其説[1],並有詳細論證。王夫之認爲是"省文",實則"履虎尾"爲卦之名義也[2]。而考諸帛書、上博簡,均與今本同,似可證本無脱字。

咥,咬也。踩了老虎尾巴,老虎竟然没有怒而咬人,當然是好的。又,兑爲陰卦,乾爲陽卦,陰陽相通,所以説"亨"。

《筮法》第十三節釋兑卦在右上或左下的情況時説:"凡行,數出,遂;數入,復。"數,指兑卦[3]。右上在外,故爲出;左下在内,故爲入。以《筮法》占例推測,兑卦當有行走象。今兑下乾上,行走而遇剛者,所以卦辭説"履虎尾"。虎是猛獸,所以用陽剛的乾卦象徵它。

《象傳》説"君子以辯上下,定民志",是據天上澤下爲自然界常態,以及卦名"履"可通"禮"引申出來的,强調要有禮儀。

初九:素履,往无咎。

【異文】

"素",帛書作"錯",兩字疊韻旁紐,例可通假,當以"素"爲本字。

【易傳】

《象》曰:"素履"之往,獨行願也。

【釋義】

此爻辭依荀爽的解釋就很好:"初九者潛位,隱而未見,行而未成。素履者,謂布衣之士,未得居位。獨行禮義,不失其正,故'无咎'。"[4]《象傳》稱"獨行願"也,是因爲初九爻居初位,九二又"履道坦

---

[1] 馮椅:《厚齋易學》,景印文淵閣《四庫全書》總第 16 冊,第 18 頁。劉沅:《周易恒解》,載《續修四庫全書》總第 26 冊,上海古籍出版社,2003 年,第 45 頁。高亨:《周易古經今注》(重訂本),中華書局,1984 年,第 188 頁。
[2] 王夫之:《周易稗疏》,載《船山全書》第一冊,嶽麓書社,2011 年,第 756 頁。
[3] 李學勤主編:《清華大學藏戰國竹簡》(肆),中西書局,2013 年,第 97 頁。
[4] 荀爽:《周易注》,《漢魏二十一家易注》,載《儒藏》精華編第一冊,北京大學出版社,2009 年,第 260 頁。

坦",行而往上,不與初九相伴。又初九當位,"獨行願也"也可指其獨慎己身。

九二:履道坦坦,幽人貞吉。

【異文】

"坦坦",帛書作"亶亶",兩字均從旦得聲,故可通假。"幽",阜簡作"歞"。阜簡此處略有殘損,從圖片看似乎是從肖從尢,或從肖從又之字。侯乃峰有詳細分析,認爲與"幽"音近相通①。

【易傳】

《象》曰:"幽人貞吉",中不自亂也。

【釋義】

坦,即《論語》"君子坦蕩蕩"之"坦"。如《象傳》所釋,九二居下卦之中,"中不自亂",故能"履道坦坦",行得正直,走得端正。"幽人",或説是被囚禁之人,如被商紂王囚禁的周文王;或説是隱士;或説是盲人或視力不佳者。歸妹九二"眇能視,利幽人之貞",眇是眼疾,是以後文所繫"幽人"當指盲人或視力不佳者。對此類人來説,能"履道坦坦"當然是吉利的。"幽人貞吉"與"婦貞厲"句式相同,"貞"字都是卜問的意思。

六三:眇能視,跛能履。履虎尾,咥人,凶。武人爲于大君。

【異文】

"眇",帛書作"眇",當爲異體。"能",《集解》作"而",兩字可通。"跛",《釋文》云"依字作𨂿。""能履",帛書作"能利",係通假,以與卦名

---

①侯乃峰:《〈周易〉文字彙校集釋》,臺灣古籍出版有限公司,2009年,第104頁

用字相區别。"眰",帛書作"真",阜簡作"實"。"爲",帛書作"迥"。按,"迥"字从"同"得聲,與"爲"字聲韻均遠,不似通假,這裏帛書可能因近義替代而用"迥"。乾卦"用九"、坤卦"用六",帛書作"迥九""迥六",是以"迥"可讀爲"用","用"與"爲"有近義項。帛書此處不寫作"用",當是因爲它與占辭中的"利用""小人勿用"等"用"字含義有不同,所以選擇不同字形。

【易傳】

《象》曰:"眇能視",不足以有明也。"跛能履",不足以與行也。"眰人"之"凶",位不當也。"武人爲于大君",志剛也。

【釋義】

眇,一目失明。跛,瘸腳。《象傳》釋"眇能視,跛能履"已經很好。因爲足跛者步伐不穩,故履虎尾而易激怒老虎,所以纔有"眰人"的悲劇。以此推及"武人爲于大君",則理當釋爲凶兆。疑"爲"字當釋作謀,如《孟子·盡心上》:"雞鳴而起,孳孳爲利者,蹠之徒也。"其中"爲"字即是謀求。"武人爲于大君"是說武人有謀於大君,有篡權之心。《象傳》說"志剛也",正是說"武人"不甘願居人之下。六三本是陰爻,但却居陽位,所謂"志剛"正是針對此種德不配位的情况而言。

九四:履虎尾,愬愬,終吉。

【異文】

"愬愬",帛書作"朔朔",讀爲"愬愬"。《説文·虎部》引作"虩虩",《釋文》云:"馬本作虩虩。""虩"與"愬"上古韻部對轉,準雙聲。

【易傳】

《象》曰:"愬愬,終吉",志行也。

【釋義】

《子夏傳》:"愬愬,恐懼貌。"①四爻近五,所以心有恐懼。且無人不知虎是猛獸,故履虎尾自當心懷恐懼。"終吉",履虎尾是一件極危險的事,但因心有恐懼,而不是懵懂無知,所以最終竟然有驚無險,没有釀成災害。這一條爻辭説明,《易經》本文確有恐懼修省的思想。《象傳》"志行也"是説最終未被虎吃,是因心志正而得成吉利,與六三之"志剛也"形成對比。

九五:夬履,貞厲。

【異文】

"夬",帛書作"史",應是"夬"字形譌。

【易傳】

《象》曰:"夬履,貞厲",位正當也。

【釋義】

此"夬"字應與夬卦之"夬"同義,即決也,有剛愎自用的含義。正如來知德所説:"夬者,決也,慨然以天下之事爲可爲,主張太過之意。"②若長久以此,不加改變,當然是危險的,故爻辭有"貞厲"的判斷。

上九:視履,考祥其旋,元吉。

【異文】

"考",帛書作"巧",兩字上古聲韻皆同,可通假。"祥",帛書作

---

①《子夏易傳》,《漢魏二十一家易注》,載《儒藏》精華編第一册,北京大學出版社,2009年,第203頁。
②來知德:《周易集注》,九州出版社,2012年,第182頁。

"翆",當是"翔"字異體。《集解》作"詳",《釋文》:"本亦作詳。"祥"和"詳"都讀爲"翔"。"旋",帛書作"睘",也是通假關係。

【易傳】

《象》曰:"元吉"在上,大有慶也。

【釋義】

虞翻以"視履考詳""其旋元吉"爲句,後人多從此。然"元吉"在經文中多兩字成句,除此外未有與其他詞語搭配成句者,如訟九五:"訟,元吉。"泰六五:"帝乙歸妹以祉,元吉。"復初九:"不遠復,无祗悔,元吉。"大畜六四:"童牛之牿,元吉。"鼎:"元吉,亨。"又《象傳》引爻辭有"元吉"而無"其旋"。且履九五有"夬履",也是兩字一句。是以上九第一句宜爲"視履",整條爻辭當讀作"視履,考祥其旋,元吉"[1]。元人俞琰已有此讀,值得參考:"初居履之始,故言往。上居履之終,故言旋。昔往而今旋也,能自視所履而加考察之功,詳審其旋,不失其素,終始如一,則元吉。"[2]

視履,字面意義是指看着脚步。《書·說命上》有"若跣弗視地,厥足用傷"[3],"視履"與"視地"大體意義相同,都指行走時低頭看着脚步。《國語·周語下》記單襄公批評晉厲公"視遠步高":"夫君子目以定體,足以從之,是以觀其容而知其心矣。目以處義,足以步目,今晉侯視遠而足高,目不在體,而足不步目,其心必異矣。目體不相從,何以能久?"[4]"視遠"與"視履"相反,古人視之爲非禮。引申之,"視履"可能又有視正道、直道而行的意思,如《詩·小雅·大東》云:"周道如砥,直道如矢。君子所履,小人所視。"

考,通巧。"祥",當從帛書作"翔"。"考祥其旋"即"巧翔其旋"。

---

[1] 來知德引初九、九五而判斷"視履"爲一句,參見《周易集注》,九州出版社,2012年,第183頁。
[2] 俞琰:《周易集說》卷一,《通志堂經解》,康熙十九年刻本,第21頁。
[3] 孔穎達:《尚書正義》,載阮元校刻《十三經注疏》影印本,中華書局,1980年,第174頁。
[4] 徐元誥:《國語集解》,王樹民、沈長雲點校,中華書局,2002年,第83—84頁。

豐上六《象傳》云："'豐其屋'，天際翔也。"陸德明《經典釋文》云："鄭、王肅作'祥'。"此"祥""翔"通用之例。"翔"字是狀寫穿着寬袖衣服的人在行走時如同鳥兒展翅飛翔。《論語·鄉黨》"趨進，翼如也"就是說的這種體態。旋，即還（帛書用字當讀作"睘"，與"還"同音），兩字同音。《禮記·樂記》："升降上下，周還裼襲，禮之文也。"陸德明《釋文》："還，音旋。"孔穎達疏："周謂行禮周曲迴旋也。"是周、旋此時同義。《孟子·盡心下》："動容周旋中禮者，盛德之至也。""其旋"是說行禮時周旋往還。"考祥其旋"，其實是"其旋考祥"的倒裝。這種句式在《詩經》中較常見，如《周南·桃夭》"灼灼其華""有蕡其實"，及《召南·殷其雷》"殷其雷"等即是。

總之，"視履，巧翔其旋"是說人在禮儀場合儀態得體、形貌謙卑恭敬。上九處履卦最上，至此履道已成，禮儀周備，所以《象傳》説"大有慶也"。

鄭張尚芳將"考祥其旋"讀爲"巧翔其旋"，不過解釋稍有不同，云："翔者爲張臂盤旋之意，實指舞態。'視履，考祥其旋'當解爲'注意鞋步，靈巧地舞旋'。古代多以舞娛神，審視舞步，翩飛巧舞，乃是禮神之道，神靈歡樂庇祐，自然得元吉（上上大吉）之占。"[1]

---

[1] 鄭張尚芳：《周易繇辭解難舉隅》，《南開語言學刊》2004 年第 2 期。

泰卦第十一

☷ 乾下坤上　泰：小往大來，吉，亨。

【異文】

"泰"，帛書同，《昭力》引作"奈"或"柰"，秦簡《歸藏》亦作"柰"。《廣韻·泰韻》："柰，本或作奈。"① 是以《昭力》與秦簡卦名字形雖異，其實相同。"奈"與"泰"讀音相近，故可相通。

另，《別卦》此卦名作"𦞦"，整理者引孟蓬生意見云"非'燧'字莫屬"②。

【易傳】

《彖》曰："泰，小往大來，吉，亨。"則是天地交而萬物通也，上下交而其志同也。內陽而外陰，內健而外順，內君子而外小人，君子道長，小人道消也。

《象》曰：天地交，泰。后以財成天地之道，輔相天地之宜，以左右民。

---

① 周祖謨：《廣韻校本》，中華書局，2011年，第382頁。
② 李學勤：《清華大學藏戰國竹簡》(肆)，中西書局，2013年，第132頁。孟蓬生：《清華簡(三)所謂"泰"字試釋》，載《出土文獻與中國古代文明國際學術研討會會議論文集》，清華大學出土文獻與中國古代文明研究協同創新中心、清華大學出土文獻研究與保護中心，2013年，第111—115頁。

《序卦》曰:履而泰,然後安,故受之以泰。泰者,通也。

【釋義】

泰卦天在下,地在上,比擬天地運行,陰陽交通,有如《禮記·月令》所謂"天氣下降,地氣上騰,天地和同"①。小,指坤。大,指乾。大畜卦中乾卦被止在内,故稱"大畜",小畜卦中乾卦雖在内,但巽卦不能止之,所以祇是"小畜",此"小"不是指坤。《易經》中的大、小都是相對而言,所指未必全然相同。如大過、小過,大、小分指陽爻、陰爻。

往,去,去向外。來,入内。乾爲陽卦,坤爲陰卦,兩相流動,陰陽交通,所以卦辭説"亨"。

初九:拔茅,茹以其彙,征吉。

【異文】

"拔",帛書作"犮",兩字音近,當以"拔"爲本字。"茹",阜簡作"如",讀爲"茹"。"彙",帛書作"胃",《釋文》:"古文作𦸐,董作𦸅,出也。鄭云:勤也。"從帛書作"胃"看,《釋文》所謂"古文"自有淵源。據《說文》,"彙"有或體作"蜼",可見"彙""胃""𦸐"讀音相近。"征吉",《校勘記》云:"古本征作往。"阮氏所謂古本是據《七經孟子考文補遺》,此書雖記載有一些古文,但錯誤也較多。南宋初刻本此處與今本同。侯乃峰認爲"征"與"往"形近,義亦通②,可備一説。

【易傳】

《象》曰:"拔茅""征吉",志在外也。

【釋義】

《漢書·楚元王傳》劉向上封事曰:"《易》曰:'拔茅茹以其彙,征

---

① 孔穎達:《禮記正義》,載阮元校刻《十三經注疏》影印本,中華書局,1980年,第1356頁。
② 侯乃峰:《〈周易〉文字彙校集釋》,臺灣古籍出版有限公司,2009年,第109頁。

吉'。在上則引其類,在下則推其類。"①王弼釋此爻云:"茅之爲物,拔其根而相牽引者也。茹,相牽引之貌也。三陽同志,俱志在外。初爲類首,己舉則從,若'茅茹'也。"②是讀"拔茅茹"爲一句,孔穎達《正義》亦是如此。《前漢紀·元帝紀中》引作"拔茅連茹,以其彙,征吉"③。蔡邕《琅邪王傅蔡君碑》引作"拔茅以彙,幽滯用濟"④。這些異讀説明,若讀"拔茅茹"爲一句,則"拔"顯係動詞,"茹"則係賓語。王弼注云"拔其根而相牽引者也",且説"茹,相牽引之貌",那麽何者指"根"呢?虞翻云:"茹,茅根。"⑤這大體是承襲漢人的理解。王夫之認爲:"茅、茹,二艸名。茹,蘆也,一名茅蒐,今謂之茜艸。其艸蔓生,與茅俱枝莖堅靭,拔之不絶,必連其根彙而拔之。"⑥然而看《象傳》"拔茅,征吉",以"茹"從下讀。否初六《象傳》"拔茅,貞吉",同樣以"茹"從下讀。因此,爻辭當讀作"拔茅,茹以其彙",茹,相牽引之貌。彙,類。茅草根系細密,拔之則易連及其他,所以説"茹以其彙"。

泰卦六條爻辭中,除上六外,都暗含了聚合、類聚的寓意。初九自不待言,九二言"朋",是朋比,與聚合、類聚相關。九三"无平不陂,无往不復",平與陂、往與復相反相成,同樣有類聚的意思。六四"不富以其鄰",己與鄰,同樣符合聚合、類聚的意思。六五言"歸妹",是婚姻之事,也有聚合的意思。

九二:包荒,用馮河,不遐遺朋。[悔]亡,得尚于中行。

【異文】

"包",帛書作"枹",《釋文》:"本又作苞。"唐石經亦作"苞",南宋初刻本作"包",三字讀音相近。"荒",帛書作"妄",《説文·川部》《集解》

---

①班固:《漢書》卷三十六,中華書局,1962年,第1945頁。
②王弼:《周易注》,載《儒藏》精華編第一册,北京大學出版社,2009年,第713頁。
③荀悦:《前漢紀》卷二十二《孝元皇帝紀二》,景印文淵閣《四庫全書》第303册,第405頁。
④蔡邕:《蔡中郎集》卷六,文淵閣《四庫全書》第1063册,第218頁。
⑤虞翻:《周易注》,《漢魏二十一家易注》,載《儒藏》精華編第一册,北京大學出版社,2009年,第426頁。
⑥王夫之:《周易稗疏》,載《船山全書》第一册,嶽麓書社,2011年,第757頁。

作"巟",《釋文》:"本又作巟。""巟"本義指水面廣大,典籍中多假"荒"字爲之。"遐",帛書作"騢",兩字可通。"朋",帛書作"弗",音近可通。"亡",帛書作"忘",假借作"亡"。

"不遐遺朋亡",帛書《六十四卦》作"不遐遺弗忘"。若依帛書則當在"遺"字後讀斷,那"弗忘"之所指則無着落。高亨以爲今本"亡"字前脱"悔"字①,帛書抄寫時此字可能就已經脱去,讀之不成句,遂改"朋"爲"弗"。又,今本諸"朋"字在帛書中,多作从"朋"之字或與今本同,如在坤卦中作"朋",豫九四中作"傰",復卦中作"堋",咸之九四中作"傰",解之九四作"傰",損之六五、益之六二中均作"傰",僅蹇之九五中作"佣"。因此,帛書的抄寫者應習慣選擇从"朋"得聲的字來寫"朋","朋亡"寫作"弗忘",或許表現了抄寫者對此條爻辭的理解。

【易傳】

《象》曰:"包荒"得尚于中行,以光大也。

【釋義】

包,帛書作"枹",似與植物相關。高亨疑其借爲匏,當可信。荒,假借爲"巟",大也。《說文》"巟"字下段玉裁注云:"引申爲凡廣大之偁(稱),《周頌》'天作高山,大王荒之',傳曰:'荒,大也。'凡此等皆叚荒爲巟也。"②馮河,《詩·小雅·小旻》:"不敢馮河。"毛傳:"徒涉曰馮河。"③《吕氏春秋·安死篇》:"不敢馮河。"高注:"無舟渡河曰馮。"④匏瓜大到可以助人渡河雖然極罕見,但古書中卻多載之,《莊子·逍遙游》、《國語·周語》韋昭注、《鶡冠子·問學篇》陸佃注等均有。

遐,疏遠。《詩·小雅·白駒》:"毋金玉爾音,而有遐心。"鄭玄箋:"毋愛女聲音而有遠我之心,以恩責之也。"⑤《詩·周南·汝墳》有

---

① 高亨:《周易古經今注》(重訂本),中華書局,1984年,第192—193頁。
② 段玉裁:《説文解字注》,上海古籍出版社,1988年,第568頁。
③ 孔穎達:《毛詩正義》,載阮元校刻《十三經注疏》影印本,中華書局,1980年,第449頁。
④ 高亨:《周易古經今注》(重訂本),中華書局,1984年,第192頁。
⑤ 孔穎達:《毛詩正義》,載阮元校刻《十三經注疏》影印本,中華書局,1980年,第434頁。

"既見君子,不我遐棄",是說不相遺棄,爻辭中的"不遐遺朋"也是這個意思。匏瓜縱然可渡,但終究比不上舟船安全,以之渡河祇能是救危之計。此時仍不拋棄朋友,信義可嘉,故爻辭許之"得尚于中行",是指半途會有人相助,使自己和朋友皆得脫困。

尚,助也,從王引之釋①。中行,指途中。《詩·小雅·菁菁者莪》:"在彼中阿。"毛傳:"中阿,阿中也。"②又,《詩》之"中原"是指"原中",也屬此類。

九三:无平不陂,无往不復。艱貞无咎。勿恤其孚,于食有福。

【異文】

"陂",帛書作"波",與"陂"聲符相同,當可通假。李富孫云:"王逸《離騷注》引作不頗。"又據《尚書》"無偏無陂"古書皆引作"無偏無頗",《釋文》云《尚書》此句"舊本皆引作頗,至唐明皇始改頗爲陂"。因此,李富孫認爲九三爻此處古本當作"頗"。"无平不陂"句顯係描寫地形,應以"陂"爲是。"艱",帛書作"根",兩字均從"艮"得聲,故可通假。"恤",帛書作"血",宜讀爲"恤"。《説文·目部》"瞤"字下引作"䁏"。"孚",帛書作"復"。

【易傳】

《象》曰:"无往不復",天地際也。

【釋義】

陂,斜坡。平,平地。平與陂相對,往與復相對。"无平不陂,无往不復",相當於說"禍福相倚"。艱,艱難。"艱貞无咎",雖遇艱難,但仍得正命,故無災禍,直承前文"无平不陂,无往不復",勸慰人不可

---

①王引之:《經義述聞》,江蘇古籍出版社,2000年,第14頁。
②孔穎達:《毛詩正義》,載阮元校刻《十三經注疏》影印本,中華書局,1980年,第422頁。

在困苦中悲觀棄世。

恤,憂。"勿恤其孚",不要擔憂即將應驗的事情。"于食有福"一句可參考《左傳》中的事迹。宣公四年:"公子宋與子家將入,見子反之食指動,以示子家,曰:'他日我如此,必嘗異味。'及入,宰夫將解黿……"食指動,必嘗異味,這就是"于食有福",相當於今天人們説的將有口福。

《象傳》説"天地際也",是因三爻處在上、下卦交界處,上卦爲地,下卦爲天,所以"天地際也"。引申之,則是處在變化之前的臨界點上。

六四:翩翩,不富以其鄰,不戒以孚。

【異文】

"翩翩",《釋文》出"篇篇",並云:"《子夏傳》作翩翩,向本同,云:'輕舉貌。'古文作偏偏。"諸字均從"扁"得聲,故可通,此處宜讀爲"翩翩"。

【易傳】

《象》曰:"翩翩""不富",皆失實也。"不戒以孚",中心願也。

【釋義】

翩翩,《子夏易傳》云"輕舉貌"。李道平引《詩·小雅·巷伯》"緝緝翩翩"毛傳云"往來貌","四與三接,否泰往來之交,四曰'翩翩',義取往來,即三'无往不復'之意"[1]。以爻象言之,李道平之釋可從。《象傳》云"皆失實也","皆"之所指即是"往來"之事。

富,讀爲福。"不富",就是説天降災禍。"不富以其鄰",災禍殃及鄰居。

---

[1] 李道平:《周易集解纂疏》,潘雨廷點校,中華書局,1994年,第170頁。

戒,戒備。"不戒以孚",對即將應驗的事毫無戒備。

六五:帝乙歸妹以祉,元吉。

【異文】

"祉",帛書作"齒",兩字均讀"止"聲,故可通假。

【易傳】

《象》曰:"以祉""元吉",中以行願也。

【釋義】

帝乙,虞翻謂"紂父"①。歸妹卦有"歸妹以娣""歸妹以須"（須讀作嬃,詳見後文）,"歸妹以祉"當與兩爻辭相類。疑"祉"當讀作"姪",俞樾先指出"歸妹以祉"當與"歸妹以娣"等相類,後高亨又有論證②,頗爲可信。

于省吾以爲"祉"本應作"止",因古文字形近於"之"字,遂致混。"帝乙歸妹以祉"當作"帝乙歸妹以之"③。此亦可備一說。

因六五是陰爻,又居中位,所以《象傳》說"中以行願也"。《象傳》所說"中"往往是雙關,既指爻位,又指衷心、內心。願,心願。男女婚娶是人之常情,所以說是"願"。

上六:城復于隍,勿用師。自邑告命,貞吝。

【異文】

"隍",帛書作"湟"。《釋文》:"子夏作堭,姚作垟。"吕祖謙《古易

---

①虞翻:《周易注》,《漢魏二十一家易注》,載《儒藏》精華編第一册,北京大學出版社,2009年,第427頁。
②俞樾:《茶香室經說》,載《續修四庫全書》總第177册,上海古籍出版社,2003年,第405—406頁。高亨:《周易古經今注》（重訂本）,中華書局,1984年,第194頁。
③于省吾:《雙劍誃尚書新證;雙劍誃詩經新證;雙劍誃易經新證》,中華書局,2009年,第661—662頁。

音訓》引《晁氏易》云："古文作皇。"①諸字聲符相同，故可相通。"告"，帛書訛爲"舌"，兩字形近。"吝"，帛書作"閵"。

【易傳】

《象》曰："城復于隍"，其命亂也。

【釋義】

隍，城池，也就是護城河。城，城牆，是用來抵禦外敵的。城牆傾覆，倒入護城河中，城中就失去了屏障，所以説"勿用師"，不要用兵，先保後方爲宜。

邑，城邑。所謂"自邑告命"是承前文"城復于隍"説的，與"勿用師"不是同一件事。駐紮在外的軍隊接到後方城邑來的命令，説城牆倒了，此時宜撤回護城。"貞吝"，守常不變則會導致恨惜，意思是在接到命令後宜馬上改變原來的作戰計劃，立刻回防。《象傳》説"其命亂也"就是指"自邑告命"，軍隊在外作戰，突然説後方有患需回援，自然是"其命亂也"。

---

①吕祖謙：《古易音訓》，載《續修四庫全書》總第2冊，上海古籍出版社，2003年，第34頁。

否卦第十二

☷ 坤下 否之匪人，不利君子貞。 大往小來。
☰ 乾上

【異文】

"否"，《別卦》作"畐"，與"否"疊韻旁紐。帛書及《衷》均作"婦"，與"否"字疊韻旁紐，當可通假。傳本《歸藏》卦名同，秦簡《歸藏》作"否"，《說文·日部》："否，不見也。从日，否省聲。"與"否"同音，可以通假。

【易傳】

《彖》曰："否之匪人，不利君子貞，大往小來"，則是天地不交而萬物不通也，上下不交而天下无邦也。內陰而外陽，內柔而外剛，內小人而外君子，小人道長，君子道消也。

《象》曰：天地不交，否。君子以儉德辟難，不可榮以祿。

《序卦》曰：物不可以終通，故受之以否。

【釋義】

否卦與履卦一樣，在卦象後直接是卦辭，沒有寫卦名。否卦與泰卦相反，乾在上，坤在下，象徵天地不交、否隔不通。《彖傳》由此及君子、小人之論，是盡從"不通"之負面結果立論。《象傳》"君子以儉德辟難，不可榮以祿"則從未來着眼，勉勵君子沉潛克艱。其實，編撰卦爻辭者並不認爲"不通"没有積極意義,因爲既然有"否之匪人",則自然有反面的情況,即"否之是人"。《易經》鮮有純從單一方面立論者,像謙、大有兩卦那樣是比較少見的例子。

否,閉塞不通。清華簡《芮良夫毖》"間隔若否","否"字也即"不通"的意思①。匪,非也。"否之匪人"與"比之匪人"句式相同,意即所"否"者實不宜"否",而宜通之。《論語》孔子論"知",有"知人""不知人";"知言""不知言"之分,"否之匪人"就類似"不知人""不知言"。對君子而言,遇"否之匪人"就當痛改之,所以說否卦,"否之匪人"是"不利君子貞"。

初六:拔茅,茹以其彙,貞吉,亨。

【異文】

"拔",帛書作"犮"。"彙",帛書作"胃",兩字可通。《一切經音義》引作"拔茅連茹"②,此讀應該是以"茹"作名詞,與《象傳》句讀不同。

【易傳】

《象》曰:"拔茅""貞吉",志在君也。

【釋義】

與泰卦初九爻辭基本相同,像這類情形在《易經》中較多見,且大多出現在有覆、變關係的兩個卦中,如謙、豫;損、益;既濟、未濟等,這是撰《易》的體例之一。當然,也有不合此例者,但數量相對要少一些,比如"輿説輹"出現在小畜九三和大畜九二(其實這兩個卦的卦名存在關聯),小畜"密雲不雨"又出現在小過六五中,兩卦既非變,亦非覆。

---

① 李學勤主編:《清華大學藏戰國竹簡》(叁),中西書局,2012年,第145頁。
② 李吉東:《〈一切經音義〉中所見的幾處〈周易〉經文異文》,《周易研究》2006年第2期。

在否卦中,六二之"包承"、六三之"包羞"、九五之"休否"、上九之"傾否"皆以兩字成一句,故初六亦宜以"拔茅"兩字成句。

今本《周易》"亨"字較少出現在爻辭中,共有 7 例,分別是否初六"貞吉,亨"、六二"大人否,亨";大有九三"公用亨于天子,小人弗克";隨上六"王用亨于西山";大畜上九"何天之衢,亨";升六四"王用亨于岐山";節六四"安節。亨"。其中大有九三、隨上六、升六四中的"亨"都應讀作"享",指祭祀,這是很明顯的。因爲在帛書中,前兩爻(升六四有闕文)中的"亨"字均寫作"芳",與"元亨"之"亨"寫法不同,而與今本中作"享"而帛書作"芳"的用字相同。另外,隨上六中的"亨"字,上博簡作"盲",與别處作"卿"顯然不同,可見是指祭祀。否初六與九四相應、六二與九五相應,節六四與初九相應,都是陰陽相通。唯大畜上九爲陽,九三亦爲陽,與前三例不同。但"何天之衢"是承天之休美,仍然可用"通"贊之。

此爻《象傳》說"志在君也",在泰初九則說"志在外也",其實所指都是四爻。陰以陽爲君,否初六應於九四,故說"志在君也"。泰初九與六四應,六四在外,故說"志在外也"。

六二:包承,小人吉,大人否。亨。

【異文】

"包",帛書作"枹",唐石經作"苞",南宋初刻本作"包"。韓仲民云:"枹、包、苞音近通用。"① "承",帛書作"丞",即"拯"字,讀爲"承"。"大人否"之"否",帛書作"不",當讀爲"否"。帛書卦名作"婦",此處作"不",正說明兩者含義不同。帛書此處用字不同於卦名,或許是爲了與卦名區别,與師卦"否臧"之"否"作"不"的情況並不相同。帛書用字雖多有不穩定現象,如"朋"字就有多種字形,但對詞義明顯有區別者,時或用不同字形加以呈現。

---

① 韓仲民:《帛易說略》,北京師範大學出版社,1992 年,第 117 頁。

【易傳】

《象》曰:"大人否。亨",不亂群也。

【釋義】

包,與泰之九二"包"字義同,指匏。承,接、捧。匏瓜對半剖開,即可接物盛物。《詩·大雅·公劉》"酌之用匏",指的就是這種情況。這裏的"否"與"吉"相對,吉者善,否則不善,與卦名"否"字異義。

由《象傳》"不亂群也"看,它是將"否"理解成否閉不通的"否"。遯九四有"好遯,君子吉,小人否",其中"否"字,帛書亦作"不",顯然與否六二"大人否"之"否"同義。從遯九四看,"小人否"應是小人不吉,不應是小人不通。所以,《象傳》釋"大人否"不確。

六三:包羞。

【異文】

"包",帛書、阜簡均作"枹",唐石經作"苞",南宋初刻本作"包"。"羞",帛書作"憂",兩字聲近韻同,可通。

【易傳】

《象》曰:"包羞",位不當也。

【釋義】

包,匏瓜。羞,進獻,此義古書中多見,不贅引。疑爻辭是述瓜祭之事。古人食瓜前有瓜祭,祭祀神靈。《禮記·玉藻》:"瓜祭上環。"孔穎達云:"瓜祭上環者,食瓜亦祭先也。"[1]《論語·鄉黨》:"雖蔬食、菜、羹、瓜祭,必齊如也。"三爻的"包羞"與二爻的"包承"是相遞進的,

---

[1] 孔穎達:《禮記正義》,載阮元校刻《十三經注疏》影印本,中華書局,1980年,第1483頁。

二爻述盛物,三爻則述祭祀神靈。

這條爻辭没有占辭,但《象傳》説"位不當也",意思是不好的。

九四:有命,无咎,疇離祉。

【異文】

"疇",帛書作"檮",《釋文》:"鄭作古疇字。""離",帛書作"羅"。"祉",帛書作"齒",以上異文都可與今本用字相通。

【易傳】

《象》曰:"有命,无咎",志行也。

【釋義】

命,命令。"有命,无咎"意即將有命令到達,但没有災禍,毋須擔心。

疇,類也。《荀子·勸學》:"草木疇生,禽獸群焉。"楊倞注曰:"疇與儔同,類也。"①離,讀作麗,附麗也。《離·彖傳》:"日月麗乎天,百穀草木麗乎土。"王弼注:"麗猶着也。"祉,疑應是"之",參見泰六五"帝乙歸妹以祉"下所引于省吾意見。九四與初六相應,且下有三陰爻,衆陰附麗於九四,故説"疇離祉"。

九五:休否,大人吉。其亡其亡,繫于苞桑。

【異文】

"繫",帛書作"擊",《要》作"毄",三字音近可通,此處宜讀爲"繫"。"苞",帛書、《要》均作"枹",《集解》作"包",《校勘記》:"石經初刻作包,後改爲苞,是也。古本無于字,非。"然看《景刊唐開成石經》及現

---

① 王先謙:《荀子集解》,沈嘯寰、王星賢點校,中華書局,1988年,第7頁。

存唐石經拓本,刻作"苞",並未改刻。

【易傳】

《象》曰:"大人"之"吉",位正當也。

【釋義】

"休否",即停止閉塞不通。因爲九五爻處在否卦中,所以在爻辭中提出"否"。

其,將也。"其亡其亡",哀嘆之聲,與前文的"否"相應。"繫于苞桑",與茂盛的桑林相繫,寓意根深本固,不會亡。於大廈將傾時力挽之,祇有大人能擔此任,故説"大人吉"。

九五爻處在否卦,正值閉塞不通之時。但九五居位中,又柔順隱忍,所以能拯救危局。《象傳》"位正當也",就是從爻位入手解釋爻辭。

上九:傾否,先否後喜。

【異文】

"傾否",帛書作"頃婦"。"先否後喜"之"否",帛書作"不",阜簡作"伓",當讀爲"否"。

【易傳】

《象》曰:"否"終則"傾",何可長也。

【釋義】

侯果:"傾爲覆也,否窮則傾矣。"[1]上九在否卦最上,否將消亡,所以説"傾否"。否消則通,所以説"後喜"。否雖將消亡,但終究曾經存

---

[1] 李道平:《周易集解纂疏》,潘雨廷點校,中華書局,1994年,第179頁。

在，所以説"先否後喜"。否，意即困窮不通。《象傳》"何可長也"是説閉塞終不可長久。

上九"傾否"與九五"休否"不同，"傾否"是局勢惡化，無可挽救，最終完全崩潰。之所以有"先否後喜"，是因崩潰之後，重新開始，或能開出一番新天地。"休否"是否隔不通的局勢在積極干預下被中止，"休"與"傾"雖祇一字之別，差異却非常大。

同人卦第十三

離下乾上　同人于野，亨，利涉大川，利君子貞。

【異文】

"利君子貞"，阜簡作"□君子之貞"，多一"之"字，不影響文義。

【易傳】

《彖》曰：同人，柔得位得中而應乎乾，曰"同人"。同人曰"同人于野，亨，利涉大川"，乾行也。文明以健，中正而應，君子正也。唯君子爲能通天下之志。

《象》曰：天與火，同人。君子以類族辨物。

《序卦》曰：物不可以終否，故受之以同人。

【釋義】

同人與履、否一樣，在卦辭開首一句前沒有卦名，這應是特例。卦象天下有火，火可以聚人，無論是在野外，還是居室內，火都是人群聚集之中心，所以卦象取名爲"同人"。同，聚集。在野外過夜，人群以火爲中心而四周聚集，既可防寒，亦可防猛禽。在居室內以火爲中心，主要是爲了防寒。《象傳》"君子以類族辨物"是從"同人"之聚集人群之義引申出來的，是說在人群聚集時亦不忘品分諸物，等分人眾,講究禮儀。

野,在郊之外。《詩·魯頌·駉》:"在坰之野。"毛傳云:"邑外曰郊,郊外曰野。"①"同人于野",即在郊野聚集人群。渡河充滿危險,一己之力難以完成,所以卦辭説"利涉大川"。離爲陰卦,乾爲陽卦,兩卦相重成同人,可比擬陰陽相通,故説"亨"。利君子貞,利於君子的卜問。阜簡多一"之"字,即是將"貞"作"卜問"解。

同人卦中,九三、九四、九五明顯與戰争有關,這是古代聚集人群的主要目的之一。初九、六二、上九則未必與戰争有關,可能是指其他事情。

初九:同人于門,无咎。

【易傳】

《象》曰:"出門同人",又誰咎也?

【釋義】

同人卦有"同人于門""同人于宗""同人于郊""同人于野",從初爻到上爻,地域越來越廣。門,家門。宗,宗廟。郊,城郊。野,野地,在郊之外。初九處同人之初,地位卑下,所以所同範圍較小,是以家門、家庭爲中心的。《象傳》言"出門同人",並不符合初爻之象。以乾卦初九爲例,爲潛象,是静止的,到九二纔言"見龍在田"。是"同人于門"應是在"門内"同人,範圍較小。

六二:同人于宗,吝。

【異文】

"吝",帛書作"閵"。

---

① 孔穎達:《毛詩正義》,載阮元校刻《十三經注疏》影印本,中華書局,1980年,第609頁。

【易傳】

《象》曰:"同人于宗",吝道也。

【釋義】

宗,宗廟,較初九"門"的範圍大了不少。六二是陰爻,卑順之資,無以同人,所以説"吝"。心願難成,故有恨惜。綜觀同人卦,初九同人无咎;九三"伏戎于莽,升其高陵",是謂同人成功;九四"乘其墉,弗克攻,吉"、九五"大師克相遇"、上九"同人于郊,无悔",均爲陽爻,結果都是相對積極的,唯六二一條陰爻同人而"吝"。可見撰寫爻辭者認爲陽爻剛健,方能聚人。

九三:伏戎于莽,升其高陵,三歲不興。

【異文】

"伏戎",帛書作"服容",當讀爲"伏戎"。"升",帛書作"登",兩字常見通假。

【易傳】

《象》曰:"伏戎于莽",敵剛也。"三歲不興",安行也。

【釋義】

王弼云:"貪於所比,據上之應,其敵剛健,非力所當,故'伏戎于莽',不敢顯亢也。'升其高陵',望不敢進,量斯勢也,'三歲'不能興者也。"[1]釋"伏戎于莽"是隱藏兵力,不敢與敵斗。如此解釋最合九三爻象。九三雖剛而當位,但上有乾卦三陽爻,尤其是九四、九五兩陽爻力壓其上,《象傳》的"敵剛也"就是指此點。強敵壓頭,不得不收斂

---

[1] 王弼:《周易注》,載《儒藏》精華編第一册,北京大學出版社,2009年,第716頁。

鋭氣，隱藏兵力，以待時機，也即最後所説"三歲不興"。伏，隱藏。《詩經·小雅·正月》："潛雖伏矣，亦孔之炤。"戎，士兵。莽，叢木①。"伏戎于莽"是指隱藏士兵於叢木，準備迎敵。

升，當讀作登。《禮記·月令》："農乃登黍。"鄭玄注："登，進也。"②是指祭祀中進獻粢盛。陵，高山。"登其高陵"，是進獻名山，祭祀神靈。因有强敵壓境，所以祭祀祈福。在同人卦中，内卦三爻是爲戰争做準備，所謂"三歲不興"或是指從初爻到三爻，均祇是準備，没有戰事。

興，起兵。"三歲不興"，三年都没有起兵，《象傳》説"安行也"，對這種做法給出了鼓勵。

九四：乘其墉，弗克攻，吉。

【異文】

"其"，阜簡作"高"。"高"字當是因"墉"而增，墙高，所以增字成"高墉"，解卦上六正有"高墉"。"墉"，帛書作"庸"。阜簡作"唐"，疑是形近訛誤。《釋文》："鄭作庸。"

【易傳】

《象》曰："乘其墉"，義弗克也。其"吉"，則困而反則也。

【釋義】

這條爻辭很晦澀，祇有聞一多的解釋略微可取："案乘猶增也。《淮南子·氾論篇》注曰：'乘，加也。'《廣雅·釋詁》二曰：'增，加也。'乘、增聲類同。《詩·七月》'亟其乘屋'，乘亦訓增，謂增加其屋之苫蓋。蓋屋用茅，此與上'晝爾于茅，宵爾索綯'應屬同類，故連言之。

---

①鄭玄：《周易鄭注》，載《儒藏》精華編第一册，北京大學出版社，2009年，第76頁。
②孔穎達：《禮記正義》，載阮元校刻《十三經注疏》影印本，中華書局，1980年，第1370頁

'乘其墉,弗克攻',謂增高其城墉,使敵來不能攻,故爲吉占。王注曰'處上攻下,力能乘墉者也',《正義》曰:'乘上其墉,欲攻之也。'皆訓乘爲升,而以攻我爲攻人,不知城所以守,非所以攻,且不克攻入,亦何吉之有? 是以知其不然。"[①]祇有這樣解釋纔能理順整條爻辭,也好理解《象傳》"義弗克也"和"則困而反則也"。所謂"反則"當指九四爲陽爻,質性剛健,今因困苦而專注於增高城牆,加強防守,與其質性相反。

九五:同人,先號咷而後笑,大師克相遇。

【異文】

"咷",帛書作"桃",帛書《繫辭》作"逃",三字聲符相同,此宜讀爲"咷"。"而"字帛書無,不影響文義。"笑",帛書《繫辭》作"哭",疑因形近而訛。

【易傳】

《象》曰:"同人"之先,以中直也。"大師相遇",言相克也。

【釋義】

這條爻辭的意思很清楚,看"大師克相遇"一句便可明白整條爻辭的內容。克,完成。兩支友軍終於相匯,經歷生死後的戰友相逢,喜極而泣,嚎啕大哭,繼之以大笑,類似《詩·衛風·氓》所說"不見復關,泣涕漣漣。既見復關,載笑載言"。《象傳》以爲九五中正,其位尊貴,所以說"以中直也"。"言相克也"是說友軍都克勝其敵。

[①]聞一多:《周易義證類纂》,載《聞一多全集》第二册,生活·讀書·新知三聯書店,1982年,第38—39頁。

上九：同人于郊，无悔。

【異文】

"郊"，帛書作"茭"，阜簡作"鄏"。"悔"，帛書作"愳"，阜簡作"毎"。《說文·卜部》："毎，《易》卦之上體也。《商書》曰：'貞曰毎。'從卜每聲。"所謂"《易》卦之上體"，即重卦中的外卦，亦稱爲"悔"。

【易傳】

《象》曰："同人于郊"，志未得也。

【釋義】

"同人于郊"，高亨以爲"指祭祀之事而言，古者祀上帝於郊，因而此祭亦名郊"[1]。爻辭的編撰常有一定的系統，雖未必貫穿始終，但卻有常例。初爻、二爻、三爻、四爻及卦辭，都指出了聚集的地點，且九三、九四以及九五還都與戰爭有關，是以上九亦當與戰爭有關。

九五爻已經是"大師克相遇"，戰爭已近尾聲。上九在九五之上，是一卦之終，因此描述了班師回城前在郊外整備的場面。李零："古代班師振旅，凱旋而歸，要在城郊集合軍隊，清點人數。整頓完畢，纔進城。"[2]此釋最近爻辭本義。

爻辭既言"无悔"，何以《象傳》說"志未得也"？上九在同人之終，雖眾人聚集於郊，但很快就會散落各方。古代士兵日常爲民，戰時爲兵，所以在戰爭後分散各處，各司其業。所謂"志未得也"或許是說同人之志終將落空，眾人即將分散。

---

[1] 高亨：《周易古經今注》（重訂本），中華書局，1984年，第202頁。
[2] 李零：《死生有命，富貴在天：〈周易〉的自然哲學》，生活·讀書·新知三聯書店，2013年，第121頁。

大有卦第十四

☲☰ 乾下
離上　大有：元亨。

【異文】

《別卦》名爲"小又"，"又"讀爲"有"。秦簡《歸藏》名"右"。筆者曾有考證，指出今本《易經》中"大有""未濟"等卦名曾被調整過，並非初始卦名。調整的宗旨在於通過卦名反映卦與卦之間的反覆關係①。從上九"自天祐之"及秦簡作"右"看，此卦卦名最早或有可能寫作"大右"或"右"，而"右"即"祐"。

【易傳】

《彖》曰：大有，柔得尊位，大中而上下應之，曰"大有"。其德剛健而文明，應乎天而時行，是以"元亨"。

《象》曰：火在天上，大有。君子以遏惡揚善，順天休命。

《序卦》曰：與人同者，物必歸焉，故受之以大有。

【釋義】

高亨以爲"大有"二字當重②，考諸帛書，二字未重。此卦離在乾

---

①王化平、周燕：《萬物皆有數：數字卦與先秦易筮研究》，人民出版社，2015年，第156頁。
②高亨：《周易古經今注》（重訂本），中華書局，1984年，第202頁。高亨釋"大有"爲大豐年，雖不合卦象，但可備一説。

上,《象傳》以"火在天上"釋之,誤矣。六十四卦中離可象日,《說卦傳》載之,且在離、晉、明夷諸卦中均有應用。萬物仰賴日光,天上有日,就有萬物,故名"大有"。這應該是起名"大有"的邏輯依據。元亨,至爲亨通。離爲陰,乾爲陽,兩相重疊,且天上有日光,所以説"元亨"。《象傳》"君子以遏惡揚善,順天休命"是從火能照明引申出來的。"火在天上"有如明燭高懸,善惡美醜立時分明,君子由此明白"遏惡揚善"的道理。從另一個角度來説,天命就是遏惡揚善,所以又説"順天休命"。

初九:无交害,匪咎,艱則无咎。

【異文】

"害",帛書作"禽",假借爲"害"①。"艱",帛書作"根",阜簡作"䜈",都應讀爲"艱"。

【易傳】

《象》曰:大有初九,无交害也。

【釋義】

交,交會。所謂"交害"是指患害接連而至,猶今語"禍不單行"。匪,非也。因爲没有接連遇"害",所以説"匪咎"。艱,艱難。"艱則无咎",若是卜問艱難而遇此爻,則没有災禍,因爲前文已説"无交害"。

九二:大車以載,有攸往,无咎。

【異文】

"大",帛書作"泰"。"車",《集解》作"轝",《釋文》:"蜀才作輿。"

---

①張政烺:《馬王堆帛書〈周易〉經傳校讀·六十四卦》,載《張政烺文集·論易叢稿》,中華書局,2012年,第141頁。裘錫圭認爲是害的本字,參見《釋蚩》,氏著《古文字論集》,中華書局,1992年,第11—16頁。侯乃峰:《〈周易〉文字彙校集釋》,臺灣古籍出版有限公司,2009年,第121頁。

呂祖謙《古易音訓》引《晁氏易》云:"《子夏傳》作'輿'。"① 李富孫:"車,輿聲轉義同,經傳多通用。"今本之"輿"字,帛書多作"車",是兩字通用之證。從用字習慣看,早期用"車"字更多見,具體可參見小畜九三爻【異文】下所引秦樺的文章。

【易傳】

《象》曰:"大車以載",積中不敗也。

【釋義】

孔穎達:"大車,謂牛車也。"② 牛車通常用於運輸輜重物資,用大車載運意即物資豐厚。有攸往,有所出行。古人遠行需要帶乾糧等生活物資,住店後甚至自己準備飯食;若不住店,更是如此。所以,有大車,有物資,當然是"有攸往,无咎"。

九三:公用(亨)[享]于天子,小人弗克。

【異文】

"亨",帛書作"芳",京房作"享"。《釋文》云:"許庚反,通也,下同。眾家並香兩反,京云:獻也。干云:享,宴也。姚云:享,祀也。"帛書中凡與今本之"享"字位置對應,且明顯表祭祀、進獻意義的地方,均寫作"芳","元亨"之"亨"則作"亨",是以此處今本當因形近而誤作"亨",本當作"享"。"克",帛書作"裒",是"克"字之訛。帛書多處"克"字誤作此形。

【易傳】

《象》曰:"公用亨于天子",小人害也。

---

① 呂祖謙:《古易音訓》,載《續修四庫全書》總第2冊,上海古籍出版社,2003年,第34頁。
② 孔穎達:《周易正義》,載《儒藏》精華編第二冊,北京大學出版社,2009年,第81頁。

【釋義】

京房："享,獻也。"①所謂獻,可獻於天子,也可獻於神靈。前者爲進貢,後者則是祭祀。克,勝任。當公進獻於天子時,禮儀隆重肅穆,非君子莫能任之,所以説"小人弗克"。

通過這條爻辭可以發現,卦爻辭中的"小人"雖然多指地位卑賤之人,但時或含有道德、才能上的意義。禮儀祭祀事務繁雜,勢必動用徒隸司役,即地位卑下的"小人"。因此,九三爻辭中的"小人"肯定也有道德、才能上的意義。與此相對的"君子"也應作此理解。《象傳》説"小人害也",這是偏重小人在道德、才能上的不足。

九四:匪其彭,无咎。

【異文】

"彭",《集解》作"尫",《釋文》："子夏作旁,干云:彭亨,驕滿貌,王肅云:壯也。虞作尫。姚云:彭,旁,徐音同。"黄焯云:"(《釋文》)尫字誤,宋本作尪,盧改作尫。"

【易傳】

《象》曰:"匪其彭,无咎",明辯晢也。

【釋義】

在漢晉《易》注中,"彭"字有兩種異文,一是"旁",另一個是"尫"。虞翻:"匪,非也。其位尫,足尫,體行不正。四失位,折震足,故尫。變而得正,故'无咎'。'尫'或爲'彭',作'旁'聲,字之誤。"②虞翻是從九四爻象着眼,據其多有憂懼象而讀"彭"爲"尫"。王弼注云:"旁謂

---

①京房:《周易章句》,《漢魏二十一家易注》,載《儒藏》精華編第一册,北京大學出版社,2009年,第222頁。
②李道平:《周易集解纂疏》,潘雨廷點校,中華書局,1994年,第190—191頁。

三也。"同樣是從爻象着眼,以爲"旁"指九三爻。

其實,匪當讀作斐,與《詩·衛風·淇奧》名句"有匪君子"之"匪"同義,指有文采的樣子。彭,盛也,多也,壯也。《詩·魯頌·駉》:"有驪有黃,以車彭彭。"毛傳:"彭彭,有力有容也。"①《詩·齊風·載驅》云:"汶水湯湯,行人彭彭。"毛傳:"彭彭,多貌。"②王肅釋"匪其彭"云:"彭,壯也。"③因此,"匪其彭"即是盛壯有文采,與大有之卦名極其吻合。

《象傳》對此條爻辭的解釋全從匪、彭二字入手。明,光明,應該是釋"匪(斐)"字。辯,聰明。《荀子·性惡》:"夫人雖有性質美而心辯知,必將求賢師而事之。"④晢,明智。

六五:厥孚交如威如,吉。

【異文】

"厥",上博簡作"氒",即"厥"字古文。帛書作"闕",當是通假。"孚",帛書作"復"。"交",上博簡作"洨",《二三子問》作"絞",諸字都應讀爲"皎",明也⑤。"威",上博簡作"惪",帛書及《二三子問》均作"委",都是通假,宜讀爲"威"。"吉"字前,帛書有一"終"字,上博簡與今本同。

【易傳】

《象》曰:"厥孚交如",信以發志也。"威如"之吉,易而无備也。

---

①孔穎達:《毛詩正義》,載阮元校刻《十三經注疏》影印本,中華書局,1980年,第609頁。
②孔穎達:《毛詩正義》,載阮元校刻《十三經注疏》影印本,中華書局,1980年,第354頁。
③王肅:《周易注》,《漢魏二十一家易注》,載《儒藏》精華編第一册,北京大學出版社,2009年,第581頁。
④王先謙:《荀子集解》,沈嘯寰、王星賢點校,中華書局,1988年,第449頁。
⑤濮茅左讀"洨"爲"皎",參見馬承源主編:《上海博物館藏戰國楚竹書》(三),上海古籍出版社,2003年,第151—152頁。俞樾、廖名春則先後認爲今本"交"字應讀爲"皎",丁四新有詳細論述,可參《楚竹書與漢帛書〈周易〉校注》(上海古籍出版社,2011年),第35—36頁。

【釋義】

厥,代詞,相當於"其"。孚,應驗。威,威嚴。如,虛詞。爻辭是説即將有應驗之事,事態會變得非常明顯,有威嚴之象,使人畏懼,但結果是吉利的。

因釋"孚"爲信,所以《象傳》説"信以發志也"。"易而无備"是解釋爲什麼"孚"有威如之象,而結果却是"吉"。

上九:自天祐之,吉,无不利。

【異文】

"祐",上博簡、帛書、帛書《繫辭》、《集解》均作"右"。

【易傳】

《象》曰:大有上"吉",自天祐也。

【釋義】

上九是一卦之最上,其象猶如頭頂之"天"。且大有之卦名源自離卦在乾卦之上,而到上九爻時,終成一離卦,即成日象。日在天上,故言"自天祐之"。

謙卦第十五

☷☶ 艮下
坤上　謙：亨。 君子有終。

【異文】

"謙",上博簡作"嗛"。據帛書爻辭,帛書卦名當寫作"嗛"。《二三子問》亦作"嗛",《衷》作"兼"或"嗛",《繆和》作"溓"或"嗛"。《漢書·藝文志》引作"嗛"①,《釋文》:"子夏作嗛,云:嗛,謙也。""嗛""溓",均讀爲"謙"。"亨",上博簡作"卿",《繆和》作"盲"。

【易傳】

《彖》曰:"謙,亨",天道下濟而光明,地道卑而上行。天道虧盈而益謙,地道變盈而流謙,鬼神害盈而福謙,人道惡盈而好謙。謙尊而光,卑而不可踰,君子之終也。

《象》曰:地中有山,謙。君子以裒多益寡,稱物平施。

《序卦》曰:有大者,不可以盈,故受之以謙。

【釋義】

卦象艮下坤上,本來拔地而起之山反而在地之下,是爲謙卑。劉表釋此卦象最好:"地中有山,以高下下,故曰'謙'。謙之爲道,降己

---

①班固:《漢書》卷三十《藝文志》,中華書局,1962年,第1732頁。

升人。山本地上,今居地中,亦降體之義,故爲謙象也。"①《彖傳》全從"謙"字出發,落脚於"謙尊而光,卑而不可踰",這是以實用、功利的眼光看"謙"。《象傳》則不同於此,全從"地中有山"的卦象出發,挖掘出"稱物平施"的治世哲理。山中林木參天,百獸叢聚,物産豐富,但地可容之。除山之外,爲地所容者還有荒野戈壁,亂石鹽鹼等極度貧瘠者。在地之中,所有這一切雖然多寡懸殊,但都和諧共存。這就是地道多寡互補的結果。所以,《象傳》從謙卦卦象及其卦名推闡出"君子以裒多益寡,稱物平施"的哲理。裒,減少,"裒多益寡"與老子的"損有餘而補不足"是同樣的道理。

初六:謙謙君子,用涉大川,吉。

【異文】

"謙謙",上博簡用字同卦名,但不重。帛書作"嗛嗛"、《繆和》作"嗛嗛"。"用",上博簡作"甬",讀爲"用"。

【易傳】

《象》曰:"謙謙君子",卑以自牧也。

【釋義】

程頤:"初六以柔順處謙,又居一卦之下,爲自處卑下之至,謙而又謙也,故曰謙謙。"②是"謙謙"生自爻象,初六性本柔順,處在謙卦,又在最下,所以許之"謙謙君子"。

繼而言"用涉大川,吉"。高亨對此條爻辭的解釋頗可借鑒:"謙謙"者,謙而又謙也。自矜善射,多死於矢。自矜善戰,多死於兵。自矜善涉,多死於水。若臨大川而惕栗,操巨舟而戒慎,則無沈溺之患,

---

① 劉表:《周易章句》,《漢魏二十一家易注》,載《儒藏》精華編第一册,北京大學出版社,2009年,第359頁。
② 程頤:《周易程氏傳》,中華書局,2011年,第87頁。

故曰"謙謙君子,用涉大川,吉"①。

另外,《左傳》宣公十二年記晉軍渡河:"先濟者有賞,中軍、下軍爭舟,舟中之指可掬也。"千軍萬馬爭渡,相互爭奪船隻,甚至兵戎相見,導致許多人的手指被砍斷,掉落在船中。這就是渡河時不互相謙讓的極端情況,可用作解讀謙卦初六的事例。

六二:鳴謙,貞吉。

【異文】

"謙",《衷》作"嗛"。

【易傳】

《象》曰:"鳴謙,貞吉",中心得也。

【釋義】

王弼:"鳴者,聲名聞之謂也。"②此爲謙卦第二爻,居位漸高,爲人所知。相對於初六"謙謙"的遁世無悶,六二居初六之上,以謙而有其名,故謂之"鳴謙",雖然有名,但仍能謙遜。貞吉,守正堅固則吉。

六二居內卦中位,所以《象傳》説"中心得也",以爲六二之鳴謙是發自肺腑,而非虛張聲勢。

九三:勞謙,君子有終,吉。

【異文】

"謙",帛書《繫辭》作"嗛",《二三子問》《繆和》作"嗛"。

---

① 高亨:《周易古經今注》(重訂本),中華書局,1984年,第205頁。
② 王弼:《周易注》,載《儒藏》精華編第一册,北京大學出版社,2009年,第718頁。

【易傳】

《象》曰:"勞謙""君子",萬民服也。

【釋義】

所謂"勞",猶如乾九三之"終日乾乾,夕惕若厲"。九爲陽爻,性本剛健,又居謙卦三位,是以稱爲"勞謙"。勞而有功,但仍謙卑處之,所以"君子有終,吉"。《象傳》說"萬民服也",仍是從九三的爻象詮釋出來的。居位高,且是陽爻,故以爲有君王之象。

六四:无不利,撝謙。

【異文】

"撝",上博簡作"䙷",讀爲"撝"。帛書作"譌",亦宜讀爲"撝"。《釋文》云:"指撝也,義與麾同。《書》云'右秉白旄以麾'是也,馬云:撝猶離也。鄭讀爲宣。"呂祖謙引《晁氏易》云:"京作揮。"①

【易傳】

《象》曰:"无不利,撝謙",不違則也。

【釋義】

此爻"撝"字難解,諸家釋義紛呈,不盡相同。《子夏易傳》:"撝謙,化謙也。"② 京房:"上下皆通曰撝謙。"③ 馬融:"撝,猶離也。"④ 荀

---

①呂祖謙:《古易音訓》,載《續修四庫全書》總第2册,上海古籍出版社,2003年,第34頁。
②《子夏易傳》,《漢魏二十一家易注》,載《儒藏》精華編第一册,北京大學出版社,2009年,第203頁。
③京房:《周易章句》,《漢魏二十一家易注》,載《儒藏》精華編第一册,北京大學出版社,2009年,第222頁。
④馬融:《周易傳》,《漢魏二十一家易注》,載《儒藏》精華編第一册,北京大學出版社,2009年,第234頁。

爽:"撝,猶舉也。"①王弼:"指撝皆謙,不違則也。"②胡瑗:"撝,謂指揮之間皆謙也。"③程頤:"撝,施布之象,如人手之撝也。動息進退,必施其謙,蓋居多懼之地,又在賢臣之上故也。"④高亨:"撝疑當讀作爲。同聲系,古通用。……撝謙即爲謙。有施於人,而無居德之心,伐德之言,是爲撝謙。"⑤

疑"撝"當讀wéi,佐助之意。《太玄·玄數》:"事貌、用恭、撝肅。"范望注:"撝,猶佐也。《尚書》五事:一曰貌,貌曰恭,恭作肅,肅敬以佐恭也。"⑥吳汝綸據此爲訓,並認爲:"卦以九三爲君,四云佐者,佐三也,以陰佐陽,所謂'不違則'也。"⑦《易》常以五爻爲君,一般不以三爻爲君。從爻象看,謙卦六四陰柔居四位,近五爻,是五爻之輔佐。《象傳》言"不違則也",是就四位懷有憂懼的角度發論的。心有憂懼,佐以謙恭,自是"不違則也"。

六五:不富以其鄰,利用侵伐,无不利。

【異文】

"富",上博簡作"賏",是異體字。"鄰",上博簡作"㐭",讀爲"鄰"。"侵",《釋文》:"王廙作寑。"當讀爲"侵"。上博簡作"戩",應是"侵"字異體。

【易傳】

《象》曰:"利用侵伐",征不服也。

---

①荀爽:《周易注》,《漢魏二十一家易注》,載《儒藏》精華編第一册,北京大學出版社,2009年,第262頁。
②王弼:《周易注》,載《儒藏》精華編第一册,北京大學出版社,2009年,第718頁。
③胡瑗:《周易口義》,載《儒藏》精華編第三册,北京大學出版社,2009年,第115頁。
④程頤:《周易程氏傳》,中華書局,2011年,第89頁。
⑤高亨:《周易古經今注》(重訂本),中華書局,1984年,第206頁。
⑥揚雄:《太玄經》,景印文淵閣《四庫全書》第803册,第83頁。
⑦吳汝綸:《易說》,載《續修四庫全書》總第38册,上海古籍出版社,2003年,第358頁。

【釋義】

這條爻辭足以證明"富"當讀作"福",福佑也。"不富以其鄰",天不福佑鄰居(邦),所以"利用侵伐,无不利",這就好似替天行道。謙卦本講謙恭卑順,爲什麽要在此講"利用侵伐"呢?《象傳》的解釋是"征不服也"。後人的一些詮釋大體循此思路,如程頤:"君道不可專尚謙柔,必須威武相濟,然後能懷服天下,故利用行侵伐也。威德並著,然後盡君道之宜,而无所不利也。蓋五之謙柔,當防於過,故發此義。"①

清華簡《程寤》載周文王因太姒夢商廷生棘而舉行祭祀,訓誡太子發,其中説:"敝(幣)告宗方(祊)社稷,祈于六末山川,攻于商神,䇦(望)、承(烝),占于明堂。""攻于商神"即是希望商神不要庇佑商人②,與謙卦六五爻辭"不富以其鄰"説鄰人不受福佑是同類的事情。鄰人被災則"利用侵伐",是鄰人乃指敵國,有如殷商之於周邦。

其實,若結合《象傳》的詮釋看,謙乃天道,"天道虧盈而益謙,地道變盈而流謙,鬼神害盈而福謙,人道惡盈而好謙"。"不富以其鄰"則必是天之所虧,地之所變,鬼神之所害,人道之所惡者。因此,遵天道而侵伐不被上天庇佑的鄰邦同樣符合謙道。

上六:鳴謙。利用行師,征(邑)國。

【異文】

"謙",《繆和》作"嗛"。"利用",上博簡、帛書作"可用",文義無别。"師",上博簡作"帀","師"字古文常寫作此形。"征邑國",上博簡作"征邦",《繆和》作"征國",《釋文》出"征國",且云:"本或作'征邑國'者,非。"李零云:"'國',戰國文字往往寫成鹹,'邑

---

①程頤:《周易程氏傳》,中華書局,2011年,第89頁。
②李學勤主編:《清華大學藏戰國竹簡》(壹),中西書局,2010年,第136、137頁。

國'或即此字之訛。"①《繆和》恐因避劉邦諱而改"邦"爲"國",本當如上博簡作"征邦"。

【易傳】

《象》曰:"鳴謙",志未得也。可用行師,"征邑國"也。

【釋義】

上六之"鳴謙"與六二不同,六二在内卦,上六在一卦最上。居位最高,故用"鳴"字。又在謙卦,所以説"鳴謙"。但在《象傳》看來,上爻往往處在正反轉换之際,變化無可避免,此時雖欲求謙而不可得,所以説"志未得也"。這與同人上九《象傳》之"志未得也"意思相類。程頤之釋亦可爲參考:"以極謙而反居高,未得遂其謙之志,故至發於聲音;又柔處謙之極,亦必見於聲色,故曰鳴謙。"②

另外,丁壽昌引《朱子語類》一則釋謙卦文字,也頗切合六五、上六爻辭:"問謙不與人争如何? 五、上二爻,皆言'利用侵伐''利用行師'。曰:《老子》言'大國下小國則取小國,小國下大國則取大國',又言'抗兵相加,哀者勝矣'。大抵謙自是用兵之道,祇近處一步耳,必也臨事而懼,皆是此意。"③

---

①李零:《死生有命,富貴在天:〈周易〉的自然哲學》,生活·讀書·新知三聯書店,2013年,第127頁。
②程頤:《周易程氏傳》,中華書局,2011年,第90頁。
③丁壽昌:《讀易會通》,中國書店影印本,1992年,第256頁。

豫卦第十六

☷ 坤下震上　豫：利建侯行師。

【異文】

"豫",上博簡作"余",从"余"得聲,與"豫"上古音相同,可通假。帛書作"餘",帛書《繫辭》及《衷》均引作"余"。《別卦》、秦簡《歸藏》作"介",傳本《歸藏》作"分"。《別卦》整理者認爲"介"屬月部見母,"豫"屬魚部喻母,魚、月通轉,見、喻牙喉音,兩字音近可通[1]。通假固然有可能,但若考慮到《歸藏》卦名屢見刻意立異,且六二爻"介于石"一句含有"介"字,則不能排除《歸藏》本來以"介"爲卦名。傳本《歸藏》作"分",可能是"介"的形訛,李學勤曾有此説[2],可從。

【易傳】

《彖》曰:豫,剛應而志行,順以動,豫。豫順以動,故天地如之,而況"建侯行師"乎? 天地以順動,故日月不過,而四時不忒。聖人以順動,則刑罰清而民服。豫之時義大矣哉!

《象》曰:雷出地奮,豫。先王以作樂崇德。殷薦之上帝,以

---

[1] 李學勤主編:《清華大學藏戰國竹簡》(肆),中西書局,2013年,第132頁。
[2] 李學勤:《周易溯源》,巴蜀書社,2006年,第292頁。

配祖考。

《序卦》曰：有大而能謙必豫，故受之以豫。

【釋義】

卦象坤下震上，坤爲順，震爲動，故可象徵"順而動"。卦辭說"利建侯行師"，可見"建侯"與"行師"或有前後相繼的關係，"建侯"當與軍事相關。《象傳》的解釋從雷聯想到春季，再說到祭祀。《禮記·月令》："仲春之月……是月也，日夜分。雷乃發聲……是月也，毋竭川澤，毋漉陂池，毋焚山林。天子乃鮮羔開冰，先薦寢廟。上丁，命樂正習舞，釋菜。天子乃帥三公九卿諸侯大夫親往視之。仲丁，又命樂正入學習舞。是月也，祀不用犧牲，用圭璧，更皮幣。"①如此之類就是《象傳》所說的"作樂崇德。殷薦之上帝，以配祖考"。

春季來臨時，雷聲隆隆，萬物復蘇；百姓耕種，期盼豐收，自然物候和人間景象頗切合"樂"這個字。而且"豫"字在古書中又確有逸樂的用法，所以通常將卦名及諸爻辭中的"豫"釋爲逸樂、享樂的意思。近些年由於新出文獻的鼓勵，有學者給出新的解釋②，但與傳統的解釋相比，在卦象、卦序方面仍多有不足。卦象前文已有分析，就卦序來說，豫與謙卦是一組覆卦，兩卦卦義當有一定的聯繫。謙者卑順，不張揚；豫者恣意，多亢奮，兩者確有相異的特點。解釋豫卦卦名時有必要考慮這些情況。

初六：鳴豫，凶。

【易傳】

《象》曰：初六"鳴豫"，志窮凶也。

---

①孔穎達：《禮記正義》，載阮元校刻《十三經注疏》影印本，中華書局，1980年，第1361—1362頁。
②例如廖名春釋爲"大"，參見《〈周易〉經傳與易學史續論：出土簡帛與傳世文獻的互證》，中國財富出版社，2012年，第93—105頁。連劭名釋爲"與"，參見《帛書周易疏證》，中華書局，2012年，第90頁。

| 上經 |

【釋義】

此爻所繫"鳴豫"是從謙上六"鳴謙"來的,因爲謙覆則爲豫,上六變爲初六。這樣安排爻辭的例子在《易經》中不止此一處。初六位處豫卦最下,地位卑下,又爲陰爻。但它處在豫卦,又不甘願默然處之,所以有"鳴豫"之象。這與其地位及氣質均不相符,所以占斷爲"凶"。《象傳》説"志窮凶也",明指初六才疏位卑,有志不得伸。"志"是從"鳴"字詮釋出來的。

六二:介于石,不終日,貞吉。

【異文】

"介",上博簡作"㺿",帛書作"疥",兩字均從"介"得聲,故可與"介"通假。《釋文》云:"介,古文作砎,鄭古八反,云:'謂磨砎也。'馬作扴,云:觸小石聲。"《繫辭》云:"易曰:'介于石,不終日,貞吉。'介如石焉,寧用終日,斷可識矣。君子知微知彰,知柔知剛,萬夫之望。"《白虎通·諫諍》云:"事已行,災咎將至,無爲留之。《易》曰:'介如石,不終日,貞吉。'"[①]《中論·智行》引此爻辭云:"殷有三仁:微子介於石不終日,箕子内難而能正其志,比干諫而剖心。君子以微子爲上,箕子次之,比干爲下。"[②]這三處顯然是將"介于石"理解爲察微見著,且不管用"于",還是用"如",句子的意思基本没變。

【易傳】

《象》曰:"不終日,貞吉",以中正也。

[①]陳立:《白虎通疏證》,吴則虞點校,中華書局,1994年,第230頁。
[②]徐幹:《中論》卷上,《百子全書》第二册,浙江人民出版社,據掃葉山房1919年石印本影印,1984年,第225—270頁。

【釋義】

石,當指樂器①,即石磬。《周禮·春官·大師》:"皆播之以八音:金、石、土、革、絲、木、匏、竹。"②鄭玄注:"石,磬也。"介,當從馬融讀作"扴":"扴,觸小石聲。"③"不終日",意即不耽於樂,不沉迷,也即守正、堅固不變,所以"貞吉"。

就爻位而言,六二陰爻居陰位,是中正,《象傳》對爻辭的解釋應是據此得來的。

六三:盱豫,悔遲有悔。

【異文】

"三",上博簡作"晶"。"盱",上博簡作"可",帛書作"杅",阜簡作"歌"。《釋文》:"子夏作紆,京作汙,姚作旴,云:日始出。引《詩》'旴日始旦'。"以上異文从"于"或"可"得聲,音近可通。"豫",《二三子問》作"予"。《校勘記》云:"古本豫下有'有'字。"豫卦各爻有"鳴豫""由豫"等,若此處在"豫"字下有一"有"字,則成"盱豫有悔遲有悔",與各爻形式不一致。南宋初刻本此處無"有"字。因此,"有"當是衍文。兩"悔"字,上博簡作"愳",帛書作"뿺",阜簡作"毎",皆當讀爲"悔"。"遲",上博簡作"遅",阜簡作"夷",《校勘記》:"石經遲作遟。"均應讀爲"遲"。

【易傳】

《象》曰:"盱豫"有悔,位不當也。

---

① 舒大清:《〈周易·豫卦〉六二爻辭"介于石,不終日"考論》,《湖北社會科學》2007年第11期。
② 賈公彥:《周禮注疏》,載阮元校刻《十三經注疏》影印本,中華書局,1980年,第795頁。
③ 馬融:《周易傳》,《漢魏二十一家易注》,載《儒藏》精華編第一册,北京大學出版社,2009年,第234頁。

【釋義】

鄭玄:"盱,誇也。"①這與王肅釋作"大也"相同②。又,"盱"與"訏"通,《爾雅·釋詁》云:"訏,大也。"③與六二相比,六三居位更高,喜樂更甚,所以"盱"是描寫作樂時的誇張形貌,釋作"誇""大"或"上視",含義都是相同的。

悔,後悔。有,當讀爲又。遲,晚。"悔遲有悔",意即後悔晚了,悔上加悔。這句話是告誡問筮者要懸崖勒馬,立改前非。

九四:由豫,大有得。勿疑朋盍簪。

【異文】

"由",上博簡作"猷",帛書作"允",《釋文》:"馬作猶,云:猶豫,疑也。""猷""允""猶",均與"由"音近,此處宜以"由"爲本字。

"勿疑",上博簡作"毋頻"。甲骨文中"疑"字作"⿰"等形,徐中舒云:"象人扶杖旁顧而行之形,疑之象也。"④由於字形中表示抬頭旁顧的構件後世訛變爲"匕",故又有添加義符"頁"的異體。"疑",帛書作"⿰"。《説文·子部》:"疑,惑也,从子、止、匕,止聲。"帛書字形衹少"止"部分,當是"疑"字省寫異體。"朋",上博簡作"堋",帛書作"傰"。"盍",上博簡作"欼",此字當从"去"得聲,古音是溪紐魚部,與"盍"讀音相近,或可通假。帛書作"甲",《集解》作"盍"。"簪",上博簡作"疌",即古"捷"字。帛書作"讒",《集解》作"戠",《釋文》:"古文作貸,京作撍,馬作臧,荀作宗,虞作戠。戠,叢合也。"從上博簡、帛書均用"疑"字異體看,"疑朋"當指朋友間產生猜疑,而猜疑常從讒言生出。

---

① 鄭玄:《周易鄭注》,載《儒藏》精華編第一册,北京大學出版社,2009年,第78頁。
② 王肅:《周易注》,《漢魏二十一家易注》,載《儒藏》精華編第一册,北京大學出版社,2009年,第581頁。
③ 郝懿行:《爾雅義疏》,王其和、吴慶峰、張金霞點校,中華書局,2017年,第10頁。
④ 徐中舒:《甲骨文字典》,四川辭書出版社,2006年,第911頁。

因此,疑帛書之"甲""讒"字當爲本字,"甲"讀爲"狎"①。其他異文均是因不同理解而出現的通假字。

【易傳】

《象》曰:"由豫,大有得",志大行也。

【釋義】

馬融:"猶豫,疑也。"②但"由豫"之後是"大有得",所以,馬融之釋似不可從。此"由"字當與頤上九"由頤"之"由"同義,即遵從的意思。"由豫",即是從樂而行。大有得,大有收穫,所以《象傳》云"志大行也"。此亦可參照丁四新所釋:"'由豫',與初、三、上之'鳴豫'、'盱豫'、'冥豫'對言,故本爻'由豫'不當作雙聲疊韻聯綿詞'猶豫'講。"③

此條爻辭中難解的是"勿疑朋盍簪",尤其是後兩字,圍繞它們出現了許多異文,但至今没有文從字順的讀法。從帛書用字看,此句當讀爲"勿疑朋狎讒"。狎,親近,接近,經籍中多見,如《禮記·曲禮上》"賢者狎而敬之",鄭玄注云:"狎,習也,近也。"④讒人常迎合人之好惡,此特點正與"由豫"所含遵喜樂而行的含義相合。"勿疑朋狎讒"是對人在"由豫,大有得"情況下,得意忘形時的警告,意即不要親近讒人而懷疑朋友。讒人投我所好,朋友則時有逆耳忠告。人之常情却是親近使自己高興愉快的人,懷疑疏遠使自己不愉快的人,所以爻辭將"勿疑朋狎讒"繫於"由豫,大有得"之後。從九四爻位看,近於五,常有疑懼之心,故此有"疑朋"一說。

---

① 王輝將"甲"讀爲"盍",整句讀作"勿疑朋嗑讒",解作"言筮遇此卦,勿疑友人多言而讒己也"。參見《馬王堆帛書〈六十四卦〉校讀札記》,載《古文字研究》第十四輯,中華書局,1986年,第281—294頁。
② 馬融:《周易傳》,《漢魏二十一家易注》,載《儒藏》精華編第一册,北京大學出版社,2009年,第234頁。
③ 丁四新:《楚竹書與漢帛書〈周易〉校注》,上海古籍出版社,2011年,第45頁。
④ 孔穎達:《禮記正義》,載阮元校刻《十三經注疏》影印本,中華書局,1980年,第1230頁。

六五：貞疾恒，不死。

【異文】

"恒"，上博簡作"丞"，係楚文字中"恒"字的一種常見寫法，《説文》以爲是"恒"字古文。

【易傳】

《象》曰：六五"貞疾"，乘剛也。"恒不死"，中未亡也。

【釋義】

一般讀作"貞疾，恒不死"，不過，參照出土簡帛及傳世文獻中的占卜辭，常有占疾病而得"不死"這種回答的，没有説"恒不死"的。且"恒不死"似有長生不老的思想，這種思想出現的時間要到春秋戰國之際，作於西周時期的爻辭似乎不太可能有[①]。恒，久也。"貞疾恒"，問久治不愈之病。不死，暫時死不了，意即此病可能被治愈。在疾病占卜中，"死"意味着疾病不可治，必死無疑。"不死"意味着疾病或許可治，不會致死。"弗（不）豫"在古文中可指疾病不能痊癒，如《尚書·金縢》"王有疾，弗豫"，《逸周書·祭公》"我聞祖不豫有加"[②]，《春秋公羊傳》桓公十六年何休注云："天子有疾稱不豫。"[③]六五爻談疾病，當與此相關。

從爻位言，六五在九四之上，所以《象傳》認爲是"乘剛"導致患疾。又六五居中，由此可引申出"中未亡也"。

[①] 王化平：《論〈易經〉中可能與疾病有關的卦爻辭》，載《出土文獻綜合研究集刊》第二輯，巴蜀書社，2015年，第382—395頁。

[②] 黄懷信、張懋鎔、田旭東：《逸周書彙校集注》，上海古籍出版社，1995年，第925頁。清華簡《祭公》此句作"我聞祖不豫有遟"，參見李學勤主編：《清華大學藏戰國竹簡》（壹），中西書局，2010年，第174頁。

[③] 徐彦：《春秋公羊傳注疏》，載阮元校刻《十三經注疏》影印本，中華書局，1980年，第2222頁。

上六：冥豫，成有渝，无咎。

【異文】

"冥"，上博簡作"㮠"，當是通假。"有"，帛書作"或"，"有"屬匣紐之部，"或"屬匣紐職部，兩字音近可通。"渝"，上博簡作"愈"，帛書作"諭"，聲符相同，故可通假。《釋文》："鄭讀爲鳴。"按，鄭讀爲"鳴"不妥，不當與初爻同，且升卦上六有"冥升"，同樣是上爻取"冥"象。

【易傳】

《象》曰："冥豫"在上，何可長也？

【釋義】

冥，夜晚。夜晚本當休息，在夜晚仍然行樂，就是沉湎於樂。卦象發展至上爻，常常有漸趨極端，迷而不知返的現象，如乾之上九，坤之上六，復之上六"迷復"等。成，當讀作誠。《詩·小雅·我行其野》"成不以富"，《論語·顏淵》引作"誠不以富"[1]。渝，變也。"成有渝，无咎"，如果能改變"冥豫"狀態，則可無災。

---

[1] 于省吾：《雙劍誃尚書新證、雙劍誃詩經新證、雙劍誃易經新證》，中華書局，2009年，第671—672頁。

隨卦第十七

☳ 震下
兑上　隨：元亨，利貞，无咎。

【異文】

"隨"，《別卦》作"懇"，整理者認爲聲符是"覓"，讀若"苗"，與"隨"是通假關係①。兩字聲韻皆異，似宜存疑。"覓"字有選擇意，而隨卦六二、六三"係小子（丈夫），失丈夫（小子）"也包含有選擇意，疑《別卦》卦名本不同於《周易》。上博簡作"陵"，此字是"陸"字的省寫，"陸"是"陸"字的異體，此處讀爲"隨"。帛書、帛書《繫辭》及《衷》均作"隋"，當讀爲"隨"。傳本《歸藏》卦名作"馬徒"，于省吾認爲當作"馬走"，取"扈從"義②，可從。"亨"，上博簡作"卿"。

【易傳】

《彖》曰：隨，剛來而下柔，動而説，隨。大亨，貞，无咎，而天下隨時，隨時之義大矣哉。

《象》曰：澤中有雷，隨。君子以嚮晦入宴息。

《序卦》曰：豫必有隨，故受之以隨。

---

①李學勤主編：《清華大學藏戰國竹簡》（肆），中西書局，2013年，第133頁。
②于省吾：《雙劍誃尚書新證、雙劍誃詩經新證、雙劍誃易經新證》，中華書局，2009年，第674—675頁。

【釋義】

卦象震下兑上,震爲雷,爲動。兑有行走象(參見履卦),且在外卦,故可比擬出走。重卦由内卦和外卦組成,内卦三爻離初始之時近,外卦三爻離初始時遠,所以泰、否以外爲"往",内爲"來"。就"往"而言,上三爻在前,下三爻在後,下隨上而往。現兑爲行走象在外,震爲動象在内,是震欲跟隨兑出走之象,所以卦名爲"隨"。

按《象傳》用的卦象看,八卦的卦象是非常整齊、系統的,因此在解釋卦象時難免勉强牽合。以隨卦來説,"澤中有雷"究竟與"隨"有什麽聯繫,《象傳》無法解釋。它後面所説"君子以嚮晦入宴息",完全是從"隨"字引申出來的,不能看出它們與卦象的關係。

初九:官有渝,貞吉。出門交有功。

【異文】

"官有",《釋文》:"蜀才作'館有'。""官""館"同見紐元部,故可相通。"有",帛書作"或"。"渝",上博簡作"愈",帛書作"諭",三字聲符相同,故可相通。"功",上博簡作"工",讀爲"功"。

【易傳】

《象》曰:"官有渝",從正吉也。"出門交有功",不失也。

【釋義】

官,當從于省吾釋,讀作觀:"'觀有渝',謂觀有變也。"[1]貞吉,堅固不變則吉。初九爻在隨卦最下,即最後面的一個跟隨者。這位跟隨者距離走在最前面者最遠,是接收到信息的最末端。對於這種情況來説,既要緊跟變化,又要切忌盲目變化。"官有渝"就是觀察變

---

[1] 于省吾:《雙劍誃尚書新證、雙劍誃詩經新證、雙劍誃易經新證》,中華書局,2009年,第676頁。

化,緊跟變化。"貞吉"則告誡不可隨意變化,應穩重篤定。

"出門交有功",猶今日俗語"開門見財",其中"有"字當理解爲虛詞。交,接。《象傳》中的"不失也""從正吉也",都是出自爻象。初九爲陽爻,居陽位,所以爲"正"。

六二:係小子,失丈夫。

【異文】

"小",上博簡作"少"。"失",上博簡作"遴",是楚文字中"失"的常見寫法。

【易傳】

《象》曰:"係小子",弗兼與也。

【釋義】

係,牽係,在此當與"隨"意義相同。"小子"指陰爻,即六三。"丈夫"指陽爻,即初九。隨卦六二緊隨六三往外,而初九陽爻沉潛在下,故說"係小子,失丈夫"[①]。《象傳》"弗兼與也",即說六二無法兼顧初九和六三。

六三:係丈夫,失小子。隨有求,得。利居貞。

【異文】

"失小子",上博簡作"遴少子"。"求",上博簡此字在"有"字前,帛書與今本同。"居",上博簡作"凥"。"凥"這個字形在古文字材料中,既可讀爲"居",也可讀爲"處",此當讀爲"居"。阜簡作"處",可見其底

[①] 俞琰:《周易集說》卷一,《通志堂經解》,康熙十九年刻本,第34頁。來知德:《周易集注》,九州出版社,2012年,第211頁。屈萬里:《周易集釋初稿》,載《讀易三種》,聯經出版事業公司,1983年,第128頁。

本當作"尼"。

【易傳】

《象》曰:"係丈夫",志舍下也。

【釋義】

爻辭中的"丈夫"指九四,"小子"指六二。"隨有求,得",是說六三跟隨九四,若有所求,當應有得。但六三以陰爻居陽位,居位不當,所以告誡問筮者"利居貞",利於居止中得正命。《象傳》"志舍下也"是從爻辭"失小子"釋出的,六二在六三下,所以是"舍(捨)下也"。雖然祇引"係丈夫",但其實是節引,隱含了"失小子"一句在內。

九四:隨有獲,貞凶。有孚,在道以明,何咎?

【異文】

"孚",帛書作"復"。"獲",上博簡作"䐶",與"獲"聲符相同,故可相通。"貞凶",上博簡作"貞工"。《易經》有"貞吉""貞凶",無"貞工"者,楚簡用"工"字或爲音近訛誤。"工"與"凶"上古韻部相同,聲紐亦相近。因此,通假亦或可能。"以",上博簡作"已",帛書作"巳","以"與"已"相通,其例甚多。"巳"在古籍中又常讀爲"已",兩字關係密切。從文意看,"巳"和"已"都應讀爲"以"。

【易傳】

《象》曰:"隨有獲",其義凶也。"有孚在道",明功也。

【釋義】

九四隨九五之後,九五剛健中正,可以庇佑九四,所以說"隨有獲"。獲,收穫。九四近九五,本有憂懼之心,今又在隨卦,且居位不當,因此當隨時而變,所以爻辭説"貞凶",堅固不變則凶。

在，"在視"之在，與"在師"之"在"同義。在道，視道也，猶言循道。明，成也。《詩・周頌・臣工》："於皇來牟，將受厥明。"王引之："明，成也。暮春之時，麥已將熟，故曰'將受厥成'……古謂成爲明。"①有孚，即有應驗。"在道以明，何咎"是指九四之"隨有獲"是符合道義的，故不用擔心有災禍。

　　由於《象傳》釋貞爲守正，所以用"其義凶也"釋"隨有獲"。若"有孚在道"成句，則"以明"與前後文皆不可成句，其義難明。因此，《象傳》對爻辭的句讀或許有誤。

九五：孚于嘉，吉。

【異文】

　　"孚于嘉"，阜簡作"復嘉"，"嘉"字前脱去"于"字。"孚"，帛書作"復"。

【易傳】

　　《象》曰："孚于嘉，吉"，位正中也。

【釋義】

　　嘉，嘉奬。"孚于嘉"，是説即將應驗的是嘉奬，這是很好的回報，故言"吉"。嘉也可能是美、善的意思。清華簡《四告》之四有"唯上帝命其孚于庚""唯上帝命其孚于若"②，其中"孚"字用法與此處當相同。

　　九五爻剛健中正，自有主張，所以不言"隨"。

上六：拘係之乃從，維之，王用（亨）[享]于西山。

【異文】

　　"拘係之乃從，維之"，上博簡作"係而敂之，從乃䌛之"。"拘"，帛書作"枸"，當讀爲"拘"。"維"，帛書作"䋺"，可讀爲"維"。"亨"，上博

---

① 王引之：《經義述聞》，江蘇古籍出版社，2000年，第172頁。
② 黄德寬主編：《清華大學藏戰國竹簡》（拾），中西書局，2020年，第123頁。

簡作"宫",帛書作"芳",京房作"享",今本用"亨"當是因亨、享形近而訛,上博簡用字與別處作"卿"字不同,就可證明此點。"西",阜簡作"支",漢人或據"西山"即"岐山",故將"西"寫作"支"。

【易傳】

《象》曰:"拘係之",上窮也。

【釋義】

今本此條略微晦澀,孔穎達讀作"拘係之乃從,維之,王用亨于西山",云:"最處上極,是不隨從者也。隨道已成而特不從,故須拘係之乃始從也。'維之,王用亨于西山'者,若欲維係此上六,王者必須用兵,通于西山險難之處,乃得'拘係'也。"①雖然對"亨"字的解釋欠妥,但還是大體疏通了文義。"維之",即維係之,維係是"拘係"的延續。爲此,王還在西山舉行祭祀。這樣解釋與《象傳》所説"上窮也"相合。隨道發展到上六,難以爲繼,祇有依賴拘係這樣的强制手段,並嚮神靈祈禱。至此田地,可謂窮盡一切手段,人事盡矣。《詩·小雅·白駒》有"皎皎白駒,食我場苗。縶之維之,以永今朝","縶之維之"與爻辭中的"拘係之乃從,維之"字面意思大略相同。

按,上博簡本文字亦可讀通。"係而拘之,從乃維之",不僅句式整齊,而且意思明了。從,接着。乃,猶而也。經文的意思是説係縛之,繼而維係原有關係。論者以爲帛本和今本有誤,古音"圭""巂"與"解"聲相通,上博簡之"巂"字當讀爲"解"。經文本當從上博簡本,意爲先把俘虜拘係起來,當他們表示服從之後,則解除束縛②。在兩者都可讀通的情況下,宜兩存之,上博簡本的來源或與帛書及今本不同。卦爻辭在流傳中被反復整理,好些句式被整飭成四字句。儘管如此,帛書和今本中仍有一些參差不齊的句子。因此,現有情況下不能排除上博簡本的句子是整飭後的結果。

---

①孔穎達:《周易正義》,載《儒藏》精華編第二册,北京大學出版社,2009年,第90頁。
②孟蓬生:《上博竹書〈周易〉字詞考釋》,載《華學》第八輯,紫禁城出版社,2006年,第121—126頁。

蠱卦第十八

䷑ 巽下
艮上　蠱：元亨，利涉大川。先甲三日，後甲三日。

【異文】

"蠱"，《別卦》作"皷"，秦簡《歸藏》作"夜"或"亦"，傳本《歸藏》則作"夜"。整理者認爲《別卦》用字是一個雙聲符字，這是有道理的。從《歸藏》刻意立異看，將卦名寫作"夜"或"亦"，是其不同於《周易》的證據之一。上博簡作"盅"，乃"蠱"之異體；帛書作"箇"，當讀爲"蠱"。"元亨"，上博簡作"元卿"，帛書作"囗吉，亨"，"亨"前有"吉"字。此類占辭間的異文在今本、帛書和上博簡本間較多見，很多是因傳抄造成的。"先"，上博簡作"选"，當讀爲"先"。兩個"三"字，上博簡均作"晶"。

【易傳】

《彖》曰：蠱，剛上而柔下，巽而止，蠱。蠱，元亨而天下治也。"利涉大川"，往有事也。"先甲三日，後甲三日"，終則有始，天行也。

《象》曰：山下有風，蠱。君子以振民育德。

《序卦》曰：以喜隨人者必有事，故受之以蠱。蠱者，事也。

【釋義】

卦象風行遇山,程頤:"遇山而回則物亂,是爲蠱象。蠱之義,壞亂也。在文爲蟲皿,皿之有蟲,蠱壞之義。《左氏傳》云:'風落山,女惑男。'"①蠱卦一男一女,且女在内,故有"女惑男"一説。與此相類的姤卦,巽下乾上,一男一女,且女在内,卦辭云:"女壯,勿用取女。"是遇男女相配,若女在内或可視爲不吉。又如否卦,一男一女而女在内,故以此爲否閉不通,同樣視女卦在内爲消極現象。不過,此非通例,僅是古人諸多釋卦思路中的一種而已。

由於卦象是一男一女,可比擬陰陽相通,所以説"元亨"。蠱卦雖然名爲"蠱",其實諸爻所言皆是"治蠱",是面對蠱亂危機時采取的各種措施,且除上爻、四爻外,其他諸爻所述均是積極性的措施。從這個角度看,當然是"利涉大川",有利於渡過危難時局。若從卦象看,巽爲木,是利於渡河之象。巽爲風,艮爲止,有風而能止,是利於渡河之象。

今《序卦》云"蠱,事也",是讀"蠱"爲"故",進而釋作"事",指蠱卦是説治蠱之事的。前人徑釋"蠱"爲事,當是誤解。

卦辭中歧義最多者當屬"先甲三日,後甲三日"兩句。《子夏易傳》以爲"先甲三日"是指辛、壬、癸三日,"後甲三日"是指乙、丙、丁三日②。馬融則云:"甲在東方,艮在東北,故云'先甲'。巽在東南,故云'後甲'。所以十日之中,唯稱甲者。甲爲十日之首,蠱爲造事之端,故舉初而明事始也。言所以三日者,不令而誅謂之暴,故令先後各三日,欲使百姓徧習,行而不犯也。"③鄭玄云:"甲者,造作新令之日。甲前三日,取改過自新,故用辛也。甲後三日,取丁寧之義,故用丁也。"④後來王弼、孔穎達所釋大體承自鄭玄。王引之對以上諸家意見

---

① 程頤:《周易程氏傳》,中華書局,2011年,第101—102頁。
② 《子夏易傳》,《漢魏二十一家易注》,載《儒藏》精華編第一册,北京大學出版社,2009年,第204頁。
③ 馬融:《周易傳》,《漢魏二十一家易注》,載《儒藏》精華編第一册,北京大學出版社,2009年,第234—235頁。
④ 鄭玄:《周易鄭注》,載《儒藏》精華編第一册,北京大學出版社,2009年,第79頁。

有批評,認爲經文中"先甲三日,後甲三日""先庚三日,後庚三日"均指行事吉日,古人行事多用辛和丁日者①。"先甲三日"爲辛日,即柔日。"後甲三日"爲丁日,亦柔日。《禮記·曲禮》:"外事以剛日,内事以柔日。"蠱之爲卦,男惑於女也,爲内事之憂,故卦辭建議"先甲三日,後甲三日",於柔日處理之。

《彖》《象》兩傳對蠱卦卦名、卦辭的解釋均是牽合而成,不可據信。"巽而止",止則止矣,何以有"蠱"?有蠱又何以元亨,又何以"天下治也"?釋"先甲""後甲"則全從天干循環往復引申出"終則有始,天行也"。《象傳》之"振民育德"當是從山象、風象之比喻義引出:山崇高冷峻,可喻君;風潤澤萬物,可喻德,由此可導出"振民育德"的政治倫理。

初六:幹父之蠱,有子考,无咎。厲,終吉。

【異文】

"幹",上博簡作"榦",从木、阞,从干得聲,可與"幹"通。帛書作"榦",阜簡作"榦",係"榦"字異體。《説文·木部》:"榦,築墙耑木也,从木倝聲。"段玉裁云:"榦俗作幹。"②阜簡用字亦當从倝得聲。"考",帛書作"巧",應讀爲"考"。"厲",上博簡作"礪"。

【易傳】

《象》曰:"幹父之蠱",意承考也。

【釋義】

幹,猶《詩·大雅·韓奕》"幹不庭方"之"幹",正也,治也。"幹父之蠱",就是匡正父親之亂。考,當讀爲孝,于省吾有詳細考證③。有

---

①王引之:《經義述聞》,江蘇古籍出版社,2000年,第17—18頁。
②段玉裁:《説文解字注》,上海古籍出版社,1988年,第253頁。
③于省吾:《雙劍誃尚書新證、雙劍誃詩經新證、雙劍誃易經新證》,中華書局,2009年,第684頁。

子孝順,當然"无咎"。

爻辭中的占辭常與爻位相關,此條亦是。"无咎"是承前文而言,父之亂因有子之糾治,故能除弊革新,以致無災。但初六以陰柔而處卑下之初位,此於糾治父輩之亂或有不足,所以爻辭又説"厲",意即過程充滿危險。從全部爻辭看,撰《易》者當對子輩干涉父輩之亂持贊成態度,六爻中凡言"幹"者,大體都是可行,祇是結局各有不同;四爻、上爻是不"幹"的,四爻"往見吝",上爻"高尚其事",雖無明言,實含有批評(詳見後文)。初爻"幹父之蠱",雖因情勢不利而有危險,但能調整的話,終究好於像四爻那樣"裕父之蠱",所以最後許之"終吉"。

因對"考"字的釋讀不同,此條爻辭可有不同句讀。《象傳》云"意承考"也,應是以"有子"爲一句,"考无咎"爲一句。依此讀,"考"則當指父親。

九二:幹母之蠱,不可貞。

【異文】

"幹",上博簡作"檊",帛書作"榦",阜簡作"榦"。

【易傳】

《象》曰:"幹母之蠱",得中道也。

【釋義】

蠱卦中有父之蠱,也有母之蠱。爲蠱之人不同,則治蠱之方法也當有異。九二剛健,行事正直,若以此脾性"幹母之蠱"則難免衝突,所以爻辭説"不可貞",告誡問筮者不可率性而爲,當剛柔並濟,隨機應變。

前人的解釋中,程頤的最好:"夫子之於母,當以柔巽輔導之,使得於義。不順而致敗蠱,則子之罪也。從容將順,豈无道乎?以婦人言之,則陰柔可知。若伸己剛陽之道,遽然矯拂則傷恩,所害大矣,亦安能入乎？在乎屈己下意，巽順將承，使之身正事治而已，故曰不可貞。"①李士鉁的解釋也值得參考："救母之過，當委曲權變，有不容以正道匡拂者，故'不可貞'。孟子曰'《凱風》，親之過小者也；《小弁》，親之過大者也'，夫失身等於失國，何以謂小？小非細之謂也，小，隱也。《凱風》之母有過隱於門内，所謂中冓之言，不可道也，故其詩婉轉諷諭，言情而不言理，此即'幹母之蠱，不可貞'也。若《小弁》，則父之過顯於天下，故顯以正道争之。"②

九三：幹父之蠱，小有悔，无大咎。

【異文】

"幹"，上博簡作"榦"，帛書作"榦"。"小"，帛書作"少"。"悔"，帛書作"㥯"，阜簡作"毎"。

【易傳】

《象》曰："幹父之蠱"，終无咎也。

【釋義】

與九二相比，九三既爲陽爻，又居陽位，脾性剛猛，居高臨下。以此"幹父之蠱"，父子間的衝突必然是激烈的。"小有悔"是告誡儘量避免這種衝突，"无大咎"是寬慰問筮者當堅持己見，不可輕易放棄。耿南仲云："子道貴順，今以剛過，則父子之恩傷矣，故小有悔。然從義不從父，是乃所以義其父也，故無大咎焉。"③

---

①程頤：《周易程氏傳》，中華書局，2011年，第104頁。
②李士鉁：《周易注》，載《續修四庫全書》總第39册，上海古籍出版社，2003年，第32頁。
③耿南仲：《周易新講義》，景印文淵閣《四庫全書》總第9册，臺灣商務印書館，第632—633頁。

六四：裕父之蠱，往見吝。

【異文】

"裕"，帛書作"浴"，當讀爲"裕"。"吝"，帛書作"閵"。

【易傳】

《象》曰："裕父之蠱"，往未得也。

【釋義】

四爻近於五，心懷畏懼。又是陰爻，所以不敢"幹父之蠱"，反而"裕父蠱"。裕，寬也，不能與父抗争，祇得順從之。見，會見，拜見。"往見吝"，去會見人，然後會有恨惜、悔意。這條爻辭強調人當有主見，不可屈己從人。

六五：幹父之蠱，用譽。

【異文】

"幹"，帛書作"榦"。"譽"，帛書作"輿"，讀爲"譽"。

【易傳】

《象》曰："幹父"用譽，承以德也。

【釋義】

六五陰柔居陽位，猶如坤之"黃裳，元吉"，在《易經》中常常是較好的爻象。性本陰柔，故能避免與父輩的直接衝突，迂迴周旋中糾治蠱亂。居位高貴，故利於堅持己見。用譽，意思是因此而有譽。

上九：不事王侯，高尚其事。

【異文】

"尚"，《衷》、阜簡作"上"。句末"事"字，帛書和《衷》作"德"，且"德"字後均有"兇"或"凶"字。雖然"事"與"德"韻部對轉，聲紐相近，但"高尚其德"與"高尚其事"意義完全不同。帛書似有所本，暫宜兩存之。

【易傳】

《象》曰："不事王侯"，志可則也。

【釋義】

初爻至五爻所言都是家事之蠱，上爻所言則是國事之蠱，由此可見蠱亂加劇，這與上爻的爻位是相合的。面臨如此危局而"不事王侯，高尚其事"，不入仕，不受禄，自爲清高，潔身自好。如此臨亂避世，猶孔子所說"危邦不入"。爻辭中的"高尚"，非常適合上九之爻位。《象傳》"志可則也"衹是贊賞上六的心志，其他則不言。

帛書"事"作"德"，且有一"兇"字。由此，則爻辭明顯表現出對"不事王侯，高尚其德"這種清高狷介的批評態度，與《象傳》僅言"志可則也"的義藴非常契合。

臨卦第十九

䷒ 兌下坤上　臨：元亨，利貞。 至于八月有凶。

【異文】

"臨"，《別卦》作"𮧯"，整理者認爲此字形中有聲符"林"，可與"臨"相通。帛書卦辭有殘缺，但據爻辭中多有"林"字知卦名當作"林"。《衷》亦作"林"，傳本《歸藏》作"林禍"，秦簡《歸藏》作"臨"。卦名"林"當非《歸藏》獨有，僅因音近通假關係，帛書及《衷》篇纔寫作"林"。傳本《歸藏》多一"禍"字，當係衍文。

【易傳】

《彖》曰：臨，剛浸而長，説而順，剛中而應。大亨以正，天之道也。"至于八月有凶"，消不久也。

《象》曰：澤上有地，臨。君子以教思无窮，容保民无疆。

《序卦》曰：有事而後可大，故受之以臨。臨者，大也。

【釋義】

卦象兌下坤上，兌爲澤，坤爲地，《象傳》言"澤上有地"，換言之則是"地中有澤"。澤至爲卑下，地至爲博厚，故能包容之，由此又引申出"君子以教思无窮，容保民无疆"。以教化待民，以寬容保民。"无疆""无窮"都與地之寬闊無垠的特徵相關。所以，臨卦之治國臨民是由卦象中地可容澤、博厚載物的特點闡發出來的。而《序卦傳》說"有事而後可大",以"大"釋"臨",則止於地之廣闊這一特點,並没有作政治上的演繹。另外,臨卦中兩陽爻在下,陽爲大、爲尊,是像尊者在下,與泰卦近似,故"臨"字取監臨之義。

元亨,最爲亨通。此卦談亨通當與初九、九二爻相關,因爲臨卦談治國臨民,能治國臨民者必君子、君王,皆爲陽剛之主,在爻象則是陽爻。臨卦唯初九、九二爲陽爻,兩爻不僅在下位,而且分別與六四、六五相應,是爲陰陽相通,即是"亨"。利貞,利於卜問之事。

"至于八月有凶",是說到八月時將有凶。爲什麽是八月呢?聞一多以爲臨當讀爲濫,濫、霖古同字,臨卦是講降雨,到八月正是多雨季節,故説"至于八月有凶"①。雖讀臨爲濫不可從,但以八月多雨而易生凶殃似可備一說。

初九:咸臨,貞吉。

【異文】

"咸",帛書作"禁",兩字上古疊韻,聲紐相近,故可通假。帛書此處用字與咸卦不同,咸卦卦名帛書作"欽",這是帛書抄寫時常以不同字形區分近義詞的又一個例子。"臨",帛書作"林"。

【易傳】

《象》曰:"咸臨,貞吉",志行正也。

【釋義】

咸,感也。九是陽爻,是尊者,今下居初位,處一卦最下,是相感之象。又初九與六四相應,也可説是相感。貞吉,堅固不變則吉。

---

① 聞一多:《周易義證類纂》,載《聞一多全集》第二册,生活·讀書·新知三聯書店,1982年,第23頁。

從泰、否兩卦可知，撰《易》者雖以陽爲尊、陰爲卑，但又認爲兩者相交通爲佳。泰卦乾在下，坤在下，可比擬陰陽相交通，所以是泰，反之則是否。臨卦與泰卦很接近，僅有一爻之差。因此，初九、九二均言"咸臨"，其思路當與以乾下坤上爲泰卦一樣，旨在闡明陰陽相感相通。

九二：咸臨，吉，无不利。

【異文】

"咸臨"，帛書作"禁林"。

【易傳】

《象》曰："咸臨，吉，无不利"，未順命也。

【釋義】

高亨："《周易》通例，一卦之筮辭，其文有相同者，其旨趣必異。"①大部分情況下確實如此。但臨初九"貞吉"與九二"吉，无不利"旨趣並不相同，前者強調守常不變則吉，是有條件的。後者直斷爲"吉"，沒有說出條件。初九剛強，但處位卑下，必不甘於人下，所以爻辭告誡"貞吉"，不可輕舉妄動。九二要高於初九，略能滿足陽爻之脾性，所以直言"吉，无不利"。初九與九二之象辭相同，是因兩者爻象有相同處。占辭不同，是因兩者爻位不同，所處時勢不同。

馬恒君認爲："初九是'咸臨'、九二也是'咸臨'，其他四個柔爻都不言'咸臨'，分明說的是初九與九二兩個剛爻一起來臨，在眾多的柔爻之中出現了兩個剛爻。'咸'主要取的是皆、都的副詞意義。……咸臨就是初九與九二兩個剛爻一起都來到了。"②這個解釋與爻象、詞義看似契合，其實不妥。初爻、二爻各自言之最常見，兩爻併言則罕見。

———————
①高亨：《周易古經今注》（重訂本），中華書局，1984年，第217頁。
②馬恒君：《周易正宗》，華夏出版社，2014年，第175—176頁。

九二爻是以陽爻居陰位，位雖在下卦，但有剛健脾性，所以《象傳》說"未順命也"。"未順"是指其剛健脾性，"命"是指九二爻之地位。

六三：甘臨，无攸利。既憂之，无咎。

【易傳】

《象》曰："甘臨"，位不當也。"既憂之"，咎不長也。

【釋義】

甘，美也，與苦、憂相反。所謂"甘臨"者，即視治國臨民爲甘美也。以之爲甘美猶如以之爲樂事，以爲樂事則臨之不莊，居處不威。治國臨民責任重大，難以爲樂，所以孔子說"修己以安百姓，堯舜其猶病諸"。又《論語·子路》載孔子論"一言而可以興邦"云："言不可以若是其幾也。人之言曰：'爲君難，爲臣不易。'如知爲君之難也，不幾乎一言而興邦乎？"孔子强調的仍是爲君之難，難則不樂也，不樂則不會甘之如飴。爻辭説"甘臨，无攸利"正是批評樂於爲君的態度。"既憂之，无咎"，從另一角度提醒問筮者若能憂之，則可無災禍。

六三是陰爻居陽位，故《象》云"位不當也"。

六四：至臨，无咎。

【易傳】

《象》曰："至臨，无咎"，位當也。

【釋義】

六四在臨卦，且當位，並與下卦初九相感，可稱爲"至臨"。至，當也。《荀子·正論》："不知逆順之理，小大、至不至之變者也。"楊倞注："至不至，猶言當不當也。"[1]《象傳》云"位當也"既指其位當，又釋

---

[1] 王先謙：《荀子集解》，沈嘯寰、王星賢點校，中華書局，1988年，第336頁。

"至"爲"當"。

六五：知臨，大君之宜，吉。

【異文】

"宜"，阜簡作"義"，兩字音同義近。

【易傳】

《象》曰："大君之宜"，行中之謂也。

【釋義】

知，當讀爲智，智慧也。這是"知"字的常見用法。六五居至尊之位，又以柔順處之，且下與九二相應。與六四相比，六五位尊，所以在境界上較六四要高，故說它是"知臨"，以智慧臨民。五爻是尊位，因此，爻辭說"大君之宜"。

上六：敦臨，吉，无咎。

【易傳】

《象》曰："敦臨"之吉，志在內也。

【釋義】

上六以陰爻居上位，即處臨之極也，且當位，所以說"敦厚臨民"[1]。敦有厚義、多義，所以在《易經》中"敦"字均用在上爻或五爻，如"敦復"（復之六五）、"敦艮"（艮之上九）。《象傳》說"志在內也"是指上六陰爻當位，內有敦厚之志，非徒有虛表。

---

[1] 高亨：《周易古經今注》（重訂本），中華書局，1984年，第218—219頁。

觀卦第二十

☷ 坤下
巽上　　觀：盥而不薦，有孚顒若。

【異文】

"薦"，帛書作"尊"，"尊"與"薦"聲韻皆同，義或相近①。《釋文》云："本又作觀，同，牋練反，王肅本作'而不觀薦'。""孚"，帛書作"復"。"顒"，帛書作"䫉"，張政烺疑其爲"雍"字之誤②。

【易傳】

《彖》曰：大觀在上。順而巽，中正以觀天下，觀。"盥而不薦，有孚顒若"，下觀而化也。觀天之神道，而四時不忒。聖人以神道設教，而天下服矣。

《象》曰：風行地上，觀。先王以省方觀民設教。

《序卦》曰：物大然後可觀，故受之以觀。

【釋義】

卦象爲地下風上，亦即地上有風。風除指一種氣候現象之外，它

---

① 丁四新認爲"尊"與"薦"意義並不相近，"尊"是"奠"之訛，參見《楚竹書與漢帛書〈周易〉校注》，上海古籍出版社，2011年，第475—476頁。
② 張政烺：《馬王堆帛書〈周易〉經傳校讀·六十四卦》，載《張政烺文集·論易叢稿》，中華書局，2012年，第145頁。

還有風俗、聲音、風度等含義,總之是社會、音樂或人的外在表現,是爲可觀者。君可觀民風、詩歌或音樂而知民心,民可觀祭祀、君王威儀而知君心,是君、民皆有示之於人,爲人所觀,又觀於人者。《國語·周語》:"穆王將伐犬戎,祭公謀父諫曰:'不可,先王耀德不觀兵。'"韋昭注:"觀,示也。"①是觀與示祇是角度不同而已,其實相同。

卦辭提出祭祀,在《彖傳》看來就是"下觀而化也",是君之可示於民,民可觀於君者。對君而言,"天之神道,四時不忒"是天示於君者,是應觀者。觀此而"以神道設教",體天之神道而施教化,祭祀無疑是達此目標的重要手段。《象傳》"先王以省方觀民設教",是以"風"爲民風。《象傳》與《彖傳》的解卦角度常常不同。

盥可指祭前洗手,也可指以酒灌地,這裏當指後者。薦,進獻犧牲。盥與薦其實都是進獻於神靈,祇是進獻物不同而已,它們是祭祀神靈過程中的兩個步驟。"盥而不薦",是説祭祀程序不完整。帛書作"盥而不尊","尊"與"薦"雖上古音韻皆同,理可通假,但"盥而不尊"却正好道出了"盥而不薦"的實質。祭祀程序不完整就是對神靈的不敬。

馬融以爲:"盥者,進爵灌地以降神也。此是祭祀盛時。及神降薦牲,其禮簡略,不足觀也。國之大事,唯祀與戎。王道可觀,在於祭祀。祭祀之盛,莫過初盥降神。故孔子曰:'禘自既灌而往者,吾不欲觀之矣。'"②"觀盥而不薦",觀是卦名,本不可與"盥"字以下文字連讀。縱然連讀,"不"字所否定的也是"薦",不是觀。馬融等爲牽合孔子,致使經義差謬。

顒,嚴正之貌③。若,虛詞。"有孚顒若",由於"盥而不薦",祭祀不恭,將導致神靈嚴正的懲罰。"孚"雖仍指應驗之事,但在這裏實指人褻瀆神靈而招致的懲罰。

---

① 徐元誥:《國語集解》,王樹民、沈長雲點校,中華書局,2002年,第1—2頁。
② 馬融:《周易傳》,《漢魏二十一家易注》,載《儒藏》精華編第一册,北京大學出版社,2009年,第235頁。
③ 孔穎達:《周易正義》,載《儒藏》精華編第二册,北京大學出版社,2009年,第94頁。

初六：童觀，小人无咎，君子吝。

【異文】

"吝"，帛書作"閵"。

【易傳】

《象》曰：初六"童觀"，小人道也。

【釋義】

鄭玄："童，稚也。"①初六爻位最下，地位最低，所觀有限，所以用"童觀"擬之。小人職事少，責任輕，故雖"童觀"而無災。君子職事多，責任重，"童觀"則易釀惡果。所以是"君子吝"。

六二：闚觀，利女貞。

【異文】

"闚"，帛書作"規"，兩字音近可通。《釋文》："本亦作窺。""闚"是"窺"的異體。"女"，阜簡作"女子"，"子"字後有殘畫，難辯其形，整理者釋作"之"。

【易傳】

《象》曰："闚觀""女貞"，亦可醜也。

【釋義】

闚，從門中偷看。六二是陰爻，被限在内卦，視野受限，所以說是"闚觀"。以一般禮儀，婦女主内，此爻在内卦，且爲陰爻，所以說"利

---

①鄭玄：《周易鄭注》，載《儒藏》精華編第一冊，北京大學出版社，2009年，第81頁。

· 149 ·

女貞",即利於婦女的卜問。《象傳》説"亦可醜也",是承接初六"君子吝"而來的,意思是逢此卦同樣是羞恥的。

六三:觀我生,進退。

【異文】

"生",阜簡作"產",兩字音義皆近。

【易傳】

《象》曰:"觀我生,進退",未失道也。

【釋義】

我之所生,即"我身所動出"①,是我示於人者。"觀我生",是"自觀其道者也"②,猶言反躬自省。進,使之前進。退,謙讓、柔和、畏縮。《論語·先進》:"求也退,故進之。"六三位尊性柔,故勸言"進退"。能反躬自省,然後幡然改之,當然是"未失道也"。何以此爻要言"觀我生"? 觀卦下三爻中,初、二爻言觀於我之外者,三爻則言觀於自身,即觀於内。外内相合,則成一整體世界。上三爻中,四爻"觀國之光"、上爻"觀其生",皆是觀於外;五爻"觀我生"則是觀於内。上三爻同樣是内外合一。

六四:觀國之光,利用賓于王。

【易傳】

《象》曰:"觀國之光",尚賓也。

---

①孔穎達:《周易正義》,載《儒藏》精華編第二册,北京大學出版社,2009年,第95頁。
②王弼:《周易注》,載《儒藏》精華編第一册,北京大學出版社,2009年,第725頁。

【釋義】

光，光芒。六四近於九五爻，九五是尊貴之象，所以説"觀國之光"。賓，服從，猶"莫不賓服"之"賓"。《象傳》所言"賓"似不同於爻辭，是賓客之賓。它是從六四近於五位的角度來説的。孔穎達云："以居近至尊之道，志意慕尚爲王賓也。"①與《象傳》所釋完全相合。

九五：觀我生，君子无咎。

【易傳】

《象》曰："觀我生"，觀民也。

【釋義】

因九五是陽位、尊位，所以與處在内卦最上的六三爻同樣是"觀我生"，但其内涵與六三不同。民爲君所養所教，所以民就是君之所"生"，"觀我生"就是君王觀察民風民情，由此反省自己的統治。《象傳》當是遵此邏輯，以"觀民"釋"觀我生"。爻辭言"君子无咎"同樣是從九五爻位引申出來的，君子較小人尊貴，故此説"君子无咎"，小人則不能如此。

雖然九五"觀我生"與六三"觀我生"是有所區别的，但它們有一個共同的地方，即都有反躬自省的内涵。

上九：觀其生，君子无咎。

【易傳】

《象》曰："觀其生"，志未平也。

---

① 孔穎達：《周易正義》，載《儒藏》精華編第二册，北京大學出版社，2009年，第95頁。

【釋義】

其,第三人稱代詞。"觀其生",就是觀察他人的言行及其產生的結果。君子的德行、地位均在小人之上,故唯有君子方能善於觀察,長於觀察。爻辭僅説"君子无咎",雖然没有提及小人,但是既然加上"君子"這個條件,自然暗指小人不宜有"无咎"的結果。

上爻是轉化之際,事情即將發生反轉,《象傳》言"志未得也""志未平也"都是從此爻象出發。"志未"云云者,均含有心不甘情不願的意义。

噬嗑卦第二十一

䷔ 震下離上　噬嗑：亨。利用獄。

【異文】

"噬嗑",帛書殘缺,《衷》、阜簡均作"筮閘",帛書《繫辭》作"筮蓋"。"閘"從"甲"得聲,與之同聲符的"狎"屬匣紐葉部,與"嗑"聲韻皆同。"蓋"與"嗑"同聲符,故亦可相通。《別卦》此卦名祇有一個"𣧑"字,依整理者意見,此字從齒從又,欠聲,當可讀爲"噬"。秦簡《歸藏》作"筮"。今本爻辭中無"噬嗑"而有"噬",故疑卦名本作"噬"。

【易傳】

《彖》曰：頤中有物,曰"噬嗑"。噬嗑而亨。剛柔分動而明,雷電合而章。柔得中而上行,雖不當位,"利用獄"也。

《象》曰：雷電,噬嗑。先王以明罰勑法。

《序卦》曰：可觀而後有所合,故受之以噬嗑。嗑者,合也。

【釋義】

卦象震爲雷,爲動。離爲電,爲分離。兩卦若取雷、電象則可引申出刑罰,因爲雷、電使人驚懼,猶如刑罰使人畏懼。兩卦若取動、分離象,合則是"頤中有物"之象,就像人咀嚼,下頷動,上頷遂離,上下合則可使食物"分離",被嚼碎。取象不同,則"噬嗑"的含義就不同。

王弼:"噬,齧也。嗑,合也。"①屈萬里:"噬嗑,即今俗言吃喝。《序卦傳》:'飲食必有訟。'故利用獄。以齒斷食,猶斷獄也。用,於。獄,訟。"②

噬嗑卦也是一陰卦配一陽卦,可象陰陽交通,所以卦辭説"亨"。獄,監獄,這裏代指刑罰。刑罰當分明、迅疾,教民明法令,猶如雷電聲驚百里,閃耀高空,萬民皆能見聞之,故《象傳》説"先王以明罰勑法",《彖傳》説"雷電合而章"。

初九:屨校滅趾,无咎。

【異文】

"屨",帛書作"句",《衷》、阜簡均作"屨",帛書《繫辭》作"構"。"句"屬見紐侯部,與"屨""構"聲韻皆同。"屨"是"婁"字加"尸"形而來,是後起的分化字,而"屨"從"婁"得聲。因此,諸字音近相通。"滅",阜簡、漢石經作"威",是古文"滅"字。"趾",帛書、帛書《繫辭》及漢石經均作"止",《釋文》出"滅止",云:"本亦作趾。趾,足也。"按,今本之"趾"字,帛書都作"止",是古文"趾"字。

【易傳】

《象》曰:"屨校滅趾",不行也。

【釋義】

俞樾讀屨作婁:"《説文·女部》:'婁,空也。'《史記·律書》曰:'婁者,呼萬物且内之也。'以物内空中則有貫義,或虞本固作婁歟?'婁校'者,内其足於校中也,後人因下有滅趾之文,改其字作屨,似是而實非矣。"③校,是木製的,用來戴在手脚上的刑具的統稱。"屨校滅

---

①王弼:《周易注》,載《儒藏》精華編第一册,北京大學出版社,2009年,第726頁。
②屈萬里:《周易集釋初稿》,載《讀易三種》,聯經出版事業公司,1983年,第145頁。
③俞樾:《群經平議》,載《續修四庫全書》總第178册,上海古籍出版社,2003年,第12頁。

趾”,是説脚穿枷鎖,脚被蓋住。

經文常以初爻爲趾(脚)等象。既然受刑,何以"无咎"？不好解釋。疑因六二而衍,但帛書亦有此二字。《象傳》云"不行也",指出"履校滅趾"包含有静象,與初六之爻象契合。

六二：噬膚滅鼻,无咎。

【異文】

"噬",帛書、阜簡作"筮"。

【易傳】

《象》曰:"噬膚滅鼻",乘剛也。

【釋義】

經文有"噬膚",有"臀无膚","膚"字當同義,宜從馬融釋:"柔脆肥美曰膚。"①指食物是柔脆之肉,若指人則是肥胖。無論人還是動物,臀部通常是脂肪較多的地方,祇是極瘦的人或動物臀部較少脂肪,所以有"臀无膚"的説法。

古代物質匱乏,難得有肉吃,更何況是肥美之肉。食肉時大快朵頤,鼻子都埋到肉裏,"噬膚滅鼻"一句將吃肉時的暢快描寫得淋漓盡致。《左傳》中有所謂"肉食者鄙,未能遠謀",以"肉食"借指貴族;孟子在描述理想社會時説要"七十者可食肉矣",以"食肉"指飽腹。這些説法都可説明先秦社會中,普通人吃肉是不容易的。爻辭説"无咎",應當是基於以上的社會背景而言。

王弼:"處中得位,所刑者當,故曰'噬膚'也。乘剛而刑,未盡順道,噬過其分,故'滅鼻'也。刑得所疾,故雖'滅鼻'而'无咎'也。

---

①馬融:《周易傳》,《漢魏二十一家易注》,載《儒藏》精華編第一册,北京大學出版社,2009年,第235頁。

'膚'者,柔脆之物也。"①這是以受刑罰、戴刑具釋"噬膚滅鼻",與占辭"无咎"似不相聯繫。雖説"刑得所疾",但終究是受刑,不是好事。王弼的解釋明顯是受《象傳》"乘剛也"的影響,《象傳》所言常有誤釋,不可盡信。六三有"噬腊肉",九四有"噬乾胏",六五有"噬乾肉",所説都是進食、咀嚼,六二亦當如是,不可以之牽就初爻和上爻。

六三:噬腊肉,遇毒,小吝,无咎。

【異文】

"噬",帛書作"筮"。"腊",《集解》作"昔"。"遇",帛書作"愚"。"小吝",帛書作"少闍"。

【易傳】

《象》曰:"遇毒",位不當也。

【釋義】

腊肉就是干肉,有風乾的,有煙火熏乾的,也有先風乾再煙熏的。食腊肉中毒主要有兩種原因,一是肉毒桿菌引起中毒,二是亞硝酸鹽引起中毒。前一種通常是肉類變質引起的,後一種則與製作時間、烹飪時間等相關。制作腊肉的過程中會產生亞硝酸鹽,如果製作時間不適宜,或者在烹飪前没有洗干淨、烹飪時間太短,都可能導致亞硝酸鹽中毒。雖然嚴重的亞硝酸鹽中毒有可能致人死亡,但一般情況下不會這麽嚴重,通常也就是頭暈、嘔吐而已。古人不明白這層道理,偶見食腊肉中毒便以爲神靈作祟,所以求於卜筮。但古人也得出了經驗,知道通常問題不大,所以爻辭説"小吝,无咎"。

虞翻謂:"毒謂矢毒也。"②《周禮·地官·迹人》:"禁麛卵者,與其

---

①王弼:《周易注》,載《儒藏》精華編第一册,北京大學出版社,2009年,第726頁。
②虞翻:《周易注》,《漢魏二十一家易注》,載《儒藏》精華編第一册,北京大學出版社,2009年,第441頁。

毒矢射者。"賈疏云:"其《月令》季春云:'餧獸之藥,毋出九門者,彼亦崇其春時。彼鄭注云:'凡諸罟及毒藥,禁其出九門。明其常有,時不得用耳。'"①是古代有以毒矢獵殺禽獸的作法。屈萬里有詳論②,可以參考。九四言"噬乾胏,得金矢",似六三所言當與之類似,是以食肉而中矢毒亦有可能。

九四:噬乾胏,得金矢。利艱貞,吉。

【異文】

"噬",帛書作"筮"。"胏",帛書作"瑅",此字從"豊"得聲,與"胏"同是脂部字,因此讀音相近。《説文·肉部》:"𦞦,食所遺也。从肉,仕聲。《易》曰'噬乾𦞦'。胏,楊雄説𦞦从朿。"《釋文》:"子夏作脯。徐音甫,荀、董同。"作"脯"與作"胏"義相近。宋翔鳳以爲"胏"與"肺"篆書字形相近,而"肺"又與"脯"音近,故字形相混③。馬宗霍則認爲:"許引作𦞦者爲古文,今《易》作'胏'者,從楊雄説,別體也;子夏作'脯'者,蓋以詁訓字易經。"④馬説較合理。"利艱貞吉",帛書作"根貞吉"。按,泰九三有"艱貞无咎",帛書此處少一"利"字,似亦可通。"艱"字,阜簡作"戁"應讀爲"艱"。

【易傳】

《象》曰:"利艱貞,吉",未光也。

【釋義】

胏,帶骨的肉。金矢,金屬箭頭。九四是陽爻,其質剛健,故繫以

---

①賈公彥:《周禮注疏》,載阮元校刻《十三經注疏》影印本,中華書局,1980年,第748頁。
②屈萬里:《學易劄記》,載《讀易三種》,聯經出版事業公司,1983年,第512頁。
③宋翔鳳:《周易考異》,載《續修四庫全書》總第28冊,上海古籍出版社,2003年,第488頁。按,宋翔鳳原文先説"胏""脯""字相近",并舉異文"胏""脯"相通的異文材料,最後説"胏"與"肺"篆書字形相近。並沒有明指"胏"與"脯"讀音相近。揆其文義,應是"胏""脯"音相近而通,然後"胏"與"肺"字形相近,故此處"胏"字有異文作"脯"。
④馬宗霍:《説文解字引經考·説文解字引易考》,中華書局,2013年,第30頁。

"肺"和"金"。吃肉而吃出箭頭,有驚無險,幸虧没有吞進腹中。但古人常以金比喻美好的事物,所以可能以爲"得金矢"是個好兆頭,故爻辭説"利艱貞,吉"。"利艱貞",利於在艱難困苦中得正命,《象傳》"未光也"是指"艱"而言。

六五:噬乾肉,得黄金,貞厲,无咎。

【異文】

"噬",帛書作"筮"。"得黄金",帛書作"愚毒"。按,六三"噬腊肉,遇毒,小吝,无咎",九四"噬乾肺,得金矢。利艱貞,吉",若六五仍是"得黄金",則占辭似不當是"貞厲,无咎"。因爲在經文中,"黄""金"都是帶有積極含義的。所以,疑當從帛書作"愚(遇)毒"。不過,帛書也可能因六三而誤抄。而且除此之外,别無他證。故宜暫時存疑。

【易傳】

《象》曰:"貞厲,无咎",得當也。

【釋義】

九四"得金矢",是金屬箭頭。六五爻猶坤卦六五,彼繫以"黄裳",此繫以"得黄金"。高亨:"噬乾肉得黄金者,齧乾肉而發現其中有黄金粒也。黄金粒甚微,其不入腹,幸也。黄金粒入腹則死,其人之不死,亦幸也。此遇險化夷之象。故曰噬乾肉,得黄金,貞厲,无咎。"①此説雖有理,但在先秦典籍中,"金"通常不指稀有金屬黄金,而指銅。《易經》春秋之前成書,所以其中"金"極可能也是指銅。

貞厲,堅固不變則有危險。由於金屬不易消化,食之量少可能被直接排出體外,量多則可能引起腸道梗阻,甚至有生命危險。因此,

---

①高亨:《周易古經今注》(重訂本),中華書局,1984年,第223頁。

古人對食入金屬非常警惕,視進食時發現"黃金"爲凶兆。遇之當有改變,所以説"貞厲"。

上九:何校滅耳,凶。

【異文】

"何",《釋文》云:"本亦作荷。"

【易傳】

《象》曰:"何校滅耳",聰不明也。

【釋義】

校,刑具。何,當讀作荷。"何校滅耳",是説架在頸上的刑具蓋過耳朶,這是形容刑具之重,刑罰之酷。耳朶既被遮蓋,當然影響聽力,《象傳》"聰不明也"即指此點。

《周易》卦爻辭校釋

賁卦第二十二

☲ 離下
艮上　賁：亨。 小利有攸往。

【異文】

"賁",《別卦》作"蘩",下所从"絲",後來俗寫作"縈"。帛書在"有攸往"前殘缺,但從爻辭可知當作"繁",帛書卦名用字與《別卦》實有較近關係。"賁"屬幫紐文部,"繁"則是並紐元部,聲韻皆近,故可相通。《説文·糸部》:"絲,馬髦飾也。"此與"賁"爲文飾義近。《釋文》:"傅氏云:賁,古斑字,文章皃。鄭云:變也,文飾之皃。王肅符文反,云:有文飾,黃白色。"李富孫:"古或以賁爲斑字,賁、斑又聲相近。""攸",阜簡作"卣"。《一切經音義》引作"亨。小利,利有攸往"[1],當衍"利"字。唐石經則在"利"字下旁添"貞"字,其《象傳》中仍引作"小利有攸往"。南宋初刻本作"小利有攸往"。卦爻辭中"小利有攸往"僅此一見,而"小利貞"則可見於遯和既濟兩卦卦辭。"小利"在卦爻辭亦不見,"有攸往"在卦爻辭中出現時,不是與"利""勿用"等組成短句,就是在後面跟"无吉""見凶"一類占辭。因此,疑本作"小利貞,利有攸往"。又或者本作"不利有攸往","不"訛爲"小"。目前無別本依據,故存疑不改。

---

[1] 李吉東:《〈一切經音義〉中所見的幾處〈周易〉經文異文》,《周易研究》2006年第2期。

【易傳】

《彖》曰：賁"亨"，柔來而文剛，故"亨"。分剛上而文柔，故"小利有攸往"。天文也①。文明以止，人文也。觀乎天文，以察時變。觀乎人文，以化成天下。

《象》曰：山下有火，賁。君子以明庶政，无敢折獄。

《序卦》曰：物不可以苟合而已，故受之以賁。賁者，飾也。

【釋義】

卦象中的離當爲日象，王廙云："夫山之爲體，層峰峻嶺，岩巒峭麗參差，被日光照耀，如以雕飾而見文章。"②賁卦卦象日在山下，此宜爲日出和日落景象。清晨時太陽從東方的山口升起，朦朧晨曦下的山峰明暗分明，猶如被上紋飾。黄昏時太陽從西方的山口落下，綺麗晚霞下的山峰好似塗上金黄色，同樣猶似被上紋飾。賁，文飾也。卦象很多來源於古人的生活經驗，日在山下爲文飾即是此類。陳鼓應以爲："賁卦象太陽落山，其爲黄昏取婦之時。《説文》：'婚，婦嫁也。禮，娶婦以昏時。婦人陰也，故曰婚。'婚通作昏，《太玄·内》'昏者，親迎之時也'。李鏡池《周易通義》説賁卦講的是對偶婚迎親的故事③，可從。賁卦象黄昏迎親，而婚慶必有彩飾，故賁有文飾之義。"④婚，古作昏。而昏又有黄昏義，黄昏日落，山體似有紋飾，所以名卦爲賁。

離爲陰卦，艮爲陽卦，兩者相疊，陰陽交通，故有"亨"。小，稍微。"小利有攸往"，即稍利於出行。

對於卦象的解釋，《彖傳》是由兩卦陰、陽不同切入，《象傳》是從

---

① 王弼注云："剛柔交錯而成文焉，天之文也。"觀其意，"天文也"前似脱"剛柔交錯"一句。
② 王廙：《周易注》，《漢魏二十一家易注》，載《儒藏》精華編第一冊，北京大學出版社，2009年，第605頁。
③ 李鏡池：《周易通義》，中華書局，1981年，第45—46頁。
④ 陳鼓應、趙建偉：《周易今注今譯》，商務印書館，2005年，第210頁。

火在山下,有焚山之象的角度切入。山近於火極度危險,火蔓延速度極快。"君子以明庶政,无敢折獄"强調謹慎行事,速作裁斷就是從山下有火的危險景象引申而來的。

初九:賁其趾,舍車而徒。

【異文】

"趾",阜簡作"止",《釋文》:"一本作止,鄭云:'趾,足也。'"按,今本的"趾"字,在帛書中常作"止",如"艮其趾"作"艮其止"。今本經過漢人整理,許多古文字形未得保留。"車",漢石經作"轝",《釋文》:"音居。鄭、張本作輿,從漢時始有居音。""轝",係"輿"字異體。"舍車而徒",《一切經音義》引作"捨車而塗"①,"塗"當讀爲"徒","舍""捨"是古今字。

【易傳】

《象》曰:"舍車而徒",義弗乘也。

【釋義】

趾,足也。"賁其趾",文飾足部,打扮腳。舍,捨也。"舍車而徒",放棄乘車而徒步。《象傳》云"義弗乘也",即不宜乘車。按《象傳》的意思,"舍車而徒"是依禮下車,徒步前行。

從六四爻"賁如皤如,白馬翰如"看,初至四爻所描述的也許是裝飾馬匹。趾或指馬腳。馬腳裝飾後不忍騎乘,故有"舍車而徒"的做法。六二的"須"或指馬鬃。《周禮·秋官·冥氏》:"若得其獸,則獻其皮、革、齒、須、備。"所謂"須"或指野獸的鬍鬚、鬃毛之類。九三"賁如濡如"是馬匹裝飾妥當後的效果。這樣理解的話,從初爻到四爻都是描寫裝飾馬匹。

---

①李吉東:《〈一切經音義〉中所見的幾處〈周易〉經文異文》,《周易研究》2006年第2期。

| 上經 |

六二：賁其須。

【異文】

"賁"，帛書作"䌋"。吕祖謙引《晁氏易》云："須與歸妹六三同，今文作嬬，賤妾也。"①李富孫案："輔嗣注須如字，嬬與須音同，據諸家説，是須爲假借字。《説文》：'嬬，一曰下妻也。'故荀、陸訓爲妾。"

【易傳】

《象》曰："賁其須"，與上興也。

【釋義】

"須"有可能指馬的鬃毛，參見初九下【釋義】。古代馬飾中有"繁纓""左纛"，都會用到馬鬃、犛牛尾一類的東西。"賁其須"或指將"繁纓"等馬飾安裝好。

九三：賁如濡如，永貞吉。

【異文】

兩"如"字，帛書均作"茹"。

【易傳】

《象》曰："永貞"之吉，終莫之陵也。

【釋義】

濡，當與《詩·小雅·皇皇者華》"六轡如濡"之"濡"同義，潤澤之貌。九三承初九、六二而來，是形容打扮妥當之後的樣子。"永貞

---

①吕祖謙：《古易音訓》，載《續修四庫全書》總第2册，上海古籍出版社，2003年，第35頁。

吉",永遠長久的正命、吉利。

六四:賁如皤如,白馬翰如。匪寇婚媾。

【異文】

三"如"字,帛書均作"茹",通假。"皤",帛書作"蕃",阜簡作"䰟",《釋文》:"鄭、陸作燔,音煩,荀作波。"黄焯云:"燔,宋本同,十行本作蟠,閩本作膰,盧本改作皤,寫本脱。""蟠""燔""膰"諸字均從"番"得聲,故可相通,均讀爲"皤"。"䰟"屬滂紐鐸部,"皤"是並紐歌部,兩字旁紐,讀音或相近。"翰",帛書作"䩬",與"翰"旁紐疊韻,故可相通。"婚媾",帛書作"閩詬",讀爲"婚媾"。

【易傳】

《象》曰:六四當位,疑也。"匪寇婚媾",終无尤也。

【釋義】

皤,《説文·白部》:"老人白也。"又,孔穎達疏云:"皤是素白之色。""賁如皤如"是形容白馬裝飾好後的樣子。翰,高飛也。"白馬翰如",當是説白馬飛奔的樣子。李鏡池引《詩經》云:"《詩·常武》:'如飛如翰。'翰從羽,義同於飛。"[①] 按,翰有飛義,在古書中較常見,如中孚"翰音登于天",《詩·小雅·小宛》:"宛彼鳴鳩,翰飛戾天。"正是因爲白馬飛奔,有似作戰,所以後文纔説"匪寇婚媾",指出不是去作戰而是去迎親。《小雅·白駒》有"皎皎白駒,賁然來思",其義可與此條爻辭相參看。

[①] 李鏡池:《周易通義》,中華書局,1981年,第46頁。

六五：賁于丘園,束帛戔戔。吝,終吉。

【異文】

"賁",《釋文》:"黃本賁作世。"李富孫:"或賁省脱下貝之譌。""戔戔",《釋文》:"《子夏傳》作殘殘。"宋翔鳳云:"戔音在干反,正同殘音。蓋古文作戔,博士易作殘字,亦通用。《説文》四篇下:殘,賤也,从歺,戔聲。又十二篇下:戔,賊也,从二戈。《周書》曰'戔戔巧言'。古文《易》《書》並作戔而異其讀。"①"帛",帛書作"白","帛"從"白"得聲,故"白"可通作"帛"。"吝",帛書作"閵",伯2530作"吞",係"吝"字俗體。

【易傳】

《象》曰:六五之"吉",有喜也。

【釋義】

因上爲艮卦,故丘當指山丘,所謂"丘園"即依山坡而建,或近於山坡的園圃。園圃在庭院之外,今"賁于丘園",足見裝飾範圍之大。束,縛也。束帛是捆縛在一起的帛,因此,"戔戔"當從馬融釋:"戔戔,委積貌。"②"束帛戔戔"是描寫帛成束成束地堆積在裝飾好的丘園裏。按禮儀,束帛這類物件不宜堆放在園圃裏,而應在庭院中,所以爻辭説"吝"。但六五爻位極佳,所以最終仍是吉利的。《象傳》"有喜也",是説爻辭描寫的當是喜慶場面。

上九：白賁,无咎。

【易傳】

《象》曰:"白賁,无咎",上得志也。

---

①宋翔鳳:《周易考異》,載《續修四庫全書》總第28册,上海古籍出版社,2003年,第489頁。
②馬融:《周易傳》,《漢魏二十一家易注》,載《儒藏》精華編第一册,北京大學出版社,2009年,第236頁。

【釋義】

白賁,以白色來裝飾。賁卦之上九已達極致,也是轉變之際,所以説"白賁",猶"至樂無聲"之類,故王弼説:"處飾之終,飾終反素,故任其質素,不勞文飾而'无咎'也。以白爲飾而无憂患,得志者也。"[1]《象傳》説"上得志也",是因爲上九爲陽爻,在六五陰爻之上,陽乘陰,故可謂得志。反之,陰乘陰,或陽乘陽均不可得志,如同人上九在九五之,《象傳》云"志未得也";謙上六在六五之上,《象傳》云"志未得也";觀上九在九五上,《象傳》云"志未平也"。困卦九五《象傳》云"志未得也",是因爲"劓刖"是刑罰,是困境。

---

[1] 王弼:《周易注》,載《儒藏》精華編第一册,北京大學出版社,2009年,第728頁。

剝卦第二十三

䷖ 坤下
艮上　剝：不利有攸往。

【異文】

"剝",帛書、《衷》均作"剶",《別卦》、傳本《歸藏》均作"僕",秦簡《歸藏》卦名殘,阜簡作"僕"。《廣雅·釋詁一》:"剶,剔也。"此處疑爲近義替代。"剝"與"僕"上古疊韻,聲紐亦近,可以通假。

【易傳】

《彖》曰:剝,剝也,柔變剛也。"不利有攸往",小人長也。順而止之,觀象也。君子尚消息盈虛,天行也。
《象》曰:山附於地,剝。上以厚下安宅。
《序卦》曰:致飾然後亨則盡矣,故受之以剝。剝者,剝也。

【釋義】

剝,剝蝕。卦象五陰一陽,猶似乾卦被剝蝕,祇剩上九一陽爻。剝卦和復卦的得名來由不同於其他卦以内外卦相合而得名,而是以乾、坤兩卦爲基礎,依陽爻之數量和位置來表達陰陽周而往復的變化規律。復卦最下一陽爻,二至上均爲陰爻,好似坤卦最下有陽氣回復,所以得名"復"。經卦震卦是最下有一條陽爻,上面是兩條陰爻,有似陽氣回復,所以名之爲"震"。震就是雷,雷聲至則陽氣回復,萬

· 167 ·

物甦醒。重卦復卦的得名與經卦震卦有點類似。坤卦初六之所以言"履霜,堅冰至",就是因爲在撰寫《易經》的時代應當有冬季陰氣盛,夏季陽氣盛之類的觀念,否則不會如此安排爻辭。從這個角度看,最下有一條陽爻,其上皆爲陰爻,當然可名之爲"復"。反之,祇有最上一條陽爻則是陽氣剥蝕將盡。

但是,爻辭中的"剥"字意義與卦名之"剥"字不完全相同,如初爻、二爻、三爻和四爻中的"剥"當是撲、擊打的意思,而上爻中的"剥"則是削的意思。卦名用字在卦爻辭中偶有一字多義的情況,這與《易經》本爲卜筮之書的性質是相符的。

在《象傳》看來,剥卦卦象是"山附於地",山峰本來高峻聳立,今與地相連,是"山附於地"之象,即山自高處剥下之象。"上以厚下安宅","上"引申自上卦的山,"下"則引申自下卦的坤卦。

初六:剥牀以足,蔑貞凶。

【異文】

"牀",帛書作"臧"。"牀"屬從紐陽部,"臧"則屬崇紐陽部,兩字音近可通。"蔑",帛書作"薎",係"懱"的異體,可通"蔑"。阜簡作"蕺",疑係"蔑"異體。《釋文》云:"荀作滅。"《集解》引虞云:"蔑,滅也。"按,"蔑"實有"滅"義,如《國語·周語中》"蔑殺其民人",韋昭注云:"蔑,猶滅也。"[1]引申之則有輕悔義、無義等,如《詩·大雅·桑柔》"國步蔑資",鄭箋云:"蔑,猶輕也。"[2]

【易傳】

《象》曰:"剥牀以足",以滅下也。

---

[1] 徐元誥:《國語集解》,王樹民、沈長雲點校,中華書局,2002年,第54頁。
[2] 孔穎達:《毛詩正義》,阮元校刻《十三經註疏》影印本,中華書局,1980年,第558頁。

【釋義】

剝,撲打,擊打。牀,用於坐的家俱。"剝牀以足",用脚擊打牀。這是不合禮義的行爲。鄭玄云:"蔑,輕慢也。""蔑貞凶",輕慢正命則凶。

六二:剝牀以辨,蔑貞凶。

【異文】

"牀",帛書作"臧"。"辨",帛書、伯 2530 作"辯"。伯 2530 在《象傳》中寫作"辨",可見兩字有混用現象。"蔑",帛書作"薎",阜簡作"薉"。

【易傳】

《象》曰:"剝牀以辨",未有與也。

【釋義】

辨,當從鄭玄釋:"足上稱'辨',謂近膝之下。詘則相近,申則相遠,故謂之'辨'。辨,分也。"辨即蹁,王引之有詳考:"'辨'當讀爲'蹁'。《玉篇》音蒲田切。《釋名·釋形體》曰:'膝頭曰膞。膞,團也,因形團圞而名之也。或曰蹁。蹁,扁也,亦因形而名之也。'蹁蓋髕之轉聲。《説文》:'髕,卻厀也。'髕之爲蹁,猶獱獺之爲猵獺也,膝頭在足之上,故初爻言足,二爻言蹁。二居下卦之中,猶膝頭居下體之中,故取象於蹁焉。古聲辨與蹁通,猶周徧之徧通作辨也。"[①]"剝牀以辨"可能是説蜷腿坐於牀上,並用膝蓋擊打牀。

"剝牀以辨""剝牀以足"同樣是不合禮義的事,所以都是"蔑貞凶"。

[①] 王引之:《經義述聞》,江蘇古籍出版社,2000 年,第 19 頁。

六三：剥（之），无咎。

【異文】

帛書、漢石經、伯2530作"剥无咎"，無"之"字。伯2530之"咎"字與賁卦上九之"咎"字寫法相同。《釋文》作"剥，无咎"，並云："一本作'剥之无咎'，非。"依各本異文，今本當衍"之"字。有無此"之"字意義大有不同。作"剥，无咎"，則"剥"之對象是泛指，此與初六、六二等談"剥"之負面意義似不符。作"剥之，无咎"，則"之"可作代詞理解，之所以无咎乃因爻位不同。李富孫疑今本是因《象》"剥之无咎"而誤增爻辭，較爲可信。

【易傳】

《象》曰："剥之，无咎"，失上下也。

【釋義】

從此爻看，"剥"亦有正面意義。在典籍中，"剥"本可讀bō，也可讀pū。六三之"剥"既然意義與"剥牀"之"剥"不同，則讀音也可能不同，而與上爻"剥廬"之"剥"的讀音當相同。三爻在下卦最上，上爻在上卦最上，所以二者所言近似，可能都指食物加工。釋義可詳參下文。

六四：剥牀以膚，凶。

【異文】

"膚"，阜簡作"父"，漢石經作"簠"，《釋文》："京作簠，謂祭器。"膚是表皮，"剥牀以足""剥牀以辨"都先觸表皮，若此處言"剥牀以膚"則是重復，故宜從漢石經及京房讀。"牀"，帛書作"臧"。

【易傳】

《象》曰:"剝牀以膚",切近災也。

【釋義】

膚,當從京房作"簠",禮器。膚與簠上古聲韻皆同,可通假。用禮器擊打牀,是極度無禮,故"凶"。《象傳》云"切近災也"是因六四近於六五,心有憂懼。

六五:貫魚(以)[食],宮人寵,无不利。

【異文】

"以",帛書作"食"。鄔可晶認爲此處"以"或因音近而誤,本應作"食"①。從其釋義來看,其説可從。"寵",帛書作"籠",當通"寵"。

【易傳】

《象》曰:"以宮人寵",終无尤也。

【釋義】

此條爻辭歷來難解,僅鄔可晶最近的解釋最爲妥當。他認爲爻辭當依帛書讀爲"貫魚食,宮人寵,无不利"。"貫魚食"與上九爻的"碩果不食"相對,"貫魚"即"乾魚",所謂"貫魚食"就是食用乾魚。因乾魚是用繩索穿起來懸掛,故又稱之爲"索魚"。"貫魚"與"索魚"造語頗類,乾魚既然被稱作"索魚",當然也可以被稱作"貫魚"。乾魚物賤,故可與地位卑賤的"宮人"相提並論。"宮人"當指宮女,與六五爻性相應。

---

①鄔可晶:《帛書〈周易〉剝卦六五爻辭新解》,《出土文獻綜合研究集刊》第九輯,巴蜀書社,2019年,第217—225頁。

上九：碩果不食，君子得輿，小人剝廬。

【異文】

"碩"，帛書作"石"，讀爲"碩"。"得輿"，帛書作"得車"，《集解》作"德車"，《釋文》："京作德輿，董作德車。""德"通作"得"。"廬"，帛書作"蘆"。前文有"碩果不食"，則此當從帛書讀爲"蘆"。遇饑荒時，蘆葦幼芽或蘆葦根均可做食物。

【易傳】

《象》曰："君子得輿"，民所載也。"小人剝廬"，終不可用也。

【釋義】

碩，大也。"碩果不食"，有大果實而不食用。輿，車。"得輿"是一個比喻，指君子得到賞賜。古代君王常以車馬賞賜大臣，高亨引《詩經》之《采菽》《崧高》《韓奕》證之[1]，可信。在西周金文中，賞賜之物常有"金車"、馬匹。帛書作"得車"，足見"輿"定當作車解。

剝，削。廬之所指尚需考證。《詩·小雅·信南山》有："中田有廬，疆場有瓜，是剝是菹，獻之皇祖。"鄭玄釋"廬"爲田中草屋[2]，恐非。"廬"當讀作"蘆"，即蘿蔔。《爾雅·釋草》："葖，蘆萉。"郭璞注："萉，宜爲菔。蘆菔，蕪菁屬，紫花，大根，俗呼雹葖。"邢昺疏："今謂之蘿蔔是也。"[3]但剝卦上九中的"廬"應與"中田有廬"之"廬"不同。"廬"在古書本可指多種植物，除上文所說蘿蔔外，還可指薺根、蘆葦。從上下文意推測，爻辭中當指蘆葦。蘆葦可食，但其味一般，所以饑荒時纔食用。碩果可供人觀賞，君子以之觀賞或獻於君王，可以獲賞。而

---

[1] 高亨：《周易古經今注》（重訂本），中華書局，1984年，第229頁。
[2] 孔穎達：《毛詩正義》，載阮元校刻《十三經注疏》影印本，中華書局，1980年，第471頁。鄭張尚芳《周易繇辭解難舉隅》（《南開語言學刊》2004年第2期）一文引郭沫若說，以"廬"爲"蘆"之假借。郭說見《十批判書·古代研究的自我批判》，載《郭沫若全集·歷史編》第二卷，人民出版社，1982年，第29頁。
[3] 邢昺：《爾雅注疏》卷八，載阮元校刻《十三經注疏》影印本，中華書局，1980年，第2626頁。

小人糧食有限,有碩果而不食用的話,就可能導致糧食短缺,到來年春天時没有足够的食品,衹得剥吃蘆葦的嫩芽。另外,《詩·小雅·楚茨》有"或剥或亨,或肆或將"兩句,其中的"剥"顯指加工食物,六三和上九爻辭中的"剥"字當與之同義。

鄭張尚芳引《詩·豳風·七月》"七月食瓜,八月斷壺",並疑"剥蘆"即指"斷壺"。又説"壺"即"瓠",也稱"壺盧"(今作葫蘆),嫩者可食,枯者可爲壺盛酒漿,或剖爲瓢勺,或綴係作渡水之腰舟。故"碩果"可能即指大瓠(大葫蘆),因大而不食①。按,其説甚妙,衹是與爻辭之語序不合。爻辭先説"碩果不食",再説"君子得輿,小人剥廬",是以"小人剥廬"當是"碩果不食"的後果,且當係負面和消極的。

---

① 鄭張尚芳:《周易繇辭解難舉隅》,《南開語言學刊》2004 年第 2 期。

復卦第二十四

㖷 震下坤上　復：亨。 出入无疾，朋來无咎。
反復其道，七日來復，利有攸往。

【異文】

"復"，《別卦》、上博簡作"遵"，是異體。"入"，帛書作"人"，是訛字。"朋"，帛書作"堋"，阜簡作"馮"，《釋文》："京作崩。"諸異文均應讀爲"朋"。"反復"之"復"，《釋文》："本又作覆。"

【易傳】

《彖》曰："復，亨"，剛反動而以順行，是以"出入无疾，朋來无咎"。"反復其道，七日來復"，天行也。"利有攸往"，剛長也。復，其見天地之心乎。

《象》曰：雷在地中，復。先王以至日閉關，商旅不行，后不省方。

《序卦》曰：物不可以終盡剝，窮上反下，故受之以復。

【釋義】

春秋時期有變卦，這一點應無可疑。從乾、坤之用九、用六爻推測，變卦應該有一定的淵源。因此，變卦出現的時間可以上溯到春秋之前，甚至《易經》撰述之初。從變卦的角度看，乾、坤之爻從初爻起逐爻變化,全變則爲相錯之卦。而相錯之卦由初爻起變化,又可回復到原卦。復卦與坤卦相較,祇有初爻不同,是回復乾卦之征兆,故名爲"復"。從六爻全陰變化至六爻全陽,含首尾在内共出現七個卦象。而從六爻全陽變化至六爻全陰,也會出現七個卦象。卦辭"七日來復"或許即據此而撰。其實,不僅乾、坤兩卦如此,其他卦象均是如此,每一個卦逐爻變至相錯之卦,都要歷經七個卦象。"反復其道"即"其道反復",是對以上現象的總結。復,本義是歸復,在卦爻辭中除指歸復外,還常指悔過、改過。

丁壽昌總結"七日"的解釋有三種,一是以卦氣理論中的六日七分說解釋,如鄭玄、王弼、孔穎達等。二是說乾六陽變至復共爲七日,京房、虞翻等持此說。三是認爲由五月姤至十一月復爲七月,即七日,侯行果等持此說[1]。其實還有第四種看法,王夫之持之:"蓋七者少陽之數。坤爲老陰,乾爲老陽,故乾曰'用九',坤曰'用六',不用七、八。數至於純坤而無可消矣,於是其復速疾,而七起焉。言日者,一晝一夜,數極則反之謂。積陰至於六日則必復,寒暑陰晴之常也。而不正之氣化,抑不盡然。故唯速反於七,爲天行之正。"[2]其說解"七"字尚可,解"日"則牽強。十二辟卦、六日七分都屬於較成熟的卦氣理論,在撰述《易經》的時代恐怕仍未出現,因此不宜據之釋卦辭。眾說中,唯變卦說有一定理由追溯至先秦時期,因此宜以"七日來復"是指乾、坤兩卦的互變。

疾,疾病、憂患、疾苦,凡禍害均可稱爲"疾"。所謂"出入无疾",即是在外行事,在内持家,都很順利。在殷商卜辭中,多有商王卜問出商邑,入商邑是否吉利的記錄。包山楚墓出土的卜筮祭禱簡中,有關於出入朝廷是否順利的記錄。可見卜問出入是古代常見的占問事項。朋,同類。"朋來"在《易經》中出現兩次,另一次是蹇九五"大蹇,朋來"。蹇卦艮下坎上,坎有險象,艮爲山,亦是險地,艮、坎是同類,

---

[1] 丁壽昌:《讀易會通》,中國書店影印本,1992年,第328頁。
[2] 王夫之:《周易稗疏》,載《船山全書》第一册,嶽麓書社,2011年,第764頁。

故九五有"大蹇,朋來"。朋就是同類的意思。復卦二至六爻皆爲陰爻,是爲同類,故有"朋來无咎"的占辭。

《彖傳》《象傳》解釋復卦時是從物候、曆法的角度思考的,如釋"反復其道,七日來復"爲"天行也",釋"復"爲"復見天地之心"。從復之卦象中有雷,聯想到時令物候,進而闡釋出"先王以至日閉關,商旅不行,后不省方"。這些闡釋對後世學者解釋"七日來復"造成了很大的影響。

初九:不遠復,无(祗)[祇]悔,元吉。

【異文】

"祗",帛書作"提",阜簡作"諹",《要》作"茛",伯 2530、《集解》、唐石經、南宋初刻本皆作"祗",《釋文》:"王肅作禔,時支反,陸云:'禔,安也。'九家本作禔字,音支。"帛書、阜簡、《要》、《集解》、王肅、九家等本所用之字形均是支部字,此或證明本作"祇",作"禔"是通假。從唐石經、南宋初刻本用字看,今本等作"祗"當是誤字。此是後世因"氏""氐"形近而訛,與戰國文獻中兩字之關係無關。關於"无祇悔",王引之、馬宗霍、侯乃峰、丁四新、秦朓等均有分析①,可以參考。"悔",帛書作"愳",當讀作"謀",可與"悔"通。《要》引作"誨",同樣可與"悔"通。

【易傳】

《象》曰:"不遠"之復,以脩身也。

---

① 王引之:《經義述聞》,江蘇古籍出版社,2000 年,第 20—21 頁。馬宗霍:《説文解字引經考·説文解字引易考》,中華書局,2013 年,第 9—10 頁。侯乃峰:《〈周易〉文字彙校集釋》,臺灣古籍出版有限公司,2009 年,第 193—194 頁。丁四新:《楚竹書與漢帛書〈周易〉校注》,上海古籍出版社,2011 年,第 382—383 頁。秦朓:《利用出土文獻校讀〈周易〉經文》,復旦大學碩士學位論文,2008 年,第 24—25 頁。

【釋義】

"不遠復",就是不遠而復,及時反悔。祇,通作衼,當從王引之意見:"九家作衼是也。《廣雅》:'衼,多也。''无祇悔'者,无多悔也。有不善未嘗不知,知之未嘗復行,故雖有悔而不至於多也。蓋知有不善則必悔,知而復行,則又多一悔矣。今不遠復者,知而不行,則但有不善之悔而無復行之悔,是其悔無多也。""遠"與"多"正形成呼應,於文意最洽。

六二:休復,吉。

【異文】

"復",《繆和》作"覆",當讀爲"復"。

【易傳】

《象》曰:"休復"之吉,以下仁也。

【釋義】

《爾雅·釋言》:"休,慶也。"是休有美善之義。此六二爻可與坤六二爻相比較,坤六二是"直方大,不習,无不利","直方大",都是美善之物。六二陰爻居陰位,所以爻辭較吉利。《象傳》說"以下仁也",是因初九在六二之下,《易》以陽爲尊,因之比喻初九爲"仁"。

六三:頻復,厲,无咎。

【異文】

"頻",帛書作"編",《釋文》:"本又作顰。顰,眉也。鄭作卑,音同。"《校勘記》:"按,鄭作顰,吕東萊引作鄭作卑,是也。""頻"屬並紐真部,"編"屬幫紐真部,兩字疊韻、旁紐,音近可通。作"顰"或"顰",

177

如《釋文》所釋,也應通作"頻"。

【易傳】

《象》曰:"頻復"之厲,義无咎也。

【釋義】

一卦共六爻,上卦三爻,下卦三爻;三爻小成,六爻大成。故三爻與上爻性質時常相同,祇是程度略輕。如乾九三"終日乾乾",是略有亢奮;上九"亢龍"則亢奮至極,較九三程度深。復卦亦是如此,王弼:"頻,頻蹙之貌也。處下體之終,雖愈於上六之迷,已失復遠矣,是以蹙也。蹙而求復,未至於迷,故雖危'无咎'也。復道宜速,蹙而乃復,義雖无咎,它來難保。"① 雖然"頻復",但能復終究是好事,《象傳》"義无咎也"就是從這個角度來說的。

六四:中行獨復。

【易傳】

《象》曰:"中行獨復",以從道也。

【釋義】

中行,即行中,途中。獨復,獨自歸回。《象傳》"以從道也"旨在鼓勵有勇氣"中行獨復"者。

六五:敦復,无悔。

【異文】

"敦",上博簡作"𩱛",讀爲"敦"。"无悔",上博簡作"亡惥"。

---

① 王弼:《周易注》,載《儒藏》精華編第一册,北京大學出版社,2009年,第730頁。

"悔",帛書作"愳",阜簡作"䚀"。

【易傳】

《象》曰:"敦復,无悔",中以自考也。

【釋義】

敦,篤實敦厚。敦復,篤實地踐行復道。考,成也。《詩·小雅·斯干》序"宣王考室也",毛傳:"考,成也。"①"中以自考",因居位中而得以自成其道。《象傳》用"中"字常取雙關義,既指爻象之"中",又指心中之"中"。

上六:迷復,凶,有災眚。用行師,終有大敗。以其國君凶,至于十年不克征。

【異文】

"災",帛書作"兹",當讀爲"災"。帛書常以"兹"通作"災",在无妄、小過卦中亦有。伯2530作"灾",《釋文》出"有災",云:"本又作灾,鄭作烖,案《説文》:'烖,正字也。灾,或字也。災,籀文也。'""眚",帛書作"省"。"至于十年不克征",帛書作"至十年不衰正","衰",當爲"克"之訛。"征",《繆和》作"佂"。

【易傳】

《象》曰:"迷復"之凶,反君道也。

【釋義】

在《易經》中,上爻常因過度而致凶咎,復卦上六同樣如此。初爻"不遠復"、二爻"休復"、四爻"中行獨復"、五爻"敦復"均合返復之道。

---

①孔穎達:《毛詩正義》,載阮元校刻《十三經注疏》影印本,中華書局,1980年,第436頁。

三爻"頻復"則已略失返復之道,上爻"迷復"是復而又復,以至迷失。《左傳》襄公二十八年:"欲復其願,而棄其本,復歸無所,是謂迷復,能無凶乎?"①"復歸無所"是"迷復"的最佳寫照。

《子夏易傳》:"傷害曰災,妖祥曰眚。"②有傷害妖祥在,是不宜行師。若行師則大敗。

以,介詞,表原因。"以其國君凶",由於國君有凶。"至于十年不克征",出征十年都不得勝利。征戰十年,時日長久,堪稱"迷復"。十年祇是一個約數,不是確數。

---

①楊伯峻:《春秋左傳注》(修訂本),中華書局,1990年,第1144頁。
②《子夏易傳》,《漢魏二十一家易注》,載《儒藏》精華編第一冊,北京大學出版社,2009年,第204頁。

| 上經 |

无妄卦第二十五

震下乾上　无妄：元亨，利貞。 其匪正有眚，不利有攸往。

【異文】

"无妄"，《別卦》作"亡孟"，上博簡作"亡忘"，傳本《歸藏》和秦簡《歸藏》均作"毋亡"，帛書及《衷》均作"无孟"，阜簡作"无亡"，《史記·春申君列傳》有"毋望之福"，《正義》："猶不望而忽至也。"《索隱》："《周易》有无妄卦，其義殊也。"[1]"孟"屬明紐陽部，與"亡""妄""望"聲韻皆同，故相通假。漢人多將"无妄"作"无望"解，其實誤，可參下文【釋義】。"亨"，上博簡作"卿"。"其"，帛書無。"正"，上博簡作"复"，"復"字異體；阜簡作"延"，即"征"字。從復卦諸爻看，"復"字有回復正途之意，上博簡作"復"與今本字雖異，義卻同。"眚"，上博簡作"禧"，帛書作"省"。"攸"，上博簡作"由"，阜簡作"囟"。

【易傳】

《彖》曰：无妄，剛自外來而爲主於内。動而健，剛中而應。大亨以正，天之命也。"其匪正有眚，不利有攸往"，无妄之往，何之矣？天命不祐，行矣哉！

---

[1] 司馬遷：《史記》卷七十八，點校本二十四史修訂本，中華書局，2014年，第2910頁。

《象》曰：天下雷行，物與无妄。先王以茂對時育萬物。
《序卦》曰：復則不妄矣，故受之以无妄。

【釋義】

卦象震下乾上，《象傳》云"天下雷行，物與无妄"。王弼注："與，辭也，猶皆也。天下雷行，物皆不可以妄也。"孔穎達正義："雷是威恐之聲，今天下雷行，震動萬物，物皆驚肅，无敢虛妄。"①均釋妄爲虛妄、妄行。《象傳》解卦常視震爲動象、雷象，進而與季節、刑罰相聯繫，如復卦言"先王以至日閉關"、噬嗑卦言"先王以明罰勑法"。釋无妄卦，以震爲雷象，提出"物與无妄""先王以茂對時育萬物"是循《象傳》一貫思路，王、孔釋妄爲妄行、虛妄是符合《象傳》本義的。不僅如此，其釋亦切合經文本義。卦辭"其匪正有眚，不利有攸往"，是強調不正則有災、不利出行，本義在強調正，即无妄行。初九"无妄，往吉"，如果是無所希望，則何以可"往吉"呢？九五"无妄之疾，勿藥有喜"，如果是無所希望，後面又何來"有喜"？所以，"妄"不可讀作"望"。

釋"无妄"爲"無所希望"起源甚早，《漢書·谷永傳》中即有應用②，西漢京房亦持此說："大旱之卦，萬物皆死，无所復望。"③其後馬融、鄭玄等多承之。虞翻引《序卦傳》"復則不妄""有无妄，然後可畜"等認爲京房等"失之遠矣"④。但虞氏解"妄"爲"死亡"，則不可信從。除以上兩種解釋之外，《九家易注》認爲妄爲災⑤，亦不可信從。

无妄六二與九五相應，且雷動可寓意天地交通，所以卦辭說"元亨"。

---

①孔穎達：《周易正義》，載《儒藏》精華編第二冊，北京大學出版社，2009年，第106頁。
②班固：《漢書》卷八十五《谷永杜鄴傳》，中華書局，1962年，第3468頁。
③京房：《周易章句》，《漢魏二十一家易注》，載《儒藏》精華編第一冊，北京大學出版社，2009年，第223頁。
④虞翻：《周易注》，《漢魏二十一家易注》，載《儒藏》精華編第一冊，北京大學出版社，2009年，第447頁。
⑤《九家周易集注》，《漢魏二十一家易注》，載《儒藏》精華編第一冊，北京大學出版社，2009年，第670頁。

初九：无妄，往吉。

【異文】

上博簡本無"往"字。據《象傳》，簡本當有脱文。

【易傳】

《象》曰："无妄"之往，得志也。

【釋義】

无妄，不妄行。往吉，出行則吉。初九位卑，但有剛健之性，《象傳》"得志也"，即指其有剛健之性，且占辭爲"吉"。

六二：不耕[而]穫，不(菑)[畬之](畬)[餘]，則利有攸往。

【異文】

"不耕穫，不菑畬"，上博簡作"不静而穫，不畜之……"，"之"字下殘字可能是"餘"。《昭力》引文在"耕"字下亦有"而"字，今本當脱"而"字①，有此字則文句流暢。《釋文》："或依注作'不耕而穫'，非。下句亦然。"陳劍認爲今本"菑"字是由"畜"之異體變化而來的，後人爲讀通此句，又將"餘"寫成"畬"，以與"菑"字相類②。"菑"，《説文·艸部》作"菑"，伯2530作"菑"。後者在西晉碑刻中亦有，當屬異體。在魏晉南北朝碑刻中，作爲構件的"巛"形常被寫作"中"字下加一横筆，如"淄""緇""輜"等字③。"畬"，帛書作"餘"。《説文·田部》"畬"下引《易》曰"不菑畬田"，比《艸部》"菑"字下所引多"田"字。"穫"，

---

①廖名春：《楚簡〈周易〉校釋記（二）》，原載《周易研究》2004年第5期，後收入《〈周易〉經傳與易學史續論：出土簡帛與傳世文獻的互證》，中國財富出版社，2012年，第174—189頁。
②陳劍：《上博竹書異文選釋（六則）》，原載《文史》2006年第4期（總第七十七輯），現已收入《戰國竹書論集》，上海古籍出版社，2013年，第146—167頁。
③毛遠明：《漢魏六朝碑刻異體字典》，中華書局，2014年，第1251—1254頁。

《昭力》作"稺",當是"穫"字異體。"則"字,帛書無。

【易傳】

《象》曰:"不耕穫",未富也。

【釋義】

"不耕而穫,不畜之餘",是説不勞作而有收穫,不積蓄而有餘財。這些都是意外之財,是吉兆,當然"利有攸往"。爻辭的意思是人无妄行,故受庇佑。《象傳》説"未富也",字面意思是不可能由此富足,言外之意是告誡人們,要想富足仍然得依靠辛勤勞作,不能僅憑意外之財。

六三:无妄之災。或繫之牛,行人之得,邑人之災。

【異文】

"繫",帛書作"擊",此二字在帛書中常通用。"災",上博簡作"𤆎",帛書作"茲",伯2530均寫作"灾"。

【易傳】

《象》曰:"行人"得牛,"邑人"災也。

【釋義】

或,有人也。繫,用繩拴。"行人之得",路過之人得之,"之"是指牛。爻辭是説有人將牛拴在路旁,被路過的人牽走了。對路人而言是"得",對邑人來説因爲丢了牛,所以是災。

六三和上九都是"无妄之災",祇不過六三祇是丢了牛,上九則嚴重至"无攸利",兩者在程度上有區別。這兩條爻辭表現出撰《易》者對災難的深刻看法,他認爲有的災難是由人的妄行招致,這類災難在生活中應該是佔多數的,因爲《易》中講的許多災難都是有一定原因的。但生活中還有一種災難,即那些無妄行之人面臨的災難,六三和上九説的就是這種災難。九五的"无妄之疾"雖不是災,但性質上與六三、上九相類。

九四:可貞,无咎。

【易傳】

《象》曰:"可貞,无咎",固有之也。

【釋義】

"可貞",可以堅固不變。《象傳》"固有之也"是説堅固不變而獲吉是理所當然的。

九五:无妄之疾,勿藥有喜。

【異文】

上博簡作"亡忘又(有)疾,勿藥又(有)菜",帛書作"亡孟之疾,勿藥有喜"。"又(有)疾"與"之疾"在句中意義幾無差别,"菜"與"喜"的關係學者們有争議,諸家之説中,丁四新之説最爲可從。他認爲"有喜"乃經傳成辭,"菜"必讀爲"喜"[1]。

【易傳】

《象》曰:无妄之"藥",不可試也。

【釋義】

古人認爲疾病是神靈的懲罰,所以患疾後卜筮祈禱,以求神靈寬恕或保佑。神靈的懲罰當然與人的妄行有關。但隨着醫療技術的發

---

[1] 丁四新:《楚竹書與漢帛書〈周易〉校注》,上海古籍出版社,2011年,第64頁。

展,古人慢慢認識到有些疾病未必與妄行有關,不應歸於神靈的懲罰,這就是所謂的"无妄之疾"。孔穎達云:"'勿藥有喜'者,若疾自己招,或寒暑飲食所致,當須治療;若其自然之疾,非己所致,疾當自損,勿須藥療而'有喜'也。"①高亨所說"服事過勞"所致之疾即屬此類②。

上九:无妄行,有眚,无攸利。

【異文】

"无妄行",上博簡作"亡忘行",帛書作"无孟之行"。"眚",上博簡作"𤯝",帛書作"省"。"无攸",上博簡作"亡由"。

【易傳】

《象》曰:"无妄"之行,窮之災也。

【釋義】

古人常視災難和疾病皆是神靈的懲罰,是人之妄行招致。隨着認識水平的提高,古人逐漸認識到有些災難困苦未必是人的妄行所致,這就是"无妄行有眚"。行爲端正而被災,當然是極不吉利的,所以說"无攸利"。《象傳》說"窮之災也"是純從爻位來說,並不切合爻辭本義。

綜合无妄卦的六條爻辭看,可以看出撰《易》者對"无妄"是持贊許態度的。不過,他也看出生活中有許多災難困苦是沒有原由的,極難窮根究源。要之,先民對人神之間的關係有着相當複雜的看法。

---

① 孔穎達:《周易正義》,載《儒藏》精華編第二册,北京大學出版社,2009年,第108頁。
② 高亨:《周易古經今注》(重訂本),中華書局,1984年,第233頁。

大畜卦第二十六

☰ 乾下
☶ 艮上　　大畜：利貞。　不家食，吉。　利涉大川。

【異文】

"大"，帛書作"泰"。"畜"，《別卦》作"𥷠"，此字同"竺（篤）"。上博簡作"𥩲"，與《別卦》關係極近。從卦爻辭涉及馬、牛這類牲畜看，《別卦》和上博簡用字均當讀爲"畜"。帛書及《衷》均作"蓄"，《釋文》："本又作蓄。""畜"有積聚義，此義後來用"蓄"記錄。"不家食"，上博簡作"不豢而飲"，句中有"而"字，或是因誤解經義而生的衍文。

【易傳】

《彖》曰：大畜，剛健篤實，輝光日新其德。剛上而尚賢，能止健，大正也。"不家食，吉"，養賢也。"利涉大川"，應乎天也。
《象》曰：天在山中，大畜。君子以多識前言往行，以畜其德。
《序卦》曰：有无妄然後可畜，故受之以大畜。

【釋義】

乾爲天象，故可稱大。乾被艮止於内，可稱"大畜"，畜，養也。《象傳》以"德"爲大，因此由卦象演繹出"君子以多識前言往行，以畜其德"。但在爻辭中，畜並不作養講，而是當作牲畜講。如三、四、五爻所説的馬、牛（其實二爻和上爻也都間接牽涉到馬和牛），都是牲畜。不過,馬、牛都是人類畜養的動物,爻辭談牛、馬仍然與畜之養義相關。

所謂"不家食",傳統都作不在家用餐理解,並由之引申出養賢的哲理。從整個卦的情況看,不是直接説馬、牛,就是間接牽涉到馬、牛,均與牧養牲畜相關。是以"食"宜讀作 sì,"不家食"即不在家飼養畜牲,而是放養。古代養牛、馬、猪多是放養,牛、馬的放養在農村至今仍然保留,猪的放養仍見於少數偏遠地區。古代糧食作物有限,在家圈養的話成本太高,收割草料又消耗勞力,不如放養省心省力。

初九:有厲,利巳。

【異文】

"厲",上博簡作"礷",即"礪"字異體,讀爲"厲"。

【易傳】

《象》曰:"有厲,利巳",不犯災也。

【釋義】

厲,危險。巳,當讀爲祀。郭店楚簡《成之聞之》:"是故君子慎六位,以巳天常。"①巳即讀爲祀。損卦"巳事遄往",虞翻作"祀事遄往"。利巳,即宜於祭祀,以求神靈保佑。《象傳》"不犯災也",不冒犯神靈,没有被災,也是讀"巳"爲"祀"。

九二:輿説輹。

【異文】

"輿",上博簡、帛書均作"車",《釋文》:"本或作輦,音同。""説",

---

① 劉釗:《郭店楚簡校釋》,福建人民出版社,2005 年,第 138 頁。

上博簡作"敓"。"輹",上博簡作"复",帛書作"緮",《集解》作"腹",《釋文》:"或作輻。一云:'車旁作复。'音服,車下縛也。作畐者,音福,《老子》所云'三十輻共一轂'是也。《釋名》云:'輹似人展,又曰伏菟,在軸上似之。又曰輹,伏於軸上。'"據小畜九三等可知,"輹"當讀爲"輻",是車輪的輻條。

【易傳】

《象》曰:"輿說輹",中无尤也。

【釋義】

無論是馬車,還是牛車,都由畜養的牲畜牽引。所以,此爻雖然没有提到馬、牛,其實仍與這些動物相關,與"大畜"相關。

九三:良馬逐,利艱貞。曰閑輿衛,利有攸往。

【異文】

"逐",上博簡作"由",帛書、阜簡作"遂",《釋文》:"鄭本作逐逐,云:兩馬走也。姚云:逐逐,疾並驅之兒。"按,"遂"與"逐"形近,帛書常以之爲"逐"字,如睽卦初九"喪馬勿逐",帛書作"亡馬勿遂",震卦六二、既濟六二均有其例。"由"上古餘紐幽部,從其得聲的"軸"則屬定紐覺部,而"逐"也是定紐覺部,可見"由"與"逐"音近。"艱",上博簡作"堇",帛書作"根"。"堇"屬見紐文部,"艱"和"根"與之聲韻皆同。

"曰閑輿衛","曰"字《集解》作"日",《釋文》:"劉云:曰猶言也。鄭人實反,云:日習車徒。""曰"與"日"形近,故訛混。從文義上看,作"日"字於義較長。但若作"曰"字,於義亦通。"閑",上博簡作"班",應讀爲"閑"。帛書、《昭力》均作"蘭",也應讀爲"閑"。"輿",上博簡和帛書都作"車"。"衛",上博簡作"殹",讀爲"衛"。學界對上博簡所用字形多有歧説,徐在國推測上博簡用字所從的"爻"乃"樊"字所從之"爻"(交木爲藩),从"戈",乃會屏障、護衛之意,實係"衛"字異體①。帛書"衛"字訛作"衛"。"攸",上博簡作"卣"。

【易傳】

《象》曰:"利有攸往",上合志也。

【釋義】

姚信:"逐逐,疾並驅之貌。"②"利艱貞",利於艱難中仍得正命。曰,句首虛詞。閑,練習。衛,守護。"曰閑輿衛",練習士兵車戰。由於上九是"何天之衢",道路寬闊,有利人馬馳騁,所以《象傳》說"上合志也"。爻辭中有"利艱貞""利有攸往",是以"逐"字與脫困、出行等有關。

六四:童牛之牿,元吉。

【異文】

"童",上博簡、《説文·告部》"告"字下引作"僮",《釋文》:"《廣蒼》作犝,劉云:童妾也。"以作"童"爲是,"僮"或"犝"都是後來添加形符而成的異文。"牿",上博簡作"樫",其右所從乃"梏"之初文③。《説文·告部》作"告"。《釋文》:"陸云牿當作角,九家作告,《説文》同,云:牛觸角著橫木,所以告人。"按,《説文·告部》作"牛觸人,角箸橫木"④,《釋文》引用脫"人"字。"牿",帛書作"鞠",兩字同屬見紐覺部,故可通假。且"鞠"有窮困義,用在此處與"牿"義相近。上博簡所用字形从木从幸(讀作 niè),幸本有拘禁義。從這些異文看,今本中的"牿"字當有拘禁一類的意義。馬宗霍以爲"牿"字乃後起之專字,正

---

①徐在國:《楚帛書詁林》,安徽大學出版社,2010年,第146頁。
②姚信:《周易注》,《漢魏二十一家易注》,載《儒藏》精華編第一册,北京大學出版社,2009年,第598頁。
③何琳儀:《楚竹書〈周易〉校記》,載《傳統中國研究集刊》第三輯,上海人民出版社,2007年,第22—57頁。
④段玉裁:《説文解字注》,上海古籍出版社,1988年,第53頁。

字當作"告"①,其説似可從。依《説文》的解釋,"告"當與楅衡相關。

【易傳】

《象》曰:六四"元吉",有喜也。

【釋義】

前人於"牿"字有兩種解釋,一釋爲綁在牛角上的橫木,另一釋爲牛圈。要正確解釋這個字,有兩個前提條件,一是正確理解"童",二是將四爻和五爻合併解釋。"童"有愚昧無知義,《春秋》中有人名胥童,字昧,是"童"有愚昧無知之義,蒙卦所説"童蒙"、觀卦所説"童觀",兩"童"字也應包含有這層意思。"童"可與"憧""僮"通,而"僮"有無智、癡之義②,此亦可證"童牛"之"童"非指幼小。因此,"童牛"非指小牛,而是指難以調教的"笨牛"。"笨牛"脾氣暴躁,爲防其用角頂撞物體或人,就在牛的角上綁上"牿"。"牿"是用來束縛牛角,削弱角的攻擊性的,這與五爻説的去勢之後猪的牙失去攻擊性屬同類性質。因此,不能將"牿"理解爲牛圈。性情暴躁之笨牛,就算用牛圈,也有可能撞壞牛角。若此,就不能説"元吉"。在古代,祭祀用牛要綁楅衡。《詩·魯頌·閟宫》:"秋而載嘗,夏而楅衡。"毛傳:"設牛角以楅之也。"③《周禮·地官·封人》:"凡祭祀,飾其牛牲,設其楅衡。"鄭玄注:"杜子春云:楅衡,所以持牛令不得抵觸人。"④牿即是楅衡。

六五:豶豕之牙,吉。

【異文】

"豶豕",上博簡作"芬豕",帛書作"哭狶"。張政烺以爲哭从叩,

---

①馬宗霍:《説文解字引經考·説文解字引易考》,中華書局,2013年,第17頁。
②王念孫:《廣雅疏證》,中華書局,1983年,第81頁。
③孔穎達:《毛詩正義》,載阮元校刻《十三經注疏》影印本,中華書局,1980年,第615頁。
④賈公彦:《周禮注疏》,載阮元校刻《十三經注疏》影印本,中華書局,1980年,第720頁。

从犬,是吠字異體,假借爲豶①。"牙",上博簡作"䶒",《釋文》:"鄭讀爲互。"李富孫:"陳祥道《禮書》謂互、牙古字通用,其實以形似相亂也。鄭讀爲互,當即本先鄭之説。""互"字是從"牙"字分化出來的,早期"互"字都是假借"牙"字。從上博簡所用字形看,當以"牙"字爲是。

【易傳】

《象》曰:六五之"吉",有慶也。

【釋義】

《説文·豕部》:"豶,羠豕也。"劉表:"豕去勢曰豶。"②"豶"字亦可泛指公猪。從"豶"字的字形看,泛指公猪或係初始之義。公猪若不作爲種猪的話,爲利於其生長會加以閹割,閹割之後仍稱爲"豶"。換而言之,公猪去勢與否都是公猪,所以統稱爲"豶"。因作爲種猪的公猪是少數,去勢的是多數,所以"豶"又可指去勢的公猪。

公猪性猛好鬥,發情時狂躁,攻擊性變强。公猪有尖牙,會伸出嘴外。這種尖牙有時影響到公猪進食,甚至會因尖牙磨破口部皮膚或黏膜而導致疾病。因此,一般會隔一年左右便剪去公猪的尖牙,既利於其健康,也利於配種。因爲在爲母猪配種的過程中,公猪的尖牙有時會傷害到母猪。若將公猪閹割,不僅性情可變溫和,而且生長迅速。閹割公猪在中國起源較早,甲骨卜辭中就有用去勢之猪做犧牲的記録③。《象傳》之"有慶也"與上文的"有喜也"一樣,也是指祭祀而言,從這個角度看,"豶"也應指去勢後的公猪。

高亨以爲"牙"借爲"梐":"蓋舍外爲闌,古人名梐或桓梐,漢人名行馬,梐得名於互,亦交木以爲之者也。然則交木爲闌以閑豕,亦得

---

① 張政烺:《馬王堆帛書〈周易〉經傳校讀·六十四卦》,載《張政烺文集·論易叢稿》,中華書局,2012年,第126頁。李學勤以爲"哭"是"芬"的訛字,參見《周易溯源》,巴蜀書社,2006年,第285頁。
② 劉表:《周易章句》,《漢魏二十一家易注》,載《儒藏》精華編第一册,北京大學出版社,2009年,第360頁。
③ 聞一多:《釋豕》,參見《聞一多全集》第二册,生活·讀書·新知三聯書店,1982年,第539—544頁。

名互明矣。豶豕其創處甚痛,將愈甚癢,往往疾走,或故以其創處觸物,以致創裂而死,交木爲闌以閑之,乃無虞,故曰'豶豕之牙,吉'。"①按,此解是爲調和諸家意見,以致更生臆測。猪在閹割之後,創口處會有縫綫,所以創口不易開裂。不過,閹割之後創口確有可能發生感染,但祇要注意不要讓猪在骯髒的泥塗中翻滾卧睡便可。由於猪圈較臟,所以閹割之後,並不把猪馬上放回猪圈,以免猪圈中的臟草及屎尿感染創口。既然如此,當然就没有必要修建臨時的猪圈。

六四和六五是上卦艮中的兩條爻,故此均含"止"義。而到上爻則大畜已成,始述大畜之結果,不再含有"止"義。

大畜之六四和六五歷來爭議頗多,若扣住卦名中"畜"乃畜養之義,卦象艮有止之象,則可正確辨析各家意見。這兩條爻辭都是説如何較好地畜養童牛和豶豕,雖然一者用"牿",一者用去勢,方法不同,但都是控制某一方面的特性。童牛因缺乏調教而易傷及人、物,公猪因性情暴躁而不利於生長,故皆需加以控制,助其生長。加以控制之後,童牛雖有角,但不能傷及人或其自身;豶豕雖有牙,也不會傷及人或其自身。

上九:何天之衢,亨。

【異文】

"何",上博簡作"抲",當與"何""荷"相通。"衢",上博簡作"枲",徐在國釋爲"苿",侯乃峰據《説文·木部》"栗"字説明此字與"瞿""衢"通②。帛書作"瞿"。"亨",上博簡作"卿"。

【易傳】

《象》曰:"何天之衢",道大行也。

---

① 高亨:《周易古經今注》(重訂本),中華書局,1984年,第236頁。
② 徐在國:《上博楚簡文字聲系》,安徽大學出版社,2013年,第1266—1267頁。侯乃峰:《〈周易〉文字彙校集釋》,臺灣古籍出版有限公司,2009年,第519—525頁。

【釋義】

衢,道路。何,讀爲荷。王夫之云:"'何'亦負何之何。負天之衢者,猶莊子所謂負雲氣,背青霄也。"[1]也就是説,"何天之衢"指道路寬闊,猶俗諺"大路朝天"。有大道,則馬車、牛馬可以疾馳,通向遠方,所以説亨通。高亨推測"衢"讀爲"休","何天之衢"即《詩·長發》"何天之休"[2]。按,上爻與三爻往往有關聯,三爻云"良馬逐""曰閑輿衛",均含馳騁義。上爻宜與此相關,不當讀作"何天之休"。

---

[1] 王夫之:《周易稗疏》,載《船山全書》第一册,嶽麓書社,2011年,第766頁。
[2] 高亨:《周易古經今注》(重訂本),中華書局,1984年,第236頁。

頤卦第二十七

☷ 震下艮上　頤：貞吉。觀頤，自求口實。

【異文】

"頤"，《別卦》作"顄"，整理者認爲此字從𠚍（"齒"字古文）從頁，已聲，是"頤"的異體字。"實"，《校勘記》："閩本、明監本、毛本實作食，非也。"

【易傳】

《彖》曰：頤"貞吉"，養正則吉也。"觀頤"，觀其所養也。"自求口實"，觀其自養也。天地養萬物，聖人養賢以及萬民，頤之時大矣哉！

《象》曰：山下有雷，頤。君子以慎言語，節飲食。

《序卦》曰：物畜然後可養，故受之以頤。頤者，養也。

【釋義】

卦象震下艮上，震爲動象，艮爲止象，正像人之咀嚼，下頷動而上頷不動。孔穎達："山止於上，雷動於下，頤之爲用，下動上止，故曰'山下有雷，頤'。人之開發言語、咀嚼、飲食，皆動頤之事，故君子觀此頤象，以謹慎言語，裁節飲食。先儒云'禍從口出，患從口入'，故於頤養而慎節也。"①

"觀頤",字面意思是觀看下巴,實指觀人之進食。實,與虛相反,滿,填充。自求口實,自求口中充滿,即欲求食物。

初九:舍爾靈龜,觀我朵頤,凶。

【異文】

"舍",上博簡作"豫",兩字可通。"爾",上博簡作"尒",係"爾"字異體。帛書、阜簡作"而",讀爲"爾"。"靈",上博簡作"需",當係"靈"字省寫。"朵",上博簡作"歂",帛書作"掬",阜簡作"端",《釋文》:"京作揣。"(按,有些古籍引作"揣",部首"木"與"扌"容易混淆,此處當以"揣"爲是。)"歂"即"揣"字,兩字又皆从"耑"得聲,故與"端"相近。"朵"上古端紐歌部,與"端"聲母相同,韻部相近。"掬"可與"揣"通,今本《老子》第九章"揣而銳之",馬王堆帛書《老子》乙本作"掬而兑之"。

【易傳】

《象》曰:"觀我朵頤",亦不足貴也。

【釋義】

舍,捨棄。靈龜,指用於占卜,可通於神靈的龜。"舍爾靈龜",捨棄手中的靈龜,即放棄與神靈溝通,輕視神靈。朵,動也②。朵頤,活動的下巴,比喻進食。初九位在下,爲陽爻,有剛健之志,故觀我之朵頤而起欲念,捨棄了手中的靈龜,意即不再與神靈溝通,任由物欲充塞心靈。但初九位卑,所獲有限,且所求不當,因此占辭説"凶"。

---

①孔穎達:《周易正義》,載《儒藏》精華編第二册,北京大學出版社,2009年,第111頁。
②鄭玄:《周易鄭氏注》,載《儒藏》精華編第一册,北京大學出版社,2009年,第87頁。

六二：[曰]顛頤，拂經于丘頤，征凶。

【異文】

上博簡和帛書在"顛"字前均有一個"曰"字，唐石經、南宋初刻本和今本當脱"曰"字。"顛"，上博簡作"迺"，阜簡作"奠"，皆應讀爲"顛"。"拂"，上博簡作"𢐹"，从"弜"得聲，可與"拂"通假。帛書作"柫"，阜簡作"弗"，《釋文》："《子夏傳》作弗，云：輔弼也。"李富孫云："《玉篇·口部》引作咈。""丘"，上博簡、帛書均作"北"，阜簡與今本同。按，"丘""北"字形極相近，前者比後者下部多一横，很容易混淆。學者多以"北"爲正字，而釋義則各不相同。廖名春從"經"字後斷句，以"于北頤"爲一句。以爲"北"讀爲"背"。"于"爲語助詞，"于北頤"是説違背了頤養之道①。季旭昇同樣讀"北"爲"背"，但以"于"爲實詞，義爲"往"。"于北頤"謂"往相背反的方向行頤養之道"②。兩者雖都可説通，但終究不如今本流暢。而且依廖名春讀，"顛頤"當是正面含義。從本卦六四看，"顛頤"也確是正面含義。各家釋"拂經"均是消極含義，於是它如何與"顛頤"承接就不好解釋了。季旭昇以"于"爲實詞，正是爲解"拂經"與上下文的承接問題。但是，他仍然没有理清何以從正面的"顛頤"過渡到消極面。黄懷信和李零均從今本讀，不過黄懷信認爲"丘頤"不辭，故疑"頤"字衍，上博簡本是誤書③。其實，今本"丘頤"是一個比喻，抄寫者不解其義，故誤爲"北"。

今本"頤"，上博簡作"𣵠"。《説文·水部》："𣵠，水也。从水，臣聲。"而《説文·臣部》云："頤，篆文臣。"是以上博簡用字可讀爲"頤"。"征"，帛書作"正"，阜簡作"政"。

---

①廖名春：《楚簡〈周易·頤〉卦試釋》，原載《中國哲學與易學：朱伯崑先生八十壽慶紀念文集》，北京大學出版社，2004年，後收入《〈周易〉經傳與易學史續論：出土簡帛與傳世文獻的互證》，中國財富出版社，2012年，第117—125頁。
②季旭昇：《上海博物館藏戰國楚竹書（三）讀本》，萬卷樓圖書股份有限公司，2005年，第68頁。
③黄懷信：《周易本經彙校新解》，清華大學出版社，2014年，第92—93頁。李零：《死生有命，富貴在天：〈周易〉的自然哲學》，生活·讀書·新知三聯書店，2013年，第169—170頁。

【易傳】

《象》曰：六二"征凶"，行失類也。

【釋義】

焦循："顛，讀爲顛實之顛，填也。"①顛、填上古韻部相同，旁紐雙聲。《禮記·玉藻》："盛氣顛實揚休。"注："顛讀爲闐。"疏："顛，塞也。"②填頤，往口中塞食物，吃相貪婪。拂，違也。經，常也。丘頤，是對口中填滿食物，腮幫子高高鼓起像山坡的描述。丘有聚義、大義，此處正用此類意義。"丘頤"不僅與"填頤"相承接，而且與初爻的"朵頤"相類，都是形容人的吃相。"拂經于丘頤"，是說於腮幫子高高鼓起時違背了常儀。六二與初九一樣，都是心懷貪婪。《象傳》説"行失類也"，就是指六二吃相貪婪，違背常儀。

又，"經"與"頸"同爲耕部，且旁紐雙聲。因此，疑"經"或通"頸"。若從此讀，則拂當爲擦拭義，"拂經"即進食時有油水流出至頸部，邊吃邊擦的樣子。

征，出征作戰。戰場最忌貪婪，貪則易生輕敵之心，輕敵則被敵誘，故此"征凶"。

六三：拂頤，貞凶。十年勿用，无攸利。

【異文】

"拂"，上博簡作"䨳"，帛書作"柫"。"頤"，上博簡、帛書本和今本同。"攸"，上博簡作"卣"。

【易傳】

《象》曰："十年勿用"，道大悖也。

---

①焦循：《易章句》，載陳居淵主編《焦循著作集》，鳳凰出版社，2012年，第41頁。
②孔穎達：《禮記正義》，載阮元校刻《十三經注疏》影印本，中華書局，1980年，第1485頁。

【釋義】

頤，養也，這裏用的是它的引申義。拂頤，違背頤養之道。貞凶，堅固不變則凶。六三居位不當，故此説"貞凶"。"十年勿用"，是説十年中得不到任用。"勿用"與師卦"小人勿用"之"勿用"相同。十年當是概指，是一個較長的時間。長時間不被任用，當然可歸爲"道大悖也"。

六四：顛頤，吉。虎視眈眈，其欲逐逐，无咎。

【異文】

"顛"，上博簡作"𧾏"，句首無"曰"字，帛書本句首亦無"曰"字。"視"，《集解》作"眠"，係異體。"眈"，上博簡作"䑕"，讀爲"融"，當與"眈"通。帛書字殘，疑作"沈"，伯2530作"眈"。《周禮·春官·序官》"眡瞭三百人"鄭玄注："眡讀爲虎眡之眡。"賈公彥疏引《易》："虎眡眡，其欲逐逐，无咎。"①"眡"是"視"字古文。《漢竹邑侯相張壽碑》作"[覛]覛虎視"②。"《説文·見部》"覛"字下段玉裁注引《隸釋·張壽碑》，並云："覛與眈音義皆同。"③"欲"，上博簡作"猷"，帛書作"容"，阜簡作"猷"。阜簡用字何琳儀釋作"狢"④，與"欲"聲符相同，當可通假。"猷"與"容"讀音相近，皆當讀爲"欲"。"逐逐"，上博簡作"攸攸"，帛書作"笛笛"，阜簡作"遂遂"，《釋文》："《子夏傳》作攸攸，《志林》云：攸當爲逐。蘇林音迪，荀作悠悠，劉作跾，云：遠也。"《漢書·叙傳下》引作"其欲浟浟"⑤。"攸"是餘紐幽部字，"笛"與"逐"都是定紐覺部字，上古餘紐與定紐關係非常近，如"由"字爲餘紐，而從"由"得聲的"笛"

---

① 賈公彥：《周禮注疏》，載阮元校刻《十三經注疏》影印本，中華書局，1980年，第754頁。
② 毛遠明：《漢魏六朝碑刻校注》第一册，綫裝書局，2008年，第274—275頁。
③ 段玉裁：《説文解字注》，上海古籍出版社，1988年，第408頁。
④ 何琳儀：《帛書〈周易〉校記》，載《湖南省博物館館刊》第三期，嶽麓書社，2006年，第1—3頁。又發表於《周易研究》2007年第1期。本文所引據《周易研究》。
⑤ 班固：《漢書》卷一百下，中華書局，1962年，第4257頁。

則歸定紐。

【易傳】

《象》曰:"顛頤"之吉,上施光也。

【釋義】

"逐"本意是追,如睽卦"喪馬勿逐"之"逐",但在這裏是描述人之欲望滿盈,極欲求索的樣子。眈,《説文·目部》:"視近而志遠。"段玉裁注:"謂其意深沈也。"①眈眈,馬融云:"虎下視貌。"②"虎視耽耽,其欲逐逐"兩句生動地描寫出了一幅狂吃猛喝的畫面,兩眼瞪着食物,猶如老虎看着獵物,表現出對食物的極度欲望。六二同樣是"顛實",但與六四的占辭大爲不同。《象傳》的解釋是"上施光也",意即六四距六五近,受其照顧。

六五:拂經,居貞吉。不可涉大川。

【異文】

"拂",上博簡作"鼍",阜簡作"不"。阜簡用"不"字,可證"拂"當作違逆解。"居",上博簡作"尻"。

【易傳】

《象》曰:"居貞"之吉,順以從上也。

【釋義】

此爻中的"拂經"當與六二"拂經"相同,虞翻的解釋是"失位,故拂經"。似可信之。"居貞吉",居止正命而吉,這是對"拂經"的告誡。

---

①段玉裁:《説文解字注》,上海古籍出版社,1988年,第131頁。
②馬融:《周易傳》,《漢魏二十一家易注》,載《儒藏》精華編第一册,北京大學出版社,2009年,第236頁。

正是因爲行爲有違常儀，所以"不可涉大川"，即不可涉險。六五是陰爻，上九是陽爻，陽主陰從，且六五在下，所以《象傳》說"順以從上也"。六五說"居貞""不可涉大川"可能是因六五是陰爻，主静，不夠剛健，所以不可涉險。未必是因爲上有陽爻的原故。

上九：由頤，厲，吉，利涉大川。

【異文】

"由"，上博簡作"繇"，讀爲"由"。"厲"，上博簡作"礪"。

【易傳】

《象》曰："由頤，厲，吉"，大有慶也。

【釋義】

本爻"由頤"之"由"與豫上六之"由豫"之"由"同義，遵從。用做這個意義的"由"字含有放任的意義，由頤，即任由頤養之道。厲，危險。厲描述的往往是一種情勢，而吉、凶、无咎等則是最後結果。"利涉大川"之類的句式多用來預測具體行動。因此，雖然"厲""吉"是兩個含義略微相反的詞，但在爻辭中連用並不矛盾。

上九是陽爻，剛健有爲，所以可涉險，故此繫以"利涉大川"。上九之"利涉大川"與六五之"不可涉大川"相比，說明剛健者更宜涉險。

大過卦第二十八

☱☴ 巽下
兌上　大過：棟（橈）[隆]，利有攸往，亨。

【異文】

"大"，帛書作"泰"。"過"，《別卦》作"迆"，即"過"字。"棟"，阜簡作"橦"，讀爲"棟"。"橈"，帛書作"𢾺"，讀爲"隆"；阜簡與今本同。按，占辭是"利有攸往，亨"，是較爲積極的。九三"棟橈"，被斷爲"凶"。九四"棟隆"被斷爲"吉"。比較之下，今本和阜簡的卦辭或許有誤，疑"橈"是"隆"之訛①。"橈"上古泥母宵韻，"隆"來母冬韻，讀音相近，有致誤可能。"利有"，阜簡作"利用"。"攸"，阜簡作"囪"。

【易傳】

《彖》曰："大過"，大者過也。"棟橈"，本末弱也。剛過而中，巽而說行，"利有攸往"，乃亨。大過之時大矣哉。

《象》曰：澤滅木，大過。君子以獨立不懼，遯世无悶。

《序卦》曰：不養則不可動，故受之以大過。

【釋義】

卦象巽下兌上，巽有木象，兌爲澤，澤在上，所以象"澤滅木"。

---

①王輝：《馬王堆帛書〈六十四卦〉校讀札記》，載《古文字研究》第十四輯，中華書局，1986 年，第 281—294 頁。

"澤滅木"是洪水滔天,極其危險的景象。君子處此危境,當"獨立不懼,遯世无悶"。就整個卦象看,中間四條陽爻,上下各一條陰爻。上爲末,下爲本,陰弱陽强,《象傳》"本末弱也"就是據此得出的。

卦名中的"過"字當是超過,即孔穎達所説"過越"的意思[①]。大過卦與小過卦的關係如同大畜與小畜兩個卦,卦名意義相反,卦象上也有一定聯繫。小過卦中間三、四爲陽爻,其他如初、二、五、上皆是陰爻,陰爻數量剛好超過陽爻,陰爻爲小,所以稱爲"小過"。大過卦則相反,陽爻數量剛好超過陰爻,陽爻爲大,所以爲"大過"。就卦象而言,大、小本指陰、陽爻,但在爻辭和"十翼"中,大、小均被引申爲程度副詞。

隆,有高、升起、興盛等義。棟隆,即是棟樑高升,堪當其任。

大過卦雖然是兩陰卦重成,但九二與九五都爲陽爻,居位中,相互呼應,也可以説是"亨"。

初六:藉用白茅,无咎。

【異文】

"藉",帛書及帛書《繫辭》均作"籍"。艸部和竹部形近易混,且"藉"與"籍"又音近,故有此異文。

【易傳】

《象》曰:"藉用白茅",柔在下也。

【釋義】

藉有鋪、墊之義,在祭祀中可指鋪墊在祭物或禮器下的物件。白茅,一種茅草,《左傳》僖公四年管仲説楚國"爾貢包茅不入",所説"包茅"或即白茅一類。祭物或禮器甚爲重要,但茅草却極其簡陋,用茅

---

①孔穎達:《周易正義》,載《儒藏》精華編第二册,北京大學出版社,2009年,第113頁。

草鋪墊確實是"大過"。但這種大過是承傳統而來,是恰當的,所以是"无咎"。初六是陰柔,且在最下,是以"柔在下也"。

九二:枯楊生(稊)[荑],老夫得其女妻,无不利。

【異文】

"枯",帛書作"楛",當讀爲"枯"。"稊",帛書作"荑",阜簡作"苐",伯2530作"梯"。《釋文》:"鄭作荑,荑木更生,音夷,謂山榆之實。"《後漢書·方術列傳·徐登》注引作"生荑"①。按,《説文》無"稊"字,經文或許本作"荑",後因讀音相近,且"夷"與"弟"小篆形體又相近的原因,遂訛作"苐",而"艸"部與"木""禾"部意義相近,故而有"稊""梯"兩種異文。《説文·艸部》有"苐",徐鍇作"荑",段玉裁云:"鍇本作荑,夷聲。鉉本作苐。今鉉本篆體尚未全誤,考《廣韻》《玉篇》《類篇》皆本《説文》,云:'苐,艸也。'知《集韻》合苐、荑爲一字之誤矣。荑見《詩》,茅之始生也。"②是以知"荑""苐"在後世被誤爲一字,而就九二爻情況看,既然漢初寫本作"荑",則經文本作"荑",阜簡、伯2530用字皆是因形、音相近而生的異文。

【易傳】

《象》曰:"老夫""女妻",過以相與也。

【釋義】

荑,本指草,亦可指草之嫩芽,如《詩·邶風·静女》:"自牧歸荑,洵美且異。"由此句也可看出,"荑"實含有美好的意義。在《詩·衛風·碩人》中,還以之形容人的皮膚:"手如柔荑,膚如凝脂。""枯楊生荑",枯萎的楊樹長出了幼芽,猶今語"枯木逢春"。在爻辭中,似以

---

①范曄:《後漢書》,中華書局,1965年,第2742頁。
②段玉裁:《説文解字注》,上海古籍出版社,1988年,第27頁。

"荑"比喻女妻,與《詩經》中的用法相類。女妻,少妻。"女"有"少""小"之義,劉師培云:"小雀謂之女鴎,猶小桑謂之女桑(原注:見《爾雅》郭注),城上小墻謂之女墻。(原注:見《釋名》)"①李漢三更有詳證:"城上垣曰'女墻',言其較諸城垣卑小也。兔絲、松蘿竝稱'女蘿',言其體態纖弱也。《爾雅·釋木》:'女桑,荑桑。'《廣雅·釋草》:'女桑,稊桑。'《詩·七月》毛傳:'女桑,少桑也。'皆足證女有少小義。"②"老夫得其女妻",是老夫娶年輕女子爲妻。古代一夫多妻,年齡差距較大的老夫少妻當屬常見,所以爻辭説"无不利"。

九三:棟橈,凶。

【易傳】

《象》曰:"棟橈"之凶,不可以有輔也。

【釋義】

九三在下卦最上,處在整個卦的中間位置,猶如棟樑的中部。橈,彎曲。棟樑彎曲則難以負重,所以説"凶"。《象傳》"不可以有輔也",意指九三難堪重用,不足以輔佐他人。

九四:棟隆,吉。有它,吝。

【異文】

"隆",帛書作"𤰕",音近可通。"吝",帛書作"閵",伯 2530 作"𠫤",後者亦見於北魏碑刻③,乃"吝"字異體。

---

①劉師培:《左盦外集》卷七《物名溯源續補》,載《劉申叔遺書》,江蘇古籍出版社,1997 年據寧武南氏校印本影印,第 1448 頁。
②李漢三:《周易卦爻辭釋義》,(臺灣)中華叢書編審委員會,1969 年,第 168 頁。
③毛遠明:《漢魏六朝碑刻異體字典》,中華書局,2014 年,第 544 頁。

【易傳】

《象》曰:"棟隆"之吉,不橈乎下也。

【釋義】

隆,高也。《爾雅·釋山》:"宛中,隆。"郝懿行《義疏》:"'宛中,隆'者,謂中央下而四邊高,因其高處名之爲'隆'。"①司馬遷形容劉邦面相:"隆準而龍顔,美須髯。"《集解》引應劭曰:"隆,高也。"②因此,棟隆當指樑木升高,足以承重,此自然爲"吉"。"棟隆"所述或許是房屋建造過程中的安樑一事,此事極其重要,所以有卜筮。有它,有意外。安樑這樣重要的事若遇意外,很容易被視爲不吉利的兆頭。

九五:枯楊生華,老婦得其士夫,无咎无譽。

【異文】

"枯",帛書作"楛"。

【易傳】

《象》曰:"枯楊生華",何可久也?老婦士夫,亦可醜也。

【釋義】

華,即花。"枯楊生華"與"枯楊生荑"意思相差無幾。士,未婚男子。如《詩·邶風·匏有苦葉》:"士如歸妻,迨冰未泮。"即言歸妻,則士當是未婚男子。又《荀子·非相篇》:"婦人莫不願得以爲夫,處女莫不願得以爲士。"楊倞注云:"士者,未娶妻之稱。"③是士可指未婚男子。古代男尊女卑,老夫少妻被視作合乎禮儀,老婦少夫則被人譏

---

① 郝懿行:《爾雅義疏》,王其和、吳慶峰、張金霞點校,中華書局,2017年,第645頁。
② 司馬遷:《史記》卷八《高祖本紀》,點校本二十四史修訂本,中華書局,2014年,第437頁。
③ 王先謙:《荀子集解》,沈嘯寰、王星賢點校,中華書局,1988年,第76頁。

笑,直至今日亦是如此,《象傳》説"亦可醜也"就是出於這種觀念。《國語·越語上》載勾踐爲增殖人口,下令"壯者無取老婦""老者無取壯妻"①,則古人認爲老少配不利人口繁衍,故加以抑制。

上六:過涉滅頂,凶,无咎。

【異文】

"頂",帛書作"釘"。兩字均從"丁"得聲,故可通假。

【易傳】

《象》曰:"過涉"之凶,不可咎也。

【釋義】

涉,徒步過水。《尚書·泰誓下》:"斮朝涉之脛,剖賢人之心。"過,即"大過"之"過",所謂"過涉"指涉水過深。頂,《説文·頁部》:"頂,巔也。"是指頭頂。涉水過河,河水滅過頭頂,當然是"凶"。其後又言"无咎",令人費解。"无咎"在經文中都是無災的意思,與"凶"基本相反。《象傳》云"不可咎也",似乎是釋咎爲責備之意,與他處完全不同。雖然注意到了爻辭中的矛盾,但釋義不可取。帛書亦作"无咎",説明很早的抄本就是這樣抄寫的,不是漢以後傳抄過程中發生的變化。

---

① 徐元誥:《國語集解》,王樹民、沈長雲點校,中華書局,2002年,第570頁。

坎卦第二十九

☵ 坎下
坎上　習坎：有孚維心。 亨。 行有尚。

【異文】

"坎"，《衷》、秦簡《歸藏》均作"勞"，傳本《歸藏》作"犖"，這三處皆以單字作卦名。《筮法》單卦"坎"寫作"袈"，是"勞"之古文，楚簡中多作此形。《説文·牛部》云："犖，駁牛也。从牛，勞省聲。"是"犖"當讀爲"勞"。《説卦》云："勞乎坎。"是以《周易》之外的其他筮書此卦象或名爲"勞"。又，帛書作"贛"。漢石經《説卦》作"欿"，《釋文》："本亦作堿，京、劉作欿，險也，陷也。""坎"與"贛""堿""欿""陷"讀音相同或相近，可通假。李富孫："《玉篇》'堿同坎'，此俗體字。《廣雅》云：堿，陷也。欿、窞，坑也。《詩》'坎坎伐輪兮'，漢《魯詩》、石經作'欿欿'。《左氏》襄廿六年傳'欿用牲加書'，昭六年傳作'坎'（十三年傳同）。《説文》：欿，欲得也，讀若貪。則亦爲坎之叚字。""孚"，帛書、阜簡作"復"。"維"，帛書作"鬵"，當讀爲"擕"[1]；阜簡作"擕"，讀爲"維"。

【易傳】

《彖》曰："習坎"，重險也。水流而不盈，行險而不失其信。

---

[1] 張政烺：《馬王堆帛書〈周易〉經傳校讀·六十四卦》，載《張政烺文集·論易叢稿》，中華書局，2012年，第128頁。裘錫圭主編：《長沙馬王堆漢墓簡帛集成》（叁），中華書局，2014年，第19頁。

"維心亨",乃以剛中也。"行有尚",往有功也。天險不可升也,地險山川丘陵也。王公設險以守其國,險之時用大矣哉!

《象》曰:水洊至,習坎。君子以常德行,習教事。

《序卦》曰:物不可以終過,故受之以坎。坎者,陷也。

【釋義】

習,重也。在八純卦中,祇有坎卦是用兩個字做卦名,且其中一個字用來表示此卦是由單卦重成。《象傳》云"君子以常德行,習教事",是從"習"字釋出的,是以"習坎"之卦名起源甚早。

維,于。《詩·周頌·烈文》有"不顯維德",《墨子·非攻下》有"通維四夷"(同篇有"通于四方")①,兩"維"字均是介詞,相當"于"。"有孚維心",將會應驗之事發自人的內心。亨,通。尚,助。"行有尚",意思是出行將會遇人幫助。

初六:習坎,入于坎窞,凶。

【異文】

"入",帛書作"人",形近而誤。"于",帛書無。"坎窞",帛書作"贛閻","閻"與"窞"聲符相同,故可通假。

【易傳】

《象》曰:"習坎"入坎,失道凶也。

【釋義】

《説文·穴部》:"窞,坎中小坎也。"徐鍇《繫傳》:"坎中復有坎也。"②"入于坎窞",是指初六在兩坎卦最下。坎爲險境,初六在坎最

---

①孫詒讓:《墨子閒詁》,孫以楷點校,中華書局,2001年,第153頁。
②徐鍇:《説文解字繫傳》,中華書局,1987年,第151頁。

下,是險中之險,《象傳》"失道凶也"就是歸因於此。

九二:坎有險,求小得。

【異文】

"坎",帛書作"贛"。"險",帛書作"訦",可能是誤寫①。"小",帛書作"少"。

【易傳】

《象》曰:"求小得",未出中也。

【釋義】

九二在内卦之中位,是未出險境之象。但九二剛健有志,所以"求小得"。

六三:來之坎坎,險且枕。入于坎窞,勿用。

【異文】

"險",帛書作"嶮",《釋文》:"古文及鄭、向本作檢,鄭云:木在手曰檢。""嶮""檢"都讀爲"險"。"枕",帛書作"訦",《釋文》:"鄭玄云'木在首曰枕'。"《九家》作玷,古文作沈。""沈""訦"都應讀爲"枕"。"入",帛書誤作"人"。"坎窞",帛書作"贛閻"。

【易傳】

《象》曰:"來之坎坎",終无功也。

---

①張政烺:《馬王堆帛書〈周易〉經傳校讀·六十四卦》,載《張政烺文集·論易叢稿》,中華書局,2012年,第128頁。侯乃峰:《〈周易〉文字彙校集釋》,臺灣古籍出版有限公司,2009年,第258頁。

【釋義】

之,往也。"來"當指內卦,"之"當指外卦,有如泰卦"小往大來"、否卦"大往小來"。六三在上、下卦交接之際,上下皆爲坎,所以"來之坎坎"。枕,本指枕頭,引申爲以頭枕物,在爻辭中可有兩種不同角度的理解。一是因爲人躺臥休息時,枕頭離人體最近,所以"枕"可比喻距離非常近。六三爻與上卦之坎險很近,所以是"險且枕"。所謂"險且枕"是說危險已經迫在眉睫,亟需正視。二是人以頭枕物則必臥躺,而臥躺是一種比較安逸、慵懶,不便行動的姿勢,正與六三的陰柔相契合。《論語·述而》:"飯疏食飲水,曲肱而枕之,樂亦在其中矣。"其中"枕"字正有自得其樂的寓意。處險境而安逸待之,是爲不妥。爻辭的"勿用",《象傳》的"終无功也"都批評了此點。"入于坎窞""來之坎坎"兩句雖語辭不同,含義却相似。

六四:樽酒簋貳,用缶,納約自牖,終无咎。

【異文】

"樽",帛書作"奠",即"尊"字,此處應讀爲"樽"。"簋貳",帛書作"巧訽"。"巧"字上古見母幽部,"簋"是溪母幽部,兩字可通。損卦"二簋",帛書作"二巧","巧"字亦讀爲"簋"。"訽"字意義不明,于豪亮釋作"詶",丁四新從之,認爲與"副"相通,而"副"又與"貳"義同[1]。此可備一說。"納",帛書作"入",當爲"入"字之誤。《晁氏易》:"京、一行作内,云内自約束。"[2]《集解》引虞云"坎爲納","内"應讀爲"納","納""入"又義近。"約",帛書作"茭",讀爲"約"。"牖",《釋文》:"陸作誘。""誘"當讀爲"牖"。

---

[1] 丁四新:《楚竹書與漢帛書〈周易〉校注》,上海古籍出版社,2011年,第265頁。
[2] 呂祖謙:《古易音訓》,載《續修四庫全書》總第2冊,上海古籍出版社,2003年,第36頁。

【易傳】

《象》曰:"樽酒簋貳",剛柔際也。

【釋義】

屈萬里:"蓋古人有罪投之於陷穽以囚之,故囚字從人在井中。"①蘇武出使匈奴,被囚禁在地窖之中,是古代有以地窖爲囚牢的做法。《周禮·秋官·大司寇》:"以圜土聚教罷民。"鄭玄注:"圜土,獄城也。"②《釋名·釋宮室》:"獄……又謂之圜土,言築土表墻,其形圜也。"③《今本竹書紀年》:"(夏后芬)三十六年,作圜土。"④上古穴居,關押犯人的囚牢或許即是深挖穴居而成,因四周都是土,故謂之圜土。《漢書·酷吏傳》記尹賞設"虎穴":"賞至,修治長安獄,穿地方深各數丈,致令辟爲郭,以大石覆其口,名爲'虎穴'。"⑤尹賞此舉或許是借鑒古代的做法。坎即坑,本條爻辭所述或即囚禁於地窖中的囚犯。

此條爻辭有多種句讀,如虞翻以"尊酒簋"爲一句,"貳"從下讀作"貳用缶",與《象傳》"樽酒簋貳"不同。又有讀"樽酒簋貳用缶"爲一句者,如朱熹《周易本義》。察王弼注云:"雖復一樽之酒,二簋之食,瓦缶之器,納此至約,自進於牖,乃可羞之於王公,薦之於宗廟,故終无咎。"是以樽酒、簋貳、用缶三者並列。王引之認爲:"以缶爲尊,又以缶爲簋也,故曰'樽酒,簋貳,用缶。'"⑥按,後文即言"納約自牖",則是受酒食者身處坎穴(囚牢)之中。納,入也。"約"當爲名詞,與前文酒食相關。于省吾釋"約"爲"勺"⑦,可信。

---

① 屈萬里:《周易集釋初稿》,載《讀易三種》,聯經出版事業公司,1983年,第187頁。
② 賈公彥:《周禮注疏》,載阮元校刻《十三經注疏》影印本,中華書局,1980年,第870頁。
③ 王先謙:《釋名疏證補》卷五,中華書局,2008年,第183頁。
④ 王國維:《古本竹書紀年輯校·今本竹書紀年疏證》,黃永年校點,遼寧教育出版社,1997年,第55頁。
⑤ 班固:《漢書》,中華書局,1962年,第3673頁。
⑥ 王引之:《經義述聞》,江蘇古籍出版社,2000年,第23頁。
⑦ 于省吾:《雙劍誃尚書新證、雙劍誃詩經新證、雙劍誃易經新證》,中華書局,2009年,第703—706頁。

九五：坎不盈，祇既平，无咎。

【異文】

"祇"，帛書作"堛"，張政烺以爲是"堤"字之訛①，可從。《説文》《集解》作"禔"，唐石經作"祇"。《釋文》云："音支，又祁反。鄭云：當爲坻，小丘也。京作禔。"按，"祇""祇"和"坻"分别從"氏""氐"得聲，"氐"是"氏"的分化字，兩者不僅形近，而且讀音亦近。在古籍中就有"氐"通作"氏"的例子，如上博簡《容成氏》自題篇名作"訟城氏"。帛書正字當作"堤"，古音是端紐支部，"坻"是端紐脂部，支部和脂部雖然有别，但古文獻中時見相通之例，如上博簡八《李頌》簡 2 和簡 3"氐故"，讀作"是故"②。從帛書用字及"坎"在卦爻辭中往往與地貌相關聯看，此處當從鄭玄讀爲"坻"，作"祇""禔""祇"，均是因音而生的異文。

【易傳】

《象》曰："坎不盈"，中未大也。

【釋義】

"祇"可讀爲"坻"，當從鄭玄釋義："小丘也。""坻既平"，既然是"既平"，則"坻"應不平，與前文"坎"相類，均指地形地貌。坎是下陷，坻是上突。"坎不盈"，是未盡脱險境，《象傳》將之歸因爲"中未大也"。中，既指爻位中正，又指中間、内心。中間大則坑將平，内心大則行事張狂，"中未大也"其實有雙重意義。

---

①張政烺：《馬王堆帛書〈周易〉經傳校讀·六十四卦》，載《張政烺文集·論易叢稿》，中華書局，2012年，第 129 頁。
②整理者釋文將"氐"釋作"氏"，誤也。從圖版看，"氏"字下有一長横，明顯是"氐"字。從簡 2、簡 3 的文例看，"氐故"讀作"是故"無疑。參見馬承源主編《上海博物館藏戰國楚竹書（八）·李頌》，上海古籍出版社，2011 年，圖版第 93、94 頁，釋文第 245、246 頁。徐在國：《上博楚簡文字聲系》，安徽大學出版社，2013 年，第 1999 頁。

上六：係用徽纆，寘于叢棘，三歲不得，凶。

【異文】

"係"，帛書作"㒸"，即"奚"字，與"係"字通。《周禮·秋官·朝士》鄭玄注引鄭眾："故《易》曰'係用徽纆，示于叢棘'。"《穀梁傳》宣公二年范甯《集解》引《易》"繼用徽纆，示于叢棘，三歲不得，凶。""繼"是見紐質部，"係"是見紐錫部，質錫通轉，兩字可通。"徽"，帛書作"諱"，與"徽"通假。"纆"，帛書、阜簡作"纑"，當是"纆"字異體。

"寘"，帛書作"親之"，多一"之"字。陳劍以爲"親"從"視"得聲，可與"寘"字通①。《釋文》："之豉反，置也，注同。劉作示，言眾議於九棘之下也。《子夏傳》作湜，姚作寔。寔，置也。張作置。""示""湜""寔"等，均應讀爲"寘"，即"置"。

"叢棘"，帛書作"總勒"。"總"上古清紐東部，"叢"則從紐東部，兩字音近可通。"勒"上古來紐職部，"棘"也是見紐職部字。今本革卦卦名，帛書寫作"勒"，而"革"上古是見紐職部字。既然在帛書中"勒"可與"革"通假，那也可能與"棘"通假。"不"，帛書作"弗"。

【易傳】

《象》曰：上六失道，凶"三歲"也。

【釋義】

係，捆綁。徽纆，繩索。劉表謂："三股曰徽，兩股曰纆，皆索名。"②"置於叢棘"，是將犯人關押起來。鄭玄："上六乘陽，有邪惡之罪，故縛約徽纆置于叢棘，而後公卿以下議之。其害人者，置之圜土，而施職事焉，以明刑恥之。能復者，上罪三年而赦，中罪二年而赦，下

---

①裘錫圭主編：《長沙馬王堆漢墓簡帛集成》（叁），中華書局，2014年，第19—20頁。
②劉表：《周易章句》，《漢魏二十一家易注》，載《儒藏》精華編第一冊，北京大學出版社，2009年，第361頁。

罪一年而赦。不得者，不自思以得正道，終不自改，而出圜土者殺，故凶。"①

叢棘，是監牢外面用於防止越獄的荊棘。虞翻云："獄外種九棘，故稱叢棘。"②《左傳》哀公八年："囚諸樓臺，栫之以棘。"③是古代確有囚人於叢棘的做法。

上六居坎卦最上，是極險之地。"三歲不得"，是説三年不得脱於險境。《象傳》説"失道也"，是因爲上六在九五之上，有以陰凌陽、以卑欺尊之象。

---

①鄭玄：《周易鄭注》，載《儒藏》精華編第一册，北京大學出版社，2009年，第88—89頁。
②虞翻：《周易注》，《漢魏二十一家易注》，載《儒藏》精華編第一册，北京大學出版社，2009年，第456頁。
③楊伯峻：《春秋左傳注》（修訂本），中華書局，1990年，第1650頁。

離卦第三十

☲離下
☲離上   離：利貞，亨。畜牝牛，吉。

【異文】

"離"，《筮法》卦名作"羅"，帛書、帛書《繫辭》亦作"羅"。傳本《歸藏》作"離"，秦簡《歸藏》作"麗"。"麗"和"羅"的讀音與"離"相近，故可相通。

【易傳】

《彖》曰："離"，麗也。日月麗乎天，百穀草木麗乎土。重明以麗乎正，乃化成天下，柔麗乎中正，故"亨"。是以"畜牝牛，吉"也。

《象》曰：明兩作，離。大人以繼明照于四方。

《序卦》曰：陷必有所麗，故受之以離。離者，麗也。

【釋義】

卦名爲"離"，在經文中主要有日象、火象。但在離卦的爻辭中，離却有附麗、麗景、分離、太陽、明麗等多種象徵意義，比較複雜。在卦辭中，當以離爲附麗之義，所以纔有"畜牝牛，吉"的占斷。牝牛，母牛，畜之可有公牛"附麗"之，然後生下小牛，是爲吉。《彖傳》"日月麗乎天，百穀草木麗乎土"等，都是讀離爲麗，附麗之義。《彖傳》則兼取附麗、日、明等義,推闡出"大人以繼明照于四方"的哲理。用"繼"字,是因此卦是兩離卦重疊而成。

初九:履錯然,敬之,无咎。

【異文】

"履",帛書作"禮"。"錯",帛書作"昔",阜簡作"萻",兩異文聲符與"錯"相同,都通作"錯"。

【易傳】

《象》曰:"履錯"之敬,以辟咎也。

【釋義】

錯然,王弼云:"警慎之貌也。"是以"錯然"乃描述步履,釋者多從之。朱謀㙔:"户履交錯,賓非一人,故曰'履錯然'。賓眾則禮儀懼有所不至,故曰'敬之,无咎'。"[1]李光地云:"古者賓將入室,則脱其履,故曰户外履滿。履錯然者,喻應接煩雜也。"[2]同樣理解"錯然"是指鞋子擺放的樣子,是釋"錯"爲交錯。高亨:"錯然,黃金色貌。"[3]是以"錯然"爲描寫鞋子的外形。

離卦有附離之義,且純卦離是兩個離卦重疊而成,故將"錯"理解"交錯"似較合適。

六二:黃離,元吉。

【易傳】

《象》曰:"黃離,元吉",得中道也。

---

[1]朱謀㙔:《周易象通》,載《續修四庫全書》總第12冊,上海古籍出版社,2003年,第760頁。
[2]李光地:《周易觀象》,景印文淵閣《四庫全書》第42冊,第690頁。
[3]高亨:《周易古經今注》(重訂本),中華書局,1984年,第246頁。

【釋義】

黃,中之色也,與坤六五"黃裳"之"黃"同義。離,附麗也,所謂"黃離"當指有中正之色加於身。離卦六二與坤之六五一樣,都位居卦象中間,所以都用"黃"這種顏色爲比喻。

九三:日昃之離,不鼓缶而歌,則大耋之嗟,凶。

【異文】

"昃",帛書作"𥘯",是"稷"之異體。"稷"字精紐職部,"昃"字莊紐職部,兩字音近可通。阜簡作"厎",《説文·日部》"昃"字下引作"仄",伯 2530 作"昗",《集解》作"吳",都是"昃"字異體。《釋文》:"王嗣宗本作仄。"應讀爲"昃"。"鼓",《釋文》:"鄭本作擊。"屬同義替代。"缶",帛書作"垍",應是"缶"字繁構。"則",帛書作"即",讀爲"則"。"耋",帛書作"絰",《集解》作"耋",《釋文》出"大耋",云:"京作絰,蜀才作咥。"諸字均從"至"得聲,故可通。"嗟",帛書作"𥏻",同"嗟"。《集解》作"差",《釋文》:"荀作差,下嗟若亦爾。""差"與"嗟"相通。《釋文》又云:"古文及鄭無凶字。"

【易傳】

《象》曰:"日昃之離",何可久也?

【釋義】

離,通麗。昃,日在西方時,也就是黃昏時候。此時晚霞滿天,景色壯麗,所以爻辭有"日昃之離"之興。缶,一種樂器。嗟,嘆息。"不鼓缶而歌,則有大耋之嗟",因爲晚霞瞬息即逝,不趁着景色壯麗鼓缶而歌,則追悔莫及。"大耋之嗟"是以晚霞易褪比喻年華易逝。

九四：[其]突如其來如，焚如死如，棄如。

【異文】

"突如"，阜簡作"其出如"，"出"字前有"其"字。"突"，帛書、阜簡均作"出"，《集解》作"㚓"。《說文·㐬部》："不順忽出也。从到子。《易》曰：突如其來如。不孝子突出，不容於内也。凡㐬之屬皆从㐬。㚓，或从到古文子，即《易》突字。"是《集解》用字乃"㐬"字或體。從帛書和阜簡用"出"字，且許慎以分娩之事說"突如其來如"看，經文或本作"出"字。曾憲通對此組異文有詳細分析，並舉睡虎地秦墓竹簡中的"出"字用作生產意爲例，認爲"出如"是描寫分娩①。其說可從。

"其來如"之"其"，帛書無。阜簡則有兩"其"字，第一句作"其出如其來如"。按，《詩·邶風·北風》有"其虛其邪，既亟只且"，用法與之類似，今本可能脫一"其"字。從《象傳》的引用看，此字之脫或許發生得很早，帛書本可能是爲了讀通"其來如"而删去"其"字，遂離原貌更遠。"焚"，帛書作"紛"，當爲通假。"死如"，阜簡脫。"棄"，唐石經作"弃"，與"棄"同。

【易傳】

《象》曰："突如其來如"，无所容也。

【釋義】

據阜簡異文，此條爻辭本作"其出如其來如，焚如，死如，棄如"。整條爻辭的解釋當從上引曾憲通文。"其突如"即"其出如"，意思是"大概要生育吧"。"來如"猶"來貌"，大意是"大概快生下來了吧"。"死如"即"死貌"，"（胎兒）好像死去的樣子"。"棄如"是說將死嬰丢

---

① 曾憲通：《〈周易·離〉卦卦辭及九四爻辭新詮》，《古籍整理研究學刊》2004年第4期。另，曾憲通認爲許氏所謂"不孝子突出"是誤解，因爲胎兒正常出生都是頭先出，是倒立情形，許氏等不解此種現象，以"不孝子"指之，是錯誤的。

棄。惟曾憲通説"焚"之本字當爲"紛",似無必要。因爲"焚"在古籍中可讀爲"僨",有斃、僵的意思,用在此處甚爲恰當。

九四爻是述突然而至的分娩,最終造成母子生死分離,所述主題仍是分離、離別,與離卦之卦象是相符的。《象》云"无所容也",就是指母子生死分離,無法共存於世。

六五:出涕沱若,戚嗟若,吉。

【異文】

"沱",《釋文》:"荀作池,一本作沲。""沲"同"沱","池"當讀爲"沱",兩字聲韻皆同,故可通。"戚",帛書作"卒",《釋文》:"《子夏傳》作嘁。"是因下文"嗟"字而加"口"旁。"嗟",帛書作"駐",阜簡作"差"。

【易傳】

《象》曰:六五之"吉",離王公也。

【釋義】

沱,眼泪流出的樣子。孔穎達:"憂傷之深,所以出涕滂沱,憂戚而咨嗟也。"①戚,憂愁。兩個"若"字都是虛詞。六五是接續九四而來,繼續描寫分離。但六五是"吉",《象傳》歸因爲"離王公也"。因爲六五接近上九,且上九爻中有"王用出征"一句。離,附麗。

上九:王用出征,有嘉折首,獲匪其醜,无咎。

【異文】

"用"字帛書無。"征",帛書作"正"。"獲匪其醜",帛書作"獾不戴"。"獾"當是"獾"的訛寫,可讀爲"獲"。"戴"當從壽得聲,禪紐幽

---

① 孔穎達:《周易正義》,載《儒藏》精華編第二册,北京大學出版社,2009年,第120頁。

部,"醜"則穿紐幽部,兩字旁紐雙聲,音近可通。

【易傳】

《象》曰:"王用出征",以正邦也。

【釋義】

折,有折斷、摘取義。首,頭顱。折首,戰場上取敵人首級,孔穎達釋作"折斷罪人之首",大體可從。匪,讀爲彼。"匪其",猶"彼其",指代詞①。醜,眾。《詩·小雅·出車》有"執訊獲醜"一句,此處"獲匪其醜"即相當於"獲醜",是説抓獲俘虜。

四爻和五爻都事涉分離,上爻處在離卦最終,是分離之末,所以述寫沙場歸來,與親朋團聚。這不僅與分離主題相關,且合乎上爻爻象。

---

①周錫䪖:《易經詳解與應用》(增訂本),東方出版中心,2016年,第233頁。

下經

咸卦第三十一

䷞ 艮下
　　兑上　　咸：亨，利貞，取女吉。

【異文】

"咸"，上博簡、帛書均作"欽"，當是"咸"的通假字。今本《繫辭》"情僞相感而利害生"，帛書《繫辭》作"請僞相欽而利害生"，是"欽"與"感"相通。而"感"又从"咸"得聲，故"欽"又可與"咸"相通。另外，傳本《歸藏》卦名作"欽"，秦簡《歸藏》作"咸"，此亦可證"欽"宜讀爲"咸"。《別卦》此卦卦名作"慭"，字从心从金、攴，其中"金"爲聲符。"金"，上古見紐侵部。"咸"，上古匣紐侵部，與"金"疊韻，聲紐亦相近。"攴"與"欠"形近，"欽"字溪紐侵部，與"慭"讀音相近，故卦名又寫作"欽"。從《別卦》用字从"心"看，其義當與心情、情緒相關。《彖》《象》二傳以咸卦爲感，有其早期根源，不可輕易否定。"亨"，上博簡作"卿"。"取"，《釋文》："本亦作娶。"斯6162即作"娶"，"取"和"娶"是古今字。

【易傳】

《彖》曰：咸，感也。柔上而剛下，二氣感應以相與。止而説，男下女，是以"亨，利貞，取女吉"也。天地感而萬物化生，聖人感人心而天下和平。觀其所感，而天地萬物之情可見矣。

《象》曰：山上有澤，咸。君子以虛受人。

《序卦》曰：有天地然後有萬物，有萬物然後有男女，有男女然後有夫婦，有夫婦然後有父子，有父子然後有君臣，有君臣然後有上下，有上下然後禮義有所錯。

【釋義】

咸卦卦象艮下兌上，艮爲山，兌爲澤。山本高聳，澤本卑下，今澤在上而山在下，猶泰卦地在上而天在下，是高下相感，陰陽相通。咸，當釋作感。卦辭"取女吉"，是因此卦艮爲少男，兌爲少女，艮在下，兌在上，象徵陰陽相通，男女相感。《象傳》"君子以虛受人"，是從澤在山上的地形特點闡釋出來的。山上能聚水成澤，必有洼地，即《象傳》所說的"虛"。推及人性，則是君子虛己胸懷以納人。

初六：咸其拇。

【異文】

"拇"，帛書作"栂"。作爲部件之"母"字在帛書中常寫作"毋"形。《集解》作"母"，《釋文》："子夏作踇，荀作母。""母"和"踇"都讀爲"拇"。斯6162作"栂"，"木"部與"扌"部常訛混。

【易傳】

《象》曰："咸其拇"，志在外也。

【釋義】

咸，感也。拇，大腳趾。《説文·手部》："拇，將指也。"手、脚大指都可稱爲"拇"。因初六爻位置最下，所以用大脚趾來比喻。"咸其拇"，是説大脚趾有感應。這種"感應"可能是指大脚趾突然不由自主地跳動。引起這類情況的原因有很多，比如寒冷刺激、長時間壓迫或骨質疏鬆等。由於醫療水平的原因，古人不知道這是一種常見的生理現象，故求於卜筮，然後產生了像咸卦爻辭這樣的筮辭。"左眼跳財,右眼跳災"一類的説法,以及前文所引《左傳》宣公四年"食指動"的故事,都是這類文化現象。

初六與九四相感應,故《象傳》説"志在外也"。

六二:咸其腓,凶。居吉。

【異文】

"腓",上博簡作"脊",上部所從可能是"發"字,並爲聲符,與"腓"音近可通①。帛書作"瞾",應是"腓"的一個異體。《釋文》:"荀作肥,云:謂五也,尊盛,故稱肥。""肥"宜讀爲"瞾"。"居",上博簡作"凥"。

【易傳】

《象》曰:雖"凶,居吉",順不害也。

【釋義】

《説文·肉部》:"腓,脛腨也。"孔穎達云:"腓,足之腓腸也。"②是腓即小腿肚。"咸其腓",小腿肚突然不自由主地動起來。這本是一種常見的生理現象,但古人可能不知,所以會去卜筮。這與初六爻是相同的。爻辭説"凶"是一種情況,"居吉"是另一種情況。前一種是在"咸其腓"之後不加重視,對自己行爲不做改變的情況。後一種是安靜下來,改變自己行爲的情況。小腿既然有病,而人行走又必須要動腿,所以説"居吉"。暫時不要動腿,以緩解病情。

在這條爻辭中,"咸其腓"意味着凶,而"居"則是吉,可見"咸"與"居"是相反的。居是静止,則"咸"就有動的意義,這可證明將"咸"讀爲"感"是正確的。

---

① 季旭昇:《上海博物館藏戰國楚竹書(三)讀本》,萬卷樓圖書股份有限公司,2005年,第72頁。
② 孔穎達:《周易正義》,載《儒藏》精華編第二册,北京大學出版社,2009年,第123頁。

九三：咸其（股）[腓]，執其隨，（往）吝。

【異文】

"股"，上博簡作"𦙶"，帛書作"股"。按，九三和六二中，上博簡和帛書所感部位相同，且艮九三有"艮其腓，不拯其隨，其心不快"。因此，疑今本經歷過調整，所以較兩古本更合爻位。"股"本當作"腓"。"執"，上博簡作"埶"。"往"字上博簡、帛書均無。按，屯卦六三和蒙卦初六均有"往吝"，今本作"往吝"似亦可通。但考慮到今本咸卦爻辭經歷過改編，所以此處"往"字恐是衍文。"吝"，帛書作"闈"。

【易傳】

《象》曰："咸其股"，亦不處也。志在隨人，所執下也。

【釋義】

股，大腿，在腓的上面。隨，當從俞樾釋，乃"骽"之通假字①。李零以爲骽即髖部②，可從。骽可指大腿，也可指髖。腓既然是小腿，則此處骽似宜指大腿。執，本義是拘囚罪犯，此處當是制止義。"咸其腓，執其隨"，是說小腿不由自主地動起來，而大腿卻像被拘禁了似的，無法活動。此時大小腿行動不一致，即不便行走，當然是"吝"。

九四：貞吉，悔亡。憧憧往來，朋從爾思。

【異文】

"悔亡"，上博簡作"亡𢚩"。"亡"讀爲"無"，經文中"悔亡"與"無悔"當同義。"憧憧"，上博簡作"潼潼"，帛書、帛書《繫辭》及《繆和》均

---

①俞樾：《群經平議》，載《續修四庫全書》總第178册，上海古籍出版社，2003年，第15頁。
②李零：《死生有命，富貴在天：〈周易〉的自然哲學》，生活·讀書·新知三聯書店，2013年，第187頁。

作"童童",斯 6162 作"懰懰",《釋文》:"京作憧。"諸字音近可通。"朋",帛書與帛書《繫辭》均作"傰"。"爾",帛書和帛書《繫辭》均作"壐",斯 6162 作"尒",即"尔"字。"尔"見於戰國時代,是從"爾"字簡化而來。"思",上博簡作"志",義同。

【易傳】

《象》曰:"貞吉,悔亡",未感害也。"憧憧往來",未光大也。

【釋義】

此條爻辭是説人心相感。憧憧,王肅:"往來不絶貌。"① 是也。馬融釋"行貌"②,劉表釋"意未定也"③,均與後文"朋從爾思"不合。思,思慮。"憧憧往來,朋從爾思",朋友往來不絶,都感從你的思慮。貞吉,堅固不變則吉。

丁壽昌引蘇嵩坪云:"經中言'悔亡'者,悔與貞對,亡與存對,戒其不可悔,悔則不能保其所存而亡矣。非本當有悔而亡之也。"④ 換而言之,蘇嵩坪認爲"悔亡"與"无悔"意思不同。其對"悔亡"與"貞吉"關係的詮釋可備一説。

九五:咸其脢,无悔。

【異文】

"脢",上博簡作"拇",帛書作"股"。吕祖謙引《晁氏易》:"脢或作脄,作䏢,作骸。"⑤ "咸其脢"帛書作"咸其股",九三"咸其股"作"咸其腥",與六二同。何琳儀認爲帛書作"股"乃"服"之形近訛字,"拇""服"

---

① 王肅:《周易注》,《漢魏二十一家易注》,載《儒藏》精華編第一册,北京大學出版社,2009 年,第 584 頁。
② 馬融:《周易傳》,載《儒藏》精華編第一册,北京大學出版社,2009 年,第 237 頁。
③ 劉表:《周易章句》,《漢魏二十一家易注》,載《儒藏》精華編第一册,北京大學出版社,2009 年,第 361 頁。
④ 丁壽昌:《讀易會通》,中國書店影印本,1992 年,第 395 頁。
⑤ 吕祖謙:《古易音訓》,《續修庫庫全書》總第 2 册,第 36 頁。

"脢"聲韻相同,可以相通①。從咸卦諸爻所寫部位有從下往上、漸次發展的情況看,今本作"脢"是較合理的。不過,丁四新以爲今本乃經人改編後的情況,今本是否原本仍有可疑,這也是合理的②。"悔",上博簡作"惥",帛書作"惥"。

【易傳】

《象》曰:"咸其脢",志末也。

【釋義】

《説文·肉部》:"脢,背肉也。""咸其脢",謂後背肌肉不自由主地活動。《象傳》"志末也",孔穎達云:"末猶淺也,感以心爲深,過心則謂之淺末矣。"③後背雖離心較腓、股等近,但終究不是心,所以是"志末也"。爻辭以爲心之感應重於"身體"上的感應,如九四爲心感,故"貞吉,悔亡"。

上六:咸其輔、頰、舌。

【異文】

上博簡無"其"字。"輔、頰、舌",上博簡作"頌、夾、頿",帛書作"胶、陝、舌"。"頌"與"胶"義符相通,都从"父"得聲。"父"和"輔",上古均是並紐魚部字,可以相通。阜簡作"父",應讀爲"輔"。《釋文》:"虞作䩓,云:'耳目之閒。'"《説文·面部》云:"䩓,頰也,从面,甫聲。"《説文·車部》:"輔,人夾車也。从車,甫聲。"是"䩓"與"輔"同。"輔"字从車,其本義或與車相關,假借指面頰。"頰",《釋文》:"孟作俠。""俠""陝""頰",均从夾得聲。

---

① 何琳儀:《帛書〈周易〉校記》,《周易研究》2007年第1期。
② 丁四新:《楚竹書與漢帛書〈周易〉校注》,上海古籍出版社,2011年,第83頁。
③ 孔穎達:《周易正義》,載《儒藏》精華編第二册,北京大學出版社,2009年,第124頁。

【易傳】

《象》曰:"咸其輔、頰、舌",滕口説也。

【釋義】

輔,馬融:"上頷也。"①頰,臉頰。上六之"咸"雖與初六、六二、九三、九五之"咸"讀音相同,但意義略有不同。此"咸"仍讀爲"感",但是當釋作"動",如《詩·召南·野有死麕》有"無感我帨兮。"毛傳:"感,動也。"②上六之"感"與九四之"感"屬同類性質,因爲口舌之動乃是心志感而發之的結果,所以上六説的其實是心之感應。"咸其輔、頰、舌",是説上頷、臉頰、舌頭都在動,人説話時就是這個樣子。《象傳》"滕口説也",孔穎達:"滕,競與也。"上六在咸卦最上,是感之極致,發乎言語,所以用"競與"釋之。

要正確理解此爻,就當與艮卦六五"艮其輔,言有序,悔亡"相聯繫。在艮卦及其六五爻辭中,"艮"是静止、限制之義,這是確鑿無疑的。《象》釋"咸其輔頰舌"時説"滕口説也",是將"咸"理解爲"感""動",與艮卦六五正好相反。

---

①馬融:《周易傳》,《漢魏二十一家易注》,載《儒藏》精華編第一册,北京大學出版社,2009年,第237頁。
②孔穎達:《毛詩正義》,載阮元校刻《十三經注疏》影印本,中華書局,1980年,第293頁。

恒卦第三十二

巽下震上　恒：亨，无咎，利貞。利有攸往。

【異文】

"恒"，《別卦》作"亟"，上博簡作"死"，係"恒"字古文，加"心"字乃繁構。傳本《歸藏》卦名同，秦簡《歸藏》作"恒我"（在卦辭中讀爲"嫦娥"），此或屬刻意立異。"亨"，上博簡作"卿"。上博簡無"利有攸往"一句，且"利貞"在"无咎"之前。

【易傳】

《彖》曰：恒，久也。剛上而柔下，雷風相與，巽而動，剛柔皆應，恒。"恒：亨，无咎，利貞"，久於其道也。天地之道，恒久而不已也。"利有攸往"，終則有始也。日月得天而能久照，四時變化而能久成，聖人久於其道而天下化成。觀其所恒，而天地萬物之情可見矣。

《象》曰：雷風，恒。君子以立不易方。

《序卦》曰：夫婦之道不可以不久也，故受之以恒。恒者，久也。

【釋義】

恒，久也。卦象巽下震上，巽爲順，震爲動，順而動，是以久也。

《象傳》"巽而動"較《象傳》"雷風,恒"更能解釋卦象與卦名之間的聯繫。依徐幾所言:"恒有二義,有不易之恒,有不已之恒。"①《象傳》"君子以立不易方"就是長久地堅持某一事情,合言長久與不變之意。

安排恒卦在咸卦之後,是爲了指出陰陽相交感是恒久之道不宜變更的前提。在《易經》中,一組反覆卦内部的先後順序的安排應有一定邏輯,《序卦傳》就是想探究這層邏輯,有説得對的,也有説得不對的。像説咸、恒兩卦云:"夫婦之道不可以不久也,故受之以恒。"就有其合理性。"夫婦之道"換句話説就是陰陽相交感,此種交感務必持久有恒,否則就可能導致混亂,泰、否兩卦所説就是通與不通兩種情況。

初六:浚恒,貞凶,无攸利。

【異文】

"浚",上博簡作"歓",《釋文》:"鄭作濬。"《正字通·水部》:"濬,通作浚。"②"濬"與"歓"聲符相同,故可通。帛書、《繆和》作"敻",《説文·夏部》:"敻,營求也。""敻"可與"睿"字通,如《繆和》"蔥(聰)明敻知(智)"③,其中"敻"字即讀爲"睿"④。因此,"敻"此處宜讀爲"濬"。"攸",上博簡作"卣"。

【易傳】

《象》曰:"浚恒"之凶,始求深也。

【釋義】

長久地堅持,且志在突破,是剛健和隱忍兩種品質融合無間纔能

---

① 轉引自李光地:《周易折中》,巴蜀書社,2006年,第173頁。
② 張自烈:《正字通》巳集上,清康熙二十四年秀水吳源起清畏堂刊本,第91頁。
③ 裘錫圭主編:《長沙馬王堆漢墓簡帛集成》(叁),中華書局,2014年,第132頁。
④ 白於藍:《戰國秦漢簡帛古書通假字彙纂》,福建人民出版社,2012年,第759頁。

做到的事情,初六在恒卦最下,位置卑下而生性柔順,欲求恒久之道而無剛健之心智,是難以突破的。《詩·小雅·小弁》:"莫高匪山,莫浚匪泉。"毛傳:"浚,深也。"①浚恒,深其恒,即爲了堅持而堅持,長期未有突破。貞凶,堅固不變則凶。爻辭强調了堅持固然是一種美德,但爲了堅持而堅持,不能有所突破,就祇有凶的結局。

恒卦雖然是談恒久、堅持之道,但撰《易》者對此道自有獨特的看法。他認爲恒久堅持的對象和主體是至爲關鍵的,而非恒久堅持這種行爲的本身。初六爻以"浚恒"表達出恒久堅持的對象並非初六這種卑下的地位和柔順的本性,六五爻"恒其德,貞婦人吉,夫子凶"表達出婦人、夫子各有應恒久堅持之道,婦人以柔順守常爲上,夫子則非如此。九三"不恒其德,或承之羞",視剛健爲最應堅持恒久的特質。在恒久堅持這點上,撰《易》者同樣表現出了尊陽卑陰的思想。

九二:悔亡。

【異文】

上博簡作"愚亡"。

【易傳】

《象》曰:九二"悔亡",能久中也。

【釋義】

亡,無也。悔亡,即是無悔。九二是恒卦之九二,二位居中,所以《象傳》説"能久中也。"

---

①孔穎達:《毛詩正義》,載阮元校刻《十三經注疏》影印本,中華書局,1980年,第453頁。

九三：不恒其德，或承之羞，貞吝。

【異文】

"恒"，上博簡作"怔"，當讀爲"恒"。"德"，上博簡作"惪"。"或承"，《釋文》："鄭本作咸承。"李富孫："《後漢·馬廖傳》注引鄭説仍作或解，當以字形相涉而異。"按，作"咸"字則文句不通，李富孫説是。"承"，上博簡作"丞"，帛書、《二三子問》、《繆和》皆作"秊"，係"拯"之異體，此處讀爲"承"。"羞"，上博簡作"慐"，讀與"憂"同，與"羞"音近可通①；《二三子問》作"憂"。"吝"，帛書、《繆和》均作"閵"，《二三子問》作"繭"。

【易傳】

《象》曰："不恒其德"，无所容也。

【釋義】

九三爲陽爻，且當位。"其德"是指九三陽剛之德。撰《易》者尊陽卑陰，爻辭言"不恒其德，或承之羞"即出於此種原則。但是，如鄭玄所説"易有三義"，隨時而變亦是其中之一，由此則有占辭"貞吝"，強調堅固不變則吝。在《易經》中，九三爻是一個略顯尷尬的位置，一方面要講求剛健進取，另一方面又要剛柔並濟，陰陽和諧。像乾卦九三即是，"君子終日乾乾"固然值得稱許，但"夕惕若"，則有違隨時而息，剛柔並濟之道，所以占辭要説"厲"。恒卦九三爻重在講恒久之道，九三陽剛，且在下卦最上，其位較高。"不恒其德，或承之羞"是提醒必須長久堅持。但長久堅持之弊是不知變通，難有突破，就像初九那樣，所以爻辭又説"貞吝"，要求在堅持的同時，把握時機以求變通。

---

①季旭昇：《上海博物館藏戰國楚竹書（三）讀本》，萬卷樓圖書股份有限公司，2005年，第77頁。

保巴認爲"貞吝"是"固守不恒以爲恒"①,此亦可備參考。

《象傳》"无所容也",意即不堅持陽剛之德則易受羞辱,無處容身。

九四:田无禽。

【異文】

"田",上博簡作"畋"。

【易傳】

《象》曰:久非其位,安得禽也?

【釋義】

田獵所擒無非野禽,"田无禽"是一種雙關語,既表示打獵沒有收穫,又暗指其他事情空手而歸。九四以陽爻居四位,不當位,又在恒卦,故《象傳》説"久非其位"。

六五:恒其德,貞婦人吉,夫子凶。

【異文】

"恒",上博簡作"㮙"。"德",上博簡作"惪"。《緇衣》引此條爻辭作"恒其德,偵婦人吉,夫子凶"。或以"偵"字從上讀,不論從上讀還是從下讀,此"偵"字應通作"貞"。

【易傳】

《象》曰:"婦人"貞吉,從一而終也;"夫子"制義,從婦凶也。

―――――

① 保巴:《周易原旨·易源奧義》,陳少彤點校,中華書局,2009年,第99頁。

【釋義】

六五是陰爻，象徵陰柔，"恒其德"即是堅持陰柔之道。婦人爲陰爲柔，所以"貞婦人吉"。夫子是男，爲陽，不宜久行柔道，故"夫子凶"。《象傳》釋"貞"爲"守正"，故此言"'婦人'貞吉，從一而終也"。"從婦凶也"，實指夫子行婦人之柔道則凶。徐志鋭云："而六五是柔居陽位以柔順爲常行，這對於婦人來説是合適的，對夫子則不相當，故言'婦人貞吉，從婦凶也'。"①此釋對爻辭和《象傳》的理解均很恰當。

上六：振恒，凶。

【異文】

"振"，上博簡作"夂"，帛書作"夐"，《集解》作"震"，《釋文》："張作震。"吕祖謙引《晁氏易》云："虞作震。"《説文·木部》："楮，……《易》曰：'楮恒，凶。'"段玉裁注云："者聲、辰聲合韻最近。"②李富孫云："許所據孟《易》作'楮'，云：楮，柱砥。楮與祇同音。《五帝本紀》'振驚朕衆'，今《書》作'震'，《荀子·正論》注云：振與震同。寘、祇亦音之轉，錢氏曰：古音支、真兩部相近，如'振恒'爲'楮恒'，'祇敬'爲'振敬'是也。"是段、李二氏均以通假釋之。上博簡、帛書初六與上六象辭均同爲"夐（夂）恒"，考慮到經文同一卦中爻位不同而象辭相同者極少（如臨卦即有，但占辭不同），故疑上博簡本和帛書本上爻乃襲初六而誤。另，上博簡上六占辭作"貞凶"，與初六基本相同（有無"无攸利"一句都不影響整個吉凶情形）。而帛書作"凶"，與初爻"貞凶"是不同的，這也可看作是襲初六而誤的一個證據。帛書或做了調整，爲了與初爻有所差别，去掉了"貞"字。

---

①徐志鋭：《周易大傳新注》，齊魯書社，1986年，第212頁。
②段玉裁：《説文解字注》，上海古籍出版社，1988年，第254頁。

【易傳】

《象》曰:"振恒"在上,大无功也。

【釋義】

馬融云:"振,動也。"① 鄭玄云:"振,搖落也。"② 恒久即是長久不變動,上六在恒卦最上,恒久已達極致,故可能變動。是以"振"字當從馬融釋,所謂動即是將有變化。又,"振"或讀爲"震"。至上六則震卦成,故謂"震恒"。《逸周書·命訓》云"事震則寡功"③,故"恒震"則"凶"。

---

① 馬融:《周易傳》,《漢魏二十一家易注》,載《儒藏》精華編第一册,北京大學出版社,2009年,第237頁。
② 鄭玄:《周易鄭注》,載《儒藏》精華編第一册,北京大學出版社,2009年,第92頁。
③ 黄懷信、張懋鎔、田旭東:《逸周書彙校集注》(修訂本),上海古籍出版社,1995年,第38頁。

遯卦第三十三

䷠ 艮下乾上　遯：亨，小利貞。

【異文】

"遯"，《別卦》作"敓"，與"遯"雙聲，韻部亦相近，當可通假。上博簡作"𠩺"，此字右半所從與"遂"字右半同，而"遂"與"逐"因右半部件形近的原因在帛書中時或訛混。上博簡用字或即"豚"字的訛寫，與"遯"通。季旭昇以爲上博簡用字與"遯"音近可通，亦可從①。帛書和《衷》作"掾"，阜簡作"椽"，"木"部和"扌"部容易互訛，兩字均從"象"得聲，與"遯"音近，故可通。傳本《歸藏》和秦簡《歸藏》均作"逐"。《釋文》："字又作遯，又作遁。""逐"是"遯"字異體，與"遁"同音。"遯"字本義是逃跑，"遁"字本義是遷移，引申有逃跑義，後世多用"遁"表逃跑義，而不用"遯"。"亨"，上博簡作"卿"。

【易傳】

《彖》曰："遯亨"，遯而亨也。剛當位而應，與時行也。"小利貞"，浸而長也。遯之時義，大矣哉！

《象》曰：天下有山，遯。君子以遠小人，不惡而嚴。

《序卦》曰：物不可以久居其所，故受之以遯。遯者，退也。

---

① 季旭昇：《上海博物館藏戰國楚竹書（三）讀本》，萬卷樓圖書股份有限公司，2005年，第79頁。

【釋義】

卦名當讀爲"遯",逃遁,隱遁。艮下乾上,艮爲山,是隱者所居,所以名爲"遯"。屈萬里:"隱者必於山,天下有山,可供人遯。"① 六二與九五相應,故卦辭云"亨"。小,稍也。"小利貞",稍利於卜問之事。《象傳》云"君子以遠小人,不惡而嚴"也是釋"遯"爲逃遁,不與小人同浮沉,與他們保持距離。

遯卦與恒卦雖卦名不同,其實仍講的是堅持之道。哲人何以遯世?爲的就是不被俗世所染,始終堅持個人操守。因此,要將遯卦置於恒卦之後。

初六:遯尾,厲,勿用有攸往。

【異文】

"遯",帛書、阜簡作"椽",上博簡在"尾"字前多一個"丌(其)"字,疑爲衍文。"攸",上博簡作"卣",阜簡作"囪"。"厲",上博簡作"礪"。

【易傳】

《象》曰:"遯尾"之厲,不往何災也。

【釋義】

尾,《玉篇·尾部》:"末後稍也。"引申之則有後面之意。遯尾,逃遁時在隊伍的最後。這是離追擊之敵最近的位置,所以是"厲",危險。這是講戰爭中的逃遁。《論語·雍也》説:"孟之反不伐,奔而殿。將入門,策其馬曰:'非敢後也,馬不進也。'"戰爭潰敗時跟在隊伍最後面逃跑,此時與追擊的敵人最接近,也最危險。

爻辭説"勿用有攸往",《象傳》承其意,從反面説。"不往何災

---

① 屈萬里:《周易批注》,載《讀易三種》,聯經出版事業公司,1983年,第728頁。

也",既然不宜往,不往就無災。

六二:執之用黃牛之革,莫之勝説。

【異文】

"執",上博簡作"攱",當與"執"通假①。帛書作"共"。"共",疑當讀作"鞏",兩字旁紐雙聲,韻部相同,故可通。"鞏"與"執"義近②,可以互替。上博簡在"用"字前少一"之"字,不影響文義。"革",帛書作"勒",通假。"勝",上博簡作"勶"。"説",上博簡作"夋",與"説"義近。帛書作"奪"。帛書兑卦寫作"奪",可見從兑得聲之"説"亦可讀爲"奪",音近可通。

【易傳】

《象》曰:"執用黃牛",固志也。

【釋義】

六二是承接初六來説的。逃在隊伍最後面,被敵人生擒。執,本義就是人之雙手被捆縛,被拘捕。"黃牛之革",用黃牛皮做的繩子。説,通脱。牛皮繩堅韌結實,所以"莫之勝説",不能解開。

《象傳》之"固志也",孔穎達云:"堅固遯者之志,使不去已也。"雖然遯卦是講隱遁的,且被執是不利,但是《象傳》的"固志也"似乎視之爲有利。

九三:係遯。有疾,厲。畜臣妾,吉。

【異文】

"係",上博簡同,帛書則作"爲",疑係訛誤。《釋文》:"本或作

---

① 季旭昇:《上海博物館藏戰國楚竹書(三)讀本》,萬卷樓圖書股份有限公司,2005年,第80—81頁。
② 李零:《讀上博楚簡〈周易〉》,《中國歷史文物》2006年第4期。

繫。"係、繫聲韻相同,可通。"臣",帛書作"僕",同義替換。今本"臣"字,帛書一般作"僕"。

【易傳】

《象》曰:"係遯"之厲,有疾憊也。"畜臣妾,吉",不可大事也。

【釋義】

係,縛也。係遯,被束縛着遁去,這是一種比喻的説法。遁去本爲自由,若仍有束縛,是有令人牽挂連累之物,身遁而心未遁。有疾,既指身疾,也指心疾。臣、妾,均可指奴僕。"畜臣妾",或許是指買入奴僕。

因九三在六二之上,疑九三或是承六二繼續"莫之勝説"的故事,所謂"係遯"或是説逃跑時仍被捆縛着。

爻辭説"係遯。有疾,厲",即是鼓勵遁而無所牽挂。但後面的"畜臣妾"則有違於此,反求安逸閑適。"畜臣妾"與"係遯"之間的關係很不好理解。《象傳》"不可大事也",應該是批評"畜臣妾"以求安適的做法。

九四:好遯,君子吉,小人否。

【異文】

"否",帛書作"不"。帛書中凡與否卦卦名意義不同的"否"字均作"不"。

【易傳】

《象》曰:"君子"好遯,"小人"否也。

【釋義】

好,喜好。"君子好遯",是因爲君子有高潔品德,小人則無,所以君子吉,小人不吉。意思是君子可以隱遁而去,小人則没有這個必要。經文中的君子、小人已經帶有一定的道德色彩。《象傳》"'君子'好遯",正讀好爲喜好之好,非美好之好。

九五:嘉遯,貞吉。

【異文】

"貞吉",上博簡作"吉",帛書與今本同。疑上博簡脱"貞"字。

【易傳】

《象》曰:"嘉遯,貞吉",以正志也。

【釋義】

嘉,嘉獎。嘉遯,嘉獎隱遁者。重耳入晉後,於其有割股之恩的介子推隱居了起來,重耳數次以重賞勸其出山。這就是"嘉遯"。貞吉,堅固不變則吉。遯卦是專談逃遁、隱遁的,從九四看,甚至鼓勵隱遁。所以,用"貞吉"放在"嘉遯"後,就是勸人不可因嘉獎而放棄隱遁。《象傳》"以正志也",是釋貞爲守正。嘉獎隱遁者就是贊許其志,使志不致隱没,所以説"正志"。

上九:肥遯,无不利。

【異文】

"肥遯",吕祖謙引《晁氏易》云:"陸希聲本作飛。"[1]《淮南九師道訓》:"遯而能飛,吉孰大焉。"[2]《文選·思玄賦》作"飛遯以保名",注既引《淮南九師道訓》文字,又説遯卦上九"肥遯,最在卦上"[3]。《國語·

---

[1] 吕祖謙:《古易音訓》,載《續修四庫全書》總第2册,上海古籍出版社,2003年,第37頁。
[2] 《周易淮南九師道訓》,載馬國翰輯:《玉函山房輯佚書》,上海古籍出版社,1990年,第70頁。
[3] 《六臣注文選》卷十五,中華書局,1987年,第278頁。

吳語》:"建肥胡,奉文犀之渠。"汪遠孫云:"肥,古與飛通。《易》'肥遯'亦作'飛',見《文選·思玄賦》及注。"①肥、飛旁紐雙聲,韻部相同,故可通假。《隸辨》記《老子銘》云"肥遁之吉"②,"肥"即"肥"字。"无",帛書作"先",當是形近而誤。

【易傳】

《象》曰:"肥遯,无不利",无所疑也。

【釋義】

　　肥,通飛,形容動作迅疾。肥遯,即飛快地遯去。上九在遯卦最上,是爲遯之極致。能飛快遯去,不僅決斷迅速,行動果斷,而且了無牽挂,是爲隱遯的至高境界。《象傳》"無所疑也",就是從"飛"字闡釋出來的。

　　釋遯卦的關鍵是對"遯"字的理解,如果理解爲"豚",以爲遯卦諸爻的主題是講小豬,則很多句子都不好解釋。如初六"遯尾,厲",豬尾巴爲什麼是危險呢?六二"執之用黃牛之革",黃牛皮是比較貴重的物品,用黃牛皮做的繩子捆豬未免有悖常情,用草繩則比較合適。其餘"好遯""嘉遯"都不好解釋。經文如此,《象傳》更是如此。所以,遯當指逃遁、隱遁。叔齊、伯夷就是隱於山中,春秋時期的介子推也是隱於山中,自古以來,山就可以被視爲隱居之地,故卦象"天下有山"被命名爲"遯(遁)"卦。

---

① 徐元誥:《國語集解》,王樹民、沈長雲點校,中華書局,2002年,第548頁。
② 顧南原:《隸辨(隸書字典)》,北京市中國書店,1982年,第69頁。

大壯卦第三十四

☳ 乾下
震上　大壯：利貞。

【異文】

"大壯",《別卦》作"大臧","大"下之字可讀爲"壯"。帛書作"泰壯",帛書《繫辭》引作"大莊",《衷》作"大牀"。"壯""牀"都从爿得聲,"莊",壯聲,故三字可通。"大""太"和"泰"在古籍中常通用,"太"由"大"分化而來,兩者爲古今字關係。"泰"常常假借爲"大""太"。

【易傳】

《彖》曰:"大壯",大者壯也,剛以動,故壯。"大壯利貞",大者正也。正大而天地之情可見矣。
《象》曰:雷在天上,大壯。君子以非禮弗履。
《序卦》曰:物不可以終遯,故受之以大壯。

【釋義】

卦名有歧義,《彖傳》"大者壯也,剛以動,故壯",是釋壯爲強壯。《象傳》"君子以非禮弗履",則釋壯爲傷。因雷可傷人,故《象傳》常由雷象聯想到刑罰,進而以壯爲傷。從爻辭看,《象傳》的理解是正確的。以壯爲強壯的話,則初六"壯于趾",九四"壯于大輿之輹"都不好理解。釋爲傷則以上爻辭都文從字順。是以壯當通戕。《方言》:"凡草木刺人,北燕朝鮮之間謂之策,或謂之壯。"①《淮南子·俶真》:"是故形傷于寒暑燥濕之虐者,形苑而神壯。"高誘注:"壯,傷也。"② 兩"壯"字均與"戕"通。

從大壯陰陽爻的分佈看,四陽爻在兩陰爻之下,有被欺凌之象。陽爲大,所以稱爲"大壯"。這種命名邏輯與大過、小過兩卦是相同的。

由於震卦有雷象,故經文常由震而言及刑罰,《象傳》抓住此點,強調"非禮弗履",告誡人循禮行事,以免招致刑獄之災。震下乾上爲无妄,同樣是以雷爲震而及於刑罰,所以《象傳》有"物與无妄"的説法。

大壯卦之所以在遯卦之後,是因爲大壯卦所述是陽剛者受傷。所謂陽剛者,在《易經》的語境中,與遯世的賢哲實爲同類。反覆卦的卦名常相反相成,大壯與遯也是。賢哲遯去其實就是黄鐘毁棄,瓦釜雷鳴。賢哲爲"大",小人爲"小",黄鐘毁棄,賢哲遯去,即是"大壯"。所以大壯在遯卦之後。

初九:壯于趾,征凶,有孚。

【異文】

"趾",帛書作"止"。"征",帛書作"正"。"孚",帛書、阜簡均作"復"。

【易傳】

《象》曰:"壯于趾",其孚窮也。

【釋義】

趾,脚。"壯于趾",脚受傷,疑指走路時踢傷了脚。征凶,征戰則

---

① 華學誠:《揚雄方言校釋匯證》,中華書局,2006 年,第 201 頁。
② 劉文典:《淮南鴻烈集解》,中華書局,1989 年,第 48 頁。

有凶。有孚,意即事情得以應驗。

九二:貞吉。

【易傳】

《象》曰:九二"貞吉",以中也。

【釋義】

貞吉,堅固不變則吉。這種祇有占辭而沒有象辭的爻辭在經文中並不多,都不好解釋。《象傳》"以中也"是從二位居中的角度説,祇能算是一個勉强的解釋。

九三:小人用壯,君子用罔,貞厲。羝羊觸藩,羸其角。

【異文】

"罔",帛書作"亡",當讀爲"罔"。經文常常抑小人而揚君子,此爻是陽爻,且當位,可象徵君子當位。故同遇九三爻,小人是"壯(戕)",君子却是"罔",要好於小人。"藩",《衷》作"蕃"。"羸",《釋文》:"王肅作縲,音螺,鄭、虞作纍,蜀才作累,張作虆。""羸"字來紐歌部,在簡帛文獻中常與來紐微部的"累"相通。從九三爻辭看,"虆"當係本字。

【易傳】

《象》曰:"小人用壯",君子罔也。

【釋義】

經文常置象辭在占辭前,此爻則反之,當是變例。"小人用壯",意即小人卜筮遇此爻則受傷。罔,迷惘無知,如《論語》"學而不思則罔"。"君子用罔",君子卜筮遇此爻則迷惘無知,即犯糊塗。爲什麽

246

說君子卜筮遇此爻則迷惘無知呢？這與後面的象辭有關。貞厲，即堅固不變則危險，是警告遇此爻當有所改變。

羝羊，公羊。藩，籬落。羸，通纍。孔穎達云："羸，拘纍纏繞也。"①"羝羊觸藩，羸其角"，公羊用角去抵籬笆，結果角被纏繞。因爲籬笆用竹木藤枝編成，羊角尖，觸則刺空籬笆，如果再動，則羊角容易被竹木纏繞住。一旦被纏，就有可能越掙扎越纏得多、纏得緊，不好脫身。此時進退兩難，即是迷惘，不知所措。

九三剛健，又居陽位，如同乾之九三"終日乾乾"，是略有亢奮之象，所以纔有"羝羊觸藩，纍其角"之象。君子用此，一味剛健，不知調息，可謂迷惘無知。

九四：貞吉，悔亡。藩決不羸，壯于大輿之輹。

【異文】

"藩決"，帛書作"藩块"，上六亦有"藩"字，帛書與今本同，知此"藩"字當是通作"藩"。"块"當通"決"。"大"，帛書作"泰"。"輿"，帛書作"車"，《集解》作"轝"。"輹"，帛書作"緮"，《集解》作"腹"，《釋文》："本又作輻。""輹"當讀爲"輻"，參見小畜九三爻。劉大鈞讀爲"輻"②，可從。

【易傳】

《象》曰："藩決不羸"，尚往也。

【釋義】

與九三一樣，同樣是象辭後置。貞吉，堅固不變則吉。悔亡，不會後悔。輹，讀爲輻，是車輪上的輻條。讀"緮"的話，當指綁縛伏兔

---

①孔穎達：《周易正義》，載《儒藏》精華編第二冊，北京大學出版社，2009年，第130頁。
②劉大鈞、林忠軍：《周易經傳白話解》，上海古籍出版社，2006年，第95頁。

與車軸的繩索。若作"輹",則可能指伏兔。無論繩索還是伏兔,似乎都不易使羊受傷。"藩決不羸,壯于大輿之輹"同樣是説羝羊觸藩,不過這次衝破了籬笆,角也没有被纏住。但是,却撞上了車輪,並受傷。

六五:喪羊于易,无悔。

【異文】

"喪",帛書作"亡",兩字義相同,音亦可通。"易",《釋文》:"鄭音亦,謂狡易也。陸作埸,謂疆埸也。""悔",帛書作"悬",當是"悬",即"謀"字異體,這裏與"悔"字通假。

【易傳】

《象》曰:"喪羊于易",位不當也。

【釋義】

按《釋文》所記"陸作埸",則易當指疆埸,是地名。王引之引王念孫云:"凡《易》言'同人于野''同人于門''同人于宗''伏戎于莽''同人于郊''拂經于邱''遇主于巷',末一字皆實指其地,'喪羊于易''喪牛于易',文義亦同。"①從經文看,確實如此。喪,丟失。无悔,没有悔恨。爲什麽丟了羊却没有悔恨?不好解釋。《象傳》"位不當也"雖言之有據,但意思仍然很含糊。

顧頡剛曾考證此爻係記殷先人王亥的故事,以"易"指"有易"②,李鏡池亦張其説③。劉大鈞認爲:"旅卦上九爻也是記載的同一歷史事件,何以爻辭却又説'喪牛于易,凶'?難道'喪羊'之後能'彌補了損失'而'无悔',而'喪牛'之後,同樣是'生産更加發展了',爲什麽偏

---

① 王引之:《經義述聞》,江蘇古籍出版社,2000年,第24頁。
② 顧頡剛:《周易卦爻辭中的故事》,載《古史辨》第三册,海南出版社,2003年,第4—6頁。
③ 李鏡池:《周易通義》,中華書局,1981年,第68—69頁。

偏無法'彌補了損失'而'凶'？"①此説頗合邏輯。

上六：羝羊觸藩，不能退，不能遂。无攸利，艱則吉。

【異文】

"退"，帛書作"復"，是"退"字古文。"艱"，帛書作"根"，當讀爲"艱"。

【易傳】

《象》曰："不能退，不能遂"，不詳也。艱則吉，咎不長也。

【釋義】

虞翻："遂，進也。"②"不能退，不能遂"，這是描述羊角被籬笆纏住時的狼狽。上六是陰爻，處事柔静。處此進退兩難之際，若剛健則多半深陷而不可拔。若以柔静處之，以待時機，則反而能脱困，爻辭"艱則吉"可能就是根據這點來説的。《象傳》"不詳也"，詳，當通祥。上六居大壯卦最上，事已進至極端，轉機將至，所以《象傳》以"咎不長也"釋"艱則吉"。

---

①劉大鈞：《周易概論》(增補修訂本)，巴蜀書社，2016年，第177—178頁。
②虞翻：《周易注》，《漢魏二十一家易注》，載《儒藏》精華編第一册，北京大學出版社，2009年，第465頁。

晉卦第三十五

☷☷ 坤下
離上　晉：康侯用錫馬蕃庶，晝日三接。

【異文】

"晉"，《別卦》作"懿"，讀爲"晉"。帛書作"溍"，《說文·日部》引作"䷢"，《釋文》："孟作齊。""晉"上古音是精紐真部，"齊"是從紐脂部，聲韻皆相近，故可通假。"侯"，帛書、《二三子問》均作"矦"。"錫"，帛書作"賜"，《篇海類編·通用類·長部》："鍚。音剔。"①而"錫"是从"易"得聲，與"剔"讀音當相近，故兩字可通。"蕃"，《二三子問》引作"番"，當讀爲"蕃"。"庶"，《釋文》云："鄭止奢反，謂蕃遮禽也。"是鄭玄讀爲"遮"。"遮"與"庶"聲近，故可通。"接"，帛書作"緓"，讀爲"接"。

【易傳】

《彖》曰："晉"，進也。明出地上，順而麗乎大明。柔進而上行，是以"康侯用錫馬蕃庶，晝日三接"也。

《象》曰：明出地上，晉。君子以自昭明德。

《序卦》曰：物不可以終壯，故受之以晉。晉者，進也。

---

①宋濂：《篇海類編》卷二〇，載《續修四庫全書》總第 230 冊，上海古籍出版社，2003 年，第 309 頁。《篇海類編》的真僞存在爭議，但其分析"錫"的讀音爲"他歷切，音剔"，應是從"易"得聲，大體可信。

【釋義】

卦象地上有日,日高懸則明,故《象傳》云"明出地上"。昭,即是明,是由離卦日象引申來的。

康侯即康叔封,金文中康叔封常作康侯,于省吾有詳細考證①。"蕃庶""三接",諸家解釋多不同。孔穎達云:"賜以車馬,蕃多而眾庶,故曰'康侯用錫馬蕃庶'也。'晝日三接'者,言非惟蒙賜蕃多,又被親寵頻數,一晝之間,三度接見也。"②惠棟綜合虞翻、鄭玄等人意見,以爲"三接"是常規禮節:"《周禮·大行人》曰:上公之禮,廟中將幣三享,出入三問三勞;諸侯三享,再問再勞;諸子三享,壹問壹勞。是天子三接諸侯之禮也。此兼虞、鄭義。一説:三接,王接諸侯之禮,《觀禮》:'延升,一也;覲畢致享,升致命,二也;享畢王勞之,升成拜,三也。'"③鄭玄以爲:"接,勝也。"④是讀"接"爲"捷",二字古多通假。顧頡剛以爲卦辭是述康叔受封之故事,高亨承之,釋"賜"爲"獻","接"通"捷",兩句是說三捷之後向周王獻戰果⑤。聞一多釋"賜"爲求,"接"爲合,是以"蕃庶"乃指"蕃息眾庶"⑥。

從卦象看,日在地上,有升有落。從諸爻辭看,"晉"字當釋進,應從《象傳》釋義。孔穎達云:"'晉,進也'者,以今釋古。古之'晉'字,即以進長爲義。"⑦《説文·日部》:"晉,進也,日出而萬物進。从日,从臸。"段玉裁注云:"臸者到也,以日出而作會意,隸作晉。"⑧楊樹達《釋晉》:"晉字上象二矢,下爲插矢之器。""二矢插器,其義爲箭。""自小

---

①于省吾:《雙劍誃尚書新證、雙劍誃詩經新證、雙劍誃易經新證》,中華書局,2009年,第714—716頁。
②孔穎達:《周易正義》,載《儒藏》精華編第二册,北京大學出版社,2009年,第131頁。
③惠棟:《周易述》,鄭萬耕點校,中華書局,2007年,第98頁。
④鄭玄:《周易鄭注》,載《儒藏》精華編第一册,北京大學出版社,2009年,第94頁。
⑤顧頡剛:《〈周易〉卦爻辭中的故事》,載《古史辨》第三册,海南出版社,2003年,第10—12頁。高亨:《周易古經今注》(重訂本),中華書局,1984年,第260頁。按,顧頡剛讀"賜"爲"賞賜"之"賜",且沒有解釋"三接"。
⑥聞一多:《周易義證類纂》,載《聞一多全集》第二册,生活·讀書·新知三聯書店,1982年,第19頁。
⑦孔穎達:《周易正義》,載《儒藏》精華編第二册,北京大學出版社,2009年,第131頁。
⑧段玉裁:《説文解字注》,上海古籍出版社,1988年,第303頁。

篆變二矢之形爲䇞,變器形爲日,形與義略不相關,於是說字者遂不得其正解。"①按,甲骨卜辭中"晉"字確像兩矢倒插在一器物中,器物形似"日"字。西周以後,倒插之兩矢變爲䇞,下方器物亦與"日"字無別。箭射出後,一往無前,是晉引申之則有前進義,而且晉又與進聲韻相同,故《象傳》和《爾雅·釋詁下》均云:"晉,進也。"②

晉之義爲進,則卦辭中"賜"似當釋爲進獻爲宜,惠棟所引《周禮》文正是述天子迎接朝賀諸侯之禮。明乎此,則蕃庶、三接之義均可知。蕃庶,多也。三接,是迎接之禮。

大壯卦是説賢人萎頓、受傷,晉卦則以"進"爲主題,兩者一退一進,所以安排在一起。

初六:晉如摧如,貞吉。(罔)[悔亡],孚裕,无咎。

【異文】

"摧",帛書作"浚",兩字音近可通。"貞吉罔孚裕",帛書作"貞吉愨亡復浴"。"罔孚",《説文·衣部》引作"有孚",是今本之"罔"字可疑。王輝以爲"罔"字是"悔亡"二字之訛③,大體可信。《説文》所引"有孚"與"孚裕"義近。

【易傳】

《象》曰:"晉如摧如",獨行正也。"裕,无咎",未受命也。

【釋義】

摧有挫敗義,《楚辭·九嘆·憂苦》云:"折鋭摧矜。"王逸注:"摧,挫也。"④陸德明《釋文》:"摧,退也。"即是由挫敗義引申而來。初六性柔位

---

①楊樹達:《釋晉》,載《積微居小學金石論叢》(增訂本)卷一,科學出版社,1955年,第14頁。
②郝懿行:《爾雅義疏》,上海古籍出版社,1983年,第103頁。
③王輝:《馬王堆帛書〈六十四卦〉校讀札記》,載《古文字研究》第十四輯,中華書局,1986年,第281—294頁。另,吳新楚的意見大體同此,參見《〈周易〉異文校證》,廣東人民出版社,2001年,第108頁。
④洪興祖:《楚辭補注》,中華書局,1983年,第301頁。

卑,故進而遇挫。貞吉,堅固不變則吉,是鼓勵初六不可輕易放棄。悔亡,即無有怨悔。裕,厚也,孚裕是說將多有應驗。《象傳》"獨行正也",是就初六爻位而言。"未受命也",是說初六位置卑下,天不授命。

六二:晉如愁如,貞吉。受茲介福,于其王母。

【異文】

"晉",《衷》作"榗"。"愁",《衷》引作"秋"。"介福",《修華嶽廟碑》《劉脩碑》均引作"奯福"①,《漢官典職儀式選用》引作"介祉"②。《説文·大部》:"奯,大也。""祉"與"福"義同,此處異文皆屬同義替代。

【易傳】

《象》曰:"受茲介福",以中正也。

【釋義】

愁,憂也。六二在下卦,雖居中,但脾性柔順,進而無力,所以"晉如愁如"。貞吉,堅固不變則吉。介,大也。王母,即母親,屈萬里有考辨③。金文中有皇考、王母並提者④,皇考是父親,王母是母親。"受茲介福,于其王母"是勸慰之語。

六三:衆允,悔亡。

【異文】

"悔",帛書作"㥈"。

---

①顧南原:《隸辨(隸書字典)》,北京市中國書店,1982年,第547頁。《隸辨》所引《劉脩碑》是據《隸釋》卷八《慎令劉脩碑》。
②孫星衍等輯:《漢官六種》,中華書局,周天游點校,1990年,第209頁。
③屈萬里:《學易劄記》,載《讀易三種》,聯經出版事業公司,1983年,第534頁。
④中國社會科學院考古研究所:《殷周金文集成釋文》第二卷,史伯碩父鼎,香港中文大學中國文化研究所出版,2001年,第355頁。釋文將"王"字訛爲"皇"。

【易傳】

《象》曰:"眾允"之,志上行也。

【釋義】

允,信也。眾允,眾人信之。眾人信之,則進也必然。六三爻在初六、六二兩陰爻之上,所以繫辭"眾允"。"志上行也",指六三上應於上九。

九四:晉如鼫鼠,貞厲。

【異文】

"鼫",帛書作"炙",《集解》作"碩"。《釋文》:"《子夏傳》作'晉如碩鼠'。"呂祖謙引《晁氏易》云:"翟云作'碩鼠',《九家》作'鼫鼠'。"①"炙",上古章紐鐸部,"鼫"和碩是禪紐鐸部,與"炙"讀音相近。

【易傳】

《象》曰:"鼫鼠""貞厲",位不當也。

【釋義】

爻辭中的"鼫鼠"諸家所釋多不同,鄭玄引《詩·魏風·碩鼠》詩句,以為"鼫鼠"即"碩鼠",孔穎達以為是"有五能而不成伎之蟲也"②。馬瑞辰云:"'碩鼠'即《爾雅》'鼫鼠'。碩即鼫之假借。……碩、鼫皆取大義,非即五技鼠。"③按,鼫、碩上古聲韻皆同,理可通假。九四近五,心有恐懼。鼠性見人則躲竄,故爻辭以鼠為喻。此處無諷鼠博而不精之意,僅有諷鼠膽小之義,故當從鄭玄、馬瑞辰之釋。李斯所謂

---

① 呂祖謙:《古易音訓》,載《續修四庫全書》總第 2 冊,上海古籍出版社,2003 年,第 37 頁。
② 孔穎達:《周易正義》,載《儒藏》精華編第二冊,北京大學出版社,2009 年,第 132 頁。
③ 馬瑞辰:《毛詩傳箋通釋》,中華書局,1989 年,第 331 頁。

倉鼠身肥膽大不懼人，其實是誇張之辭，或是特例。"晉如鼫鼠"，進而如同大老鼠，膽戰心驚，畏畏縮縮。貞厲，堅固不變則危險。意思是要改變畏縮的樣子，方纔没有危險。

六五：悔亡。失得勿恤，往吉，无不利。

【異文】

"悔"，帛書作"悬"。"失"，帛書作"矢"，《釋文》："孟喜、馬融、鄭玄、虞翻、王肅本作矢。馬、王云：離爲矢。虞云：矢，古誓字。"《集解》本作"矢"，荀爽同。作"誓得勿恤"的話，比較費解。作"矢得勿恤"的話，則與經文言"得金矢""得黄矢"語例不合。作"得矢，勿恤"的話，就更合語法和《易經》文例。另外，前言"悔亡"，作"失得勿恤"的話，文意通暢。因此，這裏暫不以"失"爲訛字。"恤"，帛書作"血"。

【易傳】

《象》曰："失得勿恤"，往有慶也。

【釋義】

悔亡，没有後悔。恤，顧慮，擔憂。"失得勿恤"，意即不要患得患失。"悔亡"和"失得勿恤"都是勸人要放開膽量，不要畏畏縮縮。往吉，出行則吉。无不利，無所不宜，即諸事皆宜。

上九：晉其角，維用伐邑。厲，吉，无咎，貞吝。

【異文】

"維"，帛書作"唯"，《集解》作"惟"。"吝"，帛書作"閵"。

【易傳】

《象》曰："維用伐邑"，道未光也。

· 255 ·

【釋義】

　　動物的角尖銳堅硬,是進攻退守的利器。《逸周書·時訓》載"鹿角不解,兵革不息",朱右曾云:"角者,獸之兵。"① 由於動物在爭鬥中常用角,故"角"字又有攻擊、戰鬥之意,如《左傳》宣公十二年:"晉人逐之,左右角之。"杜預注:"張兩角,從旁夾攻之。"② 由於角還是軍中樂器,所以《隋書·五行志下》引《洪範五行傳》云:"角,兵象也。"③ 因此,"晉其角"之"角"可能指軍中樂器,也可能指兵,故此有"維用伐邑"的占語。厲,危險。上九居晉之極,是進之末端,又適逢城邑(意即遇敵人堅守),故有危險。"吉,无咎",上九剛健,所以化險爲夷。貞吝,堅固不變則會有所痛惜。

---

① 朱右曾:《周書集訓校釋》卷六,載《續修四庫全書》總第 301 册,上海古籍出版社,2003 年,第 147 頁。
② 孔穎達:《春秋左傳注疏》,載阮元校刻《十三經注疏》影印本,中華書局,1980 年,第 1881 頁。
③ 魏徵:《隋書》卷二十三,中華書局,1973 年,第 662 頁。

明夷卦第三十六

☷☲ 離下
坤上　　明夷：利艱貞。

【異文】

"明",帛書、《繆和》均作"明",是"明"字異體。"艱",帛書作"根"。《別卦》卦名作"亡㠯",傳本《歸藏》作"明㠯",秦簡《歸藏》作"明夷"。"亡"可與"明"通,"㠯"是"夷"字古文。

【易傳】

《彖》曰：明入地中,明夷。內文明而外柔順,以蒙大難,文王以之。"利艱貞",晦其明也。內難而能正其志,箕子以之。
《象》曰：明入地中,明夷。君子以蒞眾,用晦而明。
《序卦》曰：進必有所傷,故受之以明夷。夷者,傷也。

【釋義】

明夷與晉互爲覆卦,晉是日出地上,明夷是日入地下,寓意賢明遇難,《彖傳》"以蒙大難,文王以之"即取此意。按《序卦傳》的解釋,晉與明夷兩卦的卦名就像泰和否、損和益一樣,因卦形相覆,意義相反。《象傳》"用晦而明"意在告誡克服艱險,由晦而明。"利艱貞",意即對艱難中仍獲正命有利。

明夷在卦爻辭中有多種意思,既可指鳥、鳥受傷,又可指賢明受傷。聞一多釋夷:"讀爲痍,《公羊傳·成十六年》曰:'王痍者何,傷乎矢也。'矢傷謂之痍。"①是六二、九三、六四之"夷于左股""夷于南狩""夷于左腹"諸"夷"字均指箭傷。引申之則可指賢明受傷,如六五即是。

初九:明夷于飛,垂其[左]翼。君子于行,三日不食。有攸往,主人有言。

【異文】

"飛",帛書作"蜚"。"垂其翼",帛書作"䋣其左翼","䋣"即"垂"字。又,帛書"翼"字前有"左"字,今本脱此字②。

【易傳】

《象》曰:"君子于行",義不食也。

【釋義】

此處"明夷"顯然指鳥,高亨以爲"明夷即鳴雉"③,李鏡池以爲"明夷,借爲鳴鵜,即叫着的鵜鶘"④,王雷生及李零以爲是"太陽鳥,即古書中的金烏"⑤。從初九、六二、九三、六四看,明夷可以在很多場合下出現,它應是日常易見的鳥。特別是初九爻描寫明夷飛翔的樣貌,不像是神話傳説。"明夷"這種鳥衹在《易經》中出現,文獻稀少,已經很難考證。

垂,低下。"垂其左翼",是描寫鳥在飛翔過程中嚮左盤旋,左翼低,右翼高的樣子。"明夷于飛,垂其左翼"如同《詩經》中的"興"。

---

① 聞一多:《周易義證類纂》,載《聞一多全集》第二册,生活·讀書·新知三聯書店,1982年,第18頁
② 劉大鈞:《今、帛、竹書〈周易〉綜考》,上海古籍出版社,2005年,第55頁。
③ 高亨:《周易古經今注》(重訂本),中華書局,1984年,第263頁。
④ 李鏡池:《周易通義》,中華書局,1981年,第71頁。
⑤ 王雷生:《〈周易·明夷卦〉及其歷史故事新解》,《周易研究》1999年第1期。李零:《死生有命,富貴在天:〈周易〉的自然哲學》,生活·讀書·新知三聯書店,2013年,第204頁。

"君子于行,三日不食",君子行路,三天没有進食。言,言語,這裏指責備之言。

六二:明夷夷于左股,用拯馬壯,吉。

【異文】

後"夷"字,《釋文》:"子夏作睇,鄭、陸同,云:旁視曰睇。京作眱。"當以作"夷"字爲是。"股",《釋文》:"馬、王肅作般,云:旋也,日隨天左旋也。姚作右槃,云:自辰右旋入丑。"李富孫以爲股、般字形相近而混,甚是。小篆"月"部與"舟"部形體極相似,由"股"而誤爲"般",由"般"而有音近之"槃"。"拯",帛書作"撜",《說文·手部》"抍"字下引作"㧃",《車部》"𨍳"字下同。《釋文》:"子夏作㧃。《字林》云:'㧃,上舉,音承。'"《博陵太守孔彪碑》有"㧃馬蠲害"①,吕祖謙引《晁氏易》云:"後人便作'拯'字,誤也。九家亦作'承',云:升也。"②李富孫認爲當以"㧃"爲本字,寫作"承"是假借,作"拯"是唐開成以後所定。帛書"撜"字亦當讀爲"㧃"。"壯",帛書作"牀",是通假。

【易傳】

《象》曰:六二之"吉",順以則也。

【釋義】

六二之"明夷"應與初九一樣,都是指鳥。"夷于左股",左大腿受傷。拯,升也。"用拯馬壯",意思是騎乘的馬匹很強壯。遇受傷則行動不便,有良馬以供騎乘,當然是吉利。"明夷"雖爲鳥名,但因名中有"夷"字,故占卜遇之則有受傷之兆。這條爻辭與後面的九三、六四一樣,可能都是以打獵中的事情作爲占卜依據。

---

①洪适:《隸釋》卷八,《隸釋·隸續》,中華書局,1986年,第97頁。
②吕祖謙:《古易音訓》,載《續修四庫全書》總第2册,上海古籍出版社,2003年,第37頁。

受傷不便行走,于是乘壯馬。這是合乎情理的,也就是《象傳》所説"順以則也"。

九三:明夷[夷]于南狩,得其大首,不可疾貞。

【異文】

"明夷于南狩",帛書作"明夷夷于南狩","夷"字重。據六二可知今本有脱文。"狩",帛書作"守",《釋文》云:"本亦作守。"讀爲"狩"。

【易傳】

《象》曰:"南狩"之志,乃大得也。

【釋義】

狩本指冬天圍獵,這條爻辭仍以打獵中的事情作爲占卜依據。"明夷夷于南狩",在南狩中射傷明夷鳥。"得其大首"即生擒其首領。疾,即是急。"不可疾貞",即不可急於行堅固不變之策。戰爭獲勝或許使人剛愎自用,爻辭説"不可疾貞"就是提醒問筮者不要因爲此次勝利而輕視以後的戰爭,仍需隨時而變。

六四:(入)[夷]于左腹,獲明夷之心,于出門庭。

【異文】

帛書作"明夷夷于左腹,獲明夷之心,于出門廷"。後文有"獲明夷之心",則前文没有"明夷"二字亦可,疑帛書因三爻、二爻而衍[1]。《繆和》作"入于左腹,稚明夷之心,于出門廷",是可證帛書當有誤。又帛書第二個"夷"字,王輝以爲其字形與"人"字形近,而"人""入"字形

---

[1] 丁四新:《楚竹簡與漢帛書〈周易〉校注》,上海古籍出版社,2011年,第377頁。

同樣易混,故今本作"人"當爲誤字①,其説可從。今本之"人"字帛書時或寫作"人",是爲兩字混淆之證。而由《繆和》作"入于左腹"可知,此句之誤由來早矣。

【易傳】

《象》曰:"入于左腹",獲心意也。

【釋義】

此爻是述射殺明夷鳥的情況。"夷于左腹",意思是狩獵中射中鳥的左腹。"獲明夷之心",指從左腹射入的箭直穿明夷鳥的心臟。"于出門庭",其義難曉。古人以"腹心"比喻真心誠意,如《左傳》宣公十二年鄭襄公對楚莊王言"敢布腹心"即是。在此條爻辭中,腹、心均被箭傷,因此,疑"于出門庭"是由"獲明夷之心"引申,指人在心死意冷、絶望之際離家出走。古人以爲心是可以思想的器官,所以《象傳》説"獲心意也"。

六五:箕子之明夷,利貞。

【異文】

"箕子",《釋文》:"蜀才箕作其,劉向云:今《易》箕子作荄滋。"

【易傳】

《象》曰:"箕子"之貞,明不可息也。

【釋義】

箕子,商紂王的叔父。他見紂之殘暴,進諫而不被重視,然後被

---

① 王輝:《馬王堆帛書〈六十四卦〉校讀札記》,載《古文字研究》第十四輯,中華書局,1986年,第281—294頁。

髮佯狂,隱遁而去。此爻中的"明夷"不指鳥,而是指賢明受挫。利貞,利於卜問之事。箕子隱遁而得保全明德,也就是《象傳》所説的"明不可息也"。對於明德來説,雖然遭遇挫折,但終得保全,所以説是"利貞"。

上六:不明晦,初登于天,後入于地。

【異文】

"明",帛書、《繆和》均作"朙"。"晦",帛書作"海"。"入",帛書作"人",皆是形近而誤。

【易傳】

《象》曰:"初登于天",照四國也。"後入于地",失則也。

【釋義】

上六在明夷卦最上,意味着明之受害極深。"不明晦",意思是不能使晦變明,即明之受害至深至久,不可挽回。由於天地相隔懸殊,因此,"初登于天,後入于地"兩句是以比喻的手法闡明了"不明晦"的殘酷結局。《象傳》"照四國也"揭出了"初登于天"的比喻意義,"失則也"則指出了"後入于地"的原因:没有在晦暗中振作起來。

在明夷卦中,下面三爻基本以肉體方面的傷害爲主,初爻中的"主人有言"雖然不是肉體方面的傷害,但在它之前有"三日不食"這樣的肉體之苦。上面三爻則以心靈、精神傷害爲主,"于出門庭"是失望之情,"箕子之明夷"是絶望之情,"不明晦"是墮落之情。

家人卦第三十七

☲離下☴巽上　家人：利女貞。

【異文】

傳本《歸藏》卦名作"散家人"，秦簡《歸藏》則作"散"。李學勤認爲："這應該是由於散即家人，後人於卦名下注記，於是混進正文。"[1]《別卦》此卦卦名是一個从"連"得聲的字，與"散"或許音近。《別卦》卦名用字證明李學勤的推測是可信的。從文字上看，"家人"有團聚的涵義。疑秦簡卦名作"散"是有意與《易經》區別，故從反面取義。王寧和辛亞民認爲"家人"卦省寫作"家"，"家"與"羄"音同通假，故又寫作"羄"。在古文字形中，"羄"與"散"形近訛混，故秦簡《歸藏》等作"散"[2]。

【易傳】

《彖》曰：家人，女正位乎內，男正位乎外。男女正，天地之大義也。家人有嚴君焉，父母之謂也。父父，子子，兄兄，弟弟，夫夫，婦婦，而家道正，正家而天下定矣。

《象》曰：風自火出，家人。君子以言有物而行有恒。

---

[1]李學勤：《周易溯源》，巴蜀書社，2006年，第292頁。
[2]王寧：《讀〈清華簡(肆)〉札記二則》，簡帛研究網，http://www.bamboosilk.org/article.asp?classid=4。辛亞民：《〈归藏〉"散家人"卦考论》，首屆易學文化高峰論壇論文集，北京，2019年2月23日。

《序卦》曰：傷於外者，必反於家，故受之以家人。

【釋義】

卦象離下巽上，離爲中女，巽爲少女，皆爲女卦，所以卦辭説"利女貞"，是利於女子的卜問。《象傳》"女正位乎内，男正位乎外"一方面是從六二、九五引出，另一方面是從"家人"這個卦名引出。《象傳》"言有物而行有恒"所説實爲治家之道，是從卦象引出，"物"者，火也；"言"者，風也。有火則有風，有物方有言。

卦象中離爲火，巽爲木，火上有木，正似燒火。而上下卦都是女卦，兩女燒火，象女子操持家務，所以名爲"家人"。《禮記·禮器》："燔柴于奥。夫奥者，老婦之祭也。"孔穎達："奥者，正是竈之神，常祀在夏，以老婦配之，有俎及籩豆設於竈陘，又延尸入奥。"①祭灶神而以女性配祭，正是因爲傳統上多是女性圍着灶臺轉。

初九：閑有家，悔亡。

【異文】

"閑"，帛書作"門"，當是訛字。阜簡"閒"，讀爲"閑"。"悔"，帛書作"愳"。

【易傳】

《象》曰："閑有家"，志未變也。

【釋義】

屈萬里引順昌瑩《經詞衍釋》曰："有，於也。閑有家、王假有家、王假有廟，言至于廟、至于家、閑于家也。"②"閑"字當從鄭玄釋義：

---

① 孔穎達：《禮記正義》，載阮元校刻《十三經注疏》影印本，中華書局，1980年，第1435頁。
② 屈萬里：《周易集釋初稿》，載《讀易三種》，聯經出版事業公司，1983年，第227頁。

"閑,習也。"①與大畜"曰閑輿衛"之"閑"同義。"閑有家"即是操習家務。初九位卑,且在內卦,故以"閑有家"置於此爻。《象傳》"志未變也","志"是説初九安於家内之志。

六二:无攸遂,在中饋,貞吉。

【異文】

"饋",帛書、阜簡作"貴",當讀爲"饋"。"攸",《大戴禮記・本命》注引作"由",《漢書・谷永傳》引作"在中餽,無攸遂",顏師古注云:"餽與饋同。"②《古列女傳・鄒孟軻母》引作"在中饋,無攸遂",僅有語序不同。

【易傳】

《象》曰:六二之"吉",順以巽也。

【釋義】

遂,前進。六二陰柔居中,且在下卦,所以是"无攸遂",即不欲進取。在,視也,與"在師中"之"在"字同義。中饋,酒食也。"无攸遂,在中饋",意思是不積極求進,惟備酒食足矣。貞吉,堅固不變則吉。對六二爻來説,堅固不變的就是柔順之道。

九三:家人嗃嗃,悔厲,吉。婦子嘻嘻,終吝。

【異文】

"嗃嗃",帛書作"樂₌",《釋文》:"荀作確確,劉作熇熇。"侯乃峰以爲帛書用字即是"爍"字,與"嗃"通假③。《晁氏易》云:"鄭作熇熇,苦

---

①鄭玄:《周易鄭注》,載《儒藏》精華編第一册,北京大學出版社,2009年,第95頁。
②班固:《漢書》卷八十五《谷永杜鄴傳》,中華書局,1962年,第3460頁。
③侯乃峰:《〈周易〉文字彙校集釋》,臺灣古籍出版有限公司,2009年,第318頁。

熱之意。"①從"苦熱"的釋義看,鄭本當作"熇熇"。"悔",帛書作"愨"。"嘻嘻",帛書作"裏裏",《釋文》:"張作嬉嬉,陸作喜喜。"均應讀爲"嘻嘻"。"吝",帛書作"闌",漢石經作"吝",《廣韻》云:"吝,俗作吝。"屈萬里以爲:"是不知漢隸固有此體,非俗作也。"②漢石經中"吝"皆作此形。

【易傳】

《象》曰:"家人嗃嗃",未失也。"婦子嘻嘻",失家節也。

【釋義】

馬融:"嗃嗃,説樂自得貌。嘻嘻,笑聲。"③鄭玄:"熇熇,苦熱之意。嘻嘻,驕佚喜笑之意。"④依馬融釋義,則"嗃嗃"與"嘻嘻"大略相同。在爻辭中,兩者的結果是不同的,前者是"悔厲,吉",後者是"終吝"。結果既然不同,則行爲方式亦當不同。故馬融釋義不可從,當依鄭玄釋義。嗃嗃,即是熇熇。九三陽剛,治家過嚴,故家人苦之。王弼云:"行與其慢,寧過乎恭。家與其瀆,寧過乎嚴。是以家人雖'嗃嗃,悔厲',猶得其道。'婦子嘻嘻',乃失其節也。"⑤所釋甚當,與《象傳》所釋亦合。

六四:富家,大吉。

【易傳】

《象》曰:"富家,大吉",順在位也。

---

①吕祖謙:《古易音訓》,載《續修四庫全書》總第 2 册,上海古籍出版社,2003 年,第 37 頁。
②屈萬里:《漢石經周易殘字集證》卷二,(臺灣)中研院歷史語言研究所叢刊之四十六,1961 年,第 8 頁。
③馬融:《周易傳》,《漢魏二十一家易注》,載《儒藏》精華編第一册,北京大學出版社,2009 年,第 239 頁。
④鄭玄:《周易鄭注》,載《儒藏》精華編第一册,北京大學出版社,2009 年,第 95—96 頁。此輯佚本是王應麟撰集,張惠言訂正。張惠言以爲晁氏誤將劉氏作鄭氏。不過,既然鄭氏以"苦熱"釋之,則所據經文當作"熇熇"。
⑤王弼:《周易注》,載《儒藏》精華編第一册,北京大學出版社,2009 年,第 747 頁。

【釋義】

富，福祐。富家，即福祐其家。六四以陰爻居陰位，是當位之爻，所以《象傳》説"順在位也"。

九五：王假有家，勿恤，吉。

【異文】

"假"，帛書作"叚"。"恤"，帛書作"血"。"吉"，帛書作"往吉"，多一"往"字，恐係衍文。

【易傳】

《象》曰："王假有家"，交相愛也。

【釋義】

假，通"格"，至也。《詩·商頌·玄鳥》："四海來假，來假祁祁。"鄭玄箋云："假，至也。"①恤，憂慮。王來到家，擔心禮儀不周或發生意外，故而憂慮。高亨引《吕氏春秋·音初篇》所載故事："夏后氏孔甲田於東陽萯山。天大風晦盲。孔甲迷惑，入於民室。主人方乳。或曰：'后來，是良日也，之子是必大吉。'或曰：'不勝也，之子是必有殃。'后乃取其子以歸曰：'以爲余子，誰敢殃之。'子長成人，幕動坼橑，斧斫斬其足，遂爲守門者。孔甲曰：'嗚呼！有疾，命矣夫！'"這個故事於九五爻甚爲貼切。因爲達官貴人光臨，主人有喜有憂，喜是覺得無上榮光，憂是擔心招待不周，或有其他不測。

---

①孔穎達：《毛詩正義》，載阮元校刻《十三經注疏》影印本，中華書局，1980年，第623頁。

上九：有孚威如，終吉。

【異文】

"孚"，帛書作"復"。"威"，帛書作"委"。"威"和"委"都是影紐微部，可以通假。"終"，帛書與今本字形同，阜簡作"冬"。

【易傳】

《象》曰：威如之吉，反身之謂也。

【釋義】

威，當通"畏"，恐懼。有孚，將會有事應驗。《象傳》所謂"反身之謂也"，是説心有畏敬，則可得吉。因此，《象傳》所理解的"威如"也有恐懼義。保巴將這條爻辭讀作"有孚，威如，終吉"，所謂"威如"是指持家有威嚴[①]。此亦可通。

[①] 保巴：《周易原旨·易源奧義》，陳少彤點校，中華書局，2009年，第117頁。

睽卦第三十八

☲ 兑下
離上　　睽：小事吉。

【異文】

"睽",《別卦》作"愆",上博簡作"楑",帛書作"乖",帛書《繫辭》引作"誺"。睽、乖,聲母同爲牙音,前者爲脂部,後者爲微部,韻部聯繫緊密(在《詩經》中,脂微合韻現象較多),或可通假。傳本《歸藏》寫作"瞿",秦簡《歸藏》寫作"曜"。"瞿"與"曜"聲旁相同,理可通假。瞿爲魚部字,與睽、乖二字雖同爲牙音,但韻部有距離。睽卦諸爻多説看見奇怪或令人驚恐之事,疑《歸藏》卦名"瞿"是據這些爻辭而改的。《説文·瞿部》:"瞿,驚視也。"[1]郝懿行《爾雅義疏》:"瞿者,驚顧貌。"[2]是"瞿"之義正合諸爻辭内容。

【易傳】

《彖》曰:睽,火動而上,澤動而下。二女同居,其志不同行。説而麗乎明,柔進而上行,得中而應乎剛,是以"小事吉"。天地睽而其事同也,男女睽而其志通也,萬物睽而其事類也,睽之時用大矣哉!

---

[1]徐鍇:《説文解字繫傳》,中華書局,1987年,第71頁。
[2]郝懿行:《爾雅義疏》,上海古籍出版社,1983年,第550頁。

《象》曰：上火下澤，睽。君子以同而異。

《序卦》曰：家道窮必乖，故受之以睽。睽者，乖也。

【釋義】

卦象兌下離上，離有離開、分離象，兌有走動象，兩卦相重，是離開、睽違之象。"小事吉"，乃謂占小事遇此卦則吉。《象傳》由"睽"字有乖違義，聯想及事物之間的區別，如天、地高下相別，男、女內外有別，萬物其性有別。自然宇宙的最大特點就是萬物有別，混一無別則不成自然。《象傳》"以同而異"，是說離、兌同爲女卦而又象物有異、特性不同，因爲離爲火，火性炎上；兌爲澤，而澤潤下。

雖然"睽"字是乖違之義，但諸爻所述均是"遇"見罕見或奇怪之事，如初九"見惡人"，九二"遇主于巷"，六三"見輿曳"，九四"遇元夫"，上九"見豕負塗"皆是。這些都是爲了呈現乖違孤獨者的緊張、恐懼心態。

睽有乖違、分離的含義，與家人的團聚含義相反。這是取相反意義來呈現互爲覆卦的關係。

初九：悔亡。喪馬勿逐，自復。見惡人，无咎。

【異文】

"悔"，上博簡作"𢘓"，帛書作"𢛳"，阜簡作"䀛"。"亡"，上博簡作"兦"，右下有重文符號，與"馬"字連讀。上博簡此字從喪省，亡聲[①]，而"喪"又可與"亡"通假，這在帛書中多有其證。所以，上博簡此字可讀爲"亡"，也可讀爲"喪"。"喪"，帛書作"亡"。"逐"，上博簡作"由"。頤卦六四"其欲逐逐"，帛書作"其容笛笛"，"笛"從由得聲，是"由"與"逐"音近可通。帛書作"遂"，形近而訛。

[①] 季旭昇：《上海博物館藏戰國楚竹書（三）讀本》，萬卷樓圖書股份有限公司，2005年，第84頁。

【易傳】

《象》曰："見惡人",以辟咎也。

【釋義】

喪馬,丟失的馬。逐,追尋。"喪馬勿逐,自復",丟失的馬不用去尋找,它自己會回來。此與復卦之"不遠復"類似,可謂之"不遠睽",是離之不遠。惡人,不是凶惡之人,是長相醜陋之人,從聞一多釋義①。《吕氏春秋·遇合篇》載:"嫫母執乎黄帝。黄帝曰:厲女德而弗忘,與女正而弗衰,雖惡奚傷!"黄帝將嫫母納爲次妃,令她管理後宫,後又任其爲"方相氏"②。《周禮·夏官·方相氏》説方相氏:"掌蒙熊皮,黄金四目,玄衣朱裳,執戈揚盾,帥百隸而時難,以索室毆疫。大喪,先匶;及墓,入壙,以戈擊四隅,毆方良。"③是方相氏乃負責驅鬼祛邪的職官,這或許是因嫫母貌醜而產生的傳説。巫師驅鬼時所戴面具極其猙獰醜陋,以爲可以驚嚇鬼神。這都是認爲相貌醜陋可以驅散邪靈一類觀念的反映。《象傳》"以辟咎也",也許是出於這種觀念。

九二:遇主于巷,无咎。

【異文】

"遇",帛書作"愚",與"遇"通。"主",上博簡作"宔",讀爲"主"。"巷",上博簡作"﨧",即古文"巷"字,《釋文》云:"字書作衖。"亦是異體之一。

【易傳】

《象》曰:"遇主于巷",未失道也。

---

① 聞一多:《周易義證類纂》,載《聞一多全集》第二册,生活·讀書·新知三聯書店,1982年,第37頁。
② 馬驌:《繹史》,齊魯書社,2001年,第62頁。
③ 賈公彦:《周禮注疏》,載阮元校刻《十三經注疏》影印本,中華書局,1980年,第851頁。

【釋義】

主,主人。朱駿聲:"禮君臣賓主相見,皆由庭以升堂。今不期而遇於巷,雖非所由之正,究不失道也。與'納自牖'同義。"①與主人不期而遇,心中不免驚愕。所幸遇之在巷,且九二是阳爻,又處一卦之中,故能"无咎"。

六三:見輿曳,其牛掣,其人天且劓。无初有終。

【異文】

"輿",上博簡、帛書、阜簡作"車"。"曳",上博簡作"𢾖",徐在國、季旭昇等讀作"轍"②,阜簡作"渫",帛書作"㧘"。學者多以"轍"爲本字,恐不妥。李零説:"牛拉着車,一見車轍,就驚聳雙角。轍者陷也,觢者舉也,蓋取相悖之義。"③按,古人行車常沿車轍而走,所以纔有"改轍"之類的説法。車轍是行車定向的標準,牛見車轍不會受到驚嚇,故李説不可從。睽卦諸爻所述多怪事,看到車轍是正常之事,似不宜入爻辭。疑上博簡用字當讀爲"徹",毀壞意。作"曳"等均是通假。帛書所用字形(見下文)包含一個"止"字,當爲義符,與"徹"之毀壞意正相關。

"掣",上博簡作"𢾈",帛書作"䚩",阜簡作"絜",《集解》作"觢",《釋文》:"鄭作挈,云:牛角皆踴曰挈。徐市制反,《説文》作觢,之世反,云:角一俯一仰。子夏作挈,傳云:一角仰也。荀作觭。"徐鍇《説文繫傳》引《周易》曰:"其牛瘈。"按,陸德明引《説文》有誤。《説文·角部》"觢"字下云:"一角仰也。"段注云:"一當作二。《釋獸》曰:'角一俯一仰,觭。皆踴,觢。皆踴謂二角皆竪也,蒙上文一俯一仰,故曰皆。許

---

① 朱駿聲:《六十四卦經解》,中華書局,1953年,第164頁。
② 季旭昇:《上海博物館藏戰國楚竹書(三)讀本》,萬卷樓圖書股份有限公司,2005年,第86頁。
③ 李零:《死生有命,富貴在天:〈周易〉的自然哲學》,生活·讀書·新知三聯書店,2013年,第212—213頁。

一俯一仰之云在下文,故云二角,俗訛爲一,則與觭無異。"①段説是也。今本作"掣",顯係動詞,是欲與前文"曳"字相應。從句式及上下文看,"見輿曳"是寫車,"其牛掣""其人天且劓"是寫與車相關聯的牛和人,故今"掣"字當非本字,是後人誤讀而改用音近之字。本字恐當爲"瘛","其牛瘛"是指牛發病,釋義詳見下文。

帛書"恝"與"諅"的位置當互易,抄寫致誤,已有多位學者指出②。

"劓",帛書作"䏭",當讀爲"劓"。《説文·刀部》:"劓,刑鼻也。……《易》曰:天且劓。劓,臬或从鼻。"《釋文》:"王肅作劓。"

【易傳】

《象》曰:"見輿曳",位不當也。"无初有終",遇剛也。

【釋義】

睽卦諸爻所遇之事,或是意料之外,或是奇怪罕見,此爻亦是。輿,車。見輿徹,是説看到牛車被掀翻毀壞。《廣雅·釋詁》:"徹,壞也。"王念孫疏證云:"徹者,《小雅·十月之交》篇'徹我墻屋',鄭玄箋云:'徹毀我墻屋。'《楚辭·天問》'何令徹彼岐社',王逸注云:'徹,壞也。'"③是典籍中的"徹"有毀壞之義。

更恐怖的是,牛正在發病,難以駕馭。今本之"掣"字與"瘛"關係密切。《廣雅·釋言》:"瘛,瘲也。"王念孫疏證云:"《素問·診要經終論》云:'太陽之脉,其終也戴眼反折瘛瘲。'《潛夫論·貴忠篇》云:'哺乳太多,則必掣縱而生癇。'竝字異而義同。瘛之言掣,瘲之言縱也。《説文》云:'引而縱曰瘲。'瘲與掣同。"④是掣本是指瘛病發作時的症

---

①段玉裁:《説文解字注》,上海古籍出版社,1988年,第185頁。
②張政烺:《馬王堆帛書〈周易〉經傳校讀·六十四卦》,載《張政烺文集·論易叢稿》,中華書局,2012年,第142頁。饒宗頤:《在開拓中的訓詁學:從楚簡〈易經〉談到新編〈經典釋文〉的建議》,《第一屆國際訓詁學研討會論文集》,臺灣高雄中山大學,1997年4月,轉引自曾憲通:《〈周易·睽〉卦卦辭及六三爻辭新詮》,載《曾憲通學術文集》,汕頭大學出版社,2002年,第17—22頁。
③王念孫:《廣雅疏證》,中華書局,1983年,第21頁。
④王念孫:《廣雅疏證》,中華書局,1983年,第169頁。

狀,且與瘛讀音相同。是以"其牛掣"當指牛突然發生抽瘋或癲癇;此時牛不僅不能正常拉車,而且還導致車被毀,人受傷。

天,古代一種刑罰,即剠,在額頭上刺字。馬融云:"剠鑿其額曰天。"①劓,割鼻之刑。但在爻辭中,天與劓都不指刑罰,是指駕車之人摔傷額頭和鼻子,乃至破了面相。初九和六三,以及九四,所見之人都是形殘貌醜者。"无初有終",沒看到這件怪事的起因,祇看到了最後的結局,寓意問筮的事或人當有善終。

其實,《象傳》之"位不當也"是雙關,既指六三之陰爻居陽位,又指拉車的牛發怒,使人摔到地上,失其正常位置。《象傳》之語多見雙關,比如其用"中"字即是。

九四:睽孤,遇元夫。交孚,厲,无咎。

【異文】

"睽孤",上博簡作"楑伖",帛書作"乖苽","孤"在上博簡、帛書中的相應字形均从瓜得聲,音近可通。"遇",帛書作"愚"。"孚",帛書作"復"。"厲",上博簡作"礪"。

【易傳】

《象》曰:"交孚"无咎,志行也。

【釋義】

睽孤,乖違孤獨之人。元夫,當從聞一多釋:"案元讀爲兀。《説文》髡重文作髨,又'軓,車轅耑持衡者',經傳皆作軏,是元、兀古同字。《莊子·德充符篇》曰:'魯有兀者王駘。'又曰:'申徒嘉,兀者也。'又曰:'魯有兀者叔孫無趾。'《李注》曰:'刖足曰兀。'《説文》曰:'朔,斷

---

①馬融:《周易傳》,《漢魏二十一家易注》,載《儒藏》精華編第一册,北京大學出版社,2009年,第239頁。

足也。'重文作趴,兀與趴同。兀夫猶兀者,斷足之人也。"①斷足之人與初九之"惡人"、六三之"天且劓"者均是形殘或面目可憎者。孤獨者見此類人物,心裏更加恐懼,"交孚,厲"就是説的這種心理。但九四陽剛,故最終"无咎"。《象傳》"志行也",是指九四爲陽爻而言。"交"字釋義與大有初九"无交害"之"交"同義,"交孚"意即應驗接連而來。

六五:悔亡。(厥)[升]宗噬膚,往何咎?

【異文】

"悔",上博簡作"𢛇",帛書作"𢛇"。"厥",上博簡作"陞",从"升"得聲,並與"登"讀音相近。帛書作"登",此可證今本有誤②。"噬",上博簡作"眥",可與"噬"通假③,帛書、阜簡作"筮",亦是通假字。"膚",上博簡作"肤",同"膚"。

【易傳】

《象》曰:"厥宗噬膚",往有慶也。

【釋義】

厥,當爲升字之訛④,讀作登。宗,宗廟。膚,祭肉。李道平:"'厥宗噬膚',餕禮也。祭畢而食曰餕。"⑤六五爻所述是不再孤獨,與宗黨聚於宗廟中,共行祭禮。祭禮之後,可受神靈護佑,所以説"往何咎"。

---

① 聞一多:《周易義證類纂》,載《聞一多全集》第二册,生活·讀書·新知三聯書店,1982年,第38頁。
② 王輝先生在没有上博簡材料,僅有帛書的情況下,推斷今本作"厥"字乃"登"字之誤。參看《馬王堆帛書〈六十四卦〉校讀札記》,載《古文字研究》第十四輯,中華書局,1986年,第281—294頁。
③ 季旭昇:《上海博物館藏戰國楚竹書(三)讀本》,萬卷樓圖書股份有限公司,2005年,第89頁。
④ 李學勤:《由楚簡〈周易〉看馬王堆帛書〈周易〉經文》,《湖南省博物館館刊》2004年第1期。
⑤ 李道平:《周易集解纂疏》,潘雨廷點校,中華書局,1994年,第360—361頁。

上九：睽孤。見豕負塗，載鬼一車。先張之弧，後説之（弧）〔壺〕。匪寇婚媾，往遇雨則吉。

【異文】

"睽孤"，上博簡作"楑伖"，帛書作"乖苽"。"豕"，帛書作"稀"，二字義近。"負"，上博簡作"偞"，从"怀"得聲，當讀爲"負"。前"弧"字，帛書、《繆和》作"柧"。"説"，阜簡作"兑"。後"弧"字，帛書、《繆和》均作"壺"，阜簡作"壴"，《釋文》："本亦作壺，京、馬、鄭、王肅、翟子玄作壺。""壺"與"弧"同爲匣紐魚部，從上文有"弧"字及漢魏異文看，本應作"後説之壺"。"婚媾"，上博簡作"昏佝"，帛書作"闚厚"，均應讀爲"婚媾"。"遇"，帛書作"愚"。"則"，帛書作"即"，兩字在此處意義相近。

【易傳】

《象》曰："遇雨"之吉，群疑亡也。

【釋義】

上九爻所説同樣是孤獨者遇見的怪事。負，背負。塗，泥巴。"見豕負塗"是説看到身上滿是泥巴的猪。古代猪大多放養，並非圈養，所以在村鎮周圍能見到滿身臟泥的猪。"載鬼一車"，車上載着的全是鬼，此"鬼"非真鬼。弧，木弓。説，脱，放下。"先張之弧，後説之壺"，先是緊張，張弓自衛，繼而放下弓箭。"匪寇婚媾"，不是寇盗而是迎親的隊伍。

此爻處睽卦最上，乖離至極，心中恐懼，所以纔會遇到怪事。爻辭中的"鬼"，學者有多種解釋，如李鏡池以爲是"族外婚時，打扮自己的圖騰"①,屈萬里以爲是"鬼方"之人②。弧,疑與可以驅鬼的桃木弓相關。睡虎地秦簡《日書》甲種:"人毋(無)故鬼攻之不已,是是刺鬼。以桃爲弓,牡棘爲矢,羽之雞羽,見而射之,則已矣。"③《日書》甲種中多處提到桃木,可見桃木可驅鬼的説法在戰國時流傳廣泛。"後説之壺",是説看明白之後,又將箭矢放下,投入箭壺之中。"先張之弧,後説之壺",描寫的是婚儀中的娛樂場景。

考慮到卦中多次提到相貌醜殘之人,因此,車上所載之"鬼"也許並非真"鬼",而是打扮怪異,或戴着古怪面具的人。滇藏交界的芒康縣鹽井鄉古達村至今有一種"假結婚"的儀式,一年舉行一次。儀式中會有"阿拉卡吉"戴上面具(以前是用鍋灰、墨汁等在臉上畫古怪圖案)逗樂搞笑,活躍氣氛④。古代婚禮是雙方家族成員歡聚喜慶的時間,人們進行一些娛樂活動應該是很自然的,其間有人裝怪搞笑也是常有的事。"載鬼一車"的"鬼"或許就是打扮怪異參加婚慶的人。

上九是陽爻,又處睽卦之上,所以陽剛至極,有如乾上九"亢龍"。"往遇雨則吉",雨水涼,可使人冷静,對上九而言正是良藥,所以"吉"。

---

①李鏡池:《周易通義》,中華書局,1981年,第77頁。
②屈萬里:《學易劄記》,載《讀易三種》,聯經出版事業公司,1983年,第538頁。
③睡虎地秦墓竹簡整理小組:《睡虎地秦墓竹簡》,文物出版社,1990年,第212頁。
④扎西尼瑪:《西藏獨一無二婚姻節,全村狂歡集體假結婚》,《滇池》2010年7月號。

《周易》卦爻辭校釋

蹇卦第三十九

☷ 艮下
坎上　蹇：利西南，不利東北。利見大人，貞吉。

【異文】

"蹇"，上博簡作"訐"，帛書、《衷》均作"蹇"，漢石經作"蹇"。慧琳《一切經音義》引作"謇"①。另六二"王臣蹇蹇"，漢《衛尉衡方碑》作"謇謇王臣"，《離騷》"余固知謇謇之爲患兮"王逸注②、《後漢書·楊震傳》"論"注③、《三國志·魏書·陳群傳》注④、《文選·辨亡論》注⑤，皆引作"謇謇"。高亨讀"蹇"爲"謇"，上博簡出，有學者更張其説⑥。但細審漢碑上下文，"謇謇"可用於描寫言論，也可用於描寫行爲，或兩

---

①卷十三"謇吃"下云："《易》曰'謇，難也'，《方言》：謇亦吃也。或從虎作諕，或從了……，或從千……，用並同……《考聲》云：語難也。氣急重言也。《通俗文》曰：語不通利謂之蹇吃。"見徐時儀校注《一切經音義三種校本合刊》，上海古籍出版社，2008年，第721頁。

②王逸：《楚辭章句》卷一，景印文淵閣《四庫全書》第1062册，第5頁。王逸注云："謇謇，忠貞貌也。"非以"謇謇"指進諫。

③范曄：《後漢書》卷五十四，中華書局，1965年，第1791頁。論曰："震爲上相，抗直方以臨權枉，先公道而後身名，可謂懷王臣之節。"李賢注引《易》曰："王臣謇謇，匪躬之故。"很明顯，這裏不以"謇謇"單指直言進諫。

④陳壽：《三國志》卷二十二，中華書局，1964年，第638頁。裴松之注引袁子曰："或云'故少府楊阜豈非忠臣哉？見人主之非，則勃然怒而觸之，與人言未嘗不道也，豈非所謂王臣謇謇，匪躬之故者歟！'"此處"謇謇"亦不單指直言進諫。

⑤《六臣注文選》卷五三，中華書局，1987年，第991頁。《辨亡論》"左丞相陸凱以謇諤盡規"下，李善注引《周易》蹇卦六二爻辭並《史記》趙簡子語："諸大夫在朝，徒聞唯唯，子不聞周舍之諤諤。"呂向注則云："謇諤，正直也。"

⑥鄭萬耕：《〈周易〉釋讀八則：以楚竹書爲參照》，《周易研究》2005年第2期。

者兼包。以《衡方碑》來説，前文有"閭閻侃侃，顒顒昂昂。何規履榘，金玉其相"，已經指出諍言之事，後文的"謇謇王臣，群公憲章"，則似不指諍言。但《冀州從事張表碑》有"含謨吐忠，委虵公門。謇謇匪躬，將美匡醜"，"含謨吐忠"指言，"謇謇匪躬"則亦宜指言。漢碑中的"謇謇衎衎""躬素忠謇""謇謇其直"却不單指言論，尤其《涼州刺史魏元丕碑》云："其仕州郡也，躬素忠謇，犯而勿欺。""謇"顯然不單指言論。又《巴郡太守樊敏碑》云："傑立忠謇，有夷史之直，卓密之風。"①則明顯是兼賅直言直行。從這些用法看，"謇"與"蹇"同音。"謇謇""蹇蹇"和"訐訐"，意思當相同。而就《易經》看，又需兼顧卦象。卦象艮下爲山，坎上爲險，山難行，險亦難行，故名作"蹇"，義爲行難也。漢人因直言難爲，遂用"謇"字。帛書用"蹇"，從走與從足義近，且"蹇"與"蹇"讀音同，亦可證卦名本指行難。《説文》大徐本有案語："《易》'王臣蹇蹇'，今俗作'謇'，非。"②段玉裁注則云："行難謂之'蹇'，言難亦謂之'蹇'，俗作'謇'，非。"③其説是也。上博簡無"貞吉"二字。

【易傳】

《彖》曰：蹇，難也，險在前也。見險而能止，知矣哉！"蹇，利西南"，往得中也。"不利東北"，其道窮也。"利見大人"，往有功也。當位"貞吉"，以正邦也。蹇之時用大矣哉！

《象》曰：山上有水，蹇。君子以反身修德。

《序卦》曰：乖必有難，故受之以蹇。蹇者，難也。

【釋義】

卦象艮下坎上，艮有山象，山岩陡峭，更有猛禽，是山中有險也。坎即坑，故有險象。坎又有水象，水亦險。戰争中，山、水（河）常作爲

---

①此處所引漢碑文字，分別據《隸釋》卷八《衛尉衡方碑》和《冀州從事張表碑》、卷九《北軍中候郭仲奇碑》、卷十《涼州刺史魏元丕碑》、卷十一《巴郡太守樊敏碑》、卷十二《太尉楊震碑》。
②許慎：《説文解字》卷二下，徐鉉等校定，中華書局影印本，1963年，第47頁。
③段玉裁：《説文解字注》，上海古籍出版社，1988年，第83頁。

防禦屏障，正因爲山、水均是險境，所以跋山涉水均非易事。兩卦相重，是險上有險，難中有難，故卦名爲"蹇"。蹇，難也。

西南、東北均是方位。卜筮預測要解決的問題無非是時間、地點、人物三方面，在筮辭中出現方位是很自然的。但爲什麽是"利西南，不利東北"呢？《彖傳》"利西南，往得中也"，是説九五得中。"不利東北，其道窮也"，似是由艮卦引出。艮值東北，又有止象，所以説"不利東北，其道窮也"。這些解釋雖然可從卦爻象中找到依據，但未必合乎卦辭本義。"利見大人"，宜求見大人。遇險行阻時，求人乃常情。見大人當堅固不變，恪遵禮儀，所以説"貞吉"。

孔子説："小人求諸人，君子求諸己。"君子遇險求諸己，故常反躬自省，即《象傳》所説"君子以反身修德"。

初六：往蹇，來譽。

【異文】

"譽"，帛書作"輿"，讀爲"譽"。

【易傳】

《象》曰："往蹇，來譽"，宜待也。

【釋義】

譽，美名。《詩·周頌·振鷺》："庶幾夙夜，以永終譽。"鄭玄箋云："譽，聲美也。"[①]初六在蹇卦最下，也是内卦艮的最下爻，是遇險而知止象。《象傳》"宜待也"，是據卦象推演出待時之義。需卦乾下坎上，同樣是遇險，撰《易》者強調的也是等待時機。

蹇卦爻辭多言"往蹇，來……"，所謂"往"，是行事過程，是付出。所謂"來"是行事結果，是收穫。

[①] 孔穎達：《毛詩正義》，載阮元校刻《十三經注疏》影印本，中華書局，1980年，第594頁。

六二：王臣蹇蹇，匪躬之故。

【異文】

"臣"，帛書作"僕"，屬同義替代。"蹇蹇"，帛書、《二三子問》均作"蓦蓦"。"躬"，上博簡作"今"，《二三子問》亦作"今"，當是"躬"的通假字。按，《二三子問》引此條爻辭，並有闡發，强調知難而備之，"非今之故"。帛書經文此處殘缺，學者據上博簡或《二三子問》補作"今"字①。從上下文義看，前文既言"王臣"，後文又言"匪躬"，皆意在强調臣服侍於王。若作"今"字，則强調不僅此時"蹇蹇"，其他時間亦"蹇蹇"，與蹇卦諸爻均談蹇難頗爲相合。不過，古人卜筮時常問"躬身"是否無咎，在卜筮语境中，用"躬"字更貼切。秦倞推測《象傳》中有時間副詞"終"，似是對"今"字作解②，此倒未必。因爲蹇卦諸爻好談"往蹇"如何如何，"來"又如何如何，而此爻則不談"往""來"，吉凶休咎不明。因此，《象傳》之"終无尤也"祇是對爻辭之吉凶寓意作解釋而已。因兩義均可通，且漢人引用此爻皆與今本同，所以此處暫依今本文字作解。

【易傳】

《象》曰："王臣蹇蹇"，終无尤也。

【釋義】

蹇蹇，忠貞之貌。王臣忠貞，知難而行，故以"蹇蹇"狀之。六二在下，所以說"王臣"。六二當位，可"終无尤也"。躬，自己。故，事也，"故"字此義古籍中多見，王引之亦有詳解③。"匪躬之故"，是説之

---

①丁四新：《楚竹書與漢帛書〈周易〉校注》，上海古籍出版社，2011年，第279頁。此前，張政烺據《二三子問》補"今"字，並認爲"躬、今可以通假"。參見張政烺：《馬王堆帛書〈周易〉經傳校讀·六十四卦》，載《張政烺文集·論易叢稿》，中華書局，2012年，第130頁。

②秦倞：《利用出土文獻校讀〈周易〉經文》，復旦大學碩士學位論文，2008年，第35頁。

③王引之：《經義述聞》，江蘇古籍出版社，2000年，第25—26頁。

所以有艱難而言行忠貞,並非是爲了自己的事,而是爲了王的事。

九三:往蹇,來反。

【異文】

"蹇",帛書、阜簡作"蹇"。

【易傳】

《象》曰:"往蹇,來反",內喜之也。

【釋義】

九三是陽爻,剛健足以克艱,所以説"來反"。反,與蹇難相反。"內喜之也",內,內心。因九三在內卦,且剛健克艱。

六四:往蹇,來連。

【易傳】

《象》曰:"往蹇,來連",當位實也。

【釋義】

六四在內、外卦邊際,處在山險水阻之間,前後皆險。又六四近五,心有憂懼。遇險而憂,是不利克險。從初爻"來譽"、三爻"來反"、五爻"朋來"看,"連"宜爲名詞性質,當從馬融、王弼等人的解釋,讀 lián,艱難之義。"往蹇,來連",往來皆難。

九五:大蹇,朋來。

【異文】

"蹇",《二三子問》作"蹇"。"朋來",上博簡作"不棶","不"通

"朋","棚"即"來"。"朋",帛書作"伽",當爲"倗"字之訛①;《二三子問》作"備"。漢石經作"崩",均是通假字。

【易傳】

《象》曰:"大蹇,朋來",以中節也。

【釋義】

九五是外卦坎之中爻,蹇卦至此内卦山險已成,外卦水阻亦將成,所以說是"大蹇"。朋,朋友。九五位尊剛健,是君王之位,故雖有蹇難,但終能獲得衆友相助。

上六:往蹇,來碩,吉。利見大人。

【異文】

"碩",帛書作"石",兩字可通。

【易傳】

《象》曰:"往蹇,來碩",志在内也。"利見大人",以從貴也。

【釋義】

碩,大也,與"碩果不食"之"碩"同。來碩,是說獲得的回報大,有大收穫。所以是"吉"。上六當位,且在蹇道之極,否極泰來,所以說是"來碩,吉"。

---

①何琳儀:《楚竹書〈周易〉校記》,載《傳統中國研究集刊》第三輯,上海人民出版社,2007年,第22—57頁。侯乃峰:《〈周易〉文字彙校集釋》,臺灣古籍出版有限公司,2009年,第335頁。

解卦第四十

䷧ 坎下
震上　解：利西南。 无所往，其來復，吉。有攸往，夙吉。

【異文】

"解"，上博簡作"繲"，《別卦》作"纏"。《別卦》整理者認爲此處用字可與"解"通，可供參考。上博簡用字當是"解"字異體，《別卦》用字與"解"字聲韻有一定距離。"攸"，上博簡作"卣"，阜簡作"囪"。"夙"，上博簡作"佡"，係"宿"字古文。帛書作"宿"，當讀爲"夙"。

【易傳】

《彖》曰：解，險以動，動而免乎險，解。"解，利西南"，往得眾也。"其來復，吉"，乃得中也。"有攸往，夙吉"，往有功也。天地解而雷雨作，雷雨作而百果草木皆甲坼。解之時大矣哉！

《象》曰：雷雨作，解。君子以赦過宥罪。

《序卦》曰：物不可以終難，故受之以解。解者，緩也。

【釋義】

解卦與蹇卦是一對覆卦，卦義相反。《序卦傳》的解釋是可信的。蹇有險阻，至解則舒緩之。坎下震上，坎爲險，震爲動，遇險而動，或可脫險，所以名爲"解"。又坎爲水爲雨，震爲雷，雷雨是春季物候，春季來則地可解凍,萬物復甦,所以也可稱"解"。《象傳》"君子以赦過宥罪",是呼籲君子治政與時節相應,輕緩刑罰。

"利西南",是謂宜往西南方。"无所往,其來復",這應是一種比喻的説法,指無付出却有回報。"有攸往,夙吉",如若出行,當早行爲吉,不宜遲緩。疑因卦象中有雷有雨,所以説早行爲吉。"无所往"和"有攸往"恰是兩種相反的行爲,但在卦辭中所得結果大體相同。

初六:无咎。

【易傳】

《象》曰:剛柔之際,義无咎也。

【釋義】

初六在九二之下,《象傳》"剛柔之際"當指此。陰近於陽,象徵得強力者相助,所以"无咎"。

九二:田獲三狐,得黄矢,貞吉。

【異文】

"田獲三狐",上博簡作"畋賸晶䶄"。"賸"字與"獲"讀音相近,故可通。"䶄"从鼠,瓜聲,疑即"狐"字。"狐",帛書作"狐",亦係"狐"字異體。

【易傳】

《象》曰:九二"貞吉",得中道也。

【釋義】

田,田獵。三狐,三隻狐狸。狐狸肉可食,皮毛可制衣。"得黄矢",得到黄色弓矢。黄色可能是指金屬顏色,比如銅,這種顔色在

《易經》中往往含有積極意義,比如坤六五"黄裳"等。但爻辭爲什麽要說"得黄矢"呢?用箭獵狐,祇要射中,箭多半留在狐狸身上,洞穿狐狸,箭矢飛走難尋是不太可能的。當然,没有射中狐狸的箭想要再找到,有時反而較難。因此,疑"得黄矢"其實是喻指箭無虚發,就算没射中獵物也能找回箭頭,避免浪費。與旅卦六五"射雉一矢,亡"含義大體相同。貞吉,堅固不變則吉利。

六三:負且乘,致寇至,貞吝。

【異文】

"負且乘,致寇至",上博簡作"偩虞輚,至寇至"。"寇",伯2532作"冦",當是"寇"的一種俗體。"吝",帛書作"閵",漢石經作"吝",伯2532作"丢"。上博簡無"貞吝"二字。

【易傳】

《象》曰:"負且乘",亦可醜也。自我致戎,又誰咎也?

【釋義】

負,背着東西。乘,乘車。馬用來拉車,人乘於車上。"負且乘",乘在車上,身上仍背着東西。這是當解而不解。之所以如此,必是背着的東西很珍貴或重要,不敢離身。"致寇至",招致強盗來攻。貞吝,堅固不變則有恨惜。

這條爻辭在《繫辭》中有解讀:"慢藏誨盗,冶容誨淫。"攜貴重物品乘車,不加隱藏而背在身上,這是招人耳目的做法,容易引來盗賊。

九四:解而拇,朋至斯孚。

【異文】

"而",上博簡、帛書作"其",兩者均是代詞,此處意義區别不大。

"拇",帛書作"栂",即"栂"字。伯2532亦作"栂","木"部與"扌"部形近易混,"栂"當是"拇"字之訛。《釋文》:"荀作母。""朋",帛書作"備"。"斯",帛書作"此"。"孚",帛書作"復"。

【易傳】

《象》曰:"解而拇",未當位也。

【釋義】

而,第二人稱代詞。拇,可指足大指,也可指手拇指。孔穎達以爲是"足大指也"①。但經文通常將與足相關的爻辭繫於初爻,除此之外,未見繫於初爻以外者。陳鼓應云:"'解而拇',謂放開腳步往西南行,因爲卦辭說'利西南'、《坤》卦卦辭說'西南得朋'。九四之所以要'解其足',是因爲九四已入震體,震爲動,故不宜'无所往',而當迅速放開腳步往西南行進。"②其說有一定道理。李鏡池以爲"解"當讀爲"懈",懈怠、懶惰之意。"解而拇"就是懶得動③。從"朋至斯孚"一句看,李鏡池的解釋較合語境。若"解而拇"有出走之義,則"朋至"就不好解釋。

朋,朋友。"朋至斯孚",朋友來後,事情就會應驗。

六五:君子維有解,吉。有孚于小人。

【異文】

"維",帛書作"唯",《集解》引虞作"惟"。"孚",帛書作"復"。

【易傳】

《象》曰:"君子"有解,"小人"退也。

---

①孔穎達:《周易正義》,載《儒藏》精華編第二册,北京大學出版社,2009年,第143頁。
②陳鼓應、趙建偉:《周易今注今譯》,商務印書館,2005年,第360頁。
③李鏡池:《周易通義》,中華書局,1981年,第80頁。

【釋義】

此"解"字亦當讀爲"懈",但這裏不是懶惰,而是指君子歇息鬆懈下來的時候。六五居五位,是君子,陰爻處之,不像陽爻那樣剛健有爲,所以説"君子維有解"。維,虛詞。孚,朱熹云:"驗也。"①即是從小人處獲得應驗,此種應驗亦係回報。小人,地位低賤者。君子所以能歇息鬆懈,是因爲有小人以供驅使,此即小人之"孚",是他們對君子畜養的回報。

《象傳》云"小人退也",意指小人不進迫君子,没給君子形成威脅,所以君子纔可鬆懈下來。

上六:公用射隼于高墉之上,獲之,无不利。

【異文】

"隼",帛書作"夐",《二三子問》作"雛",帛書《繫辭》作"夒"。據《説文·鳥部》,"隼"是"雖"字異體,都從"隹"得聲。恒初六"浚恒",帛書作"夐恒",是"夐"與"浚"讀音近。晉卦初六"晉如摧如",帛書"摧"作"浚",是兩字音近。而"摧"與"隹"實音近。以此,"隼"與"夐"也是音近之字,或可通假。"墉",《二三子問》、帛書均作"庸",當讀爲"墉"。"獲",帛書寫作"雈",當爲"雘",讀爲"獲"②。

【易傳】

《象》曰:"公用射隼",以解悖也。

【釋義】

墉,城牆。隼,捕食小動物的飛禽,常於盤旋之際從空中俯沖,高

---

①朱熹:《周易本義》,中華書局,2009年,第154頁。
②裘錫圭主編:《長沙馬王堆漢墓簡帛集成》(叁),中華書局,2014年,第24頁。

速撲向獵物。"公用射隼于高墉之上",是説公於隼盤旋在城之上空時,站在城牆上射殺之。獲之,射殺成功。同時意味着解除了城内居民的一種災患(比如鷄或其他家禽被隼抓走),"无不利"及《象傳》"以解悖也"均是指此。

損卦第四十一

☷ 兑下
艮上
損：有孚，元吉，无咎，可貞，利有攸往。曷之用二簋，可用享。

【異文】

"損"，《別卦》作"䪞"，整理者以爲與"損"相通，可從。"孚"，帛書作"復"。"曷"，帛書作"盍"，此字即"𣋷"的省寫，而"𣋷"又是"轄"的異體，與"曷"音近可通①。"簋"，帛書作"巧"，兩字疊韻，旁紐，故可通。《釋文》："蜀才作軌。"當是假借。"享"，帛書作"芳"。

【易傳】

《彖》曰：損，損下益上，其道上行。損而"有孚，元吉，无咎，可貞，利有攸往"，"曷之用"？"二簋可用享"，二簋應有時。損剛益柔有時，損益盈虛，與時偕行。
《象》曰：山下有澤，損。君子以懲忿窒欲。
《序卦》曰：緩必有所失，故受之以損。

【釋義】

卦象兑下艮上，兑爲澤，艮爲山。山之內有澤，澤之深廣則顯山

---

①張政烺：《馬王堆帛書〈周易〉經傳校讀·六十四卦》，載《張政烺文集·論易叢稿》，中華書局，2012年，第127頁。另，大有卦初九下的異文亦有此字，可以互參。

低矮,山之高峻則顯澤之淺狹,兩者此損則彼益,彼損則此益。是以此卦不僅談損,還要談益。

卦辭中"曷之用二簋可用享"有兩種句讀,一是"曷之用?二簋可用享",另一種是"曷之用二簋,可用享"。《彖傳》采納前一種,王弼、孔穎達均從之。高亨用後一種,並讀"曷"爲"饁"①。本書用前一種,釋"曷"爲疑問代詞,相當於"何"。之,猶爲也。"曷之用"即"何爲用"。享,進獻,亦指祭祀。用二簋是很簡單的禮儀,器物大爲減損,所以繫於損卦下。

爻辭中有談"損"之正面意義的,如六四"損其疾",《象傳》也是如此,"君子以懲忿窒欲",即是損該損者,損可損者。也有談"損"之消極意義的,如"三人行則損一人"。從"損"的正面意義說,"損"與"解"其實是類似的,比如"損其疾"與解上六之"解悖"。也許因爲這層關係,撰《易》者纔將損卦置於解卦之後。

初九:巳事遄往,无咎,酌損之。

【異文】

"巳",《説文·辵部》引作"㠯",《集解》作"祀"。"遄",帛書作"端",讀爲"遄"。《釋文》:"音以,本亦作以,虞作祀。遄,市專反,速也,苟作顓。""㠯"字即"以"字,所以有異文"以"。"祀"字從巳得聲,"巳"與"以"古通用,因此虞讀爲"祀"。

【易傳】

《象》曰:"巳事遄往",尚合志也。

【釋義】

巳,當從虞翻作"祀"。在甲骨卜辭中,巳即與祀通用②。卦辭説

---

① 高亨:《周易古經今注》(重訂本),中華書局,1984年,第277頁。
② 于省吾:《雙劍誃尚書新證、雙劍誃詩經新證、雙劍誃易經新證》,中華書局,2009年,第726頁。

"享",已與祭祀相關,則爻辭亦可能與祭祀相關。遄,速也。酌,約也。是以"酌損之"即略微損減的意思。初九爻在一卦最下,雖然剛健,但是地位卑微,所以爻辭一方面強調其恭敬從事的態度,另一方面又許其在形式上可略微減損。

事實上,從《象傳》"尚合志也"的解釋看,虞翻讀"巳"作"祀"也是合適的。如果讀"巳"爲"已",則句意當是事已竟而速往,如此怎能說是"尚合志"?而遇祭祀即速往之,雖然"酌損之",但其殷勤事禮,恭敬祭祀,與初九之剛健有爲,地位卑微的爻象相合,可說是"尚合志也"。

九二:利貞,征凶。弗損益之。

【異文】

"征凶",帛書作"正兇"。

【易傳】

《象》曰:九二"利貞",中以爲志也。

【釋義】

爻辭先說"利貞",是就整體情況來說。再說"征凶",則是警告勿要妄動。最後說"弗損益之",即是一仍其舊,既不減損,也不增益。三句話的意思是一貫到底的。朱熹云:"弗損益之,言不變其所守,乃所以益上也。"[1]高亨:"弗損益之,謂於事物仍其舊貫,勿損之亦勿益之也。"[2]均讀"弗損益之"爲一句,與王弼讀"弗損,益之"不同。

又《象傳》"中以爲志也","中"字既指九二居中位,又指九二堅守心中之志,堅貞不渝。

---

[1] 朱熹:《周易本義》,中華書局,2009年,第156頁。
[2] 高亨:《周易古經今注》(重訂本),中華書局,1984年,第278頁。

六三：三人行則損一人，一人行則得其友。

【易傳】

《象》曰："一人行"，三則疑也。

【釋義】

此爻談人際關係之損益與心理狀態的關聯。"三人行則損一人"，"三"衹是比喻人多，"一"則比喻人少，並非確切的三人、一人。眾人同行，心思各異，易生疑心，個別人會遭遇排擠，所以是"三人行則損一人"。"一人得其友"，句中的"一"是實指。一人則覺孤獨，心理上渴求友誼，所以會"得其友"。人多則易生疑隙，人少則盼望朋友，這是世事常態。

六四：損其疾，使遄有喜，无咎。

【異文】

"使"，帛書作"事"，伯2532將"亻"寫作"彳"，當是異體。伯2532所寫字形在碑刻中亦多見，如《元詮墓誌》中即有①。雖然"使""事"是一字之分化，但若讀作"事遄有喜"，文義亦通，且句義不變。"遄"，帛書作"端"。

【易傳】

《象》曰："損其疾"，亦可喜也。

【釋義】

遄，速也。疾患是必損的對象，六四爻辭表現出撰《易》者對"損"

---

① 毛遠明：《漢魏六朝碑刻異體字典》，中華書局，2014年，第802—803頁。

的辯證看法。喜,指疾病痊癒。

六五:或益之十朋之龜,弗克違,元吉。

【異文】

"或"字帛書無。"朋",帛書作"傰"。"克",伯 2532 作"剋"。"違",帛書作"回",兩字可通。

【易傳】

《象》曰:六五"元吉",自上祐也。

【釋義】

六五所述是想損而不能損、不可損的事,與六四所説想損且成功相比,是另一種情況。馬融引《爾雅》云:"十朋之龜者,一曰神龜,二曰靈龜,三曰攝龜,四曰寶龜,五曰文龜,六曰筮龜,七曰山龜,八曰澤龜,九曰水龜,十曰火龜。"也就是説,馬融釋"朋"爲朋類,後鄭玄等從之。王引之駁馬、鄭,以爲朋當是貝幣單位,"十朋之龜猶言百金之魚耳"[①]。當從王説。

龜甲可助人決疑,有人贈之,且不可推却,當視爲"元吉"。因六五是陰爻,上九是陽爻,上九可佑六五,所以《象傳》説"自上祐也"。

上九:弗損益之,无咎,貞吉,利有攸往。得臣无家。

【異文】

"利"字,帛書無,疑其有脱文。"臣",帛書作"僕"。

【易傳】

《象》曰:"弗損益之",大得志也。

[①]王引之:《經義述聞》,江蘇古籍出版社,2000年,第26頁。

【釋義】

上九到達損之極致，已臻臨界點，所以"弗損益之"，既不增益，也不減損。貞吉，堅固不變則吉，即不要損益之。臣，當指僕從。《易經》中的"臣"常指僕從，不是君臣之"臣"。无家，是説僕從没有家室，没有結婚，没有子女[1]。帛書"臣"作"僕"，正説明今本"臣"當釋作"僕"。《象傳》説"大得志也"，可能是指上九爲陽爻，下乘六五，而六五又是尊位。

---

[1] 李漢三：《周易卦爻辭釋義》，（臺灣）中華叢書編審委員會，1969 年，第 209 頁。

益卦第四十二

䷩ 震下
巽上　益：利有攸往，利涉大川。

【異文】

"益"，《別卦》作"䓝"，即"嗌"字籀文，此當讀爲"益"。"有"，帛書、漢石經作"用"。

【易傳】

《彖》曰：益，損上益下，民説无疆。自上下下，其道大光。"利有攸往"，中正有慶。"利涉大川"，木道乃行。益動而巽，日進无疆。天施地生，其益无方。凡益之道，與時偕行。

《象》曰：風雷，益。君子以見善則遷，有過則改。

《序卦》曰：損而不已必益，故受之以益。

【釋義】

卦象震下巽上，震爲雷，巽爲風。雷聲之前常有大風，雷聲隆隆時亦有大風，是風、雷相互助益。《象傳》"君子見善則遷，有過則改"，是從益之詞義及其正面意義出發，強調增益德行。

益卦和損卦是一對覆卦，故兩卦有爻辭存在對應關係，如益六二與損六五有相同句子，這是因爲損卦反覆之後，損之六五則成益之六二。

在解釋"利涉大川"時，《象傳》說"木道乃行"，是因巽有木象。在"利涉大川"（包括"用涉大川"）出現的卦爻辭中，確實很多時候存在巽卦，即木象，但也有反例。如蠱卦巽下艮上、中孚卦兌下巽上，卦辭中都有"利涉大川"。而需卦乾下坎上，沒有巽卦，卦辭中仍有"利涉大川"。可見《象傳》祇是一時之釋，不可據爲通則。

初九：利用爲大作，元吉，无咎。

【易傳】

《象》曰："元吉，无咎"，下不厚事也。

【釋義】

虞翻以爲"大作"是耕播①，高亨以爲"大作即今語所謂大建築也"②，即相當於大興土木。"大作"這個詞在古書中有多種含義，可指大興土木，也可指祭祀等。在《易經》和睡虎地秦簡《日書》中，都有"大事"一詞，疑此處"大作"即是"大事"，當從孔穎達釋義："大作，謂興作大事也。"③既是大事，當然包括興土木、行祭祀等。

爻辭中有"元吉，无咎"這樣極爲吉利的句子，但《象傳》却說"下不厚事也"，緊扣初九位卑發論，不好理解。

六二：或益之十朋之龜，弗克違，永貞吉。王用享于帝，吉。

【異文】

"朋"，帛書作"倗"。"違"，帛書作"回"。"違"與"回"上古均是匣紐微部，在古籍中常見通假。"享"，帛書作"芳"。

---

①虞翻：《周易注》，《漢魏二十一家易注》，載《儒藏》精華編第一册，北京大學出版社，2009年，第479頁。
②高亨：《周易古經今注》（重訂本），中華書局，1984年，第279頁。
③孔穎達：《周易正義》，載《儒藏》精華編第二册，北京大學出版社，2009年，第148頁。

【易傳】

《象》曰:"或益之",自外來也。

【釋義】

永貞吉,長久的正命、吉利。享,進獻或祭祀。"王用享于帝",王舉行祭祀向上帝進獻。《象傳》說"自外來也",是因爲它認爲益六二"十朋之龜"來源於損卦之六五爻。五爻在外,所以是"自外來也"。

六三:益之,用凶事,无咎。有孚,中行告公,用圭。

【異文】

"凶",帛書作"工",漢石經與今本同。按,"工"見紐東部,"凶"曉紐東部,兩字讀音相近,或可通假。"孚",帛書作"復"。"圭",帛書作"闺",伯 2532 作"珪"。《釋文》:"王肅作用桓圭。"多一"桓"字,乃因"圭"之釋義而增。

【易傳】

《象》曰:益"用凶事",固有之也。

【釋義】

之,虛詞。凶事,凶禮,五禮之一種。"益之,用凶事",即在凶禮過程中對某些環節有所增益。有孚,當指增益之後,事情會得到應驗。六四爻有"中行告公",四字顯然連讀成句,故此爻亦同,"中行"不與"有孚"連讀,"告公"不與"用圭"連讀。"中行告公",意即在中途以事告於公侯。圭,一種玉器,執之以表信義。《禮記·郊特牲》云:"大夫執圭而使,所以申信也。"

六四：中行告公，從，利用爲依遷國。

【異文】

"爲"，伯2532無此字，當有脱文。"依"，帛書作"家"。"國"，《集解》作"邦"。

【易傳】

《象》曰："告公，從"，以益志也。

【釋義】

古人上朝或見官之前常有卜筮，"中行告公，從"即屬此類卜筮的記録。所謂"中行告公，從"，意即中途以事告於公侯，獲公侯信從。"利用爲依遷國"之"利用"，即"利用涉川"之"利用"，是利於、宜於之義。依，信從、依憑。如《詩·小雅·小旻》："謀之不臧，則具是依。"鄭玄箋："其不善者依就之。"①"爲依遷國"是説若卜遷國而得六四爻，則可依從之。

前人多釋"依"爲依靠、依賴，如孔穎達："遷國，國之大事，明以中行，雖有大事而無不利，如周之東遷，晉、鄭焉依之義也。"②但爻辭中根本没有提及人名、國名等，以周之東遷釋此爻，是很牽强的。或者讀依爲殷，"利用爲依遷國"即是"利用爲殷遷國"，于省吾、高亨均從此讀③，祇是各人釋義略有不同。帛書此句作"利用爲家遷國"，"家"與"依"聲韻相差甚遠。如依帛書讀，則"爲"字當釋作"治理"，此義與今本相差較遠，也可旁證釋"依"爲"殷"恐不合適。

又，丁四新以爲"依"通"邑"，"爲邑"與"爲家"同義④。古文中

---

①孔穎達：《毛詩正義》，載阮元校刻《十三經注疏》影印本，中華書局，1980年，第449頁。
②孔穎達：《周易正義》，載《儒藏》精華編第二册，北京大學出版社，2009年，第149頁。
③于省吾：《雙劍誃尚書新證·雙劍誃詩經新證·雙劍誃易經新證》，中華書局，2009年，第729—730頁。高亨：《周易古經今注》（重訂本），中華書局，1984年，第280—281頁。
④丁四新：《楚竹書與漢帛書〈周易〉校注》，上海古籍出版社，2011年，第502—503頁。

"邑"字可指國、都,但也可指采邑、城鎮、聚居之地等,如訟卦"其邑人三百户"中的"邑"即指采邑。"爲邑遷國",則是治理城邑,以遷國都。

爻辭"中行告公,從",《象辭》以爲"以益志也",是據"從"字發論,己之志獲公贊同,是增益己之志也。卜筮本爲決疑,得"從"字,既是釋疑,也是益己之志。

九五:有孚惠心,勿問,元吉。有孚惠我德。

【異文】

兩"孚"字,帛書作"復",《繆和》前者作"覆",後者作"復",兩異文均應讀爲"孚"。

【易傳】

《象》曰:"有孚惠心",勿問之矣。"惠我德",大得志也。

【釋義】

惠,當從王引之釋義①,順也。《國語·晉語一》:"若惠於父而遠於死,惠於衆而利社稷,其可以圖之乎!"韋昭注:"惠,順也。"②"有孚惠心",即將應驗的事情將是順其心意的。勿問,不用再問,即毋需存有疑問。"有孚惠我德",即將應驗的事情是順其德性的。

上九:莫益之,或擊之。立心勿恒,凶。

【易傳】

《象》曰:"莫益之",偏辭也。"或擊之",自外來也。

---

① 王引之:《經義述聞》,江蘇古籍出版社,2000年,第27頁。
② 徐元誥:《國語集解》,王樹民、沈長雲點校,中華書局,2002年,第269頁。

【釋義】

莫,謀也。《詩·小雅·巧言》:"聖人莫之。"毛傳:"莫,謀也。"①或,又。擊,殺。"莫益之,或擊之",是説先謀劃着增益它,繼而又擊殺它。此乃首鼠兩端,也就是"立心勿恒"。《象傳》"偏辭也",是有偏頗之辭句,所謂偏頗就是謀劃着增益。上九居位不當,是以搖擺不定。

---

①孔穎達:《毛詩正義》,載阮元校刻《十三經注疏》影印本,中華書局,1980年,第454頁。

夬卦第四十三

☰ 乾下
兌上　　夬：揚于王庭，孚號，有厲。告自邑，不利即戎。利有攸往。

【異文】

　　帛書卦名作"夬"，爻辭中作"缺"。《別卦》作"𠨇"，此字從"介"得聲，與"夬"聲韻相同。傳本《歸藏》卦名作"規"，上古見紐支部，"夬"是見紐月部，兩字雙聲，有可能相通；秦簡《歸藏》作"罰"，廖名春考證此字爲"𦋐"字異體，借作"夬"①，可從。"揚"，帛書作"陽"，伯 3640 作"楊"。帛書用字當屬假借，敦煌寫卷則因"木"部與"扌"部相近而訛混。"庭"，帛書作"廷"，"庭"由"廷"字分化。"孚"，帛書作"復"。"即"，帛書作"節"，兩字可通。

【易傳】

　　《彖》曰：夬，決也，剛決柔也。健而説，決而和。"揚于王庭"，柔乘五剛也。"孚號，有厲"，其危乃光也。"告自邑，不利即戎"，所尚乃窮也。"利有攸往"，剛長乃終也。

　　《象》曰：澤上於天，夬。君子以施禄及下，居德則忌。

　　《序卦》曰：益而不已必決，故受之以夬。夬者，決也。

---

①廖名春：《王家臺秦簡〈歸藏〉管窺》，《周易研究》2001 年第 2 期。

【釋義】

卦象乾下兑上，乾爲天，兑爲澤，澤上於天，以喻澤之位高。澤之水位高懸如此，其勢必迫急①。"夬"可讀爲"決"，也可讀爲"缺"，故在爻辭中有果決、迅疾、敗壞等義。揚，稱揚。孚，當讀爲"俘"。號，號叫。"揚于王庭，孚號"，可能是説一個故事：某人戰場大捷之後獻俘於王庭，正在稱揚王之英明時，作爲進獻品的俘虜却開始號叫。俘虜的這種行爲，就是迫急、決絶的。有厲，有危險。"告自邑"，即有人從城邑來告知情報或命令，與泰上六之"自邑告命"相類。後方被攻擊，事情也屬迫急一類。即，就也。戎，兵戎，代指戰争。"不利即戎"，不宜於戰争。

據《筮法》第十三節，知兑有行走象，夬卦中兑在外卦，所以説是"利有攸往"。其實在諸爻辭中，初九、九三、九四、九五都與行走有關，足見撰《易》者充分考慮到了兑有行走之象。

兑又有澤象，可潤澤萬物。且兑澤在上，必會流澤下方，故《象傳》説"君子以施禄及下，居德則忌"。

初九：壯于前趾，往不勝，爲咎。

【異文】

"壯"，帛書作"狀"。"趾"，帛書作"止"，《釋文》："荀作止。"

【易傳】

《象》曰："不勝"而往，咎也。

【釋義】

壯，通戕，傷也。趾，脚。既然説"前趾"，則不是人受傷，且後文

---

①保巴：《周易原旨·易源奧義》，陳少彤點校，中華書局，2009年，第135頁。

又説"往不勝"。因此,可能是指馬、牛這類可助人遠行的動物。"夬"在楚簡中可假借爲"缺",有破損、殘損等義,因此爻辭以受傷之事繫於此卦之下,九三"壯于頄"亦可作此理解。

九二:惕號,莫夜有戎,勿恤。

【異文】

"惕",上博簡作"啻",帛書作"傷",《釋文》:"荀、翟作錫,云:'賜也。'""惕""錫""傷"均從"易"得聲,故可相通。"啻"從"帝"得聲,有"禘"字與"惕"同爲透紐錫部,可見"啻"與"惕"也可相通。"號",上博簡作"虖",即"虖"字,與"號"同聲符,故可通。"莫",帛書作"蓼","莫"字異體。"夜",上博簡作"䜉",兩字雙聲,陰入對轉,故可通。"恤",上博簡、《説文・目部》引作"卹",即"恤"字。帛書作"血",應讀爲"恤"。

【易傳】

《象》曰:"有戎,勿恤",得中道也。

【釋義】

惕,警惕。號,號叫。爻辭所説"惕號"是承初九而來,當非指人號叫,而應指動物號叫。以動物之叫聲,尤其是反常的叫聲來預卜吉凶在現代社會仍然存在。例如傍晚聽到猫頭鷹叫、深夜聽到狗吠不已等,都會被視爲有鬼出没,或有人將過世。從下文看,這條爻辭當是由動物號叫説及有人偷襲。莫,即"暮"之初文。莫夜,當指黃昏時段。戎,兵。"莫夜有戎"就是在黃昏時段將會有敵人來襲。勿恤,毋需擔憂。

九三：壯于頄，有凶。君子夬夬獨行，遇雨若濡，有愠，无咎。

【異文】

"壯"，上博簡作"臧"，帛書作"牀"，三字音近可通。"頄"，上博簡作"䫾"，應係"頄"字異體。帛書作"頯"，《釋文》："鄭作頯。頯，夾面也。王肅音龜，江氏音琴威反。蜀才作仇。"按，"頄""頯"音義皆同，"仇"則宜讀爲"頄"。雖《說文》無"頄"字，但上博簡用字顯然是"頄"字，形體略異而已。

"夬夬"，帛書作"缺缺"，當讀爲"夬夬"。"獨"，上博簡作"蜀"，讀爲"獨"。"遇"，帛書作"愚"，讀爲"遇"。"若濡"，帛書作"如濡"，上博簡作"女䨑"。《說文·雨部》："䨺，䨑，籀文䨺省"，是"䨑"就是"䨺"（霧）字。當從上博簡讀，今本"濡"字通作"䨺"。"愠"，帛書作"溫"。"有愠"，上博簡作"又(有)礪"，即"有厲"。按，乾九三有"厲，无咎"，噬嗑六五有"貞厲，无咎"，復六三有"厲，无咎"，睽九四有"厲，无咎"，全書僅此處有"有愠，无咎"，疑"愠"是"厲"之訛寫。但帛書用字與今本通假，且"愠""溫"與"厲"字形、音均有明顯區別。故此宜存疑。

【易傳】

《象》曰："君子夬夬"，終无咎也。

【釋義】

頄，顴骨。"夬夬獨行"，狀寫人之心緒急迫決絕，孤獨行走。若，如。"遇雨如霧"，是說遇到的雨很大，前路就像起了霧一樣（視綫受阻）。愠，怒也。整條爻辭是描寫一位獨行者，顴骨有傷，心緒急迫決絕地疾走，又遇到了傾盆大雨。占辭以爲雖有怒火，但最終是沒有災禍的。

爻辭中的"有凶"既是對"壯于頄"的一個判斷，也是對後續事情的一個預測。插入此句同時也是一個警告，提醒君子需謹慎。由於九三剛健勇猛,且當位,所以能夠克服困難,達到"終无咎"的結局。

九四:臀无膚,其行次且。(牽)[喪]羊悔亡,聞言不信。

【異文】

"臀",上博簡作"䐁",帛書作"脈"。"脈"是襌紐文部,"䐁"是章紐文部,"臀"是定紐文部,韻部相同,聲紐關係極近。"膚",上博簡作"肤"。"次且",上博簡作"㭫疋",帛書作"郪胥",兩古本用字雖不同,但讀音相近,屬通假。《新序·雜事五》引作"趑趄"①,伯3640作"趀趄"。"次",《釋文》:"本亦作赼,或作跤。《説文》及鄭作趀。""且",《釋文》:"本亦作趄,或作跙。同七餘反,注及下同。馬云:語助也。王肅云:趑趄,行走之礙也。""趀""赼""跤"和"跙",分別是"趑"和"趄"的異體,"趀"宜讀爲"趑"。今本"次且"當讀爲"趑趄"。

"牽",上博簡作"兂"(讀作喪,參見睽卦初九),帛書作"𣕊",當是"桑"字之訛。《釋文》:"子夏作𢴺。"伯3640作"搴",當係異體。據上博簡和帛書,可知今本"牽"當是"喪"字之訛②。"聞",上博簡作"䎽"。"信",上博簡作"冬",即"終"字。"冬"是端紐冬部,"信"是心紐真部,兩字聲韻均有一定距離。

【易傳】

《象》曰:"其行次且",位不當也。"聞言不信",聰不明也。

【釋義】

初九和九二都是描寫動物,且下文有"喪羊悔亡",也是動物,故疑九四"臀无膚,其行次且"兩句同樣是描寫動物。膚,肉。所謂"臀无膚"當指羊的臀部沒有肉,其實是狀寫羊太過瘦弱。次且,即趑趄,

---

① 陳茂仁:《〈新序〉校證》,花木蘭文化出版社,2007年,第379頁。
② 范常喜:《簡帛〈周易·夬卦〉"喪"字補説》,《周易研究》2006年第4期。

或趑趄，行走困難的樣子。牽羊，當從范常喜作"喪羊"。"喪羊悔亡"是承前兩句而來，意思是羊很瘦弱，丟失了也不可惜。"聞言不信"，指不會采納別人的意見。決絶之人，固執己見，不願聽從勸告。

九五：（莧）[莧]陸夬夬中行，无咎。

【異文】

"莧"，《釋文》："一本作莞。""莧"匣紐元部，"莞"則是見紐元部，兩字疊韻，聲紐同爲喉音，具備相通條件。"陸"，上博簡作"芖"，同"岦"。按，《説文·𨸏部》"陸"字下有籒文"𨺰"字，因此，上博簡字形實可讀爲"陸"。帛書作"勒"。从"勒"得聲，"勒"是來紐職部字，與來紐覺部的"陸"音近，故可相通。《釋文》："蜀才作睦。睦，親也，通也。""陸"和"睦"均从"坴"得聲，故可通。

"夬夬"，帛書作"缺缺"，讀爲"夬夬"。

【易傳】

《象》曰："中行，无咎"，中未光也。

【釋義】

從《象傳》看，"中行"似當從下讀。但九三有"君子夬夬獨行"，且"中行"在經文中多是"行中"，即道中、中途之義，是以不從《象傳》讀。

莧陸所指何物，各家釋義不一，如《子夏易傳》："莧陸，木根草莖，剛下柔上也。"①釋爲一種草，即商陸，又名當陸。荀爽以爲是兩種草："莧者，葉柔而根堅且赤，以言陰在上六也。陸亦取葉柔根堅也。去陰遠，故曰'陸'，言差堅於莧。莧根小，陸根大。"②是以莧爲莧菜一類，而陸則爲商陸。商陸又名馬尾、常蓼、章柳等，是多年生草本植

---

①《子夏易傳》，《漢魏二十一家易注》，載《儒藏》精華編第一册，北京大學出版社，2009年，第205頁。
②荀爽：《周易注》，《漢魏二十一家易注》，載《儒藏》精華編第一册，北京大學出版社，2009年，第274頁。

物,高 50～150 釐米,普遍野生於海拔 500～3400 米的溝谷、山坡林下、林緣路旁,也栽植於房前屋後及園地中。多生濕潤肥沃地,喜生垃圾堆上①。而"莧陸夬夬中行"意指"莧陸"長在道路中間,這顯然不符合商陸的生長特性。因此,不宜將"莧陸"理解爲植物。

孟喜釋爲山羊:"莧陸,獸名。決有兌,兌爲羊也。"②其實孟喜是以"莧"爲"莧"之訛混字,兩字形近故也。《説文·苜部》下有"莧":"山羊細角者,從兔足,從苜聲。"王夫之認爲當作"莧","山羊細角者也"③,後來聞一多、高亨大體承前人之説而略有發揮,釋"莧"爲羊,"陸"則爲跳躍之義④。甲骨文中有"莧"字,單育辰認爲是羱羊,對應現代動物分類學上的岩羊、盤羊和北山羊⑤。此類羊善跳躍,疾走時有蹦跳之狀,"夬夬"正生動描寫出其樣貌。夬卦諸爻多狀寫人或動物,九五爻亦當如是。

上六:无號,終有凶。

【異文】

"无",上博簡作"忘",當是通假。按,由於上博簡常用"亡"表示有無的"無",所以今本"无"字有可能通"妄",兩字雙聲疊韻,例可通假。由於"忘"與"亡"又可通,而"亡"可以表示有無意義的"無","無""无"又常混用,是以在傳抄過程中轉寫爲"无"字。"號",上博簡作"𧦧",通作"號"。"終",上博簡作"中",經文中無"中有凶"的説法,"中"當通"終"。帛書作"冬"。

---

①中國科學院中國植物志編輯委員會:《中國植物志》第 26 卷,科學出版社,1996 年,第 17 頁。
②孟喜:《周易章句》,《漢魏二十一家易注》,載《儒藏》精華編第一册,北京大學出版社,2009 年,第 213 頁。
③王夫之:《周易稗疏》,載《船山全書》第一册,嶽麓書社,2011 年,第 773 頁。
④聞一多:《周易義證類纂》,載《聞一多全集》第二册,生活·讀書·新知三聯書店,1982 年,第 21 頁。高亨:《周易古經今注》(重訂本),中華書局,1984 年,第 284 頁。
⑤單育辰:《甲骨文所見的動物之"鹿"和"莧"》,載《出土文獻研究》第 15 輯,中西書局,2016 年,第 34—47 頁。

【易傳】

《象》曰："无號"之凶，終不可長也。

【釋義】

　　无，當讀爲妄。妄，狂亂，胡亂。上六處夬卦之終，決絕至甚，所以"妄號"。九二"惕號"是因警惕而號，上六"妄號"是狂亂地號叫，是驚慌失措時的神態，所以爻辭斷其"終有凶"。

姤卦第四十四

䷫ 巽下乾上　姤：女壯，勿用取女。

【異文】

"姤"，《別卦》作"䜌"，應是"繫"字異體，整理者認爲與"姤"通假。不過，"繫"與"姤"聲紐雖同，但韻部不相近。從初六有"繫于金柅"，且九二、九三、九四均有"包"字看，《別卦》卦名可能確實作"繫"，並不與《易經》同。上博簡作"敂"。從帛書上九看，帛書卦名當作"狗"。《衷》引作"均""句"，諸異文均從"句"得聲，與從"后"得聲的"姤"音近相通。《釋文》："薛云：古文作遘。鄭同。"《說文》無"姤"字而有"遘"字，且"姤"不見於各類先秦出土材料。唐石經、南宋初刻本之《雜卦傳》有"遘，遇也"，可見卦名早期本作"遘"，後改爲"姤"。"取"，帛書作"娶"，《釋文》出"用娶"，云：本亦作取。""壯"，上博簡作"臧"，即"藏"字，讀爲"壯"。

【易傳】

《彖》曰：姤，遇也。柔遇剛也。"勿用取女"，不可與長也。天地相遇，品物咸章也。剛遇中正，天下大行也。姤之時義大矣哉！

《象》曰：天下有風，姤。后以施命誥四方。

《序卦》曰：決必有遇，故受之以姤。姤者，遇也。

【釋義】

夬、姤是一組覆卦，夬有決絕離去的含義，姤則是男女相遇，卦名的含義正相反。卦象乾爲陽卦，巽爲陰卦，所以《象傳》說"柔遇剛也"。從卦辭看，它是以乾爲男卦，巽爲女卦，因此以婚姻之事繫於卦下。巽爲長女，所以卦辭說"女壯"。壯，壯年。《禮記·曲禮》："人生十年曰幼學，二十弱冠，三十曰壯，有室。"在古代，三十早已超過婚齡。過婚齡而未嫁，必有其因，故此說"勿用取女"。

如果從內外卦的位置和卦象看，"女壯"應指巽居於內卦，有女主於內，排擠男子於外之象。《筮法》第二十節有四個"四位表"[1]，如果將每個"四位表"分爲左右兩部分的話，會發現除第一個表外，其他表都以每部分中的下卦（內卦）爲尊位，如妻要尊於臣妾，大夫要尊於臣，宮廷要尊於外等。乾本尊於巽，現巽居於尊位，是巽女強勢，所以得出卦辭"女壯"。

至於《象傳》"后以施命誥四方"中的"后"字，有可能是從乾卦卦象而來，也有可能是從卦名用字"姤"而來。

初六：繫于金柅，貞吉。有攸往，見凶。羸豕孚蹢躅。

【異文】

"繫"，帛書作"毄"，當讀爲"繫"。"柅"，上博簡同，帛書作"梯"，《釋文》："《說文》作檷，云：'絡絲柎也，讀若昵。'《字林》音乃米反。王肅作抳，从手，子夏作鑈，蜀才作尼，止也。"作"抳"是因"木"部與"扌"部相近而訛混，《釋文》所載其他異文均宜讀爲"柅"。

"羸"，上博簡作"䯂"，可與"羸"字通。"豕"，帛書作"豨"，"豨"與"豕"義近。"孚"，帛書作"復"。"蹢躅"，上博簡作"是蜀"，與"蹢躅"音近可通。"蹢"，帛書作"適"，與"蹢"聲符相同，可以通假。《集解》

---

[1] 李學勤主編：《清華大學藏戰國竹簡》（肆），中西書局，2013年，第106頁。

作"蹢",《釋文》:"一本作躑,古文作蹢。""躅",帛書作"屬",《釋文》云:"本亦作躅,蹢躅,不静也,古文作躑。"《集解》作"躑"。諸異文李富孫、宋翔鳳等辨之甚明,均可與今本用字相通。

【易傳】

《象》曰:"繋于金柅",柔道牽也。

【釋義】

馬融云:"柅者,在車之下,所以止輪令不動者也。"① 王肅:"柅,織績之器,婦人所用。"② 侯乃峰以爲"柅"即"珥",馬的彎繩就係在"珥"上,拉動"珥"就可拉動彎繩,控制馬車行止③。羸,疑讀爲纍,纏繞之義。孚,當讀爲復,反復來回的意思。蹢躅,猶躑躅,徘徊盤旋。猪被繩索纏繞,所以徘徊不前。

初六是陰爻,其上之九二是陽爻。《九家易注》:"絲繋于柅,猶女繋于男,故以喻初宜繋二也。"④《象傳》"柔道牽也",或許也是這個意思。隨卦六二"係小子,失丈夫",所謂"係"就是指六二上有六三。因此,"繋于金柅"有可能是指初六上承九二。

九二:包有魚,无咎,不利賓。

【異文】

"包",上博簡作"橐",《説文·橐部》:"橐,囊張大皃。"與"包"音近可通,帛書作"枹"。《釋文》:"本亦作庖""荀作胞",均從"包"得聲,可通假。"賓",上博簡作"方",甲骨卜辭中的"賓"字常作此形。

---

① 馬融:《周易傳》,《漢魏二十一家易注》,載《儒藏》精華編第一册,北京大學出版社,2009年,第240頁。
② 王肅:《周易注》,《漢魏二十一家易注》,載《儒藏》精華編第一册,北京大學出版社,2009年,第587頁。
③ 侯乃峰:《〈周易·姤卦〉"金柅"考辨》,《周易研究》2010年第6期。
④《九家易注》,《漢魏二十一家易注》,載《儒藏》精華編第一册,北京大學出版社,2009年,第674頁。

【易傳】

《象》曰:"包有魚",義不及賓也。

【釋義】

賓,當指賓客。整條爻辭是說囊中有魚,沒有災禍,但對來賓不利。九二和九四或許與古代民俗有關。《詩經》中提到"魚"時,通常與男女相會、好友相知、豐收之年相關。如《邶風·新臺》"魚網之設,鴻則離之。燕婉之求,得此戚施"、《齊風·敝笱》"敝笱在梁,其魚唯唯。齊子歸止,其從如水"、《陳風·衡門》"豈其食魚,必河之鯉。豈其取妻,必宋之子"、《小雅·南有嘉魚》"南有嘉魚,烝然罩罩。君子有酒,嘉賓式燕以樂"、《小雅·無羊》"大人占之、眾維魚矣、實維豐年"、《大雅·旱麓》"鳶飛戾天、魚躍于淵。豈弟君子、遐不作人"等。由於魚與遇音近,而姤有遇義,所以在姤卦中有"包有魚""包无魚"這樣的比喻。魚是卵生動物,繁殖力強,古人以之與婚姻相聯繫,在詩歌中用魚來組成起興的句子。魚還是美味,因此用魚宴請賓客,或作爲獻祭之物。魚既然是美味,當然也可由之聯繫到豐收。

九二雖有魚可宴賓,但不當位,故"不利賓"。賓客相會時,主客仆從之位尤其重要,九二不當位,自然是不利的。

九三:臀无膚,其行次且,厲,无大咎。

【異文】

上博簡作"詋亡肤,丌行緓疋,礪,亡大咎",帛書有殘缺,"臀"字作"脤"。

【易傳】

《象》曰:"其行次且",行未牽也。

【釋義】

夬覆爲姤後,九四就成爲姤之九三,所以兩爻都有"臀无膚,其行次且"兩句。《象傳》"行未牽也"是説爻辭中没有"牽羊",還是説九三與九四或上九的關係?都不太明了。

九四:包无魚,(起)[巳]凶。

【異文】

"包",上博簡作"橐",帛書作"枹"。"起",上博簡作"巳",帛書作"正"。高亨:"疑初本祀皆作巳,後人依義加示旁,此起字本亦作巳,後人不知爲祀字,而誤加走旁也。"①是以當從上博簡讀。

【易傳】

《象》曰:"无魚"之凶,遠民也。

【釋義】

姤卦諸爻多講包裹、係縛,是取"遇"之義。"包无魚"即是"無遇",所以"凶"。另外,魚是常見的祭品,無魚而祀,當然是凶,更何況九四本不當位。

九五:以杞包瓜,含章,有隕自天。

【異文】

"杞",上博簡作"苢",帛書作"忌",均宜讀爲"杞"。"包",上博簡作"橐",帛書作"枹",《釋文》:"子夏作苞。"《集解》作"苞"。"瓜",上博簡、帛書作"苽",讀爲"瓜"。孔穎達引《子夏傳》作"作杞匏瓜",李富

---

① 高亨:《周易古經今注》(重訂本),中華書局,1984年,第286頁。

孫以爲"作"字當作"似"。"含",上博簡作"欽",兩字音近可通。"有",帛書作"或"。"隕",上博簡作"惡",即"憂",與"隕"聲韻兩隔。就語境看,存在近義替代的可能。帛書作"塤",《説文繫傳》引作賮①,"塤""賮"與"隕"都是从"員"得聲,故可相通。

【易傳】

《象》曰:九五"含章",中正也。"有隕自天",志不舍命也。

【釋義】

清人多隆阿釋《詩·鄭風·將仲子》"無折我樹杞"云:"夫《詩》中所載之杞有三:一枸杞,一杞梓,一杞柳。枸杞不植自生,杞梓不植於里巷,則此杞宜爲杞柳也。《説文》云:柳,小楊也。《埤雅》云:柳與楊同類,縱橫顛倒植之皆生。柳之種類不一,而鄉村所樹者多爲杞柳。長條下垂,木性柔軟,用火逼揉之,可爲箱篋,告子言杞柳爲桮棬者,即此柳。"②九五爻中的"杞"亦即杞柳,枝條可編筐。屈萬里:"《詩·衛風·木瓜》卒章箋云:'以果實相遺者,必苞苴之。《尚書》曰:厥苞橘柚。'《儀禮·既夕》:'苞二。'鄭注:'所以裹奠羊豕之肉。'《禮記·曲禮》:'凡以弓劍苞苴簞笥問人者。'鄭注:'苞苴,裹魚肉者也。'《儀禮·既夕》記云:'葦苞長三尺,一編。'石鼓文:'其魚隹(維)可(何)?隹鱮隹鯉。可(何)目橐之?隹楊及柳。'以杞包瓜,猶以楊柳橐魚也。"③李零以爲"以杞包瓜"是用杞柳編的簍子裝瓜④,釋義甚當。

含章,與坤卦之"含章"同義。《詩經》中提到的木瓜是一種黃顏色的果實,而黃色在《易經》中常有較積極的含義。因此,爻辭中的"瓜"可能是指木瓜,所謂"含章"是指將黃色的木瓜裝在簍中。隕,可釋作墜落,或害。所謂"有隕自天"是說將有流星,或天將降下災害。

---

①徐鍇:《説文解字繫傳》,中華書局,1987年,第228頁。
②多隆阿:《毛詩多識》,載《續修四庫全書》總第72冊,上海古籍出版社,2003年,第597頁。
③屈萬里:《周易集釋初稿》,載《讀易三種》,聯經出版事業公司,1983年,第273—274頁。
④李零:《死生有命,富貴在天:〈周易〉的自然哲學》,生活·讀書·新知三聯書店,2013年,第233頁。

《象傳》當是取後一種意思。

上九：姤其角，吝，无咎。

【異文】

"吝"，帛書作"閵"，漢石經無"吝"字。從《象傳》"上窮吝也"看，漢石經似有脫文。

【易傳】

《象》曰："姤其角"，上窮吝也。

【釋義】

姤有遇義，且諸爻也含有"遇"義。晉卦上九有"晉其角"，相當於"其角晉"。因此，"姤其角"即"其角姤"，是說角與某樣東西碰撞、纏繞到了一起。如此則易受傷，或行動受阻，不過未必有大難，所以說"吝，无咎"。"姤其角"意味着遇阻，與大壯九三之"羸其角"寓意相近。

萃卦第四十五

☷坤下☱兑上　萃：(亨。)王假有廟。利見大人，亨，利貞。用大牲，吉。利有攸往。

【異文】

"萃"，《別卦》作"綷"，上博簡作"𠱼"，兩簡本所用字形聲符相同，均讀爲"萃"。帛書作"卒"，通作"萃"。"萃亨"，"亨"字上博簡、帛書均無，《釋文》："王肅本同，馬、鄭、陸、虞等並無此字。"是今本衍一"亨"字，當删。"假"，上博簡作"𠮦"，從"各"得聲，通"假"。帛書作"叚"。"有"，上博簡、帛書作"于"，此正可說明經文中的許多"有"字當釋作"于"。"亨"，上博簡作"卿"。"用大牲，吉"，上博簡無"吉"字，疑其有脱文。"牲"，帛書作"生"，兩字相通。

【易傳】

《彖》曰：萃，聚也。順以説，剛中而應，故聚也。"王假有廟"，致孝享也。"利見大人，亨"，聚以正也。"用大牲，吉。利有攸往"，順天命也。觀其所聚，而天地萬物之情可見矣。

《象》曰：澤上於地，萃。君子以除戎器，戒不虞。

《序卦》曰：物相遇而後聚，故受之以萃。萃者，聚也。

【釋義】

卦象坤下兑上,象征地上有澤。澤者,衆流匯聚而成,故卦名爲"萃"。六二與九五相應,所以有"亨"。假,格。有,猶于。此卦主要講人之聚集,王既然來到宗廟,則集會規格較高,規模也可能較大。此時要見"大人",當然是較好的時機,所以"利見大人"。用大牲,宜選用大的犧牲。

人群聚集在一起,易生變故,所以《象傳》説"君子以除戎器,戒不虞",孔穎達云:"'除'者,治也。人既聚會,不可无防備,故君子於此之時,脩治戎器以戒備不虞也。"①

姤有遇義,萃有聚義,兩卦一前一後,確如《序卦》所説,此處排序與卦名用字的意義應當存在關聯。

初六:有孚不終,乃亂乃萃。若號,一握爲笑,勿恤,往无咎。

【異文】

"孚",帛書作"復"。"亂",上博簡作"䜌",與"亂"音同,故可通。帛書作"乳",應是形近而訛。"若號",上博簡作"若虖",帛書作"若其號"。"握",上博簡作"斛",帛書作"屋",《釋文》:"傅氏作渥。"從"屋"得聲之異文聲符相同,當可相通。"斛"字匣紐屋部,與"屋"韻部相同,聲紐同爲喉音,亦可相通。"爲",上博簡、帛書均作"于",兩字讀音相近,可通假。"恤",上博簡作"卹",帛書作"血"。

【易傳】

《象》曰:"乃亂乃萃",其志亂也。

【釋義】

此爻描寫人群聚集的一種情況。有孚,指即將應驗之事。終,結

---

①孔穎達:《周易正義》,載《儒藏》精華編第二册,北京大學出版社,2009年,第155頁。

束。"有孚不終",是指即將應驗之事還未結束。亂,混亂,不安。"乃亂乃萃",意思是人群亂糟糟地聚集在一起。號,號叫。握,握持。"若號,一握爲笑",人群中有人號叫,旁人握住他的手或肩,略加安慰,他就笑了起來,不再緊張。這一條爻辭是說緊張、心緒不寧的人們聚集在一起,稍加安慰就穩定了下來。所以,占辭説"勿恤,往无咎"。

六二:引吉,无咎,孚乃利用禴。

【異文】

"孚",帛書作"復"。"禴",帛書作"濯",《釋文》:"蜀才作躍,劉作爚。""濯"字上古定紐藥部,"躍"則是餘紐藥部,"禴"也是餘紐藥部,"爚"與"禴"則聲符相同,可見諸異文讀音相近。從語境看,應讀爲"禴"。

【易傳】

《象》曰:"引吉,无咎",中未變也。

【釋義】

引,長久也。《爾雅·釋詁上》:"引,長也。"郝懿行云:"《説文》云:'長,久遠也。'《廣雅》云:'長,常也。'"[1]甲骨卜辭中有"弘吉",聞一多、高亨均以爲"引"爲"弘"字之誤[2],後于豪亮指出甲骨、金文中過去被釋作"弘"的那個字實應釋作"引"字[3]。當從于氏意見。孚,應驗。禴,祭祀名。馬融云是"殷春祭名"[4],鄭玄云"夏祭名"[5]。王弼則云:"禴,殷春祭名也,四時祭之省者也。"[6]"孚乃利用禴",若得應驗則宜舉行禴祭。

---

[1] 郝懿行:《爾雅義疏》,上海古籍出版社,1983年,第82頁。
[2] 聞一多:《周易義證類纂》,載《聞一多全集》第二册,生活·讀書·新知三聯書店,1982年,第62頁。高亨:《周易古經今注》(重訂本),中華書局,1984年,第289頁。
[3] 于豪亮:《說"引"字》,《考古》1977年第5期。
[4] 馬融:《周易傳》,《漢魏二十一家易注》,載《儒藏》精華編第一册,北京大學出版社,2009年,第240頁。
[5] 鄭玄:《周易鄭注》,載《儒藏》精華編第一册,北京大學出版社,2009年,第102頁。
[6] 王弼:《周易注》,載《儒藏》精華編第一册,北京大學出版社,2009年,第759頁。

六三：萃如嗟如，无攸利。往无咎，小吝。

【異文】

兩"如"，帛書均作"若"，兩字可通。"嗟"，帛書作"㱦"，乃"嗟"字古文。"小吝"，帛書作"少闌"。

【易傳】

《象》曰："往无咎"，上巽也。

【釋義】

與初六一樣，這也是人群聚集的一種情況。嗟，嘆惜。如，虛詞。"萃如嗟如"，人群聚集在一起嘆惜連連。六三居位不當，本當陽剛進取，今却聚而感嘆，有不思進取的氛圍，故爻辭有"无攸利"。

九四：大吉，无咎。

【易傳】

《象》曰："大吉，无咎"，位不當也。

【釋義】

既然居位不當，爲什麼又"大吉，无咎"？《象傳》也沒給出真正的解釋。

九五：萃有位，无咎，匪孚元永貞，悔亡。

【異文】

"位"，帛書作"立"。"孚"，帛書作"復"。"悔"，帛書作"愳"，讀爲"悔"。

【易傳】

《象》曰:"萃有位",志未光也。

【釋義】

這是人群聚集的另一種情況。有位,指聚會時人人各有其位,各安其位。這是一種安寧和諧的場面,所以後面的占辭都是較好的。元永貞,至爲長久的正命,這其實是對"萃有位"的贊許和鼓勵。

此爻中的"匪孚"不好理解,"孚"指應驗,肯定時可說"有",否定時則可不說,似不宜用"匪(非)"來否定。古文中,"匪"可讀爲"彼",作指示代詞。疑此處讀爲"彼","匪孚元永貞",乃指即將應驗之事是至爲長久正命的。

《象傳》對這條爻辭的解釋同樣不好懂,"志未光也",孔穎達云:"雖有盛位,信德未行,久乃悔亡。今時志意未光大也。"①其釋孚爲信,匪爲否定詞,所以纔這樣解釋。疑《象傳》"志未光也",是由爻辭祇有"无咎""悔亡"這樣平安却無大吉大利的占斷推出的。

上六:齎咨涕洟,无咎。

【異文】

"齎咨涕洟",帛書作"粢欶涕洎",除"涕"字外,均係通假字②。"咨"字,《集解》作"資",《文選·長笛賦》注引作"諮"③,吕祖謙引《晁

---

①孔穎達:《周易正義》,載《儒藏》精華編第二册,北京大學出版社,2009年,第156頁。
②于豪亮:《馬王堆帛書〈周易〉釋文校注》,上海古籍出版社,2013年,第86頁。最後一字張政烺和于氏均釋作"洎",讀作"洟"。不過,劉洪濤《釋尹灣漢簡〈神烏賦〉讀爲"豈弟"之"弟"的"旨"字》(簡帛網2007年11月17日,http://www.bsm.org.cn/show_article.php?id=750)一文認爲馬王堆漢墓簡帛書中作爲構件的"自""旨"非常近似,實有明顯區別,原釋作"洎"字的左半部當是"旨"字。陳劍所作帛書釋文采納了劉氏意見,參見裘錫圭主編:《長沙馬王堆漢墓簡帛集成》(叁),中華書局,2014年,第29頁。從字形分析看,劉洪濤的意見顯然是正確的。
③《六臣注文選》卷一八,中華書局,1987年,第331頁。

氏易》云:"陸希聲作資,財也。"①"資""咨""諮"三字聲符相同,理可通假,此處宜讀爲"咨"。

【易傳】

《象》曰:"齎咨涕洟",未安上也。

【釋義】

鄭玄:"齎咨,嗟嘆之辭也。自目曰涕,自鼻曰洟。"②此爻描寫人群聚集,一片悲嘆哀怨哭泣之聲。由於上六是萃卦最末一爻,聚會即將散去,且上六當位,故占辭説"无咎"。《象傳》"未安上也",意指上六在九五之上,於心不安,所以"齎咨涕洟"。

虞翻的解釋不同於鄭玄:"齎,持;資,賻也,貨財喪稱賻。自目曰'涕',自鼻稱'洟'。"③依此,則上六是描寫人們參加喪禮的情景。齎確有持、送之義,如《戰國策·西周策》:"王何不以地齎周最以爲太子。"高誘注:"齎,進也。"鮑彪注:"齎,持遺也。"④咨、資又聲韻皆同,按例可通。喪禮也是眾人聚集的一種場合,所以虞翻的理解比較切合萃卦卦義。而且喪禮的目的就包含了告別、紀念死者,這又與上六爻的位置很吻合。因此,虞翻的解釋當優於鄭玄。

---

① 吕祖謙:《古易音訓》,載《續修四庫全書》總第 2 册,上海古籍出版社,2003 年,第 39 頁。
② 鄭玄:《周易鄭注》,載《儒藏》精華編第一册,北京大學出版社,2009 年,第 102 頁。
③ 虞翻:《周易注》,《漢魏二十一家易注》,載《儒藏》精華編第一册,北京大學出版社,2009 年,第 485 頁。
④ 諸祖耿:《戰國策集注匯考》(增補本),鳳凰出版社,2008 年,第 107 頁。

升卦第四十六

☴下
坤上 升：元亨，（用）［利］見大人，勿恤。南征吉。

【異文】

"升"，《別卦》作"挃"，整理者認爲與"升"韻部相同，聲紐相近，可以通假。帛書及《衷》均作"登"，《釋文》："鄭本作昇，馬云：高也。"按，"昇"是《說文》新附字，與"升"同。"登""升"可通假。"用見"，帛書作"利見"，《釋文》："本或作利見。"經文中多見"利……""利用……"句式，"用見大人"這種句式僅此一見，故唐石經、今本當脱一"利"字，"用"字當删。"恤"，帛書作"血"。"征"，帛書作"正"。

【易傳】

《彖》曰：柔以時升。巽而順，剛中而應，是以大亨。"用見大人，勿恤"，有慶也。"南征吉"，志行也。

《象》曰：地中生木，升。君子以順德，積小以高大。

《序卦》曰：聚而上者謂之升，故受之以升。

【釋義】

卦象巽下坤上，木在地中，似樹木扎根土地之中。樹林日漸長高，所以卦名作"升"。樹木在地中，必然生長高大，《象傳》所謂的"順德"當指樹之生長而言;"積小以高大",是指樹木由矮小到高大的必然過程。

升卦中九二與六五相應,故"元亨"。"升"字有上升、高升、前進等積極的意義,卦辭"利見大人,勿恤。南征吉"都是圍繞這些意義來說的。

初六:允升,大吉。

【異文】

"允",《說文·本部》引作"㽙",云:"進也。從本、從中,允聲。"是以兩字音同可通。朱震《漢上易傳》引施氏《易》與《說文》同①。若以"㽙"爲本字,自當釋作"進",則與爻象不合。初六乃陰爻,且處位極低。乾之初九下繫"潛龍",此初六自不當言"進"。因此,宜以"允"爲本字。

【易傳】

《象》曰:"允升,大吉",上合志也。

【釋義】

允,信也,"允升"就是必升無疑。初六雖然地位最低,但它處在升卦,是以必升無疑。《象傳》"上合志也"是指初六與九二之間的關係,陽尊陰卑,初六上承九二,所以是"上合志也"。

九二:孚乃利用禴,无咎。

【異文】

"孚",帛書作"復"。"利用",漢石經無"用"字,不影響文義。"禴",帛書作"濯",漢石經作"瀹"。

---

①朱震:《漢上易傳》,九州出版社,2011年,第157頁。

【易傳】

《象》曰:九二之"孚",有喜也。

【釋義】

孚,應驗。"孚乃利用禴",意謂遇應驗則宜舉行禴祭,以求神靈寬佑。九二陽剛,雖不當位,但終能克艱,故"无咎"。

九三:升虛邑。

【異文】

"升",阜簡作"登"。

【易傳】

《象》曰:"升虛邑",无所疑也。

【釋義】

虛,大丘、土山。《説文・丘部》:"虛,大丘也。崐崘丘謂之崐崘虛。"虛邑,即建在土丘、山丘上的城邑或人群的聚居地。現在藏族地區的一些村鎮仍多選址在臨河的山坡上,背依大山。這類選址一方面是受多山多溝的地形限制,另一方面是依山傍水便於生存,且有防洪防兵匪之便。升,登上。"升虛邑",登上山丘上的城邑。

六四:王用(亨)[享]于岐山,吉,无咎。

【異文】

"亨",帛書作"芳"。按,今本"亨"字,帛書一般作"亨",而"享"字則寫作"芳"。因此,此處今本"亨"當爲"享"字之訛。"岐",阜簡作"枝",兩字可通。

325

【易傳】

《象》曰:"王用亨于岐山",順事也。

【釋義】

享,祭祀。這裏的王當指周王,岐山是周人都邑岐邑旁邊的山。古公亶父由豳遷居於岐邑,至文王前期始移至豐。古代王公貴族常定期祭祀境内山川,所以《象傳》説"順事也"。

六五:貞吉,升階。

【易傳】

《象》曰:"貞吉,升階",大得志也。

【釋義】

升,登。這裏所説"階"當是通往宗廟或大殿的臺階,登臺階當遵禮儀,所以説"貞吉",堅固不變則吉。如《禮記·曲禮上》:"主人與客讓登,主人先登,客從之,拾級聚足,連步以上。"鄭玄注云:"謂前足躡一等,後足從之併。"①登階要一隻腳登上後,另一隻跟着登在同一級臺階上,然後再登上一級臺階,相當於一登一駐足。如果是兩腳輪番登階,則是"歷階"。祇有遇緊急情況時可歷階,平常時歷階有悖禮節。

升階有進升的意義,由六五位尊,所以《象傳》説"大得志也"。

上六:冥升,利于不息之貞。

【易傳】

《象》曰:"冥升"在上,消不富也。

---

①孔穎達:《禮記正義》,載阮元校刻《十三經注疏》影印本,中華書局,1980年,第1238頁。

【釋義】

這裏的"冥"當指時間,即夜間。升,可能當讀作"登",是向神靈進獻祭品。古人講究夙興夜寐,到晚上就要休息,晚上了還在祭祀,可謂恭勤於祭祀,是以"利于不息之貞"。息,安定。由於不安定,所以晚間仍祭祀。貞,當指貞問。

消,除去。富,通福,指福佑。所謂"消不富也",指上六夜晚祭祀是爲祈禱神靈停止降下災禍。

困卦第四十七

䷮ 坎下兑上　困：亨。貞大人吉，无咎。有言不信。

【易傳】

《彖》曰：困，剛揜也。險以説，困而不失其所亨。其唯君子乎？"貞大人吉"，以剛中也。"有言不信"，尚口乃窮也。

《象》曰：澤无水，困。君子以致命遂志。

《序卦》曰：升而不已必困，故受之以困。

【釋義】

卦象坎下兑上，坎爲坑，兑爲澤。澤若有水，則不能見坑，見坑必在水涸之後。《象傳》"澤无水"中的"水"並不源於坎卦，而是基於水涸則坑見的道理説出來的。後人多誤解《象傳》，以爲"水"是基於坎卦，如王弼："澤无水，則水在澤下，水在澤下，困之象也。"[1]李道平："水當在澤上，今坎水在兑澤之下，是'澤无水'也。"[2]有水則成澤，水至於澤，何可言"下"？

坎爲陽卦，兑爲陰卦，兩卦相重，是陰陽相通，是以"亨"。大人遇困可以憑其德行脱困，並能堅守德行，小人則不可，所以"貞大人吉"。

---

[1] 王弼：《周易注》，載《儒藏》精華編第一册，北京大學出版社，2009年，第762頁。
[2] 李道平：《周易集解纂疏》，潘雨廷點校，中華書局，1994年，第422頁。

《論語·顏淵》云:"君子固窮,小人窮斯濫矣。"説的就是君子能面臨困厄而不變,與"貞大人吉"意思很近。《象傳》"君子以致命遂志",旨在强調君子處困境而堅守德行,實現天命和自己的志嚮。"有言不信",是説人處在困境,説的話不被人相信接納。

困卦與升卦不是一對覆卦,但兩個卦名之間的關係却極像一對覆卦。這一點説明撰《易》者在排列卦序時,確實考慮過卦名之間的關係。

初六:臀困于株木,入于幽谷,三歲不覿。

【異文】

"臀",帛書作"辰"。"幽",帛書作"要",兩字雙聲,韻部旁轉,可通。"谷",帛書作"浴"。"覿",帛書作"擅",聲符相同,當可通假。帛書此爻最後多一個"凶"字。

【易傳】

《象》曰:"入于幽谷",幽不明也。

【釋義】

困卦諸爻描寫了人處於不同困境的情況。初六是處於獄訟之困,高亨以爲"株木"是刑杖,"幽谷"是圜土,"三年"是刑期[①]。覿,見也。"三歲不覿",是三年不得釋放。初六處在困卦最下,且内卦是坎卦,坎爲坑穴,所以説"入于幽谷"。初六又是陰爻,無脱困能力,所以受刑入獄。

九二:困于酒食,朱紱方來。利用享祀,征凶,无咎。

【異文】

"朱",帛書作"絑",當讀爲"朱"。"紱",帛書作"發",鄭玄作

---

① 高亨:《周易古經今注》(重訂本),中華書局,1984年,第293頁。

"韍"。"韍"字可指係印璽的帶子,此義也作"紱",可見兩字音義皆同。"紱"屬幫紐月部,"發"與之聲韻皆同,帛書此處當讀爲"紱"。"享",帛書作"芳",漢石經作"亨",此亦"亨""享"互訛之例。帛書九五爻亦有"利用芳祀",與九二同。"征",帛書作"正"。

【易傳】

《象》曰:"困于酒食",中有慶也。

【釋義】

"困于酒食"當指爲酒食所困,類似句式在困卦中每爻都有,都應如此理解。"困于酒食"是一種比喻,實指人爲飲食宴樂所困,即耽志於享樂。紱,蔽膝。按禮制,王、諸侯或上卿的祭服纔有朱紱,因此,爻辭以"朱紱"代指王、諸侯、上卿等王公貴族。方,並也。所謂"朱紱方來"是解釋"困于酒食"的原因,即因有王公貴族相繼而來,這是《象傳》說的"中有慶也"。因九二居中位,故《象傳》的"中"既指爻位,又指中心。

六三:困于石,據于蒺藜。入于其宮,不見其妻,凶。

【異文】

"據",帛書作"號",當爲"據"字之訛。"蒺",帛書、帛書《繫辭》及《繆和》均作"疾",當讀爲"蒺"。"藜",帛書、《繆和》作"莉",帛書《繫辭》作"利",均是"藜"之通假字。

【易傳】

《象》曰:"據于蒺藜",乘剛也。"入于其宮,不見其妻",不祥也。

【釋義】

石頭重而不易移動,如《詩·邶風·柏舟》:"我心匪石,不可轉也。"蒺藜有刺,且古人有在監牢外植蒺藜類帶刺植物的做法。故疑"困于石,據于蒺藜"是指人被投入監牢。宫,房屋。"入于其宫,不見其妻",是謂人被投入監牢後,妻子失蹤,家庭破散。

九四:來徐徐,困于金車。吝,有終。

【異文】

"徐徐",《釋文》"子夏作荼荼,翟同",王肅作"余余",《集解》作"荼荼"。諸異文皆從"余"得聲,故可通。"金車",《釋文》:"本亦作金輿。"《集解》作"轝"。"吝",帛書作"閵"。

【易傳】

《象》曰:"來徐徐",志在下也。雖不當位,有與也。

【釋義】

徐,緩慢。金車,包有銅皮的車①,在這裏祇是一個象徵。"來徐徐,困于金車",是説人被高貴的地位所困,赴會時姗姗來遲。九四與初六相應,故《象傳》稱"志在下也"。

在困卦中,遇陽爻均好於遇陰爻,如初六、六三,均是不吉利的(帛書在初六有占辭"凶"),僅上六因處困之最末,略好於初、三兩爻。而九二、九四、九五則分别是"征凶,无咎""吝,有終""乃徐有説",都可轉危爲安,逢凶化吉。由此看,撰爻辭者認爲遇困境,唯有剛健者可以克服之,這與卦辭"貞大人吉"是相一致的。

---

①李零:《死生有命,富貴在天:〈周易〉的自然哲學》,生活·讀書·新知三聯書店,2013年,第243頁。

九五：劓刖，困于赤紱，乃徐有説，利用祭祀。

【異文】

"劓刖"，帛書作"貳椽"，《釋文》："荀、王肅本劓刖作臲卼，云：不安貌。陸同。鄭云：劓刖當爲倪仉。京作劓劊，案：《説文》：劊，斷也。"于豪亮認爲"劓刖""臲卼""倪仉""劓劊""臲卼"等並同，以音近相假借。而"貳椽"則與諸詞音不相近，因此疑"貳"乃"刵"之假借，"椽"是"剠"之假借，刵和剠均是肉刑，與劓、刖相近，故以之替代劓、刖①。"紱"，帛書作"發"。"祭祀"，上博簡同，帛書則作"芳祀"，漢石經作"享祀"，《釋文》："本亦作享祀。"是"祭祀"與"芳（享）祀"本就辭異義同，故諸本將之混同。

【易傳】

《象》曰："劓刖"，志未得也。"乃徐有説"，以中直也。"利用祭祀"，受福也。

【釋義】

今本"劓刖"帛書作"貳椽"，與上六"臲卼"作"貳椽"同。荀爽云："臲卼，不安貌。"②陸績、王肅均同此③。鄭玄云："劓刖，當爲倪仉。"④漢晉學者唯京房作"劓劊"，理解作刑罰。從困卦諸爻辭看，陽爻處境要好於陰爻，且九五中正。是以當從荀、鄭等人的釋義。

赤紱，一般釋作與九二"朱紱"同類的服飾。于省吾以爲"紱"字金文作"市"⑤。《説文·市部》："市，韠也。上古衣蔽前而已，市以象

---

①于豪亮：《馬王堆帛書〈周易〉釋文校注》，上海古籍出版社，2013年，第88頁。
②荀爽：《周易注》，《漢魏二十一家易注》，載《儒藏》精華編第一册，北京大學出版社，2009年，第277頁。
③陸績：《周易述》，《漢魏二十一家易注》，載《儒藏》精華編第一册，北京大學出版社，2009年，第385頁。
王肅：《周易注》，《漢魏二十一家易注》，載《儒藏》精華編第一册，北京大學出版社，2009年，第588頁。
④鄭玄：《周易鄭注》，載《儒藏》精華編第一册，北京大學出版社，2009年，第104頁。
⑤于省吾：《雙劍誃尚書新證、雙劍誃詩經新證、雙劍誃易經新證》，中華書局，2009年，第734頁。

之。天子朱市，諸侯赤市。……載，篆文市。"郭沫若《師克盨銘考釋》："市一般作芾，亦作韍或載等，古之蔽膝，今之圍腰。古人以爲命服。"①《詩·曹風·候人》："彼其之子，三百赤芾。"又，在金文中，屢見記載獲賜"赤市"者，如《師克盨》："赤市五黃。"是赤芾未必僅諸侯能穿，其他公卿或大夫也可以穿。同"朱紱"一樣，爻辭用"赤紱"其實也是借指公侯貴族。所謂"困于赤紱"，可能是說受這些貴族的蒙蔽或構陷。說，通脫。乃徐有説，慢慢地纔得以脫困。

九五爻與九二爻以服飾指代公侯貴族，兩者皆受公侯貴族所困，但情形略有不同。九二爻是在飲食宴樂中迷失，是因一己之私欲而困；九五則困於複雜的權力鬥爭，可能是因險惡環境而困。

上六：困于葛藟，于臲卼，曰動悔有悔，征吉。

【異文】

"葛藟"，上博簡作"苦藟"，帛書作"褐纍"，均當讀爲"葛藟"。"藟"，《釋文》："本又作虆。"《詩·周南·樛木》："南有樛木，葛藟纍之。""藟""虆""纍"三字可通。

"臲卼"，帛書作"貳掾"，漢石經作"劓劊"。"臲"，上博簡作"劓"。"卼"，《釋文》："《說文》作𡰯，不安也。薛又作杌字，同。"按，《說文·出部》："𡰯：槷𡰯，不安也。""臲"，《釋文》："《說文》作劓。牛列反，薛同。黃焯云：'《說文》無臲字。《刀部》：劓，刑鼻也。重文從鼻作劓，非臲字。陸蓋偶誤。'""臲""劓""𡰯"三字聲符相同，上古屬疑紐月部，"貳"上古屬日紐脂部，與從"臬"諸字讀音不相近，四字之關係可參上引于豪亮文。"掾"屬定紐元部，"劊"屬見紐月部，韻部陽入對轉，兩字讀音或相近。張政烺舉《淮南子·厚道》"吱行喙息"、《俶真》"蚑行噲息"說明從象和從會的字可能通假②，頗可信從。

---

①郭沫若：《師克盨銘考釋》，《文物》1962年第6期。
②張政烺：《馬王堆帛書〈周易〉經傳校讀·六十四卦》，載《張政烺文集·論易叢稿》，中華書局，2012年，第138頁。

"曰動悔有悔",上博簡作"曰迖愄又愄",帛書作"曰愄夷有愄",兩者當並存。"夷"或當讀作"遲"①。徐在國認爲"迖"當釋爲"逐"②,季旭昇更認爲"逐"與"動"音近可通③。何琳儀推測帛本的底本原作"夷愄",抄寫者誤倒作"愄夷",而"夷""動"聲母同屬端組④。不過,兩字韻部并不相同。

"征"字,帛書作"貞",上博簡、漢石經則同作"征"。帛書"貞"字當讀爲"征"。

【易傳】

《象》曰:"困于葛藟",未當也。"動悔有悔",吉行也。

【釋義】

據清人馬瑞辰對《詩經》中"葛藟"的考證⑤,以及黃忠天對《易》之"葛藟"的分析⑥,"葛藟"當係今人所説"野葡萄""山葡萄"。野葡萄性善攀緣,陷之則纏繞難脱。"困于葛藟",當指人被用葛藟制成的繩子綁縛,或在山中被這類植物纏住,一時不得脱身。藤本植物的韌性很強,且比麻繩更結實。如果是在山林中被這類植物纏住,由於它們枝蔓很多,有時人越動反而纏得越緊。總之,困於葛藟是一件令人苦惱困擾,且需要艱苦努力方能擺脱的事情。

曰,語首虛詞,與"曰閑輿衛"之"曰"同。"動悔有悔",意即此時後悔祇會悔上有悔。這是提醒人們遇到此爻描寫的困境時務必冷静,後悔祇會使情況越變越糟。

---

①陳鼓應、趙建偉:《周易今注今譯》,商務印書館,2005年,第420頁。
②徐在國:《上博竹書(三)〈周易〉釋文補正》,載《康樂集:曾憲通教授七十壽慶論文集》,中山大學出版社,2006年,第130—133頁。
③季旭昇:《上海博物館藏戰國楚竹書(三)讀本》,萬卷樓圖書股份有限公司,2005年,第121頁。
④何琳儀:《帛書〈周易〉校記》,《周易研究》2007年第1期。
⑤馬瑞辰:《毛詩傳箋通釋》,中華書局,1989年,第48—49頁。
⑥黃忠天:《清儒〈詩〉〈易〉互證會通的學術意義與價值初探》,臺灣師範大學《"國文"學報》2013年第54期。

井卦第四十八

☷ 巽下坎上　井：改邑不改井，无喪无得，往來井井。汔至亦未繘井，羸其瓶，凶。

【異文】

諸"井"字，上博簡均作"汬"，帛書均作"丼"。卦名"井"字，《衷》作"丼"。兩"改"字，上博簡作"攺"，帛書作"苣"，漢石經作"攺"。"攺"是"改"的古文，後來發生形變，遂成"改"字。帛書用字疑從"巳"得聲，與"改"字音同，故可相通。

"喪"，帛書作"亡"。"汔"，上博簡作"气"，帛書作"訖"，均可讀爲"汔"。"未"，上博簡作"母"。"母"在此用作否定詞"毋"，與"未"同義。

"繘"，上博簡作"𢦏"，徐在國以爲是"類"字異體，可讀爲"繘"①。陳劍認爲此字左上所從不是"米"，而是"午"，且"午"與"月"組成之上下形構件可見於"達"字的一種寫法，故上博簡用字應讀爲"達"，"達井"即"通井"②。從字形上説，陳説更合情理，當可從。帛書作"汲"，與"繘"字聲韻皆隔。王引之讀"繘"爲"矞"，釋作"出也"。其實"矞"

---

① 徐在國：《上博竹書（三）〈周易〉釋文補正》，載《康樂集：曾憲通教授七十壽慶論文集》，中山大學出版社，2006 年，第 130—133 頁。
② 陳劍：《上博竹書〈周易〉異文選釋（六則）》，載《戰國竹書論集》，上海古籍出版社，2013 年，第 146—167 頁。

還有一個意義,《說文·向部》云"矞,以錐有所穿也",所以《廣雅·釋詁》云:"矞,穿也。"因此,"矞井"與"達井"意義相同。穿井出水,則可以汲,反則不可汲。因此,"亦未達(矞)井"與"亦未汲井"在意義上仍大致相同。

"羸",上博簡作"羸",金文中即有此字,讀爲"羸"。帛書作"纍",《釋文》:"蜀才作累,鄭讀曰虆。""累""虆""纍"均可讀爲"羸"。"瓶",上博簡作"缾",即"瓶"字,帛書作"荆垪",多一字,當係衍文。"垪"字見於戰國璽印、楚簡遣册,在遣册中明顯是量詞。"土""缶""瓦"意義相近,因此"垪"可能是"缾"字異體。

【易傳】

《彖》曰:巽乎水而上水,井。井養而不窮也。"改邑不改井",乃以剛中也。"汔至亦未繘井",未有功也。"羸其瓶",是以凶也。

《象》曰:木上有水,井。君子以勞民勸相。

《序卦》曰:困乎上者必反下,故受之以井。

【釋義】

井卦巽下坎上,巽爲風,坎爲坑,坑中有風,是爲井。卦爻辭中所述是豎井,夏天靠近似有陣陣凉風,覺其凉爽;冬天靠近,則有霧氣飄出,亦似有風。《象傳》"木上有水",與井象相去甚遠。雖然汲水或用木桶,但祇可言"水在木中",而不是"木上有水"。事實上,卦辭說汲水是用瓶,並非木桶。掘井雖然辛苦,但井水可以供養人,故"君子勞民勸相"。井卦與困卦是一對覆卦,困是澤中无水,覆則有水(有如損卦覆則是益卦),是爲井卦,這可能也是巽下坎上之卦象命名爲井卦的原因之一。

改邑,在這裏可能指改建城邑。"改邑不改井",改建城邑,不改建水井。另外,古人有所謂"浚井改水"一說,此處"改井"亦可能是指"浚井改水"。"改邑不改井",意思是說城邑雖然改建,但不浚井改水。不浚井改水或許難以滿足需求,所以說"无喪无得"。"往來井井",是形容人群往來汲水,絡繹不絕。既是如此,則井水有被汲乾的危險。

汔,幾也。至,窮盡。繘,當讀爲矞,穿也。"汔至亦未矞井",意思是井水幾乎乾涸時,仍未掘開淤泥穿井。羸,毀壞。"汔至"與"羸其瓶"相呼應,前者是井水將枯,後者是汲水器具毀壞,兩者相繼可謂禍不單行,故云"凶"。也有學者將"羸"讀爲"縲",義爲纏繞。汲水的瓶子被繩索纏繞,則易傾覆、晃盪,甚至碰到井壁上打碎。總之,"羸其瓶"一句都應指汲水的瓶子受到損毀。

初六:井泥不食。舊井无禽。

【異文】

"泥",上博簡作"替"。替,透紐質部。泥,泥紐脂部。兩字旁紐,韻部陰入對轉,故可通。"食",上博簡作"飤"。"无",帛書誤作"先"。

【易傳】

《象》曰:"井泥不食",下也。"舊井无禽",時舍也。

【釋義】

"井泥不食",意即井中滿是淤泥,水不可飲用。"舊井无禽"句各家解釋不同,主要分歧在"井"和"禽"兩字之所指。王夫之云:"井非鳥獸棲止之地,藉令有之,正惟荒廢之井,人迹不至,鳥或暫集,而日汲之新井所必無。若云水濁而禽亦不飲,鳥獸豈擇清泉而後飲哉?"因此,他釋"禽"爲"獲"[①]。以此則"舊井无禽"與"井泥不食"重複,不可從。疑"舊井"之"井"指狩獵用的"陷阱","舊井无禽"是說設下很久的陷阱中沒有野獸,雖然與"井泥不食"一句含義相當,但描述對象

[①] 王夫之:《周易稗疏》,載《船山全書》,嶽麓書社,2011年,第774頁。

有不同。初六在井卦最下，所以説"泥""无禽"。《象》云"舍"，即捨棄，都是從初六的爻位出發。

九二：井谷射鮒，(甕)[唯]敝漏。

【異文】

"谷"，上博簡作"浴"，當讀爲"谷"。帛書作"瀆"，當是義近替代。"射"，上博簡作"弞"。甲骨文常用一個箭矢搭於弓上之形會意"射"字，如𢎨。因此，"弞"實爲"射"字。到西周金文中，開始加上"又"表示手，而原來的字形後來却漸變爲"身"形。《釋文》："鄭、王肅皆音亦，云：厭也。荀作耶。""耶""射"音近，可相通。

"鮒"，上博簡作"䱼"，可與"鮒"通①。帛書作"付"，亦當讀爲"鮒"。"甕敝漏"，上博簡作"隹䘸縷"，帛書作"唯敝句"，阜簡作"□敝屢"。呂祖謙引《晁氏易》云："陸希聲作屢，藉也。説之未知陸所據。"②"縷"从"婁"得聲，而"婁"是"屢"之古字。"句"上古音在見紐侯部，與从"婁"得聲的"屢"聲韻相同，"婁"又與"漏"聲韻相同，因此，"句""縷""屢"都可通作"漏"。除今本外，帛書和上博簡肯定没有"甕"字。"甕"，《釋文》："《説文》作甕，汲缾也。"何琳儀、李零認爲今本"甕"是"唯"字之訛，可從③。

【易傳】

《象》曰："井谷射鮒"，无與也。

【釋義】

《説文·谷部》"睿"字下云："谷，阬坎意也。"段玉裁注云："谷取阬

---

① 徐在國：《上博楚簡文字聲系》第三册，安徽大學出版社，2013年，第1180頁。
② 吕祖謙：《古易音訓》，載《續修四庫全書》總第2册，上海古籍出版社，2003年，第39頁。
③ 參見何琳儀：《楚竹書〈周易〉校記》，載《傳統中國研究集刊》第三輯，上海人民出版社，2007年，第22—57頁。李零：《死生有命，富貴在天：〈周易〉的自然哲學》，生活·讀書·新知三聯書店，2013年，第246—247頁。

坎之意。阬坎,深意也。"①王引之引許慎文,認爲谷是井中容水之處②,可從。井卦所説井均指竪式水井,此類水井廢棄後,就是一個深坑,故又可稱之爲谷。鮒,一種小魚。《埤雅·釋魚》:"鮒,小魚也,即今之鯽魚。"③可信。《子夏易傳》説是"蝦蟆",不可信。古代有射魚之説,似無射蝦蟆者。

爻辭中的"射"還可釋作"注",如王弼注云:"谿谷出水,從上注下,水常射焉。"其釋與此爻説水井破敗不用非常契合,不過,王注説"鮒,謂初也"④,却未可信從。

"唯敝漏",是説水井廢棄,井壁滲出污水。

九三:井渫不食,爲我心惻。可用汲,王明,並受其福。

【異文】

"渫",上博簡作"杕",帛書作"盟",帛書用字可與今本通,上博簡用字可能是近義换用⑤。《史記·屈原列傳》引作"井泄","可用汲"引作"可以汲"⑥。上博簡亦作"可以汲",可證《史記》等所引自有來源。不過,此處異文意義差别並不大。"食",上博簡作"飤"。"惻",上博簡作"𢘜",帛書作"塞"。上博簡所用字形从塞省聲,下部从心,是想表達此字表示心塞之義。"塞"與"惻"聲紐相近,韻部相同。從前文言"井渫"可知,經文本寫作"塞",以與"渫"形成對比。後因"塞""惻"音義相近,遂寫作"惻"。"用",上博簡作"㠯",即"以"。"明",帛書作"明"。

【易傳】

《象》曰:"井渫不食",行惻也。求王明,受福也。

---

①段玉裁:《説文解字注》,上海古籍出版社,1988年,第570頁。
②王引之:《經義述聞》,江蘇古籍出版社,2000年,第28頁。
③陸佃:《埤雅》,景印文淵閣《四庫全書》第222册,第64頁。
④王弼:《周易注》,載《儒藏》精華編第一册,北京大學出版社,2009年,第764頁。
⑤季旭昇:《上海博物館藏戰國楚竹書(三)讀本》,萬卷樓圖書股份有限公司,2005年,第127頁。
⑥司馬遷:《史記》卷八十四,點校本二十四史修訂本,中華書局,2014年,第3013頁。

【釋義】

荀爽:"渫去穢濁,清絜(潔)之意也。"①心塞,即心情鬱悶。井卦下三爻均有不飲井水的含義,但九三在不飲之外,又説"可用汲"。而可以汲水的原因是"王明"。君王賢明,可解臣之心塞,所以"可汲"。這條爻辭將井水、賢君並寫在一起,説明《象傳》由井卦引申出"君子以勞民勸相"確有一定根據。

六四:井甃,无咎。

【異文】

"甃",上博簡作"䪢",帛書作"椒"。孟蓬生認爲上博簡用字是一個雙聲符字,當讀爲"抒"或"斜"(兩字同詞),均有挹出之意②。"椒"即"椒"字,與"甃"讀音相近,故可通假。

【易傳】

《象》曰:"井甃,无咎",脩井也。

【釋義】

虞翻:"以瓦甓壘井稱'甃'。"③井卦從六四爻開始談修井、汲井水,上三爻與下三爻的主題明顯不同。

九五:井洌寒泉,食。

【異文】

"洌",上博簡作"䂿",可釋爲"洌"④。帛書作"戾",阜簡作"厲",

---

① 荀爽:《周易注》,《漢魏二十一家易注》,載《儒藏》精華編第一册,北京大學出版社,2009年,第278頁。
② 孟蓬生:《上博竹書〈周易〉的兩個雙聲符字》,簡帛研究網,2005年3月31日。
③ 虞翻:《周易注》,《漢魏二十一家易注》,載《儒藏》精華編第一册,北京大學出版社,2009年,第491頁。
④ 侯乃峰:《〈周易〉文字彙校集釋》,臺灣古籍出版有限公司,2009年,第399頁。

均係音近字。《説文·水部》"洌"字下引作"冽",同"洌"字。"泉",上博簡、帛書均作"湶",係"泉"字異體。"食",上博簡作"飤"。

【易傳】

《象》曰:"寒泉"之食,中正也。

【釋義】

王弼:"洌,絜也。"①九五中正,且從初爻以來,井從最初的被遺棄到後來的修葺一新,水逐漸變得清潔,最終可以飲用,所以九五的象徵意義在井卦中是最好的。

上六:井收勿幕,有孚,元吉。

【異文】

"收",上博簡作"杽",帛書與今本同。《釋文》:"荀作甃。"上博簡九三和上六均有"井杽",而帛書和今本則分作"井渫""井收",荀爽於上六有異文,此可證井卦這兩條爻辭在戰國以後可能做過調整。"勿",《釋文》:"干本勿作罔。"當作"勿"爲是。"幕",上博簡作"寞"。李富孫云:"《漢上易》云:幕,干作冂。……《説文》云:冂,覆也。徐音莫狄切,今俗作冪,《公食大夫禮》注云:冪,今文或作幕,義同。""孚",帛書作"復"。

【易傳】

《象》曰:"元吉"在上,大成也。

【釋義】

"收"當指用汲綆將汲水的瓶從井底收回,也就是汲水完成。上

---

①王弼:《周易注》,載《儒藏》精華編第一册,北京大學出版社,2009年,第764頁。"洌"字誤作"冽",引用時改。

六在井卦最末,故以之象徵汲水完成。幕,蓋。汲水之後不蓋井口,是爲後面的人方便。有孚,即將有應驗,在這裏當指受到人們的肯定。

撰《易》者將"井收勿幕"放置在上六爻應有深意。井是供眾人汲水飲用的,非爲一人享用。所以,水井的價值不僅是供給泉水,還應包括圍繞水井形成的良好氛圍。撰《易》者是想由打井飲水上升到社會秩序。

革卦第四十九

☲☱ 離下兌上　革：巳日乃孚，元亨，利貞，悔亡。

【異文】

"革"，《别卦》作"惑"，與"革"聲韻相同。帛書卦名殘缺，從爻辭知當作"勒"，當讀爲"革"。遯卦六二和革卦初九中的"黄牛之革"，帛書均作"黄牛之勒"，可知"勒"通作"革"。"巳日"，上博簡作"改日"，帛書、《衷》均作"苣日"。按，上博簡此處用字與"改邑""改井"之"改"相同，是以從字形上説，釋作"改"當無疑問。因此，今本之"巳"當是通假字，應讀爲"改"。"孚"，帛書作"復"。"元亨"，上博簡作"元亲貞"，且後接"利貞"。在經文中連説兩次"……貞"極少見，疑上博簡有誤。"悔"，上博簡作"呣"，帛書作"愳"。

【易傳】

《彖》曰：革，水火相息，二女同居，其志不相得，曰"革"。"巳日乃孚"，革而信之。文明以説，大亨以正，革而當，其悔乃亡。天地革而四時成，湯武革命，順乎天而應乎人，革之時大矣哉！

《象》曰：澤中有火，革。君子以治曆明時。

《序卦》曰：井道不可不革，故受之以革。

【釋義】

卦象離下兌上，離爲火，兌爲澤，即是水。《管子·禁藏》："鑽燧易火，杼井易水，所以去茲毒也。"①《周禮·夏官·司馬》有"司爟：掌行火之政令，四時變國火，以救時疾"②，《論語·陽貨》云："舊穀既没，新穀既升，鑽燧改火，期可已矣。"何晏《論語集解》引馬融云："《周書·月令》有更火之文。春取榆柳之火，夏取棗杏之火，季夏取桑柘之火，秋取柞楢之火，冬取槐檀之火。一年之中，鑽火各異木，故曰改火也。"③是古有改火之俗。李道平云："《淮南子》言'八方風至，浚井取新泉，四時皆服之'。《後漢書·儀禮志》引《古禮》'立秋浚井改水'。"④火、水均因時而改，故兩象重則爲革卦。革，改也。《彖傳》"水火相息"、《象傳》"澤中有火"，均與革卦卦象相差太遠。《序卦傳》說"井道不可不革也"其實是指"改水"，此說較爲可信。井和革卦的這種聯繫再次説明排列卦序之初是考慮過卦名在意義上的關係的，《序卦傳》的某些解説很有道理，不可全廢。

革卦卦象還可從另一個角度來理解。離爲日，晨升昏落，四季往復。兌爲澤，水有豐枯，因時而變。是兩者皆有更改、循環往復之象，故可名之爲"革"。

巳日，有多種解釋，如王弼："夫民可與習常，難與適變；可與樂成，難與慮始。故革之爲道，即日不孚，'巳日乃孚'也。"⑤干寶："天命已至之日。"⑥朱震則認爲："己日，先儒讀作巳事之巳，當讀作戊己之己。"⑦高亨："巳日乃孚，謂祀社之日乃行罰也。"⑧屈萬里："己即戊己

---

① 黎翔鳳：《管子校注》，中華書局，2004年，第1017頁。
② 賈公彦：《周禮注疏》，載阮元校刻《十三經注疏》影印本，中華書局，1980年，第843頁。
③ 邢昺：《論語注疏》，載阮元校刻《十三經注疏》影印本，中華書局，1980年，第2526頁。
④ 李道平：《周易集解纂疏》，潘雨廷點校，中華書局，1994年，第435頁。
⑤ 王弼：《周易注》，載《儒藏》精華編第一冊，北京大學出版社，2009年，第765頁。
⑥ 干寶：《周易注》，《漢魏二十一家易注》，載《儒藏》精華編第一冊，北京大學出版社，2009年，第633頁。
⑦ 朱震：《漢上易傳》，九州出版社，2011年，第166頁。
⑧ 高亨：《周易古經今注》（重訂本），中華書局，1984年，第302頁。

之己,因其音同改,有改變義,故曰己日乃孚也。"①劉大鈞亦從此説,以"巳日"是指具體日期,並謂:"因'己日'在天干十日中已過半,盛極而衰,正是革命變革的時刻。"②朱興國讀作"改日",義同建除體系中的"除日"、叢辰體系中的"害日",並考證出"改日"的具體日期。所謂"改日乃孚"是:"改日纔應驗,意思是到了改日纔有變革。"③林忠軍讀作"改日",認爲更符合革卦意義④,其説於義最佳。按,革六二爻有"巳日乃革之",其"巳日"當與卦辭"巳日"相同。從上博簡的用字看,"巳日"就是"改日",所謂"改日乃孚"是説卜筮所求問的事情不會在預想的那天出現,而會在另一天出現。這裏的"孚"雖指由神靈做出的對人的某些行爲的回應,其實也是應驗一類。

初九:鞏用黄牛之革。

【異文】

"鞏",上博簡作"巩",帛書作"共"。《説文·革部》:"鞏,以韋束也。"是"鞏"有束義,與遯初九"執之用黄牛之革"之"執"字近義。"革",帛書作"勒"。"征",帛書作"正"。

【易傳】

《象》曰:"鞏用黄牛",不可以有爲也。

【釋義】

初九地位卑下,難以更改。黄牛之革極其堅韌,人或物被其束縛很難掙脱,此種處境正與初九之爻象相吻合。

---

①屈萬里:《周易集釋初稿》,載《讀易三種》,聯經出版事業公司,1983年,第298頁。
②劉大鈞、林忠軍:《周易經傳白話解》,上海古籍出版社,2006年,第125頁。
③朱興國:《三易通義》,齊魯書社,2006年,第159、384—391頁。
④林忠軍:《從戰國楚簡看通行〈周易〉版本的價值》,《周易研究》2004年第3期。

六二：巳日乃革之，征吉，无咎。

【異文】

帛書此條爻辭有殘缺。"巳"，上博簡作"改"。"征"，帛書作"正"。

【易傳】

《象》曰："巳日革之"，行有嘉也。

【釋義】

巳日，參見卦辭下的解釋。六二雖是陰爻，但與初九相比，已經從卑下地位走出，所以有"征吉，无咎"的占斷。逢此爻而行事，可能會取得一定的成績。

九三：征凶，貞厲。革言三就，有孚。

【異文】

帛書此條有殘缺。上博簡無"貞厲"一句，"三"作"晶"。"孚"，帛書作"復"。

【易傳】

《象》曰："革言三就"，又何之矣。

【釋義】

革卦是講改革、革新的，是以"貞厲"，即堅固不變則危險。言，當讀作焉，作虛詞。就，成功。九三剛健有爲，所以敢三次革新，且獲三次成功。成功則當得應驗，也即有回報，所以說"有孚"。

346

九四：悔亡，有孚，改命吉。

【異文】

"悔"，帛書作"愳"。"孚"，帛書作"復"。"改"，帛書作"苣"。

【易傳】

《象》曰："改命"之吉，信志也。

【釋義】

改命，宜釋作改變命令，正與九五、上六相應。"大人虎變""君子豹變"，變而行之就是發佈命令，革卦上三爻均與發號施令相關。

九五：大人虎變，未占有孚。

【異文】

"變"，帛書作"使"，疑係"便"字之訛，"便"可通"變"。漢石經作"辯"，亦是通假。"孚"，帛書作"復"。

【易傳】

《象》曰："大人虎變"，其文炳也。

【釋義】

變，一般釋作變化之"變"、變革之"變"。但不少學者因誤讀《象傳》"其文炳也"，以及受古籍異文的影響，以爲"變"是假借字，遂有各種不同的解釋。九五、上六之"變"不宜讀破，一是因爲兩爻都在革卦，所言就當是改革、變革之事，不讀破是最好的。二是因爲上六爻"君子豹變，小人革面"，革、變明顯是相呼應的，變是變化，革也是變化。"變"字在此當指變換統治之法，即變法。比如周人翦商後極重德治,從暴力革命轉爲以德治民,這是"變"。反之,由德治轉爲暴力手段,也是"變"。因此,孔穎達對爻辭本義的闡釋仍有可取之處:"九五居中處尊,以大人之德爲革之主,損益前王,創制立法,有文章之美,焕然可觀,有似'虎變',其文彪炳。則是湯、武革命,順天應人,不勞占決,信德自著,故曰'大人虎變,未占有孚'也。《象》曰'其文炳'者,義取文章炳著也。"①《象傳》中的"文"確有文采、文章雙重意義,但却是從"虎"之形象引申出來的,並非釋"變"。上六之《象傳》云"順以從君"也,即是以"革"爲"變",由於"小人革面"是承"君子豹變"而來,因此《象傳》應是將"變"理解爲"變化"。以虎來形容"變",是强調變當迅疾,不宜拖沓。

孚,應驗。占卜用於決疑,且往往心中早有預設。"未占有孚",是謂不用占卜就能應驗,意即不用占卜,行之無疑,仍是强調變化要迅速、果斷。

上六:君子豹變,小人革面。征凶,居貞吉。

【異文】

"變",帛書作"使",同樣是"便"之訛寫。阜簡作"便",漢石經作"辯"。"征",帛書作"正"。

【易傳】

《象》曰:"君子豹變",其文蔚也。"小人革面",順以從君也。

【釋義】

九五爻位尊於上六,且九五是陽爻,上六是陰爻。以此論,大人要尊於君子。虎、豹都是猛獸,速度都很快,似乎没有差别。但虎被尊爲叢林之王,且經常與龍並稱。豹則没有這樣的威嚴。所以,兩者

---

① 孔穎達:《周易正義》,《儒藏》精華編第二册,北京大學出版社,2009年,第164—165頁。

相比,虎的形象更適合大人,而豹則適合用來比喻地位低於大人的君子。

君子變革,小人聞之色變,不得不順從,改變此前行爲,所以"革面"。王引之釋"面"爲"面嚮"之"面"①,亦可備一説。

革卦從四爻到上爻,都强調改革應當迅速果斷,這與下三爻不可改、擇日而改、改而又改完全不同。《易經》六十四卦,多數卦都有固定的主題,撰者將主題分配到六條爻上,依據爻位、内外卦等視角,進行多層次的論述。

---

① 王引之:《經義述聞》,江蘇古籍出版社,2000 年,第 29 頁。

鼎卦第五十

䷱ 巽下
離上　　鼎：元吉，亨。

【異文】

"鼎"，《別卦》作"鼏"，金文中有"鼎"字異體，上部多一"卜"形構件（也有學者認爲此形是假借"貞"字爲"鼎"）。秦簡《歸藏》作"鼒"，《別卦》整理者認爲係"鼎"之訛形，確有可能。《説文·鼎部》："鼒，鼎之圜掩上者，从鼎，才聲。"《爾雅·釋器》："圜弇上，謂之鼒。"雖是鼎之一種，但讀音與"鼎"不同。不過，雖然《歸藏》之卦名用字多與《易經》卦名用字讀音相同或相近，但也有不同者。因此，秦簡作"鼒"也有可能是故意與《易經》相異。

【易傳】

《彖》曰：鼎，象也。以木巽火，亨飪也。聖人亨，以享上帝，而大亨以養聖賢。巽而耳目聰明。柔進而上行，得中而應乎剛，是以元亨。

《象》曰：木上有火，鼎。君子以正位凝命。

《序卦》曰：革物者莫若鼎，故受之以鼎。

【釋義】

卦象巽下離上，《象傳》言"木上有火，鼎"，但鼎之象與"木上有火"並不是很貼切。李鼎祚云:"韓康伯曰:'革去故,鼎取新。'以去故,則宜制器立法以治新也。鼎所和齊生物,成新之器也,故取象焉。"①意思是鼎、革是一組覆卦,革去故,鼎則承之而有新境。從這個角度看,就較好理解此卦爲什麽取名爲"鼎"。六十四卦之卦名有些是從覆卦的角度取名的,鼎是一例,井卦、益卦等卦得名的緣由也是如此。

李零:"鼎卦以鼎爲象,是取貞、正、定、立之義,與革卦相反,這是相反的一對。"②對卦名的由來解釋得很好。鼎是宗廟重器,也是國之重器,常被視作王權的象徵。《左傳》宣公三年,楚子問鼎,王孫滿對言:"在德不在鼎……桀有昏德,鼎遷於商,載祀六百。商紂暴虐,鼎遷於周……周德雖衰,天命未改。鼎之輕重,未可問也。"③由於鼎被視作衡量一個政權是否合法的重器,所以得鼎則得天下。與之相反,革則指向革舊,更替天命。天命更替之後,就是鼎之遷移。是以革之覆卦取名爲鼎,並置於革卦之後。

卦中九二與六五相應,陰陽交通,所以説是"亨"。

初六:鼎顛趾,利出否。得妾以其子,无咎。

【異文】

"顛",帛書作"填"。"填"與"顛"都从"真"得聲,具備通假條件。"趾",帛書作"止"。"否",帛書作"不"。

【易傳】

《象》曰:"鼎顛趾",未悖也。"利出否",以從貴也。

---

①李道平:《周易集解纂疏》,潘雨廷點校,中華書局,1994年,第444頁。
②李零:《死生有命,富貴在天:〈周易〉的自然哲學》,生活·讀書·新知三聯書店,2013年,第252頁。
③楊伯峻:《春秋左傳注》(修訂本),中華書局,1990年,第669—672頁。

【釋義】

來知德:"'顛趾'者,顛倒其趾也。凡洗鼎而出水,必顛倒其鼎,以鼎足反加於上,故曰'顛趾'。'否'者,鼎中之污穢也。"[1]初六在卦最下,所以用"趾"。顛,顛倒。"鼎顛趾,利出否",是説鼎之脚顛倒,此時正宜倒出鼎中不好的東西。因此,這兩句描述的是清洗鼎。九二以上諸爻描述的是用鼎煮食、分享食物等。妾,女性奴僕,即女奴,不是妻妾之妾。以,及也。在先秦的一些訴訟中,女性及其孩子會被作爲奴僕判給官府或勝訴方,"得妾以其子",指的就是得到女性奴僕並其子女。

九二:鼎有實,我仇有疾,不我能即,吉。

【異文】

"仇",帛書作"救",與"仇"通假。"即",帛書作"節",兩字音近可通。《校勘記》:"古本作'不能我即,吉'。"南宋初刻本與今本同。依古書語法,作"不能我即"或誤。

【易傳】

《象》曰:"鼎有實",慎所之也。"我仇有疾",終无尤也。

【釋義】

初六洗鼎,九二則鼎中有物,不再空置。鄭玄:"怨耦曰仇。"[2]相怨則難相利,所以説"不我能即"乃爲"吉"。

---

[1] 來知德:《周易集注》,九州出版社,2012年,第364頁。
[2] 鄭玄:《周易鄭注》,載《儒藏》精華編第一册,北京大學出版社,2009年,第106頁。

九三：鼎耳革，其行塞，雉膏不食。方雨虧，悔，終吉。

【異文】

"革"，帛書作"勒"。"悔"，帛書作"愳"。

【易傳】

《象》曰："鼎耳革"，失其義也。

【釋義】

耳，鼎之兩耳，爲便於移動而設。革，變也，"鼎耳革"當指鼎耳損壞。塞，滯塞。由於方便抬鼎的耳壞了，因此不便於移動鼎，即是"其行塞"。方，開始。虧，減損。"方雨虧"字面意思是剛開始降雨，却很快小了下來，這是用"雨"比喻前文的"雉膏"、美食。悔，後悔。有後悔則可能改，更何況鼎移動不便的問題很容易解決，所以"終吉"。

用鼎煮食本是爲衆人備食，鼎耳損壞則難於分食，《象傳》"失其義也"之"義"就指分食鼎中美味。

九四：鼎折足，覆公餗，其形渥，凶。

【異文】

"覆"，帛書、《二三子問》、《要》均作"復"。"餗"，帛書、《二三子問》、《要》均作"莡"。"餗"上古心紐屋部，"莡"從"足"得聲，"足"是精紐屋部，與"餗"讀音相近。"其形渥"，帛書、《二三子問》、《要》均作"其刑屋"，漢石經作"其荆劇"，《釋文》云："鄭作剭。"《周禮·秋官·司烜氏》鄭玄注引作"其刑剭"。吕祖謙《古易音訓》引《晁氏易》云："《九家》、京、虞作剭，重刑也。並音屋，京謂刑在頄爲剭。一行、陸希聲

353

同。薛云古文作渥。"①帛書之"屋"當讀爲"渥"。渥，王弼注："沾濡之貌。"今本之"形"是後人改作的，早期"形"字常借"刑"表示之，馬王堆帛書各篇中尤其多見②。由於"形"和"刑"皆用一"刑"字表示，所以後人理解有分歧。"渥"則可能是受"形"字的影響而被後人添加了氵旁。當然，"渥"也可能是"剭"的通假字。《潛夫論·三式》篇引作"其刑渥"③，可知東漢時已有作"渥"者。

【易傳】

《象》曰："覆公餗"，信如何也。

【釋義】

折，折斷。餗，鼎中食物，這裏不確指某種食物。鼎折足則無法立穩，其中食物必將傾覆於地。"其形渥"承前文"覆公餗"而來，是描寫其直接結果，宜理解爲鼎被打翻的食物沾濡。鄭玄等人的理解是先將"刑"讀如其字，繼而釋"屋"爲"剭"。鼎卦九三"鼎耳革，其行塞，雉膏不食"，是三句連寫鼎之情狀並其結果，九四爻亦當如是。雖然漢人多作"刑剭"解，但却未必符合爻辭本義。

六五：鼎黄耳金鉉，利貞。

【易傳】

《象》曰："鼎黄耳"，中以爲實也。

【釋義】

鉉是抬鼎的木棍，金鉉恐怕與困卦的"金車"一樣，祇是鑲了金屬而已。"鼎黄耳金鉉"，是説鼎耳很好，抬鼎的木棍也很好。

---

① 吕祖謙：《古易音訓》，載《續修四庫全書》總第 2 册，上海古籍出版社，2003 年，第 40 頁。
② 白於藍：《戰國秦漢簡帛古書通假字彙纂》，福建人民出版社，2012 年，第 735—737 頁。
③ 王符：《潛夫論箋校正》，汪繼培箋，彭鐸校正，中華書局，1985 年，第 199 頁。

上九：鼎玉鉉，大吉，无不利。

【異文】

"鉉"，《二三子問》似作"㽎"①。廖名春認爲《二三子問》用字是"璧"之省文，璧可通鼏，鼏、鼏通用。上九位最高，因六五已稱"鉉"，則上爻宜稱鼎蓋，故今本"鉉"字本作"鼏"，後訛爲"鉉"②。按，廖説有理，但亦有不足。一是《易經》中爻辭所用之象重複者並不少見，此處上九之用象與六五重複未必没有可能③。二是鼎卦借鼎談食物，尤重君臣分食，比如三爻和五爻就是，若作"鼎玉鼏"則體現不出分食之意，並與"大吉，无不利"義不相承。三是從《二三子問》對爻辭的釋義看，明顯是以"舉"爲訓，是以當讀爲"鉉"更妥，此點丁四新已有論證④。

【易傳】

《象》曰："玉鉉"在上，剛柔節也。

【釋義】

玉的韌性較差，不宜承重，所以這裏的"玉鉉"應該是指鑲嵌有玉的鉉⑤。上九在六五上，一剛一柔，《象傳》"剛柔節也"當指此爻象。

在鼎卦六爻中，九二、九三、六五、上九共四條爻，都涉及了分食、

---

① 學界對這個字有一些考證，可以參看張政烺：《馬王堆帛書〈周易〉經傳校讀·二三子問》，載《張政烺文集·論易叢稿》，中華書局，2012年，第164頁；裘錫圭主編：《長沙馬王堆漢墓簡帛集成》（叁），中華書局，2014年，第45頁等。

② 廖名春：《帛書〈二三子〉、〈要〉校釋五題》，載《〈周易〉經傳與易學史新論》，齊魯書社，2001年，第124—141頁；亦收入氏著《帛書〈周易〉論集》，上海古籍出版社，2008年，第331—346頁。

③ 黃懷信以爲六五"金鉉"二字衍，而上九"玉"字當作"金"字，這也是爲了避免"鉉"重複而做出的調整。理由是陰爻與"金"之象不配，"玉不可以爲鉉"。參見黃懷信：《周易本經彙校新解》，清華大學出版社，2014年，第169頁。

④ 丁四新：《楚竹簡與漢帛書〈周易〉校注》，上海古籍出版社，2011年，第463頁。

⑤ 李零：《死生有命，富貴在天：〈周易〉的自然哲學》，生活·讀書·新知三聯書店，2013年，第253頁。

分享。這既與鼎的實際用途相關，也與其政治蘊義相關。通過這些爻，撰《易》者其實是想表達政權鞏固當依賴君臣共舉的思想。君臣共舉主要體現在兩方面，一方面是一致對外，另一方面是君臣合作，共治天下，九三、六五、上九側重分享美食就包含了這樣的思想。

若作"鼎玉鼏"，則指鑲嵌有玉飾的蓋子。蓋子有遮掩之義，因此爻辭當喻示屯儲，與三、五兩爻所說分食不同。從諸卦之"元亨"、屯卦之"屯其膏。小貞吉，大貞凶"以及泰卦等看，《易經》重視君臣共享、上下相通。所以，"鼎玉鉉"於義更佳。

震卦第五十一

䷲ 震下
震上

震：亨。 震來虩虩，笑言啞啞。震驚百里，不喪匕鬯。

【異文】

"震"，《筮法》作"來""𧖟"，整理者均讀爲"震"。帛書、《衷》均作"辰"，當讀爲"震"。"虩虩"，帛書作"朔朔"，《釋文》："荀作愬愬。""朔朔"當通作"愬愬"。"虩"字上古曉紐鐸部，"愬"是心紐鐸部，兩字疊韻，且曉紐和心紐相諧的例子很多①，關係是很近的。"言"，《釋文》："言亦作語，下同。""啞啞"，帛書作"亞亞"。"驚"，帛書作"敬"，兩字可通。"不喪匕鬯"，帛書作"不亡釶腸"。"喪"與"亡"無論音義，皆可相通。"釶"與"匕"聲符相同，亦可通假。"腸"與"鬯"上古疊韻旁紐，同樣可以通假。

【易傳】

《彖》曰：震，"亨"。"震來虩虩"，恐致福也。"笑言啞啞"，後有則也。"震驚百里"，驚遠而懼邇也。出可以守宗廟社稷，以爲祭主也。

---

① 龐光華：《上古音及相關問題綜合研究：以復輔音聲母爲中心》，暨南大學出版社，2015年，第433—445頁。例如"宣"是心紐元部，而從其得聲的字既有屬曉紐的，也有屬心紐的，"愃""瑄"是心紐，"喧""萱""諠"等則是曉紐。

《象》曰：洊雷，震。君子以恐懼脩省。
《序卦》曰：主器者莫若長子，故受之以震。震者，動也。

【釋義】

震卦是一個純卦，無論卦辭還是爻辭，所說的都是雷。由於在父母六子卦中震爲長子，所以《象傳》有"出可以守宗廟社稷，以爲祭主也"的說法。而《象傳》更由卦辭中的描述，以及雷確實可能造成的恐懼感，引申出"君子以恐懼脩省"的義理。

雷象徵春天來臨，是農業上新一年開始的標志。前有革、鼎，象徵革故鼎新，然後繼之以震。震在鼎後，這種安排或許源於它們類似的象徵意義。

虩虩，恐懼貌。履卦有"履虎尾，愬愬"，《說文》引作"履虎尾，虩虩"。是以"虩虩"就相當於"愬愬"。啞啞，馬融云："笑聲。"①匕，一種取食器具，形似現在的大湯勺。鬯，用鬱金香和黑黍釀成的香酒。卦辭描寫雷聲突然而來，令人驚恐，但又很快鎮靜下來。縱然雷聲滾滾，聲聞百里，手中的匕沒有掉，鬯也沒有灑。

初九：震來虩虩，後笑言啞啞，吉。

【異文】

帛書作"辰來朔朔，後芙言亞亞"。

【易傳】

《象》曰："震來虩虩"，恐致福也。"笑言啞啞"，後有則也。

【釋義】

這條爻辭與卦辭的第二、三句相比，祇多出一個"後"字。高亨認

---

① 馬融：《周易注》，《漢魏二十一家易注》，載《儒藏》精華編第一册，北京大學出版社，2009 年，第 241 頁。

爲卦辭有衍文,主要理由是卦辭没有"後"字①。而帛書與今本却基本一樣,高亨的意見也許不正確。但在《易經》中,像震卦這樣爻辭與卦辭出現近似的句子,確實不多見(除一些占斷辭以外)。

六二:震來厲。億喪貝,躋于九陵。勿逐,七日得。

【異文】

"億",帛書作"意",《釋文》:"本又作噫,同於其反,辭也。""噫"與"億"聲符同爲"意",故三者可相通。"喪",帛書作"亡"。"躋",帛書作"齍",漢石經作"齊",且其下無"于"字。《釋文》:"本又作隮。"諸異文均從"齊"得聲,可相通假,此處當從帛書作"齍"②,《説文·皿部》:"齍,黍稷器,所以祀者。從皿,齊聲。"此字與"躋"所從聲符相同,故可通假。"逐",帛書作"遂",當是形近而誤。

【易傳】

《象》曰:"震來厲",乘剛也。

【釋義】

億,虛詞,常置於句首。貝,當指貝幣,這裏可能泛指財産。齍,是盛祭品以祭祀。九陵,高山。"齍于九陵",因喪失財産而祈於山神。古人對雷聲有恐懼心理,在雷聲期間丢失財物,或以爲是神靈降罪,故此祭祀。"勿逐,七日得",不要去尋找丢失的財産,七日後會失而復得。這裏的"七日"與既濟六二中的"七日"意思一樣,但與復卦的"七日"不同。古人認爲"七"這個數字有些神秘,在巫術、祝由甚至用藥時都偏愛"七"③。

---

①高亨:《周易古經今注》(重訂本),中華書局,1984年,第307—308頁。
②劉大鈞:《今、帛、竹書周易綜考》,上海古籍出版社,2005年,第88頁。
③吕亞虎:《戰國秦漢簡帛文獻所見巫術研究》,科學出版社,2010年,第373—386頁。

六三：震蘇蘇，震行无眚。

【異文】

"蘇蘇"，帛書作"疏疏"，應讀爲"蘇蘇"。"无眚"，帛書、漢石經分別作"無省""无省"。"省"與"眚"本來同爲一字，後來發生分化。

【易傳】

《象》曰："震蘇蘇"，位不當也。

【釋義】

蘇蘇，一般理解是恐慌不安。前一個"震"字指雷，後一個指驚恐。所謂"震行无眚"是告誡人們要有"恐懼脩省"的意識。從這一條爻辭看，《象傳》的"恐懼脩省"並非全是借題發揮，有些是可以從爻辭中找到依據的。

九四：震遂泥。

【異文】

"遂"，《釋文》："荀本遂作隊。"李富孫引"虞注"云："遂義同墜。""泥"，帛書作"沂"。此字以前多釋作"泥"，看帛書照片，字形與"泥"僅在右下方有細微差別，確實應作"沂"字。陳劍認爲帛書作"沂"是訛字[1]，兩字形近，確有可能。

【易傳】

《象》曰："震遂泥"，未光也。

---

[1] 裘錫圭主編：《長沙馬王堆漢墓簡帛集成》(叁)，中華書局，2014年，第22頁。

【釋義】

王弼注云："處四陰之中,居恐懼之時,爲眾陰之主,宜勇其身,以安於眾。若其震也,遂困難矣。履夫不正,不能除恐,使物安己,德未光也。"[1] 是釋"遂"爲"於是"、"泥"爲"泥滯"之義,釋義可取。

六五:震往來,厲。意无喪,有事。

【異文】

"意",《校勘記》云:"毛本'意'作'億'。"唐石經亦作"億",作"意"或"億"均係句首虛詞。"喪",帛書作"亡"。今本之"喪"字,帛書多作"亡"。

【易傳】

《象》曰:"震往來,厲",危行也。其事在中,大无喪也。

【釋義】

到六五時,上卦之震已基本成形,上下兩卦都是震,所以用"震往來"。又,雷聲有"炸雷""悶雷"之分,悶雷是因雲層極厚,聲波在雲層間來回反射造成。有時這種雷聲延續時間較長,就像天空中有人在推石磨一樣。"震往來"或許就指這種雷聲。无喪,意思是不會像六二那樣丟失財產。有事,虞翻以爲"謂祭祀之事",後蘇蒿坪、屈萬里都有考證[2],似可信從。

---

[1] 王弼:《周易注》,《儒藏》精華編第一册,北京大學出版社,2009年,第768頁。
[2] 虞翻:《周易注》,《漢魏二十一家易注》,載《儒藏》精華編第一册,北京大學出版社,2009年,第498頁。丁壽昌:《讀易會通》,中國書店影印本,1992年,第580頁。屈萬里對"有事"有詳細考證,可以參看《周易集釋初稿》,載《讀易三種》,聯經出版事業公司,1983年,第314—315頁。

上六：震索索，視矍矍，征凶。震不于其躬，于其鄰，无咎。婚媾有言。

【異文】

"索索"，帛書作"昔昔"。"昔"與"索"同爲心紐鐸部字，可通，"矍矍"，帛書作"懼懼"。兩字聲符相同，故可通假。"征"，帛書作"正"，《校勘記》云："古本'征'作'往'。"南宋初刻本與今本同，無"往"字。"躬"，帛書作"竆"。"无咎"，帛書作"往无咎"，多一"往"字。"婚媾"，帛書作"閩訽"。

【易傳】

《象》曰："震索索"，中未得也。雖"凶"无咎，畏鄰戒也。

【釋義】

鄭玄："索索，猶縮縮，足不正也。矍矍，目不正。"[1]"索索"是寫人的體態，嚇得兩脚篩糠似的。"矍矍"是寫人的眼神，惶恐不安。第一個"震"是指雷聲，人被雷聲所嚇，擔心自己受到上天的懲罰。第二個"震"是指雷聲所帶來的懲罰，比如人被雷震傷，房子被雷電擊中等。躬，自己。"震不于其躬，于其鄰"，是說雷聲過後，自己並沒有因雷電受到損失，而是鄰居家有所損失。言，言語，這裏當指言語方面的糾紛。

《象傳》的"中未得也"，意思是内心本有不寧，故而"震索索"。上六爻並不居中，所以《象傳》之"中"不指爻位。這也說明《象傳》所用之"中"字不單指爻位。"畏鄰戒也"，是說看到鄰居境況後自生戒備。

---

[1] 鄭玄：《周易鄭注》，載《儒藏》精華編第一册，北京大學出版社，2009年，第108頁。

艮卦第五十二

䷳ 艮下
艮上
艮其背，不獲其身。行其庭，不見其人，无咎。

【異文】

"艮"，帛書、《二三子問》均作"根"，當讀爲"艮"；《衷》作"謹"，與"艮"音近可通。"背"，上博簡作"伓"，帛書及《二三子問》作"北"。"北"是"背"字初文，"不"與"北"聲韻相近，故上博簡用字亦應讀爲"背"。"獲"，上博簡作"䐜"，帛書作"濩"，均可與"獲"字通。"庭"，上博簡、帛書及《二三子問》均作"廷"。在先秦古書中，"廷"有庭院義，後來用"庭"字取代之。

【易傳】

《彖》曰：艮，止也。時止則止，時行則行。動靜不失其時，其道光明。艮其止，止其所也。上下敵應，不相與也。是以"不獲其身"。"行其庭，不見其人"，无咎也。
《象》曰：兼山，艮。君子以思不出其位。
《序卦》曰：物不可以終動，止之，故受之以艮。艮者，止也。

【釋義】

艮與震是一對覆卦，且艮有山象。山千百年屹立不動，因之在艮卦的卦爻辭中,"艮"字都取止義。艮卦所涉話題就是談"止",《老子》第四十四章有"知足不辱,知止不殆,可以长久",《大學》有"知止而後有定",儒、道兩家都談"知止",是以"知止"當是一個頗引人關注的話題。在艮卦的卦爻辭中,"艮"字後都有賓語,李零將"艮"譯爲控制,是非常合適的。

艮與履、同人等卦一樣,卦象之下直接是"艮其背","艮"字不重。背,後背,是身體之一部分。身,身體,是身體的全部。"艮其背,不獲其身",止身體之一部分,並不能止身體之全部。庭衹是屋宇的一部分,"行其庭,不見其人",不見其人未必是屋中無人,猶如止身體之一部分,不見得可止身體之全部。爻辭中的"趾""腓""隨""限""輔"等均是身體之一部分,爻辭的主題大體與卦辭相近。

初六:艮其趾,无咎,利永貞。

【異文】

"趾",上博簡、帛書、漢石經作"止",《釋文》:"荀作止。""永",帛書作"光",當是訛字。

【易傳】

《象》曰:"艮其趾",未失正也。

【釋義】

初六在艮卦最下,所以從脚開始。"艮其趾"意謂不可動。"利永貞",即利於長久的正命,其中的"永貞"當與"永貞吉"中的"永貞"同義。因爲初六處艮卦最卑下位置,且爲陰爻,其性不好動,故此《象傳》説"未失正也"。

| 下經 |

六二：艮其腓，不拯其隨，其心不快。

【異文】

此條爻辭上博簡作"艮丌足，不陞丌陵，丌心不悸"，除"足"字外，其他異文是通假或異體。作"艮丌足"或許另有所本。"腓"，帛書作"肥"，《釋文》："本又作肥。""肥"與"腓"音近可通。"拯"，帛書作"登"，漢石經作"抍"，《釋文》作"承"，並云"音拯救之拯，馬云舉也"。此當以"抍"爲是①。"隨"，帛書作"遀"，係"隨"字異體。

【易傳】

《象》曰："不拯其隨"，未退聽也。

【釋義】

腓，小腿肚。隨，骰，即髖部。具體解釋可參看咸卦六二、九三。抍，舉也。腓、隨雖不直接相連，但都是腿的一部分，行爲常常是聯動的。腓被止，則隨亦難以行動。"其心不快"，腿被止，心有不快。這條爻辭涉及了身、心的關係。身體一部分被限止，但心未必被止，是以有不快。

九三：艮其限，列其夤，厲薰心。

【異文】

上博簡作"艮丌瞳，剡丌衞，礪佮心"。"瞳"讀作"堇"聲，與"限"音近可通。"列"，帛書作"戾"，呂祖謙引《晁氏易》云："孟、一行作裂。"② "列"本義是分解，"裂"是後起的分化字。"戾"是來紐質部，"列"是來

---

①丁四新：《楚竹書與漢帛書〈周易〉校注》，上海古籍出版社，2011年，第225頁。
②呂祖謙：《古易音訓》，載《續修四庫全書》總第2冊，上海古籍出版社，2003年，第40頁。

紐月部,雙聲、韻部旁轉,故可通。刻,讀爲"列"。"合"字之釋諸家有爭議,有可能與"熏"音近或義近。

"夤",帛書作"肥",《韓詩外傳》引作"胂",《釋文》:"鄭本作䏚,徐又音胤,荀作腎,云:互體有坎,坎爲腎。孟喜、京房、一行作胂。"從《釋文》所引"徐又音胤"可知,上博簡用字也應讀爲"夤"。李富孫云:"鄭作䏚,當爲胂之別體。胂、腎,聲之轉。"此説是也,荀作"腎"其實也應讀爲"夤"。"夤"有夾脊肉的義項,"胂"是後起字。帛書之"肥"從"巳"得聲,讀邪紐之部。"夤""胂""胤"讀餘紐真部,"巳"在文獻中可與"已"(實從"巳"字分化而來)相通,而"已"上古音歸爲餘紐之部。因此,"肥"字仍可能讀爲"夤"。

"厲",《韓詩外傳》引作"危",兩字義近。"薰",帛書作"熏"。《釋文》:"荀作動,云:互體有震,震爲動。"疑作"動"係"勳"字之訛,而"勳"則應通"薰"。《集解》"薰"作"閽",兩字均是曉紐文部,可以通假。

【易傳】

《象》曰:"艮其限",危薰心也。

【釋義】

限,腰。夤,夾脊肉。心,心臟。腰可牽動夾脊肉,而夾脊肉又可牽扯到心臟。腰被限,則人難以掙脱,人越難掙脱,則心越躁,猶如火燻其心。九三爻與六二爻一樣,闡明身體各部分、各器官是相互關聯的。肉體的被限,會引起心理的變化。

六四:艮其身,(无咎)。

【異文】

"身",上博簡作"躳",《説文·吕部》:"躳,身也。从吕,从身。躬,俗从弓、身。"是"躬",係"躳"的異體。帛書作"竆",當讀作"躬"。

由於身、躬兩字可互訓,所以《象傳》云"止諸躬"也。上博簡和帛書都沒有占辭"无咎",今本或有衍文。

【易傳】

《象》曰:"艮其身",止諸躬也。

【釋義】

躬,自己。"艮其躬",即是自己知止而止。初爻到三爻所談均是人受外力而止,從第四爻開始,是人的自我約束。人能自我約束,要好過外力束縛。

六五:艮其輔,言有序,悔亡。

【異文】

"輔",上博簡作"頯",帛書作"胶",《二三子問》作"哎",阜簡作"父"。諸異文均從"父"得聲,或從"頁",或從"月"、從"口",可知都與臉部相關。"輔"與"父"聲韻相同,理可通假。"序",上博簡作"舎",即"舒"字。"序"與"舒"讀音相近,可通。《集解》作"言有孚",與所引虞翻注同。"悔",上博簡作"愳",帛書作"悬"。

【易傳】

《象》曰:"艮其輔",以中正也。

【釋義】

輔,面頰。人説話時面頰會動,是以用"艮其輔"來形容人能控制自己的言語。説出去的話,潑出去的水,難以收回,人常因此後悔不迭。能做到"艮其輔,言有序",當然是沒有悔恨。此爻所説同樣是人的自我約束。"防民之口,甚於防川",就是説從外部限制人的言語是很難的,也是很危險的。相反,人的自我約束就要簡單一些。但六五爻並不單講約束言語，它還説"言有序"，强調語言的條理性。從這點可以看出，這條爻辭對動與止、言與默其實是有一些辯證的看法的。

上九：敦艮，吉。

【異文】

"敦"，上博簡作"𦤮"，此字形楚簡帛中常見，此處宜讀爲"敦"。

【易傳】

《象》曰："敦艮"之吉，以厚終也。

【釋義】

敦，敦厚，篤實。人的行爲要給人敦厚篤實的感覺，不是外力約束能够做到的。一味的外力壓制，祇是使人畏縮卑顔，惶惶度日。祇有内心的自我約束，纔可能使人安於其事，氣定神閑。這是知止之極致，所以繫於上九之下。

艮卦諸爻極有層次感，而且涉及了身體、心靈之間的關係。將"艮"讀爲"根"，或釋爲"還視"，就掩蓋了撰《易》者的這些深層思考。《易經》雖然是一部卜筮書，但它與很多卜筮書相比，却有與衆不同的思想深度，以及嚴密的邏輯性。震、艮是一組覆卦，兩者是有聯繫的，這類聯繫在所有的覆卦中未必都存在，但多數情况下是存在的。

漸卦第五十三

䷴ 艮下
巽上　　漸：女歸，吉，利貞。

【異文】

"漸"，《別卦》作"蒚"，整理者認爲與"漸"字讀音相近。上博簡作"漸"，濮茅左據上博簡之六二、九三爻辭中均作"漸"，推測卦名用字"同'漸'字"。其説可從。"歸"，上博簡作"遏"，與"歸"字同。

【易傳】

《彖》曰：漸之進也，"女歸"吉也。進得位，往有功也。進以正，可以正邦也。其位，剛得中也。止而巽，動不窮也。

《象》曰：山上有木，漸。君子以居賢德善俗。

《序卦》曰：物不可以終止，故受之以漸。漸者，進也。

【釋義】

卦象艮下巽上，艮爲山，巽爲木，是山上之木。山上之木，遠望之層層疊疊，隨山勢漸次而升，直至山巔之木，秀於崇山峻嶺之間。孔穎達云："木生山上，因山而高，非是從下忽高，故是'漸'義也。"[1]其釋最合漸卦卦象。又，艮爲陽卦，巽爲女卦，一男一女，所以"女歸，吉"。

---

[1]孔穎達：《周易正義》，載《儒藏》精華編第二册，北京大學出版社，2009年，第174頁。

既然是吉,當然就是"利貞"。

但《象傳》釋"漸"卦是從"女歸"開始,以爲嫁娶過程有諸多禮節,循禮節漸次而進則婚姻可成,所以名爲"漸"。《象傳》則由"漸"聯想到德性的養成是一個逐漸積累的過程。

初六:鴻漸于干,小子厲。有言,无咎。

【異文】

爻辭中諸"鴻"字,上博簡、帛書、漢石經均作"鳴",與"鴻"字同。"干",帛書作"淵",上博簡作"䫉",當釋作"澗"[①]。荀爽曰:"干,山間澗水也。"後王肅亦同此釋[②],是將"干"讀爲"澗"。"干""澗"以及帛書的"淵"音義皆近,故相通用,此處當依今本作"干"。"小",上博簡作"少"。"厲",上博簡作"礪",帛書作"癘"。《易經》中有許多"厲"字,帛書多作"厲",此處獨作"癘",似乎不同於他處,或許是指疾疫。"无咎",上博簡作"不冬",與帛書本、今本均不同。夬九四有"聞言不信",上博簡作"聞言不冬",是上博簡的"不冬"有時相當於今本的"不信"。因此,疑上博簡此處本作"聞言不信"。

【易傳】

《象》曰:"小子"之厲,義无咎也。

【釋義】

鴻是水鳥,諸爻所述是鴻在不同的地方覓食和活動,從初爻到上爻,大致有離河越來越遠,地勢越來越高的變化。干,水畔,離水最近,地勢最低,與初六爻位最符。"小子厲",小子有危險。有言,即有言語上的糾紛。

[①] 馬承源主編:《上海博物館藏戰國楚竹書》(三),上海古籍出版社,2003年,第204頁。
[②] 荀爽:《周易注》,《漢魏二十一家易注》,載《儒藏》精華編第一册,北京大學出版社,2009年,第280頁。王肅:《周易注》,《漢魏二十一家易注》,載《儒藏》精華編第一册,北京大學出版社,2009年,第589頁。

漸卦中艮在下,據《筮法》記載,艮五行爲水,而巽又有木象。初六在艮卦之下,最近水,故"鴻漸于干"。六四是巽卦下爻,在木之象,是以"鴻漸于木"。

六二:鴻漸于磐,飲食衎衎,吉。

【異文】

"磐",上博簡作"堅",帛書作"坂",漢石經作"般"。《史記·孝武本紀》《史記·封禪書》和《漢書·郊祀志上》均引作"鴻漸于般"①,與漢石經同。《京氏易傳》引《易》則與今本同②。"磐""堅""坂""般"四字讀音相近,雖可通,但意義有別。帛書與上博簡當是同一字,與"阪"字同,漢石經則與今本相同,"般"應讀作"磐"。考慮到九三爻是"陸",則六二時鴻的活動地點當在澗水和陸之間,因此當作"阪"爲宜,漢代作品及漢石經作"般""磐"均係通假而誤。《詩·秦風·車鄰》:"阪有漆,濕有栗。"濕即隰,低濕之地,正與"干"相類。初六爲"干",六二則爲"阪",像《詩經》以"阪""隰"相對一樣。王引之以爲今本"磐"當讀爲"般",義爲阪③。帛書和上博簡正可爲其證明。"飲食",上博簡作"酓飤",前一個字是"飲"字古文。帛書作"酒食","酒"可能是從"酓"字下部"酉"訛變而成。"衎衎",上博簡作"衋_",帛書、漢石經作"衍衍"。文獻中"衎"與"侃"、"侃"與"愆"是兩組并不少見的異文④,郝懿行更謂"衎"通作"侃"⑤。而"愆"從"衍"得聲,上博簡用字從"侃"得聲。因此,三古本之異文當從今本讀爲"衎衎"。

---

①司馬遷:《史記》卷十二,點校本二十四史修訂本,中華書局,2014年,第589頁;卷二十八,第1671頁。《漢書》卷二十五上,中華書局,1962年,第1224頁。
②京房:《京氏易傳》,載《儒藏》精華編第一冊,北京大學出版社,2009年,第24頁。
③王引之:《經義述聞》,江蘇古籍出版社,2000年,第30頁。
④王輝:《古文字通假字典》,中華書局,2008年,第710頁。
⑤郝懿行:《爾雅義疏》,王其和、吳慶峰、張金霞點校,中華書局,2017年,第26頁。

【易傳】

《象》曰："飲食衎衎"，不素飽也。

【釋義】

阪，斜坡。衎衎，快樂閑適的樣子。"鴻漸于阪，飲食衎衎"，鴻漸漸上到澗水旁的斜坡上，悠閑自得地覓食。《象傳》的"不素飽也"，孔穎達云："素，故也。故無禄養，今日得之，故願莫先焉。"①

九三：鴻漸于陸。夫征不復，婦孕不育，凶。利禦寇。

【異文】

"陸"，上博簡作"陸"，與"陸"字同。"孕"，帛書、《衷》均作"繩"，《釋文》："荀作乘。""繩"與"乘"讀音相同，與"孕"讀音相近。"孕"字後上博簡有"而"字。"育"，帛書作"㹛"，與"育"音近可通②。"禦"，帛書作"所"，與"禦"音近可通。

【易傳】

《象》曰："夫征不復"，離群醜也。"婦孕不育"，失其道也。利用"禦寇"，順相保也。

【釋義】

陸，當依馬融釋："山上高平曰陸。"③"鴻漸于陸""夫征不復"，如《詩·豳風·九罭》云："鴻飛遵陸，公歸不復。"可知這是古代依鴻雁之行爲而行占卜的習俗。"婦孕不育"，婦女雖然懷孕，但却不能順利生育。這與征戰不歸是相類的，都是事情有始無終。出征既是凶，當

---

① 孔穎達：《周易正義》，載《儒藏》精華編第二册，北京大學出版社，2009年，第174頁。
② 裘錫圭主編：《長沙馬王堆漢墓簡帛集成》（叁），中華書局，2014年，第37頁。
③ 馬融：《周易注》，《漢魏二十一家易注》，載《儒藏》精華編第一册，北京大學出版社，2009年，第242頁。

然袛能"利禦寇",即袛宜防禦敵人來犯,不宜主動進攻。

鴻是一種候鳥,隨季節遷徙。在《詩經》中,有由鴻而述及征夫的句子,如《小雅·鴻雁》:"鴻雁于飛,肅肅其羽。之子于征,劬勞于野。"又有由鴻而及歸來,如《豳風·九罭》:"鴻飛遵渚,公歸無所,於女信處。鴻飛遵陸,公歸不復,於女信宿。"所以,鴻在古代詩歌中與思念主題相關,在卦爻辭中也是如此。

六四:鴻漸于木,或得其桷,无咎。

【異文】

"或得其桷",帛書作"或直亓寇𣪠"。"直"與"得"旁紐疊韻,此處宜讀爲"得"。"𣪠"字之釋從陳劍意見,他綜合侯乃峰、秦樺等人意見,頗可信從①。"桷"字見紐屋部,"寇"字溪紐侯部,兩字聲韻皆相近。"𣪠"字亦是見紐屋部,與"桷"字聲韻相同。從上文"鴻漸于木"看,作"桷"字較合適。"寇""𣪠"二字確有可能像秦樺所推測,是帛書誤合二本而成,或因音近而誤衍一字②。

【易傳】

《象》曰:"或得其桷",順以巽也。

【釋義】

虞翻:"桷,椽也,方者謂之'桷'。"③桷是承接屋面或瓦片的木條,"或得其桷",是比喻鴻雁飛到林中,宿於樹枝之間。得桷袛是一個比喻。水鳥常宿於河邊樹林間,並非袛宿於河岸。由於六四到上九成巽卦,且鴻雁飛入林中是順樹木之勢而宿,所以《象傳》說"順以巽也"。

---

① 裘錫圭主編:《長沙馬王堆漢墓簡帛集成》(叁),中華書局,2014年,第37頁。
② 秦樺:《利用出土文獻校讀〈周易〉經文》,復旦大學碩士學位論文,2008年,第85頁。
③ 虞翻:《周易注》,《漢魏二十一家易注》,載《儒藏》精華編第一冊,北京大學出版社,2009年,第502頁。

九五：鴻漸于陵，婦三歲不孕，終莫之勝，吉。

【異文】

"孕"，帛書作"繩"。

【易傳】

《象》曰："終莫之勝，吉"，得所願也。

【釋義】

陵，一般釋爲山陵，或土丘。如果是這樣的話，則"鴻漸于陵"與"鴻漸于木"就差不多了。疑陵或指墳墓。墳墓是祖先之葬地，鴻是水鳥，而墳墓通常離河較遠，鴻出現在墓地當是異常現象，故以之占卜。陵又有上升義，引申之則有欺侮義。依此看，勝當通乘，欺陵也。"婦三歲不孕，終莫之勝"，婦女三年没有懷孕，並没有因此被夫家欺凌，如此當然是"吉"。被人欺凌並非人之所願，所以《象傳》釋"終莫之勝"爲"得所願也"。

上九：鴻漸于陸，其羽可用爲儀，吉。

【異文】

"儀"，帛書作"宜"，讀爲"儀"。

【易傳】

《象》曰："其羽可用爲儀，吉"，不可亂也。

【釋義】

胡瑗："今考於經文，'陸'字當爲'逵'字，蓋典籍傳文字體相類而録之誤也。逵者,雲路也,言鴻之飛高至於雲路。"①程頤從胡瑗作"逵",並引申至人事②。按,上九與九三皆爲陽爻,且吉凶不同,似不宜都爲"鴻漸于陸"。胡瑗以爲作"逵"字,並釋作"雲路"(鴻雁是飛禽,對它們而言,"大道"就是天空,所以胡瑗認爲"鴻漸于逵"是一個比喻)。"陸"與"逵"同聲符,理可通假,胡瑗之說或可信從。

"其羽可用爲儀",是說鴻雁羽毛光潔亮麗,堪可用於禮儀。見到漂亮的鳥令人心情愉悅,不像見到通體漆黑的烏鴉或面貌可怕的貓頭鷹而使人心生厭惡,所以是吉利的。

---

① 胡瑗:《周易口義》,《儒藏》精華編第三册,北京大學出版社,2009年,第295頁。
② 程頤:《周易程氏傳》,中華書局,2011年,第309頁。

歸妹卦第五十四

☱下 ☳上　歸妹：征凶，无攸利。

【異文】

"歸"，《別卦》作一从辶从歸之字，當係異體。"妹"，漢石經作"昧"。"征"，帛書作"正"。

【易傳】

《彖》曰：歸妹，天地之大義也。天地不交而萬物不興。歸妹，人之終始也。説以動，所歸妹也。"征凶"，位不當也。"无攸利"，柔乘剛也。

《象》曰：澤上有雷，歸妹。君子以永終知敝。

《序卦》曰：進必有所歸，故受之以歸妹。

【釋義】

卦象兑下震上，兑爲少女，震爲長子，一男一女，是以命名爲"歸妹"。至於爲什麽是"征凶，无攸利"？則不好解釋。但據五行理論，倒是可以説通。震爲木，兑爲金，木遇金，爲金所剋，所以"征凶，无攸利"。但在撰寫《易經》的時候恐怕還没有五行相剋的理論，此解衹能暫作參考而已。

《象傳》"永終知敝"是從"歸妹"引申到婚姻，認爲婚姻需要長久

| 下經 |

保持和睦的話,就有必要知道影響和諧婚姻的諸多因素。歸妹卦諸爻辭多描寫婚姻禮儀,再由禮儀過程中的現象推測吉凶,《象傳》的解釋比較貼近爻辭。

至於"妹"是指少女,還是妹妹,王弼、孔穎達兩人的意見就不同,後來的學者也各有不同說法。項安世認爲:"歸妹不必曲說,但嫁皆女之少時,故古之言嫁者,例曰歸妹。《易》'帝乙歸妹',《詩》'倪天之妹'是也。男三十而娶,女二十而嫁,男常長,女常少,故曰'所歸妹也'。今國家帝常呼后爲妹,蓋相沿久矣。"①這個解釋可備參考。

初九:歸妹以娣,跛能履,征吉。

【異文】

"妹",漢石經作"昧",顯然係通假。"娣",帛書作"弟",與"娣"同義。"跛",漢石經作"尳"。段玉裁云:"尳,俗作跛……今之經傳有跛無尳。"②"能",《集解》作"而",兩字可通假。"履",帛書作"利",兩字音近可通。"征",帛書作"正"。

【易傳】

《象》曰:"歸妹以娣",以恒也。"跛能履",吉相承也。

【釋義】

娣,女弟,即妹妹、年幼的陪嫁者。"歸妹以娣",嫁女而有年幼者陪嫁,這是古代的媵婚制。跛,脚走路不正,猶腿瘸。履,行走。孔穎達云:"妹而繼姊爲娣,雖非正配,不失常道。譬猶跛人之足然,雖不正,不廢能履。"③也就是說,做陪嫁的妹妹雖然不是正配,但終歸符合常儀。正如人雖跛足,略有殘疾,但終歸可以行走。《象傳》"以恒

---

① 項安世:《周易玩辭》,景印文淵閣《四庫全書》第 14 册,第 373 頁。
② 段玉裁:《説文解字注》,上海古籍出版社,1988 年,第 495 頁。
③ 孔穎達:《周易正義》,《儒藏》精華編第二册,北京大學出版社,2009 年,第 177 頁。

也",是説以妹妹陪嫁是常見禮儀。"履"在此處可能有雙關義,既指步履,也因其與"禮"音近而暗指禮儀。"吉相承也",是説妹妹雖然衹是陪嫁,但終能盡其職責,是以得吉。

出征與步行相關,所以占辭是"征吉"。

九二:眇能視,利幽人之貞。

【異文】

"能",《集解》作"而"。"之",帛書無,不影響文義。

【易傳】

《象》曰:"利幽人之貞",未變常也。

【釋義】

這是承初九而來的,省略了"歸妹以娣"一句。眇,目小且視力不佳。幽人,盲人或視力不佳者。"眇能視",占得此爻於幽人來説是個好兆頭。《象傳》以"貞"爲守正,所以引出"未變常也"。

六三:歸妹以須,反歸以娣。

【異文】

"須",帛書作"嬬",吕祖謙引《晁氏易》云:"子夏、孟、京作媭,媵之妾也。古文作須。"①《釋文》:"荀、陸作嬬。陸云:妾也。""媭",上古章紐元部,"須"和"嬬"都是心紐侯部,"媭"字讀音與"須""嬬"均有一定距離,《晁氏易》或另有所本。"娣",帛書作"弟",兩字可通。

---

① 吕祖謙:《古易音訓》,載《續修四庫全書》總第 2 册,上海古籍出版社,2003 年,第 40 頁。

【易傳】

《象》曰:"歸妹以須",未當也。

【釋義】

須,當讀作嬃,從高亨釋,即姊也①。按一般情況,姊要先於妹妹成婚。這條爻辭所述是相反的情況,妹妹出嫁以姊姊陪嫁,這可能是不合常禮的。"反歸以娣",是説妹妹被送回了娘家,然後陪嫁者反而成了主婦,妹妹仍爲陪嫁。這説明事情中途發生了變化。六三是陰爻居陽位,是有不當位之象。爻辭所述有兩種不當的行爲,妹妹出嫁,姊姊爲陪嫁,這是不當;妹妹被送回後,姊姊却成了新婚妻子,妹妹成爲陪嫁,這又是不當。

九四:歸妹愆期,遲歸有時。

【異文】

"愆",帛書作"衍",讀爲"愆"。

【易傳】

《象》曰:"愆期"之志,有待而行也。

【釋義】

馬融:"愆,過也。"②時,時間,與前文的"期"相應,不必讀破。所謂"歸妹愆期,遲歸有時",是説嫁女雖超過常規時間,但終究會在某個時間出嫁,不能不嫁。《詩·衛風·氓》有"匪我愆期,子无良媒。將子無怒,秋以爲期",可與此爻辭相參看。

---

①高亨:《周易古經今注》(重訂本),中華書局,1984年,第318頁。
②馬融:《周易注》,《漢魏二十一家易注》,載《儒藏》精華編第一冊,北京大學出版社,2009年,第242頁。

這條爻辭接六三而來,六三"歸妹以須"是姊錯過了婚嫁年齡,後來竟成了妹妹的陪嫁,這就是"遲歸無時"。九四則不然,雖然時間晚了,但終究嫁了。《象傳》說"有待而行也",並不是解釋爻辭中的"時"字,而是爲了解釋"愆期之志"。

六五:帝乙歸妹,其君之袂,不如其娣之袂良。[日]月幾望,吉。

【異文】

"如",帛書作"若",兩字音、義皆近,故相通。"娣",帛書作"苐"。後"袂"字,帛書誤作"快"。

帛書在"月"字前多一"日"字,《昭力》引有"良月幾望",從卦爻象和古注看,今本當脱"日"字。《集解》引虞翻注云:"幾,其也。坎月離日,兑西震東,日月象對,故曰'幾望'。"所謂"坎月離日"是說歸妹卦中,有互卦離、坎,坎爲月象,離爲日象。歸妹卦是談男女婚姻的,且六五是陰爻居陽位,因此,作"日月幾望"更合爻象。今本或許是因小畜、中孚兩卦有"月幾望",遂致此處脱去"日"字而作"月幾望"。

"幾",帛書作"既",《昭力》與今本同,《釋文》:"荀作既。"小畜上九爻下,《集解》引虞翻云:"幾,近也。坎月離日,上已正,需時成坎,與離相望,兑西震東,日月象對,故'月幾望'。上變陽消,之坎爲疑,故'君子征,有所疑'矣。與歸妹、中孚'月幾望'義同也。"按,小畜卦三、四、五爻互卦爲離,上九陽爻變爲陰爻,則四、五、六爻可成坎,所以有"坎月離日"之説。不過,上九終究是陽爻,欲變需待其時,所以祇能是"近",不能説是"既"。"之坎爲疑",既是解釋《象傳》,也是在解釋"幾,近也"。且虞翻認爲經文中的三處"月幾望"義同,也就是説,在歸妹六五爻下,虞翻是將"幾"訓作"將要"解,所以他説"幾,其也"。"既"與"幾"雙聲,韻部相近,有通假條件。

【易傳】

《象》曰:"帝乙歸妹",不如其娣之袂良也。其位在中,以貴行也。

【釋義】

這條爻辭説的是婚禮過程中服飾不合禮制的情況。君,是主嫁者。娣,是陪嫁者。袂,衣袖。衣袖有各式花紋,可别尊卑主次。爻辭可能講述了一個故事,是説帝乙嫁女,主嫁和陪嫁的服飾出了問題。幾,近也。"日月幾望",是説即將到月半望日,月將圓,日月各正其所,相對而望,猶如婚姻中男女琴瑟和諧,所以説是"吉"。

上六:女承筐无實,士刲羊无血,无攸利。

【異文】

"承",帛書、《繆和》均作"氶",即"承"字。"筐",《繆和》作"匡",《釋文》出"承匡",云:"鄭作筐。"(黄焯云:宋本同,寫本無注文"鄭作筐"三字,十行本、閩、監本、盧本"匡""筐"互易,《考證》云"今從錢本,與《玉海》同"。)"血",《説文・血部》"衁"字下引作"衁":"衁,血也。從血,亡聲。"

【易傳】

《象》曰:上六"无實",承虛筐也。

【釋義】

鄭玄云:"宗廟之禮,主婦奉筐米。"[①]是古代祭祀宗廟時,婦持筐,士刺羊,各有分工。上六所述或是在宗廟之外舉行的禮儀。在新娘

---

① 鄭玄:《周易鄭注》,載《儒藏》精華編第一册,北京大學出版社,2009年,第110頁。

進夫家之前,需在夫家之外祭天地。祭完天地之後,纔進夫家,然後在神位前祭祀。上六所述或許就是進夫家之前的祭祀,這次祭祀中的一些異常現象會被視爲日後婚姻生活的預兆。

筐,可以盛放東西的器具,用竹或柳條等編成。"女承筐无實",新娘準備進獻神靈時,手中的筐竟然是空的。刲,刺殺。殺羊而不見血,同樣是意外情況。有意外被認爲是凶兆。

古人迷信,很多事情都用占卜來預測,有些風俗甚至流傳至今。比如修房、結婚生子這樣的大事,整個過程中的很多現象都可能被視作日後生活的預兆。歸妹卦就反映了古代婚禮中的一些習俗,那時的人們會根據陪嫁者的身份、服飾以及祭祀中的意外等對未來做出預測。《左傳》中的很多預言就是憑人物在禮儀中的表現做出的,這與歸妹卦各爻辭所述在文化背景上很相近。

豐卦第五十五

☲☳ 離下震上　豐：亨，王假之。勿憂，宜日中。

【異文】

"豐"，《別卦》和《衷》均作"鄷"，漢石經作"豊"。"豊"與"豐"形近，故常混用，漢魏碑刻中仍多見用"豊"爲"豐"之例。"假"，帛書、《二三子問》均作"叚"，古文"假"字。

【易傳】

《彖》曰：豐，大也。明以動，故"豐"。"王假之"，尚大也。"勿憂，宜日中"，宜照天下也。日中則昃，月盈則食，天地盈虛，與時消息，而況於人乎？況於鬼神乎？

《象》曰：雷電皆至，豐。君子以折獄致刑。

《序卦》曰：得其所歸者必大，故受之以豐。豐者，大也。

【釋義】

卦象離下震上，離爲日，震爲雷。通常來説，聽到雷聲就應該可以看到雲（若雷聲從遠處傳來，有可能看不到雲）。因此，雷在日上，或就意味着雲在日上，雲甚至可能遮住太陽。又，《説卦》云震卦"爲玄黃"，《説文·玄部》："黑而有赤色者爲玄。"是玄、黃都指顏色。今震在離上，是日上有玄、黃兩色，非日之正常色。李零認爲："這個卦名當與豐隆有關。豐隆，一說是雲神，一說是雷神，應以雲神爲是。案：馬王堆帛書《刑德》乙種有豐隆、風伯、大音、雷公、雨師。豐隆和雷公顯然是不同的神。《北堂書鈔》卷一五〇引《歸藏》佚文：'昔者豐隆（莖）〔筮〕，將云氣而（結核）〔枚占〕之也。'豐隆和雲氣有關。古人所謂雲氣，主要指日蝕、慧孛、云霓一類遮蔽太陽的妖氣，古人叫'祲祥'。此篇所述，恰好就是這類天象。"①這個理解比將豐卦理解爲描寫日食要好。古人對日食非常恐慌，如《詩·小雅·十月之交》："日有食之，亦孔之醜。""此日而食，于何不臧。"在《左傳》中，更能看到許多關於日食之後將有災難的討論。豐卦六二、九三、九四諸爻並未表現出多大的恐慌，反而是在小有挫折後"无咎"或"吉"。因此，豐卦所述可能祇是太陽被雲氣遮住的情景，與日食是不同的。

另外，豐卦六二、九三、九四分別提及"日中見斗""日中見沬""日中見斗"，此即"星畫見"或"星與日並出"。《開元占經》卷七十六"星畫見一"引甘氏云："星與日並出，名曰女嫁。星與日爭光，武且弱，文且強，女子爲主而昌。在邑爲喪，野爲兵。""明星奪日光，天下有立王。""星無故常畫見者，名女王，不出三年，大水浩洋，若有女王立。"又引《魏氏圖》曰："北斗畫見者，君死亡，絶後嗣也。"②這些占斷顯然要比豐卦爻辭中的占斷更加凶險，前者雖然要比《易經》晚，但却有久遠的淵源，未必全是後起的觀念。所以，就算豐卦爻辭說的是太陽被雲遮蔽，其中仍有一些與古代社會文化相矛盾的地方。這些矛盾可能與《易經》撰成時代早有關係，在春秋之前，星占學並不發達，未形成系統，所以纔有爻辭中的觀念。要之，豐卦仍有許多謎團有待解釋。

卦名"豐"就是《彖傳》和《序卦》所釋"大"的意思，全卦各爻描述了小者、賤者、次要者在由微小而盛大之時可能會發生的情況或應變

---

①李零：《死生有命，富貴在天：〈周易〉的自然哲學》，生活·讀書·新知三聯書店，2013年，第267頁。
②瞿曇悉達：《開元占經》，中央編譯出版社，2006年，第803、804頁。

之法。初九和九四是在小者、次者盛大之時，不改往日常規，是說應變之法。六二、九三、六五和上六是說小大發生顛倒時可能導致的情況，各爻因爻象不同而吉凶有異。

離是陰卦，震是陽卦，兩卦相遇，陰陽交通，是以"亨"。"王假之"，即王來到。王的到來令人緊張，占辭的回應是"勿憂，宜日中"，不要擔憂，宜在日中時迎接。

《象傳》對卦象的理解不同於《彖傳》，它以爲離有電象，即閃電。閃電之後有雷，因閃電和雷聲都令人恐懼，且速度極快，引申爲人事則是"君子以折獄致刑"。刑獄同樣是雷厲風行，賞罰分明（就像閃電劃過黑暗的天空），令人驚恐。

初九：遇其配主，雖旬无咎，往有尚。

【異文】

"遇"，帛書作"禺"，通作"遇"。"配"，帛書作"肥"，《集解》作"妃"，《釋文》："鄭作妃，云：嘉偶曰妃。"《漢上易傳》引孟喜、《集解》引虞亦作"妃"。"肥""妃"均與"配"通假。"雖"，帛書作"唯"。"旬"，《釋文》："荀作均，劉昞作鈞。""均"和"鈞"應讀爲"旬"。

【易傳】

《象》曰："雖旬无咎"，過旬災也。

【釋義】

配，當從李零釋，即配享之"配"[1]。主，神主。所謂"配主"是指祭祀的次要對象。遇，禮遇。"遇其配主"，即禮遇次要的祭祀對象。豐卦諸爻除五爻外，所述大體是次要者獲得豐大。初爻處豐卦初始位置，因此不爲過份。

---

[1]李零：《死生有命，富貴在天：〈周易〉的自然哲學》，生活·讀書·新知三聯書店，2013年，第268頁。

雖，當讀作唯，句首虛詞。旬，十日爲一旬。"雖旬无咎"，在十日之內無災①。換而言之，十日之外可能有災，故《象傳》說"過旬災也"，正是此意。

六二：豐其蔀，日中見斗。往得疑疾，有孚發若，吉。

【異文】

"蔀"，帛書作"剖"，《釋文》："鄭、薛作菩，云：小席。""剖"和"菩"均從"咅"得聲，故得與"蔀"相通。"見斗"，《釋文》："孟作見主。""主"和"斗"疊韻旁紐，此處應讀爲"見斗"。"疑"，帛書作"孖"。《說文·子部》："疑，惑也，从子、止、匕，矢聲。"帛書所用字形从匕、子，矢聲，應係異體。"孚"，帛書作"復"。"發"，帛書作"洫"，兩字聲韻皆近，當可通假②。帛書"若"字後無"吉"字。

【易傳】

《象》曰："有孚發若"，信以發志也。

【釋義】

虞翻："日蔽雲中稱蔀。"③蔀本指席棚，這裏用來形容雲層。"豐其蔀"，意即遮住太陽的雲層越來越多，就像席棚一樣。濃雲遮日，昏天暗地，甚至正午時分可以"見斗"，即看到北斗星。有此天象，則"往得疑疾"，行事可能遇猜疑，不被信任。發，生出。"有孚發若"，即應驗之事生出。"往得疑疾，有孚發若，吉"，這三句的意思是先被猜忌，後因應驗之事發生，所以最終不被猜忌，占辭稱爲"吉"。六二是陰爻，處位得當，故雖有猜忌，但終究是吉象。

---

① 屈萬里：《周易集釋初稿》，載《讀易三種》，聯經出版事業公司，1983年，第337—338頁。
② 張政烺：《馬王堆帛書〈周易〉經傳校讀·六十四卦》，載《張政烺文集·論易叢稿》，中華書局，2012年，第133頁。
③ 虞翻：《周易注》，《漢魏二十一家易注》，載《儒藏》精華編第一冊，北京大學出版社，2009年，第508頁。

九三：豐其沛，日中見沬。折其右肱，无咎。

【異文】

"沛"，上博簡作"芾"，帛書作"䊷"，《釋文》："本或作旆，謂幡幔也……子夏作芾，傳云：小也。鄭、干作韍，云：祭祀之蔽膝。""䊷"上古並紐元部，"沛""芾"和"旆"聲符相同，同爲月部，聲紐或同爲幫紐，或幫並旁紐。元部與月部陽入對轉，因此，"䊷"亦可與"沛""芾"諸字通。由於"芾"可作"韍"，因此鄭、干作"韋"，讀爲"韍"，即"蔽膝"。今本"沛"本是水名，用在此處顯然是通假，宜讀爲"旆"。"沬"，上博簡作"芅"，帛書作"茉"，《釋文》："《字林》作昧……鄭作昧。服虔云：'日中而昏也。'《子夏傳》云：'昧，星之小者。'馬同，薛云：'輔星也。'"《漢書·王商傳》《漢書·王莽傳》竝引作"昧"，呂祖謙《古易音訓》引《晁氏易》云："馬同鄭，九家同《字林》，虞同子夏。"① "芅"是並紐月部，從"未"的"沬""茉"是明紐月部，從"未"的"昧"也是明紐物部，因此，"芅"與"沬""昧"都是讀音相近的，理可相通。從上下文看，諸異文宜讀爲"昧"。"肱"，上博簡作"厷"，當係"肱"字異體。帛書作"弓"，應讀爲"肱"。《釋文》："姚作股。"作"股"恐係訛字。

【易傳】

《象》曰："豐其沛"，不可大事也。"折其右肱"，終不可用也。

【釋義】

王弼："沛，幡幔，所以禦盛光也。"② 是讀爲"旆"。這裏應該是將雲層形容爲幡幔。沬，讀爲昧，光芒微弱的小星。"折其右肱"，右臂折斷。在"折其右肱"之後說"无咎"，意思右臂折斷雖是不幸，但最終

---

① 呂祖謙：《古易音訓》，載《續修四庫全書》總第 2 册，上海古籍出版社，2003 年，第 41 頁。
② 王弼：《周易注》，載《儒藏》精華編第一册，北京大學出版社，2009 年，第 775 頁。

沒有釀成災難。北斗是星空中比較容易觀察到的星辰，六二白日見北斗，九三白日見小星，可見日光被遮蔽得越來越嚴重。九三是陽爻處陽位，其志剛健，不知迴旋，所以"折其右肱"。

聞一多以爲此條爻辭是説彗星，李零繼之①。但從《左傳》的記載看，昭公十七年、二十六年和文公十四年三次彗星出現，天下均有災難，與本爻説"无咎"不相同。《左傳》的記載足以反映古人對彗星的看法，本爻既説沒有災難，則未必是記載彗星。

九四：豐其蔀，日中見斗。遇其夷主，吉。

【異文】

"蔀"，上博簡作"坿"，宜讀爲"蔀"；帛書、《繆和》作"剖"。"遇"，帛書作"禺"。"夷"，上博簡作"㠯"，乃"夷"之古文。"主"，上博簡作"宝"，可讀爲"主"。

【易傳】

《象》曰："豐其蔀"，位不當也。"日中見斗"，幽不明也。"遇其夷主"，吉行也。

【釋義】

夷，常也。所謂"遇其夷主"，即在祭祀中像平常一樣對待神靈。此條爻辭是説太陽雖被遮擋，天象表明主次發生了顛倒，但此時仍宜正常祭祀鬼神，不宜加以改變。

---

① 聞一多：《周易義證類纂》，載《聞一多全集》第二册，生活·讀書·新知三聯書店，1982年，第14—15頁。李零：《死生有命，富貴在天：〈周易〉的自然哲學》，生活·讀書·新知三聯書店，2013年，第269頁。

六五：來章，有慶譽，吉。

【異文】

"來"，上博簡作"莱"，係"來"字異構。"譽"，上博簡作"愚"，帛書作"舉"，兩異文均應讀爲"譽"。

【易傳】

《象》曰：六五之"吉"，有慶也。

【釋義】

"章"在《易經》中常是正面的含義，如坤的"含章"。又，章可指花紋、文彩，因此，疑"來章"是指天空中出現祥雲。這與二、三、四爻一樣，都是占雲氣的。

李零讀"來"爲"鼇"，"章"爲"璋"，"鼇璋"即獲賜玉璋。其意亦可通，衹是與豐卦之雲氣占的主題及經文用字習慣不合。在經文中，來、章都如字讀，無有通假者，此處似不應例外。

上六：豐其屋，蔀其家。闚其户，闃其无人。三歲不覿，凶。

【異文】

"豐"，《釋文》："《説文》作寷，云：大屋也。""屋"，上博簡作"芾"，與九三同，疑上博簡本有誤①。"蔀"，上博簡作"坿"，帛書作"剖"。"闚"，上博簡、帛書均作"閨"，應讀爲"闚"。《淮南子·泰族》和《論衡·藝增》均引作"窺"②，"闚"實"窺"之異體。

---

① 季旭昇認爲"屋"字是"帷幄"之"幄"的初文，其義與"芾"(旆)之幡幔義相近。此亦有可能。參見季旭昇：《上海博物館藏戰國楚竹書(三)讀本》，萬卷樓圖書股份有限公司，2005年，第151頁。
② 劉文典：《淮南鴻烈集解》，中華書局，1989年，第681頁。黃暉：《論衡校釋》，中華書局，1998年，第386頁。

"闃",上博簡作"䩂",帛書作"䦱",《釋文》:"姚作閴,孟作窒,並通。"《校勘記》:"岳本作闚其。""䦱",張政烺引《說文》,認爲係"臭"字異體,在此讀爲"闃"①。後來李零、侯乃峰等又有詳細分析,認爲此字可與"闃"通②。"䩂",《説文·章部》:"缺也,古者城闕其南方謂之䩂。从章,夬聲,讀若拔物爲决引也。"今本"闃"字是溪紐錫部,上博簡用字與之聲紐雖同,但韻部有距離。"閴"同樣是錫部字,聲紐亦與"闃"相近。"窒"字則與"闃""閴"讀音均有一定差距。李富孫認爲"窒"有空義,可作參考。從上下文看,當以今本作"闃"爲是。"覯",帛書作"遂"。徐在國認爲"遂"當讀爲"覯"③。"歲",上博簡作"歲",楚文字中常用作"歲"字。

【易傳】

《象》曰:"豐其屋",天際翔也。"闚其户,闃其无人",自藏也。

【釋義】

初九和上六雖然與雲氣占無直接關係,但在思維上却是連類而及的。主與配有如日與云氣的關係,人與屋亦是。"豐其屋,蔀其家"是説房子很大,但門窗緊閉,整個屋宇被高高的院墻和嚴實的窗户遮蔽。户,室。闃,安靜。往屋内窺探,却安静得好像没人一樣。《國語·晉語》載有一個故事,頗可反映出古人對房屋與人之關係的看法。"智襄子爲室美,士茁夕焉,智伯曰:'室美夫!'對曰:'美則美矣,抑臣亦有懼也。'智伯曰:'何懼?'對曰:'臣以秉筆事君。《志》有之曰:"高山峻原,不生草木,松柏之地,其土不肥。"今土木勝,臣懼其不安人也。'室成三年而智氏亡。"④

---

①張政烺:《馬王堆帛書〈周易〉經傳校讀·六十四卦》,載《張政烺文集·論易叢稿》,中華書局,2012年,第133頁。
②可參侯乃峰:《〈周易〉文字彙校集釋》,臺灣古籍出版有限公司,2009年,第447、449頁。裘錫圭主編:《長沙馬王堆漢墓簡帛集成》(叁),中華書局,2014年,第24頁。
③徐在國:《上博竹書(三)〈周易〉釋文補正》,載《康樂集:曾憲通教授七十壽慶論文集》,中山大學出版社,2006年,第130—133頁。
④徐元誥:《國語集解》,王樹民、沈長雲點校,中華書局,2002年,第454—455頁。

旅卦第五十六

䷷ 艮下離上　旅：小亨，旅貞吉。

【異文】

"旅"，《別卦》和上博簡均作"遞"，係"旅"字異體。"小"，上博簡、帛書均作"少"。"亨"，上博簡作"卿"。

【易傳】

《彖》曰："旅，小亨"，柔得中乎外而順乎剛，止而麗乎明，是以"小亨，旅貞吉"也。旅之時義大矣哉！

《象》曰：山上有火，旅。君子以明慎用刑，而不留獄。

《序卦》曰：窮大者必失其居，故受之以旅。

【釋義】

卦象艮下離上，艮爲止，離爲離開，止而繼之以離開，正象旅客投宿、離開，是以名爲"旅"。小，通"少"，稍也。艮、離一陽一陰相遇，故"亨"。貞，卜問。"旅貞吉"，旅客卜問得此卦則吉。因爲卦象中有止有離，意味着有店可投宿，又能安全離開。

許多人受《象傳》"山上有火"的影響，循此而釋旅卦卦象，其實是很難說通的。山上有火，是需要特別小心，若成火災，則蔓延極快。

《象傳》"君子以明慎用刑,而不留獄"就是從這點出發的。山上生火要謹慎,以此推出"慎用刑";若是山火,則速度極快,以此推出"不留獄",當果斷決之。《象傳》釋重卦卦象時,八單卦之卦象絕大多數情況下不超出天、地、雷、風、水、火、山、澤這八種,但事實上八卦之象不止於此,所以《象傳》釋重卦卦象常常有失誤。

初六:旅瑣瑣,斯其所取災。

【異文】

"瑣",上博簡作"贏",且無重文。兩字上古同爲歌部字,聲紐亦近,或可通假。《釋文》:"或作璅字者,非也。""斯",上博簡、帛書均作"此",此處兩字義近。"災",上博簡作"愍",可讀爲"瘥",帛書作"火"。"此丌(其)所取火"義不可通,疑帛書有誤。"瘥"可作病解,與"災"近義①。當從今本作"災"。

【易傳】

《象》曰:"旅瑣瑣",志窮災也。

【釋義】

瑣瑣,當從孔穎達釋:"細小卑賤之貌也。"②初六居旅卦最下,又是陰爻,所以行爲畏縮。行爲畏縮者易爲人欺,尤其行旅在外,身處陌生環境更是如此,爻辭"斯其所取災"就是這個意思。《象傳》"志窮災也"同樣是批評初六行爲過於卑微,易爲人輕視,招致欺凌。

六二:旅(即)[既]次,懷其資,得童僕貞。

【異文】

"旅即次",阜簡作"旅即其次"。"即",上博簡、帛書均作"既",阜

---

①季旭昇:《上海博物館藏戰國竹書(三)讀本》,萬卷樓圖書股份有限公司,2005年,第154頁。
②孔穎達:《周易正義》,載《儒藏》精華編第二册,北京大學出版社,2009年,第182頁。

簡與今本同作"即",或許有誤①。不過,"既"作副詞用,本就有相當於"即"的義項,此處也有因義近而誤的可能性。"次",上博簡作"㝵",讀爲"次"。"懷其資",《釋文》:"本或作懷其資斧,非。""懷",上博簡作"裛",帛書作"壞",兩異文均可讀爲"懷"。"資",上博簡作"次",帛書作"茨",兩異文均應讀爲"資"②。高亨據九四"得其資斧"及《釋文》,認爲此處"資"字下脱去"斧"字。今上博簡、帛書均無"斧"字,可證其説不成立。

"得童僕貞",上博簡作"昃僮儳之貞",帛書作"得童剥貞","剥"當通"僕"。從今本與兩古本此處的異文看,當釋"貞"爲"卜問"義。"童",《集解》亦作"僮"。

【易傳】

《象》曰:"得童僕貞",終无尤也。

【釋義】

既,副詞,表示前後兩個動作相銜接,如《逸周書·克殷解》:"武王使尚父與伯父致師,王既以虎賁戎車馳商師,商師大敗。"③次,有歇息意,這裏是指旅舍。"旅既次",行旅到達旅舍。懷,懷藏,用在這裏是攜帶的意思。資,旅客身上的錢財。童、僕,皆指仆人,此處指旅舍裏的仆人。貞,卜問。行旅疲憊,走進旅舍,身上又有盤纏,這就意味着可以得到很好的招待。

九三:旅焚其次,喪其童僕,貞厲。

【異文】

"次",上博簡作"㝵"。"喪"帛書作"亡"。"童",上博簡、《集解》均

---

① 陳劍:《上博竹書〈周易〉異文選釋(六則)》,載《戰國竹書論集》,上海古籍出版社,2013年,第146—167頁。
② 侯乃峰:《〈周易〉文字彙校集釋》,臺灣古籍出版有限公司,2009年,第454—455頁。
③ 黄懷信、張懋鎔、田旭東:《逸周書彙校集注》,上海古籍出版社,1995年,第360頁。

作"僮"。"僕",上博簡作"𢈻"。帛書此處有殘缺。上博簡"貞"字後有重文符號,是以後兩句應讀作"喪其僮𢈻貞,貞礪"。按,"喪其童僕"四字成句,與前文"旅焚其次"相同。上博簡既有"其"字,且在經文中不見有兩個"貞"字連用的例子,因此"貞"字當是衍文。

【易傳】

《象》曰:"旅焚其次",亦以傷矣。以旅與下,其義喪也。

【釋義】

古人長途旅行時自帶糧食,若無旅舍則需在休息時就地做飯,若入旅舍,也可自己生火做飯。例如孔子師徒在陳絕糧,就是隨身攜帶的糧食吃完了的情況,而《論衡》等古籍中載錄的顏淵竊食的故事正反映旅途中做飯的事迹。古代交通不便,行進速度慢,服務業又不發達,因此旅店少。長途旅行不帶糧食是不行的,而遇到旅店之後,又會因旅店人手少,或不放心糧食經他人之手等原因,乾脆自己生火做飯。關於古代的旅行習俗,屈萬里有詳細考證,可以參考①。

明白以上背景,則旅卦中的一些爻辭就好理解了。所謂"旅焚其次",應是旅客生火時不小心引發火災。店都被燒了,自然不會有人來服侍,所以"喪其童僕"。貞厲,堅固不變則危險。遇此災難,當然要靈活應變,不可剛愎自用,固執己見。

九四:旅于處,得其資斧,我心不快。

【異文】

"資",帛書作"溍",《昭力》作"潛",疑是"溍"的訛字。"溍"與"資"讀音相近,故得相通。漢石經作"齊",《釋文》:"《子夏傳》及眾家並作齊斧。"疑當以"齊"爲是。因六二有"懷其資",且兩字音近,故傳

---

①屈萬里:《學易劄記》,載《讀易三種》,聯經出版事業公司,1983年,第568頁。

抄爲"資"。此處異文宋翔鳳析之甚明,認爲漢魏文獻多引作"齊斧",故讀"齊"字爲是①。

【易傳】

《象》曰:"旅于處",未得位也。"得其資斧",心未快也。

【釋義】

處,休息。"旅于處",當指旅客遇店投宿。齊,《爾雅·釋詁下》:"疾也。"邢昺疏:"皆謂急疾也""齊者,壯疾也"②。齊斧,當是指鋒利的斧頭。《逸周書·命訓解》:"夫天道三,人道三,天有命、有禍、有福,人有醜、有紼絻、有斧鉞,以人之醜當天之命,以紼絻當天之福,以斧鉞當天之禍。"③斧可當天之禍,無疑被視作凶器。"旅于處,得其齊斧",是說到客店投宿,進房却看到一把鋒利的斧子。這是非常令人不悦的,即"其心不快"。此爻陸宗達亦有釋,以爲"齊斧"就是犀利的斧頭,並引《史記》《漢書》《後漢書》等文獻中的用例,足證"資"當讀作"齊"④。

六五:射雉一矢,亡。終以譽命。

【異文】

"譽",帛書作"舉"。

【易傳】

《象》曰:"終以譽命",上逮也。

---

①宋翔鳳:《周易考異》,載《續修四庫全書》總第28册,上海古籍出版社,2003年,第498頁。
②邢昺:《爾雅注疏》,載阮元校刻《十三經注疏》影印本,中華書局,1980年,第2574頁。
③黄懷信、張懋镕、田旭東:《逸周書彙校集注》,上海古籍出版社,1995年,第29—30頁。
④陸宗達:《陸宗達語言學論文集》,北京師範大學出版社,1996年,第523—524頁。

【釋義】

這條爻辭說的仍是旅途中的事情。遇到一隻雉，這是美味，一箭就將它射死了。辛苦旅行中能輕易得到如此美味，無疑是好兆頭，所以"終以譽命"。又，能一箭射中，是箭術精準。射是六藝之一，射術精準在古代社會是一個人具備良好修養的表現，這也是占辭説"終以譽命"的原因。

《國語·晉語》中記載了晉平公射獵的故事，有助於理解此條爻辭。"平公射鴳不死，使豎襄搏之，失，公怒，拘將殺之。叔向聞之，夕。君告之，叔向曰：'君必殺之。昔吾先君唐叔射兕於徒林，殪以爲大甲，以封於晉。今君嗣吾先君唐叔，射鴳不死，搏之不得，是揚吾君之恥者也。君其必速殺之，勿令遠聞。'"①

上九：鳥焚其巢，旅人先笑後號咷。喪牛于易，凶。

【異文】

帛書作"歊棻其巢，旅人先芺後撓桃，亡牛于易，兇"。"歊"，即"鳥"。"棻"通"焚"，"歊""撓"皆是訛寫。"芺"，同"笑"。《漢書·孝成許皇后傳》引作"咲"，顏師古注："'咲'，古'笑'字也。"②

【易傳】

《象》曰：以旅在上，其義焚也。"喪牛于易"，終莫之聞也。

【釋義】

焚，就是燒。"鳥焚其巢，旅人先笑後號咷"是説一件旅途中罕見的事情，鳥巢被焚，鳥巢下的旅客先是看笑話，繼而號咷奔竄。鳥巢

---

① 徐元誥：《國語集解》，王樹民、沈長雲點校，中華書局，2002 年，第 427 頁。
② 班固：《漢書》卷九十七下《外戚傳下·孝成許皇后傳》，中華書局，1962 年，第 3979—3980 頁。

被焚有可能是因爲雷電,也有可能是因爲鳥將帶有火星的樹枝叼進鳥巢①。《漢書·五行志》和《外戚傳》都記有鳥焚其巢的故事②,時人視爲災異。當鳥巢起火,鳥兒慌忙逃命時,鳥巢從高處掉下,由於離房子近,最終竟引發火災。

喪,丟失。易,應該是地名,顧頡剛考證爲古國名"有易",並以爲"喪牛于易"是說殷有易之君殺殷先公王亥,然後取其牛羊的故事③。大壯六五爻下引劉大鈞書中之反駁,可以參照。

---

①《天津日報》2009年4月24日轉載英國《郵報》4月23報導說,有鳥將煙頭叼進位於一家商店屋檐下的鳥巢,竟然引發火災。鳥巢起火雖然罕見,但確有可能。
②班固:《漢書》卷二十七中之下《五行志中之下》,中華書局,1962年,第1416頁。卷九十七下《外戚傳下》記:"五月庚子,鳥焚其巢太山之域。"與《五行志》所記有可能是同一件事,不過時間不同。參見第3979頁。王先謙《漢書補注》引錢大昕考證,認爲《外戚傳》記時錯誤。參見《漢書補注》,上海古籍出版社,2008年,第5970頁。
③顧頡剛:《〈周易〉卦爻辭中的故事》,載《古史辨》第三册,海南出版社,2003年,第4—6頁。

巽卦第五十七

巽下
巽上 巽：小亨。利有攸往。利見大人。

【異文】

"巽"，《説文》引作"顨"。李富孫以爲許氏所記"存《周易》最初之古文"，其論恐未必符合事實。在《筮法》中，巽卦卦名用字與今本相同，足見今本作"巽"自有早期淵源，未必是後人改作。"巽"字已見於戰國文字，"顨"則未見於各種古文字材料，且其形體與"巽"略似，有可能是"巽"字異體。帛書卦名處殘缺，從九二等爻辭看，應作"筭"。《説文·竹部》："長六寸，所以計曆數者。"段玉裁注："此謂筭籌，與算、數字各用……古書多不別。"①帛書以"筭"爲卦名，當讀爲"巽"。《釋文》於蒙卦六五《象傳》"順以巽"下云："音巽，鄭云當作遜。"是"巽"可讀爲"遜"。不過，算籌亦可用於卜筮，因此，在巽卦中，"巽"除指謙遜外，還因其與"筭"音近而藉之暗指卜筮。

【易傳】

《彖》曰：重巽以申命。剛巽乎中正而志行，柔皆順乎剛。是以"小亨，利有攸往，利見大人"。

《象》曰：隨風，巽。君子以申命行事。

---

① 段玉裁：《説文解字注》，上海古籍出版社，1988年，第198頁。

《序卦》曰：旅而无所容，故受之以巽。巽者，入也。

【釋義】

巽卦是一個純卦，所以也説"亨"。巽可象木，象風，這是兩個最基本的卦象。但在巽卦諸爻辭中，"巽"似當釋作謙恭、卑順、順從之類的意思。《彖傳》"重巽以申命"與《象傳》"君子以申命行事"都是取巽爲風象，進而強調君子申命如同風行天下，無所不至。

初六：進退，利武人之貞。

【異文】

"退"，帛書作"内"，兩字同爲微部字，疊韻，旁紐雙聲。吳新楚引《説文》録"退"字或體从彳从内，及竹簡《尉繚子》、帛書《繫辭》異文，説明"内"與"退"通[1]。其説是也。在簡帛文獻中，"内"與"退"通，或从"内"之字與"退"通，均多有其例[2]。觀六三有"進退"，帛書與今本同，且"進退"古籍中多見，"進内"則罕見，是以巽初六當從今本作"進退"。

【易傳】

《象》曰："進退"，志疑也。"利武人之貞"，志治也。

【釋義】

此"進退"與觀六三"進退"同。初六位卑，且是陰柔，所以謙卑退讓。初六謙卑而知前進，是爲"進退"。武人之戒在畏縮怯弱，所以説"利武人之貞"，是一個利於武人的占問。《象傳》"志疑也"，是因"退"字而起。

---

[1] 吳新楚：《〈周易〉異文校證》，廣東人民出版社，2001年，第24—25頁。
[2] 白於藍：《戰國秦漢簡帛古書通假字彙纂》，福建人民出版社，2012年，第551、554頁。

九二：巽在牀下，用史巫紛若，吉，无咎。

【異文】

"巽"，帛書作"筭"。"史"，帛書作"使"，當作"史"爲是。"紛"，帛書作"忿"，兩字諧聲通假。

【易傳】

《象》曰："紛若"之吉，得中也。

【釋義】

牀，在經典文獻中也寫作"床"，既是坐具，也是卧具。如《禮記·內則》："父母舅姑將坐，奉席請何鄉；將衽，長者奉席請何趾。少者執床與坐，御者舉几。"①是床爲坐具。《周禮·天官·冢宰》："掌王之燕衣服、衽席、床笫，凡褻器。"②《禮記·間傳》："父母之喪，居倚廬，寢苫枕塊，不説絰帶；齊衰之喪，居堊室，苄翦不納；大功之喪，寢有席，小功緦麻，牀可也。"③這兩處的床則是卧具。按古代喪禮，人去世後，"在牀曰尸，在棺曰柩"④。剛去世時遺體安置在床上，也稱爲"尸"。從以上文獻看，床是休息時所坐、夜寢時所卧，一般不在床前辦理事務。當然也有例外，比如人重病久卧不起時，《禮記·檀弓上》："曾子寢疾，病。樂正子春坐於床下，曾元、曾申坐於足，童子隅坐而執燭。"⑤還有就是人去世後，人們在安置遺體的床前來回忙碌。在禮書中，"床"很多時候出現在記載喪禮的地方。

因此，巽卦中的"牀"可能是指病榻，也可能是喪禮中安放遺體的"牀"，所謂"巽在牀下"是指在牀前恭敬地進行卜筮。在人病重或喪

---

① 孔穎達：《禮記正義》，載阮元校刻《十三經注疏》影印本，中華書局，1980年，第1462頁。
② 賈公彥：《周禮注疏》，載阮元校刻《十三經注疏》影印本，中華書局，1980年，第678頁。
③ 孔穎達：《禮記正義》，載阮元校刻《十三經注疏》影印本，中華書局，1980年，第1660頁。
④ 孔穎達：《禮記正義》，載阮元校刻《十三經注疏》影印本，中華書局，1980年，第1269頁。
⑤ 孔穎達：《禮記正義》，載阮元校刻《十三經注疏》影印本，中華書局，1980年，第1277頁。

禮過程中，許多事務需要通過卜筮決定，比如疾病是否可愈，或入棺時辰、移棺時辰等，所以有"用史巫紛若"的場景。

九三：頻巽，吝。

【異文】

"頻"，帛書作"編"，漢石經作"顛"，《校勘記》："古本頻作嚬。"然南宋初刻本作"頻"，並無異文。陳劍認爲："顛"與"編""頻"聲母不近，"顛"可能是"頻"之形近誤字。漢代文字"真"旁上方常作"止"形，因此"顛"與"頻"形近①。"吝"，帛書作"闐"，漢石經作"吝"。

【易傳】

《象》曰："頻巽"之吝，志窮也。

【釋義】

九三在九二之上，九二已有"用史巫紛若"的描寫，九三似可能更甚之。因此，疑頻當釋作"頻繁"之"頻"，所謂"頻巽"即過於謙遜或卜筮次數太多。過於謙遜或頻繁卜筮均可視作是人失去主張的表現，所以占辭說"吝"，《象傳》說"志窮也"。

六四：悔亡，田獲三品。

【異文】

"悔"，帛書作"思"。

【易傳】

《象》曰："田獲三品"，有功也。

---

①裘錫圭主編：《長沙馬王堆漢墓簡帛集成》（叁），中華書局，2014年，第36頁。

【釋義】

王弼:"獲而有益,莫善三品,故曰'悔亡,田獲三品'。一曰'乾豆',二曰'賓客',三曰'充君之庖'。"①古人將獵獲的肉分類,一類最好,可用來祭祀。二類稍次,用來招待賓客。三類再次,用來自己吃。打獵而能獲得全部三類獸肉,是很好的。

九五:貞吉,悔亡,无不利。无初有終。先庚三日,後庚三日,吉。

【異文】

"悔",帛書作"愿"。

【易傳】

《象》曰:九五之"吉",位正中也。

【釋義】

九五爻位最佳,又陽剛中正,是以"貞吉,悔亡,无不利"。"无初有終"是對"无不利"的進一步説明,意即事情怎麽做都有。"先庚三日",即丁日。"後庚三日",即癸日。丁日、癸日都是柔日。九五是陽爻,爲剛。爲剛者柔日行事,象徵陰陽和諧,是以"吉"。王引之以爲"古人行事之日,多有用辛與丁、癸者"②,此倒未必。以睡虎地秦簡《日書》來説,行事之良日與諸多因素有關,如事主的性别、行事的地方等,未必祇有辛、丁、癸這三日最合適。

---

① 王弼:《周易注》,載《儒藏》精華編第一册,北京大學出版社,2009年,第777頁。
② 王引之:《經義述聞》,江蘇古籍出版社,2000年,第17頁。

上九：巽在牀下，喪其資斧，貞凶。

【異文】

"喪"，帛書作"亡"。"資"，帛書作"溍"，《漢書·王莽傳下》《漢書·叙傳》正文及顏師古注均引作"齊"①，《集解》亦作"齊"。當以"齊"字爲是，可參旅卦中的相關討論。

【易傳】

《象》曰："巽在牀下"，上窮也。"喪其資斧"，正乎凶也。

【釋義】

王弼注云："斧所以斷者也，過巽失正，喪所以斷，故曰'喪其資斧，貞凶'也。"②齊斧，鋒利的斧子。斧子鋒利可喻災禍，也可助人剋服艱難，如《詩·陳風·墓門》："墓門有棘，斧以斯之。"又可比喻人行事果斷有主見，"喪其齊斧"是失去主見，拿不定主意。九三是"頻巽"，謙遜已經過度，卜筮已經過多。上九更甚之，完全没了主見。貞凶，堅固不變則凶，提醒人要拿出主見來，迅速改變現狀。

九二爻和上九爻均有"巽在牀下"，王弼注和孔穎達闡釋得非常明白，均從謙遜、卑讓之義入手。不過，《象傳》此處云"上窮也"，雖符合爻象，但若與九二相比，仍難理解。

---

① 班固：《漢書》卷九十九下《王莽傳下》，中華書局，1962年，第4178頁。《漢書》卷一百下《叙傳下》，第4246—4247頁。
② 王弼：《周易注》，《儒藏》精華編第一册，北京大學出版社，2009年，第778頁。

· 403 ·

兑卦第五十八

䷹ 兑下
兑上   兑：亨，利貞。

【異文】

"兑"，帛書作"奪"，《衷》作"説"，都可与"兑"字通。"利貞"，帛書作"小利貞"。

【易傳】

《彖》曰：兑，説也。剛中而柔外，説以"利貞"，是以順乎天而應乎人。説以先民，民忘其勞。説以犯難，民忘其死。説之大，民勸矣哉。
《象》曰：麗澤，兑。君子以朋友講習。
《序卦》曰：入而後説之，故受之以兑。兑者，説也。

【釋義】

兑在重卦中常用爲澤象，但在兑卦諸爻辭中，兑却不是澤象，這一點與巽卦相同。兑、説音同可通，故《彖傳》和《序卦傳》有"兑（者），説也"的解釋。在《象傳》中，先説"麗澤，兑"，是取兑之澤象。麗，連也。而"君子以朋友講習"，則是以兑爲説。子曰："有朋自遠方來，不亦説乎？"《象傳》似取於《論語》。

兑卦帛書寫作"奪"，"奪"有"脱落"之義。《呂氏春秋·審時》：

"穗鉅而芳奪，秕米而不香。"俞樾："奪者，脱之本字。"①"奪"非"脱"之本字，但確有脱落之義。古以兑對應西方和秋季，可能正是由秋季果實從樹木脱落而聯想至兑（奪）卦。因此，兑卦又有脱落之象②。

初九：和兑，吉。

【異文】

"和"，帛書作"休"。"和"與"休"兩字韻部相差較遠，似難通假。作"和"或作"休"，於義皆通，當兩存③。

【易傳】

《象》曰："和兑"之吉，行未疑也。

【釋義】

和，平和。初九雖爲陽爻，但甘處卑下之位，是以平和而悦。若作"休兑，吉"，則休即美，"休兑"雖然與"和兑"大意相差不遠，但與初九陽剛而位處卑下的爻象不甚相合。《象傳》"行未疑也"，即是釋"和"字，也是釋初九之爻象。

九二：孚兑，吉，悔亡。

【異文】

"孚"，帛書作"翠"。"兑"，帛書無，當有脱文。今本之"孚"字，除此處外，帛書皆作"復"。《校勘記》："古本兑作説。"此"説"當是後人所改，本當作"兑"。"悔"，帛書作"愳"。

---

①俞樾：《諸子平議》，載《續修四庫全書》總第1162册，上海古籍出版社，2003年，第164頁。
②王化平、周燕：《萬物皆有數：數字卦與先秦易筮研究》，人民出版社，2015年，第222頁。
③陳劍認爲"休"之"木"常被寫成曲頭狀，因之易訛爲"和"，今本"和"字當作"休"字。參見裘錫圭主編：《長沙馬王堆漢墓簡帛集成》（叁），中華書局，2014年，第28頁。

【易傳】

《象》曰:"孚兌"之吉,信志也。

【釋義】

此"孚"字疑當從傳統解釋,作"信"講。孚兌,以誠信而使人愉悦。

六三:來兌,凶。

【易傳】

《象》曰:"來兌"之凶,位不當也。

【釋義】

六三在上、下卦之間,所謂"來兌",從爻象上看是因爲下卦爲兌卦,故説"來兌"。但六三居位不當,所以"凶"。

九四:商兌未寧。介疾有喜。

【異文】

"商",帛書作"章",兩字古通,此當以"商"爲本字。"喜",漢石經作"憙",與"喜"同。

【易傳】

《象》曰:九四之"喜",有慶也。

【釋義】

商，鄭玄謂："隱度也。"① 王弼曰："商量裁制之謂也。"② 是以"商兑"乃一種經過利益衡量之後表現出來的愉悦，既是如此，則内心情感易生摇擺，終難安寧。"商兑未寧"與後面的"介疾有喜"説的是兩回事。

介，馬融云："大也。"③ 是"介疾有喜"是説大病將愈。高亨認爲"介"字通假，當讀爲"疥"④。"疥"在古書中指一種瘧疾，《左傳》昭公二十年有"齊侯疥"的故事（《晏子春秋》及上博簡《競公瘧》都是説"疥且瘧"，且一年都未痊癒），從古書的記載看，此病反復發作，遷延日久，故古人對此類疾病有采取祭祀，或祝由之術的做法。

九五：孚于剥，有厲。

【異文】

"孚"，帛書此處缺，可能作"復"。

【易傳】

《象》曰："孚于剥"，位正當也。

【釋義】

孚，應驗。剥，剥奪，剥落。"孚于剥"，應驗以剥奪，意即占得此爻預示有人將搶奪問筮者的東西。《象傳》的"位正當也"，祇論爻位，没有解釋爻辭。孔穎達云："以正當之位宜任君子，而信小人，故以當

---

① 鄭玄：《周易鄭注》，載《儒藏》精華編第一册，北京大學出版社，2009年，第113頁。
② 王弼：《周易注》，載《儒藏》精華編第一册，北京大學出版社，2009年，第778頁。
③ 馬融：《周易傳》，《漢魏二十一家易注》，載《儒藏》精華編第一册，北京大學出版社，2009年，第243頁。
④ 高亨：《周易古經今注》（重訂本），中華書局，1984年，第333頁。

位責之也。"這是遵王注"'剥'爲義,小人道長之謂"①,以"剥"指剥卦,所以纔牽扯出爻辭根本没有提及的"小人"。

上六:引兑。

【異文】

"引",帛書作"景",王輝認爲前者有長久,後者有大義,兩字義近②。侯乃峰認爲《象傳》以"未光也"釋爻辭,且"景"可釋作"光",故疑帛本作"景"爲正③。不過,今本何以訛作"引",仍然不得其解。

【易傳】

《象》曰:上六"引兑",未光也。

【釋義】

引有長義,且上六是在兑卦最上,所以説"引兑"。王弼注云:"以夫陰質,最處説後,静退者也。故必見引,然後乃説也。"④此則釋"引"爲"導引""牽引"之"引"。

---

① 孔穎達:《周易正義》,載《儒藏》精華編第二册,北京大學出版社,2009年,第187頁。
② 王輝:《馬王堆帛書〈六十四卦〉校讀札記》,載《古文字研究》第十四輯,中華書局,1986年,第281—294頁。
③ 侯乃峰:《〈周易〉文字彙校集釋》,臺灣古籍出版有限公司,2009年,第461頁。
④ 王弼:《周易注》,載《儒藏》精華編第一册,北京大學出版社,2009年,第779頁。

涣卦第五十九

☴ 坎下
巽上   涣：亨，王假有廟，利涉大川。利貞。

【異文】

"涣"，上博簡卦爻辭中均作"𢇅"，帛書《繫辭》引作"奂"。上博簡用字是一個雙聲符字①，睿、爰皆其聲。恒初六"浚恒"，上博簡作"敽恒"，帛書作"敻"，《釋文》則云："鄭作濬。"是睿聲與敻聲相近。《説文·攴部》説"奂"："从廾，敻省聲。"是以"睿""敻"和"奂"的讀音都是相近的。《別卦》作"惢"，整理者認爲是一個从睿省聲的字，可從。"亨"，上博簡作"卿"。"假"，上博簡、帛書均作"叚"。"有"，帛書作"于"。"涉"，伯 2619 作"泄"。敦煌寫卷中"涉"字有作"涉"，伯 2619 此處寫作"泄"可能是因形近而訛。當然，"泄"有時亦與"涉"通，因兩字讀音相近。

上博簡在"利涉大川"前有"利見大人"一句，且卦辭末尾無"利貞"一句，帛書與今本同作"利涉大川。利貞"。

【易傳】

《彖》曰："涣，亨"，剛來而不窮，柔得位乎外而上同。"王假

---

①孟蓬生：《上博竹書〈周易〉的兩個雙聲符字》，簡帛研究網，2005 年 3 月 31 日，http://www.jianbo.org/admin3/2005/mengpengsheng003.htm。

有廟",王乃在中也。"利涉大川",乘木有功也。

《象》曰:風行水上,涣。先王以享于帝,立廟。

《序卦》曰:說而後散之,故受之以涣。涣者,離也。

【釋義】

卦象坎下巽上,坎爲水,巽爲風,孔穎達謂:"風行水上激動波濤,散釋之象,故曰'風行水上,涣'。"① 此是承《象傳》而釋象,以"風行水上"釋卦象固然可通,若從水、風的自然特性看,則兩者均具有"散"的特點,故將巽、坎組成的重卦稱爲"涣"。坎爲陽卦,巽爲陰卦,陰陽相遇,故"亨"。"王假有廟"即"王假于廟","有"相當"于"字。巽有木象,涣卦可象木浮於水,故云"利涉大川"。

涣在爻辭中取涣散、適然之義,有涣即有聚,《象傳》"先王以享于帝立廟"即是從聚的角度而言,程頤云:"先王觀是象,救天下之涣散,至於享帝立廟也。收合人心,無如宗廟。祭祀之報,出於其心。故享帝立廟,人心之所歸也。繫人心,合離散之道,无大於此。"②

初六:(用)拯馬壯,吉,[悔亡]。

【異文】

"用拯馬壯",帛書作"撜馬",無"用"及"壯"字,上博簡、伯2619亦無"用"字,"壯"字上博簡作"藏",當讀爲"壯"。今本"用"字當是衍文。"拯",上博簡作"扔",《釋文》:"子夏作扔。扔,取也。"可見《子夏易傳》自有師承。段玉裁云:"《説文》作拯,《字林》作扔,在吕時爲古今字。"③《説文》載"拯"或體作"撜"。是"拯""撜""扔"三形本是一字。上博簡、帛書在"吉"字後有"悔亡"二字。《校勘記》:"古本下有'悔亡'二字。"是以當補"悔亡"二字。

---

①孔穎達:《周易正義》,載《儒藏》精華編第二册,北京大學出版社,2009年,第188頁。
②程頤:《周易程氏傳》,中華書局,2011年,第335—336頁。
③段玉裁:《説文解字注》,上海古籍出版社,1988年,第603頁。

【易傳】

《象》曰:初六之"吉",順也。

【釋義】

拯,依《説文》釋義,上舉也。"拯馬壯"又見於明夷六二,可參考。初六位置卑下,又是陰爻,故《象傳》説"順也"。

九二:涣奔其机,悔亡。

【異文】

"奔",上博簡作"走",帛書、《繆和》作"賁",伯 2619 作"犇"。"机",上博簡作"凥",可讀作"居"或"處",帛書和《繆和》均作"階"。"階"與"机"上古韻部旁轉,聲紐相同,讀音相近。"居"上古見紐魚部,"机"見紐脂部,兩字雙聲,仍有通假可能①。由於諸爻常提到具體的事物或地點,且讀作"机"亦可解通,故通假的可能性較大。"悔",上博簡作"愳",帛書作"愳",《繆和》作"每"。

【易傳】

《象》曰:"涣奔其机",得願也。

【釋義】

初六"拯馬",可助人行動,較步行舒服。以此類推,同在涣卦的九二當叙及同類事情,帛書作"階"恐非本字,當以"机"爲是。机,王弼云:"承物者也。"②是"机"即是"几",是人坐下時用來依靠的小桌

---

①李零認爲"机"是"处"字之誤,參見《讀上博楚簡〈周易〉》,《中國歷史文物》2006 年第 4 期,並《死生由命,富貴在天:〈周易〉的自然哲學》第 281 頁。季旭昇認爲"机"字或爲"凥"字之誤,轉引自:《上海博物館藏戰國楚竹書(三)讀本》,萬卷樓圖書股份有限公司,2005 年,第 159 頁。
②王弼:《周易注》,載《儒藏》精華編第一册,北京大學出版社,2009 年,第 779 頁。

子,《莊子·齊物論》:"南郭子綦隱机而坐,仰天而噓。"《釋文》:"机,李本作几。"①

在涣卦中,雖然初六没有出現"涣"字,但"拯馬壯"中已經包含了涣散的意義。下三爻中,"涣"指向的是身體、情緒的涣散、放鬆。上三爻中,"涣"指向的是一些具體可見的事物的分散、散發,如"群""丘""汗""血"等。在上、下卦中,"涣"的含義雖然略有差異,但都引申自涣散這個基本意義。

六三:涣其躬,无(悔)[咎]。

【異文】

"躬",上博簡作"躳",帛書作"竆"。"悔",上博簡、帛書均作"咎",疑今本有誤。

【易傳】

《象》曰:"涣其躬",志在外也。

【釋義】

躬,這裏當指身體。初六和九二是放鬆身體的具體形貌,六三則籠統言之。六三與上九相應,故《象傳》説"志在外也"。

六四:涣其羣,元吉。涣有丘,匪夷所思。

【異文】

"羣",帛書作"軍",當爲"羣"之異體。"有丘",上博簡作"丌(其)丘"。《釋文》:"姚作有近。"疑"近"是"丘"之形訛。"匪夷",上博簡作"非彝",兩異文均當爲通假。帛書此處殘缺,漫患不清。"夷",伯

---

①陸德明:《經典釋文彙校》,黄焯匯校,中華書局,2006年,第738頁。

2619寫作"㚒"。此形在漢魏六朝碑刻中多見,係"夷"字異體①。《釋文》:"荀作匪弟。""弟"與"夷"音近,故可通。

【易傳】

《象》曰:"渙其羣,元吉",光大也。

【釋義】

羣,人群,眾也。丘,山。"渙其羣",使人群散去。"渙其丘",相當於移山。人群可散,但山難移,"匪夷所思"指移山之不可思議。

九五:渙(汗其)[其汗],大號,渙王居,无咎。

【異文】

"渙汗其大號",上博簡作"䁑其大䁓",帛書及《二三子問》作"渙丌(其)肝","渙"字,《二三子問》作"奐"。據帛書和上博簡,今本當有倒文,當乙正作"渙其汗,大號"。上博簡句意含混,在"丌(其)"字後或脫"汗"字。

"王居",上博簡作"丌(其)尻",與帛書和今本均不同。從上博簡首句存在脫文看,它所依據的底本在此處可能存在殘缺或漫患,因此,"丌"或是"王"字之訛。

【易傳】

《象》曰:"王居"无咎,正位也。

【釋義】

這一條爻辭是描寫修築"王居"時的情形,"渙其汗,大號",修築王居的人們一邊揮汗如雨,一邊吼着號子。在"渙王居"中,"渙"字疑

---

①毛遠明:《漢魏六朝碑刻異體字典》,中華書局,2014年,第1062頁。

通"焕",所謂"涣王居"是説宫殿光彩華麗。九五中正,所以《象傳》説"正位也"。

上九:涣其血,去逖出,(无咎)。

【異文】

"去",上博簡作"欨",讀爲"去"。"逖",帛書作"湯",上博簡作"易",兩異文與"逖"之古文"遏"同聲符,故均應讀爲"逖"。"无咎",上博簡、帛書均無此二字。上九在九五之上,有乘九五之象,九五是"无咎",則上九似不當爲"无咎",疑今本有衍文。唐石經雖殘損,但從空間看,亦應有此衍文。

這一條爻辭不好理解,以二至五爻的辭例看,"涣其血"似當作一句。小畜六四有"血去惕出",與此"去逖出"句式相近,參照後會以爲"去"字前可能有脱文。俞樾認爲:"古人遇重文多省不書,但於字下加二畫以識之,傳寫因奪去耳。'血去逖出,无咎',猶小畜六四曰'血去惕出,无咎'也,上血字乃本字,下血字乃恤之叚字,小畜《釋文》曰'血,馬云當作恤,憂也',得其義矣。彼作'惕出',此作'逖出'者,《説文·心部》:'惕,或從狄作愁。'故此叚逖爲之耳。易聲、狄聲之字,古往往相通。"[1]雖然言之成理,但上博簡、帛書"血"字皆不重,也無重文符號。丁四新以爲"去"字前承前省略"血"字[2],從行文看,有"血"字則成四字句,且"血"與"惕"相對應,句式非常整齊。在《易經》中,四字句多見,所以此處似無必要承前省略。

【易傳】

《象》曰:"涣其血",遠害也。

---

[1] 俞樾:《群經平議》,載《續修四庫全書》總第 178 册,上海古籍出版社,2003 年,第 19 頁。
[2] 丁四新:《楚竹簡與漢帛書〈周易〉校注》,上海古籍出版社,2011 年,第 177 頁。

【釋義】

　　從《象傳》的引用，以及小畜六四看，讀作"渙其血，去逖出"較合適。血，當通恤，憂也。逖，通惕，警惕也。與小畜六四爻不同的是，此處"去"的賓語當是"逖（惕）"，有除去、拋棄之意。

節卦第六十

☷ 兌下坎上　節：亨。苦節，不可貞。

【異文】

"苦"，帛書作"枯"，與"苦"聲符相同，當讀爲"苦"。

【易傳】

《彖》曰："節，亨"，剛柔分而剛得中。"苦節，不可貞"，其道窮也。説以行險，當位以節，中正以通。天地節而四時成，節以制度，不傷財，不害民。

《象》曰：澤上有水，節。君子以制數度，議德行。

《序卦》曰：物不可以終離，故受之以節。

【釋義】

節卦與涣卦是一對覆卦，涣卦是嚮外發散的，節則是嚮内納藏的。以卦象看，涣是坎下巽上，風行之遠方，可助水發散；節卦是兌下坎上，水往低處流，坎水必入兌澤。但澤不可能祇入不出，上有坎水，若不節之則可能釀成水災，所以卦名爲"節"。而諸爻辭中的"節"字，既有節儉義，也有節制義。《彖傳》《象傳》《序卦傳》都取節制義，"君子以制數度，議德行"就是"節以制度"。《彖傳》還談了節制的限度，例如"不傷財，不害民"。

兌是陰卦，坎是陽卦，陰陽相遇，故"亨"。苦，以爲苦。苦節，即以節爲苦。節而心有不甘，時時欲求擺脱。"不可貞"，意謂不可堅固不變。節卦的主旨是要以節爲自然，就像湖泊水澤有諸多河水流入，但因其有進有出，時常平衡，故不致水患，這是湖泊水澤之自然。人之自然，則要能涣能節，不侈於涣亦不苦於節，方可平衡。若有"苦節"發生，自當立刻改之，故此"不可貞"。

初九：不出户（庭）[牖]，无咎。

【異文】

"庭"，帛書、帛書《繫辭》均作"牖"。帛書初九"户牖"與九二"門庭"區别明顯，今本或許有誤①。

【易傳】

《象》曰："不出户庭"，知通塞也。

【釋義】

初九和九二明顯講的都是身體上的節制，初九在九二下，且"户牖"的範圍當小於"門庭"。户，室也。"不出户牖"就是不出房間。初九位置最低，在乾是"潛"，是以不出。但陽爻剛健，不出乃因待時，所以《象傳》言"知通塞也"。

九二：不出門庭，凶。

【異文】

"庭"，帛書作"廷"。"凶"，《校勘記》："古本凶上有之字。"帛書、

---

① 張政烺：《馬王堆帛書〈周易〉經傳校釋·六十四卦》，載《張政烺文集·論易叢稿》，中華書局，2012年，第130頁。侯乃峰：《〈周易〉文字彙校集釋》，臺灣古籍出版有限公司，2009年，第469頁。侯乃峰指出"牖"與"咎"諧韻，頗可證今本之誤。

· 417 ·

唐石經、南宋初刻本均無此"之"字,無"之"字當是。

【易傳】

《象》曰:"不出門庭,凶",失時極也。

【釋義】

"不出門庭",就是不出家門。九二陽爻,且位置較初九高,如乾九二"見龍在田",是當出之時。當出而不出,是以"凶""失時極也"。通過初九、九二可以看出,撰《易》者認爲"節"亦有其時,應當順時而節。六三繼續闡明了這個道理。

六三:不節若,則嗟若,无咎。

【異文】

"嗟",《集解》作"差",與"嗟"同聲符,故與"嗟"通。

【易傳】

《象》曰:"不節"之嗟,又誰咎也。

【釋義】

六三陰爻居陽位,不當位。處於這種境地而不知節制的話,日後定當後悔,是以"不節若,則嗟若"。兩個"若"字都是虛詞,經文中多見。

六四:安節。亨。

【易傳】

《象》曰:"安節"之亨,承上道也。

【釋義】

孔子云："貧而無怨難，富而不驕易。"節和貧一樣都是令常人難以接受，覺得不舒服的境況，極少有人能長期安然處之，多是久而積怨。六四爻當位，且上承九五，以陰承陽，若安節則可謂是"承上道也"。

九五：甘節，吉，往有尚。

【異文】

"有"，帛書作"得"，兩字此處義近。泰卦九二有"得尚于中行"，可參考。

【易傳】

《象》曰："甘節"之吉，居位中也。

【釋義】

"甘節"和"苦節"是相反的，前者節而得其樂，後者是節而厭其苦。尚，佑助。"往有尚"，是說出行將遇人相助，猶如現在所說的"出門遇貴人"。

上六：苦節，貞凶。悔亡。

【異文】

"苦"，帛書作"楛"。"悔"，帛書作"悬"。

【易傳】

《象》曰："苦節，貞凶"，其道窮也。

419

【釋義】

"貞凶"和卦辭中的"不可貞"是相反的。節而厭其苦,是節制已經達到了身心承受的限度。上六是節卦之終,即節之極致,所以又將"苦節"繫於此。達到限度時就當改弦易轍,繼續堅持則是凶,所以說"貞凶"。

節卦中,下三爻是談節制行爲本身的,上三爻是談節制與心態的關係。從節制本身來看,它會因時、因地或因人的不同而相異,比如初九地位卑下,但心性剛健,所以它的節制力度就要大於九二。九二不僅居位不當,而且位置較初位高,所以爻辭斷其"凶"。六三同樣居位不當,位置雖佳,但心性柔弱,故欲節而不節,優柔寡斷,錯失機遇。對人而言,面臨節制,有安然處之者,有怡然樂之者,有不堪其苦者。能做到前兩點當然好,不能做到,則不可苦苦堅持,順其本性亦未不可。

中孚卦第六十一

䷼ 兌下巽上　中孚：豚魚，吉，利涉大川，利貞。

【異文】

此卦名《別卦》祇有一個"中"字。"孚"，帛書作"復"，秦簡《歸藏》作"䎽"。"豚"，帛書作"肴"，當是"豚"字異體。《釋文》："黃作遯。"伯2619作"𢄐"，亦係"豚"字異體。"利"，帛書作"和"，當是訛字。"涉"字，伯2619作"泲"。

【易傳】

《彖》曰：中孚，柔在內而剛得中，說而巽。孚，乃化邦也。"豚魚吉"，信及豚魚也。"利涉大川"，乘木舟虛也。中孚以"利貞"，乃應乎天也。

《象》曰：澤上有風，中孚。君子以議獄緩死。

《序卦》曰：節而信之，故受之以中孚。

【釋義】

卦象兌下巽上，兌爲澤，巽爲木，木可浮於澤。因此，疑"孚"當是"浮"的通假字。中，讀去聲，正好、恰好的意思。"中孚"，木遇水，正可浮於水的意思。逢兌澤而有木，是以"利涉大川"。

豚魚，有人認爲是河豚，也有人認爲是江豚。王引之引古禮，認爲豚魚是禮之薄者①。魚是水中生物,不會被水淹死,因此"豚魚吉"與"利涉大川"似乎都指向涉水渡河。

《象傳》由"澤上有風"引申出"君子以議獄緩死",應該是由風可潤澤萬物這個角度出發的。風可潤物,則議獄不可濫殺,所以説"議獄緩死"。

初九:虞吉,有它不燕。

【異文】

"虞",帛書作"杅",阜簡作"吴"。"虞"从"吴"得聲,屬疑紐魚部。"杅"屬匣紐魚部,與"虞"旁紐疊韻。"它",伯 2619 作"他"。"燕",帛書作"寧",兩字義近。

【易傳】

《象》曰:初九"虞吉",志未變也。

【釋義】

虞,安。它,意外。燕,安。初九位置卑下,宜安於其位,所以"虞吉"。"有它不燕",是説若有意外,則不得安寧。

九二:鶴鳴在陰,其子和之。我有好爵,吾與爾靡之。

【異文】

"鶴",帛書《繫辭》《二三子問》《繆和》均作"鶮"。李富孫云:"《集解》本鶴作鸖,《衆經音義》引作鳴鸖在渚。"而伯 3872B 正作"鸖"。"爵",《繆和》引作"䤵"。按,"爵"字小篆字形下部左爲鬯右爲寸,《繆和》所用字形即是其省形。"爾",帛書《繫辭》《二三子問》《繆和》均作

---

① 王引之:《經義述聞》,江蘇古籍出版社,2000 年,第 31—32 頁。

"璽",伯3872B作"禽"。"璽"當讀爲"爾",伯3872B所用乃"爾"字俗寫。"靡",帛書、《二三子問》、《繆和》都作"羸",《釋文》:"本又作縻,……《埤蒼》作䌫,云:散也。陸作䌫,京作劙。"《漢上易傳》引《子夏傳》及陸績作䌫。"䌫"是"縻"字異體,"劙"與"縻"音近。"靡"是明紐歌部,"羸"是來紐歌部,明紐與來紐有時關係較近,如"睦"與"陸"都从"坴"得聲,而"睦"是明紐覺部,"陸"是來紐覺部。

【易傳】

《象》曰:"其子和之",中心願也。

【釋義】

高亨疑"吾"字衍,但帛書同樣有"吾"字。靡,虞翻:"共也。"①九二爻辭用詩歌式的語言,表達出人的中心誠悅,與九二居中的爻象非常貼切。陰,即蔭,樹蔭。"鳴鶴在陰,其子和之"類似詩歌中的興,引起話題,"我有好爵,吾與爾靡之"隨後道出主題。爵是酒器,這裏借指美酒。

六三:得敵,或鼓或罷,或泣或歌。

【異文】

"罷",帛書作"皮",兩字聲韻皆同,故可通。"泣",帛書作"汲"。"泣"是溪紐緝部,"汲"是見紐緝部,兩字音近。"歌",伯3872B作"哥"。

【易傳】

《象》曰:"或鼓或罷",位不當也。

---

①虞翻:《周易注》,《漢魏二十一家易注》,載《儒藏》精華編第一冊,北京大學出版社,2009年,第519頁。

【釋義】

俞琰云:"敵,匹敵也。六三與六四,兩陰相並而成匹,故曰'得敵'。與艮'敵應'之敵同。彼以應言,此以比言也。"①李零云:"'敵'有匹敵、相偶之義,這裏指找到酒友。此'敵'即上爻之'爾'。'爾'是'我'的酒友。此卦,上卦與下卦如鏡面反射,是謂'敵'。"②六三在九二之上,是承九二而來,故李説更佳。九二是呼朋喚友,六三則是盡飲而歡。

六四:月幾望,馬匹亡,无咎。

【異文】

"幾",帛書作"既",《釋文》:"京作近,荀作既。"當以作"既"爲是。"匹",帛書作"必",兩字疊韻旁紐,音近可通。

【易傳】

《象》曰:"馬匹亡",絕類上也。

【釋義】

在經文中,"幾"與"既"音近互混,要想分清的話,祇能從上下文意及卦爻象推測。下文言"馬匹亡",不管"匹"字訓獨還是訓雙,句子總有離散之義,與小畜上九言"君子征,凶"相同。因此,此處"月幾望"亦應讀爲"月既望"。

---

①俞琰:《周易集説》卷二,《通志堂經解》,康熙十九年刻本,第76頁。
②李零:《死生有命,富貴在天:〈周易〉的自然哲學》,生活·讀書·新知三聯書店,2013年,第287頁。

| 下經 |

九五：有孚攣如，无咎。

【異文】

"孚"，帛書作"復"。"攣"，帛書作"論"，"攣"字來紐元部，"論"字來紐文部，兩字雙聲，旁轉，可能通假。

【易傳】

《象》曰："有孚攣如"，位正當也。

【釋義】

有孚，有應驗之事。攣，牽連。"有孚攣如"，即應驗之事接連而來，與小畜九五"有孚攣如"相同。

上九：翰音登于天，貞凶。

【異文】

"翰"，帛書作"鳿"。張政烺認爲："《說文・鳥部》：'鶾，雞肥翰音者也，从鳥，軑聲。'鳿，从鳥，韓省聲，當即鶾之異體。"①

【易傳】

《象》曰："翰音登于天"，何可長也。

【釋義】

翰音，祭祀中用的雞。《禮記・曲禮下》有："雞曰翰音。"孔穎達疏："翰，長也，雞肥則其鳴聲長也。"②祭祀神靈多用公雞，以其能打

---

①張政烺：《馬王堆帛書〈周易〉經傳校讀・六十四卦》，載《張政烺文集・論易叢稿》，中華書局，2012年，第146頁。
②孔穎達：《禮記正義》，阮元校刻《十三經注疏》影印本，中華書局，1980年，第1269頁。

425

鳴,聲音嘹亮高亢。上九是陽爻,公鷄爲陽,故用"翰音登于天"繫於此爻下。

　　一般理解"登于天"爲鷄飛得很高,或鷄的聲音傳得很遠。從後面的占辭看,疑"登于天"是指以鷄爲祭品獻於天神。登,進獻也。貞凶,堅固不變則凶。

小過卦第六十二

艮下震上　小過：亨，利貞。可小事，不可大事。飛鳥遺之音，不宜上，宜下。大吉。

【異文】

"小過"，《別卦》作"少迊"，帛書及帛書《繫辭》均作"少過"。"大事"，帛書作"大吏"，"吏""使""事"本是一字之分化，帛書之"大吏"當讀爲"大事"。"飛"，帛書作"翡"，通作"飛"。阜簡作""，疑爲"飛"字之殘。"之"，阜簡無此字。"大吉"，帛書作"泰吉"。

【易傳】

《彖》曰："小過"，小者過而"亨"也。過以"利貞"，與時行也。柔得中，是以"小事"吉也。剛失位而不中，是以"不可大事"也。有"飛鳥"之象焉，"飛鳥遺之音，不宜上，宜下，大吉"，上逆而下順也。

《象》曰：山上有雷，小過。君子以行過乎恭，喪過乎哀，用過乎儉。

《序卦》曰：有其信者必行之，故受之以小過。

【釋義】

卦象艮下震上，與中孚卦是一對變卦，中孚是恰好可浮於水，過此則稍有過分,不得適度。小過卦與大過卦也有關係,大過是巽下兌上,中間四爻是陽爻,小過卦則僅中間兩條是陽爻,其他四爻均是陰爻,陰爻數剛好超過陽爻數。陽爲大,陰爲小,故巽下兌上爲大過,艮下震上爲小過。《象傳》所說"小者過而'亨'也",就是指陰爻數量超過陽爻。

艮有止象,震有動象,兩者相遇,一動一止,是動止皆宜,所以"亨"。"可小事,不可大事",占得小過卦,問小事尚可成功,問大事則可能失敗。"飛鳥遺之音",鳥兒鳴叫着飛過。"之"是一個用於調整音節的虛詞。"上"當指鳥往上飛,"下"當指鳥往下飛,猶如《詩·邶風·燕燕》中的"下上其音"。"飛鳥遺之音,不宜上,宜下",飛鳥鳴叫,往上飛是合適的,往下飛則不合適。

在小過卦中,有三處提到了"飛鳥",一在卦辭,另兩處分別在初六爻和上六爻,它們都是以鳥爲占,與漸卦是同類的。三次提到"飛鳥",三次都與"過"相關。"飛鳥遺之音"是鳥從人的頭頂鳴叫着飛過,"飛鳥以凶"是鳥從人頭頂飛過,"飛鳥離之"是人對鳥"弗遇過之"。因此,"小過"的"過"有過越、過度、超過的含義。《象傳》和《序卦傳》所理解的"過",也都是這些意思。

初六:飛鳥以凶。

【異文】

"飛",帛書作"羆",當是"翡"的異體,通"飛"。阜簡作"非",亦是通假。

【易傳】

《象》曰:"飛鳥以凶",不可如何也。

【釋義】

初六是阴爻,位於一卦最下,而且逢小過卦。所以,從爻象上看,初六之地位已經是略有過度。

高亨認爲："此句義不可通,疑以下當有'矢'字,轉寫挩去。'飛鳥以矢'者,鳥帶矢而飛也。"①按,帛書同樣是四字一句,作"翡鳥以凶"。其中"以"字,當作連詞,相當於"則","飛鳥以凶",是説占得此爻若見飛鳥則凶。卦中的"飛鳥"有可能專指某一種鳥,可惜無從考證。

六二:過其祖,遇其妣。不及其君,遇其臣。无咎。

【異文】

兩"遇",帛書均作"愚",通作"遇"。"妣",帛書作"比",讀爲"妣"。"臣",帛書作"僕",兩詞意義相同。

【易傳】

《象》曰:"不及其君",臣不可過也。

【釋義】

王夫之釋此爻最明,"'過'者,求盈而勝彼;'不及'者,欲企及而不逮,'遇'則恰與之合也"②。從這條爻辭可以看出撰《易》者對"過"的理解。"過其祖"與"不及其君"顯然是相對應的,由這層對應關係看,爻辭表達了"過猶不及"的意思。所以,"遇"的字面意思雖然是"禮遇""對待",但在與"過"相比的語境下,它又含有適度的意思。"過""遇"和"不及"講的都是待人接物時在禮節上的程度,明白"過""遇"的含義後,以下的爻辭及句讀就好理解了。

古代男尊女卑,所以爻辭以"祖"對應"君",以"妣"對應"臣"。

---

① 高亨:《周易古經今注》(重訂本),中華書局,1984年,第341頁。
② 王夫之:《周易稗疏》,載《船山全書》第一册,嶽麓書社,2011年,第778頁。

九三：弗過防之，從或戕之。凶。

【異文】

"防"，帛書作"仿"，兩字通假。"戕"，帛書作"臧"，兩字可通。

【易傳】

《象》曰："從或戕之"，凶如何也？

【釋義】

過，這裏當理解爲副詞，過度、過分的意思，用來描述"防"的程度。防是防備，從是縱容，或隨便應付。戕是傷害，是"從"造成的結果。九三是陽爻居陽位，有如乾九三"終日乾乾"，其剛健可能稍有過分。對於此類狀況，宜稍加防備，"過防之"則不可。如果縱容，不加防備的話，又可能造成傷害。

九四：无咎，弗過遇之。往厲，必戒、勿用，永貞。

【異文】

"遇之"，帛書作"愚之"，伯2619無"遇"字，當有脫文。"戒"，帛書作"革"。

【易傳】

《象》曰："弗過遇之"，位不當也。"往厲，必戒"，終不可長也。

【釋義】

這條爻辭的"過"同樣是副詞，"弗過遇之"，意即不要過度地對待（九四這種不當位的處境）。九四近於六五爻，心有恐懼，但它是陽爻，剛健有爲，不應過分顧慮。往厲，出行則危險。必戒，要有戒備，

· 430 ·

一定不能(出行)。勿用,是强調遇此爻不宜出行。永貞,是説若能做到"必戒、勿用",則自然得以長久正命。九四不當位,所以纔説"必戒、勿用"。

六五:密雲不雨,自我西郊。公弋取彼在穴。

【異文】

"密",伯3872B作"蜜",兩字形近音同,常通用。"郊",帛書、《二三子問》均作"茭",當讀爲"郊"。"弋",帛書、《二三子問》都作"射"。按,"射"上古船紐鐸部,"弋"屬餘紐職部,兩字讀音並不相近。兩字在此處都有射獵的意思,疑是近義替代。"彼",上博簡、帛書及《二三子問》均作"皮",與"彼"讀音相近。"穴",上博簡作"坎"。《廣韻·屑韻》:"坎,穴也。"①

【易傳】

《象》曰:"密雲不雨",已上也。

【釋義】

小畜的卦辭中同樣有"密雲不雨,自我西郊",可參見前文釋義。弋,用帶有繩子的箭射獵。穴,指動物的巢穴。動物在巢穴的時間大多是夜間,其他時間多半在巢穴外活動。《論語·述而》:"子釣而不綱,弋不射宿。""公弋取彼在穴"與"射宿"大體相當。"密雲不雨""公弋取彼在穴"都是屬於"過"的現象,前者有違正常天象,後者有違正常禮法。

---

①周祖謨校:《廣韻校本》,中華書局,2011年,第494頁。

上六：弗遇過之，飛鳥離之，凶。是謂災眚。

【異文】

"遇"，帛書作"愚"。"過"，上博簡作"﨓"，即"過"字。"飛"，帛書作"罪"。"離"，上博簡、帛書均作"羅"，當以"羅"字爲是①。"災"，上博簡作"灻"，帛書作"兹"，伯 3872B 作"灾"。"災"與"灾"同，古籍多作"災"。从火、才之"灾"是"災"之古文之一，"兹"與"災"音近。"眚"，上博簡作"禂"，多一"示"部，當是"眚"字異體。帛書作"省"，通作"眚"。另，上博簡在"胃"字後有一"亦"字，當屬衍文。

【易傳】

《象》曰："弗遇過之"，已亢也。

【釋義】

捕鳥大體有兩種方法，一是用射獵，二是誘捕。"飛鳥羅之"，是指用網捕鳥，其實就是誘捕。對鳥來説，這是人類用卑劣的手段對待它們，所以爻辭將"飛鳥羅之"與"弗遇過之"並提。所謂的"弗遇過之"，是指不僅不禮遇而且有點過分。對飛鳥而言，這當然是凶殘的災難。在卜筮語境下，遇見此爻當然也是凶的。

---

① 高亨在帛書出土前就認爲今本的"離"字當通讀作"羅"。參見《周易古經今注》(重訂本)，中華書局，1984 年，第 343—344 頁。

既濟卦第六十三

☰ 離下
坎上

既濟：亨。 小利貞。 初吉，終亂。

【異文】

"既濟"，秦簡《歸藏》作"蛩"。傳本《歸藏》作"岑霽"，于省吾認爲"岑"从"今"聲，與"既"雙聲，並見母字，兩字可通。"霽"同"霽"，與"濟"亦可相通①。《衷》引作"既齋"。"初吉終亂"，伯3872B作"初吉亂"，應脫"終"字。"終"，帛書作"冬"。"亂"，帛書作"乳"。按，睡虎地秦簡《日書》甲種"亂"字作"𤔔"，同篇"乳"字作"𠃤"，字形極其相近。帛書作"乳"當是因形近而訛。

看《彖》"小者亨也"，並引卦辭"利貞"，似乎卦辭中有"小亨"一句。高亨認爲卦辭中"亨小"當乙正，作"小亨"②。但看帛書，仍作"亨小利貞"。此暫當存疑。

【易傳】

《彖》曰："既濟，亨"，小者亨也。"利貞"，剛柔正而位當也。"初吉"，柔得中也。"終"止則"亂"，其道窮也。

《象》曰：水在火上，既濟。君子以思患而豫防之。

---

① 于省吾：《雙劍誃尚書新證、雙劍誃詩經新證、雙劍誃易經新證》，中華書局，2009年，第754頁。
② 高亨：《周易大傳今注》，齊魯書社，1979年，第489頁。

《序卦》曰：有過物者必濟，故受之以既濟。

【釋義】

卦象離下坎上，離爲火，坎爲水，水下有火，像水、火就位，行將烹煮。既，已經。濟，渡河、成功。《序卦》是取成功的意思。從今本六十四卦的卦序看，上經以坎、離兩卦結束，並與開首的乾、坤兩卦相呼應。全部六十四卦的排列中，既濟、未濟這兩個由坎、離重疊而成的卦被安置在最後，同樣可與乾、坤相呼應。這樣的安排顯然是刻意爲之。

坎是陽卦，離是陰卦，陰陽相遇，是"亨"。小，通少，稍也。之所以是"小利貞"，原因是"初吉，終亂"。水、火相遇且各居其位可謂"既濟"，但陰陽的變化運動並無終點，而是往復循環，無止無息。因此，秩序井然的局面終將被打亂，重新從混亂的狀態開始新一輪的陰陽變化，此即謂"道"。反之，若"終"止，即不再變化，則是反道，也就是《象傳》說的"其道窮也"。

從另一個角度看，今本將既濟、未濟放在最後兩位，確實反映出了憂患意識，所以《象傳》說"君子以思患而豫防之"。

初九：曳其輪，濡其尾，无咎。

【異文】

"曳"，帛書作"抴"。《說文·手部》："抴，捈也。从手，世聲。"即拉、引的意思。"抴"後世作"拽"字，從"曳"得聲，可與"曳"相通。"輪"，帛書作"綸"，宜從帛書讀。

【易傳】

《象》曰："曳其輪"，義无咎也。

【釋義】

此條爻辭頗令人費解。參照未濟"小狐汔濟,濡其尾"兩句,則此"曳其輪,濡其尾"似是講小狐渡河。不過,未濟上九"濡其首"、既濟六四"繻有衣袽"明顯不是講小狐渡河。這條爻辭極可能還是講人渡河。

曳,拉,牽引。輪,高亨云:"然車陷水中,馬力不足,人或曳其輈轅,或推其輿軫,無曳其輪之理;即或加力於輪,亦推其輪,而不曳其輪,余故謂此輪字,非用其本義也。輪疑借爲綸,同聲系,古通用。""曳其輪,即曳其綸,謂曳其帶之垂穗也。"①辯之有理,帛書正作"綸",可證高氏之説。"尾"字亦當從高亨釋義,是古人服飾中的"飾尾",即用動物的尾巴係在身後。《詩·邶風·旄丘》有"狐裘蒙戎,匪車不東?叔兮伯兮,靡所與同。瑣兮尾兮,流離之子。叔兮伯兮,褎如充耳",其中"尾"也許是男子服飾上的小飾品。《詩·豳風·狼跋》有"狼跋其胡,載疐其尾""狼疐其尾,載跋其胡",這些詩句可能都是古人,尤其是武士穿戴動物尾巴作爲飾物的證據。此類打扮使武士看起來威嚴恐怖,可以嚇唬敵人。

由於尾飾拖在身體最後,渡河時最容易被沾濕。但尾飾終究不重要,縱然沾濕也沒有危險,所以説"无咎"。

六二:婦喪其茀,勿逐,七日得。

【異文】

"喪",帛書作"亡"。"茀",帛書作"發",《集解》作"髴",《釋文》:"子夏作髢,荀作紱,董作髲。"《集解》引虞作"茀"。"茀""髴"聲符相同,同屬滂紐物部,可以通假。"發"與"紱"同屬幫紐月部,與"茀""髴"旁紐,物月通轉,也可能通假。"髲",即"鬄",《説文·髟部》:"鬄,髮也,从髟,易聲。髲,鬄或从也聲。"髮即假髮,是首飾一類。而

---

① 高亨:《周易古經今注》(重訂本),中華書局,1984年,第344—345頁。

"髴"有首飾義,因此,作"髢"字可能是字義相類而產生的異文。"逐",帛書作"遂",形近而訛。

【易傳】

《象》曰:"七日得",以中道也。

【釋義】

茀,馬融云:"首飾也。"①首飾插戴在頭是較容易遺失的,而鄭玄所説"車蔽"②則相對不易遺失,所以當從馬融釋。前人衹云是"首飾",而高亨考證認爲是假髮③,可備一説。《子夏易傳》《集解》用字均從"髟",似可證高氏之説可信。按,古人假髮用頭髮制成,常用髮簪之類首飾固定在頭上,可能並不是非常穩固,所以容易脱落。"七日得"同於震卦六二之"七日得"。

九三:高宗伐鬼方,三年克之,小人勿用。

【易傳】

《象》曰:"三年克之",憊也。

【釋義】

虞翻:"高宗,殷王武丁。鬼方,國名。"④鬼方見於甲骨卜辭、《詩經》和《竹書紀年》等文獻,是多次與殷、周發生戰爭的一個方國。"三年克之",形容戰爭耗時久,至爲殘酷。王玉哲認爲"三年"是紀年,非指戰爭歷經"三年"。⑤若是如此,"克之"不當有,或在"三年"之前。

---

① 馬融:《周易傳》,《漢魏二十一家易注》,載《儒藏》精華編第一册,北京大學出版社,2009年,第243頁。
② 鄭玄:《周易鄭注》,載《儒藏》精華編第一册,北京大學出版社,2009年,第116頁。
③ 高亨:《周易古經今注》(重訂本),中華書局,1984年,第345—346頁。
④ 虞翻:《周易注》,《漢魏二十一家易注》,載《儒藏》精華編第一册,北京大學出版社,2009年,第523頁。
⑤ 王玉哲:《鬼方考補證》,《考古》1986年第10期。

武丁時期,與舌方戰爭歷時數年,①与鬼方似無戰爭。疑"鬼方"是"舌方"之訛。"小人勿用"在這裏實有三重含義,一是戰爭殘酷,不可用小人;二是占得九三爻則意味着要遇艱難之事,不要用小人,小人不堪重任;三是若小人占得此爻,則是不適宜之兆。

九三當位,且剛健好動,有如乾九三之的"終日乾乾,夕惕若",所以《象傳》説"憊也"。

六四:繻有衣袽,終日戒。

【異文】

"繻",上博簡作"需",帛書作"襦",《周禮·夏官·羅氏》鄭玄注引鄭司農云"襦讀爲'繻有衣袽'之繻"②,《釋文》:"繻,子夏作襦,王廙同,薛云:'古文作繻。'"伯3872B作"濡",當是"濡"的異體。按,"襦"是"襦"之異體,"繻""需""襦"均應讀爲"濡"。

"袽",上博簡作"絮",帛書作"茹"。《説文繫傳·巾部》"帤"字下,徐鍇引作"濡有衣帤",且云:"又,道家《黃庭經》曰'人間紛紛臭如帤',皆塞漏孔之故帛也,故以喻煩臭。"③《考工記·弓人》鄭玄注引鄭司農云"帤讀爲'襦有衣絮'之絮"④。是"帤"與"絮"音義相近。《説文·糸部》"絮"字下則引作"需有衣絮",又云:"絮,絜縕也,一曰敝絮也。"是"絮"亦與"絮"音義皆近。《釋文》"衣袽"下云:"女居反,絲袽也。王肅音如,《説文》作絮,云:'縕也。'《廣雅》云:絮,塞也。子夏作茹,京作絮。"(黃焯云:"絮,宋本同,盧依《説文》改作絮,下絮塞同,並於縕上增絜字。")據《説文》對"絮""帤""絮"的釋義看,三者義符相近,意義略有分別。至於今本的"袽"字,不見於《説文》,恐怕是後起俗字。就爻辭此處的上下語境看,本當讀爲"絮"字。"茹"從"如"得聲,當通作"絮"。

———————

①李發:《甲骨軍事刻辭整理與研究》,中華書局,2018年,第98頁。
②孫詒讓:《周禮正義》,中華書局,1987年,第2448頁。
③徐鍇:《説文解字繫傳》,中華書局,1987年,第157頁。
④孫詒讓:《周禮正義》,中華書局,1987年,第3546頁。

【易傳】

《象》曰:"終日戒",有所疑也。

【釋義】

既濟、未濟爻辭多涉及渡河,或弄濕服飾之類的事情,以此語境看,"繻有衣袽"當讀作"濡有衣絮",即渡河時不僅濕了衣服,連襯在裏面的絮也濕了。"終日戒",整日裏心存戒備,這是視"濡有衣絮"爲不祥兆頭的結果。有學者以爲"終日戒"當讀作"冬日戒",同樣可通(因爲其他季節穿的衣服一般不會襯有絮)。冬天寒冷,渡河時必須注意別弄濕衣絮,否則寒冷難乾。

九五:東鄰殺牛,不如西鄰之禴祭,實受其福。[吉]。

【異文】

兩"鄰"字,上博簡字均作"哭",當讀爲"鄰"。"東鄰殺牛",帛書作"東鄰殺牛以祭","以祭"恐爲衍文。"如",帛書作"若",兩字可通。"禴",上博簡作"酌",帛書作"濯"。按,"禴"與"濯"上古疊韻,旁紐雙聲,當可通假,在升卦、萃卦均有其例。"酌"與"禴""濯"亦聲韻皆近。"實受其福",上博簡作"是受福,吉",帛書作"實受其福,吉"。《象傳》有"吉大來也",可知唐石經、今本均脫"吉"字。

【易傳】

《象》曰:"東鄰殺牛",不如西鄰之時也。"實受其福",吉大來也。

【釋義】

王弼:"牛,祭之盛者也。禴,祭之薄者也。"①鄭玄注《禮記·坊記》時即云:"東鄰,謂紂國中也。西鄰,謂文王國中也。"②似可信從。"受福",即受天之福祐,這裏或許與周受天命有關。

上六:濡其首,厲。

【異文】

"濡",上博簡作"需"。"厲",上博簡作"礪"。

【易傳】

《象》曰:"濡其首,厲",何可久也?

【釋義】

渡河時頭被弄濕,這是極危險的。《象傳》"何可久也",水已淹到頭,當然是不可久也。上爻在一卦最上,所以常與"首"相聯繫。

---

① 王弼:《周易注》,載《儒藏》精華編第一册,北京大學出版社,2009年,第785頁。
② 孔穎達:《禮記正義》,載阮元校刻《十三經注疏》影印本,中華書局,1980年,第1620頁。

未濟卦第六十四

☲ 坎下
離上　未濟：亨，小狐汔濟，濡其尾，无攸利。

【異文】

未濟卦名《別卦》作"湊"，从"妻"得聲，當讀爲"濟"。上博簡作"未湊"，當讀爲"未濟"。帛書作"未濟"，與今本同。《衷》篇作"齋"[1]，較今本少一字。以《衷》篇與《別卦》相比，可知戰國筮書中有卦名"濟"，不同於《周易》的"未濟"。"小狐汔濟，濡其尾"，"濟"，帛書作"涉"。《二三子問》作"【小】狐（狐）涉川，幾濟（濟），濡丌（其）尾"。《史記·春申君傳》《新序·善謀》引作"狐涉水，濡其尾"[2]。按，《說文·㳄部》："㳄，徒行厲水也。从㳄从步。涉，篆文从水。"是"涉"乃徒步過河的意思，而"濟"則是渡過的意思，兩字意義略有區別。各本在"濟"或"涉"字前有"汔（气）"字，將要之義。以此看，唐石經和今本作"濟"當爲正字，而帛本等作"涉"可能是因義近而誤。《二三子問》較《春申君傳》要多"幾濟（濟）"兩字，可見後者是節引。

"狐"，帛書及《二三子問》均作"狐"，當爲異體。"汔"，帛書作"气"，《二三子問》作"幾"，與"汔"義近。"攸"，《二三子問》作"逌"，讀

---

[1] "齋"位于該篇第8行，是首字。該行行端完整，第7行下末端亦完整，看不出有帛書殘汰而缺字的情況。據清華簡《別卦》可知，《衷》篇此處恐未抄脱"未"字，卦名本就祇有一個字。
[2] 司馬遷：《史記》卷七十八，點校本二十四史修訂本，中華書局，2014年，第2901頁。石光英：《新序校釋》，中華書局，2001年，第1197頁。

爲"攸"。

【易傳】

《彖》曰:"未濟,亨",柔得中也。"小狐汔濟",未出中也。"濡其尾,无攸利",不續終也。雖不當位,剛柔應也。

《象》曰:火在水上,未濟。君子以慎辨物居方。

《序卦》曰:物不可窮也,故受之以未濟,終焉。

【釋義】

卦象坎下離上,與既濟卦比,既是覆,也是變。從兩卦的比較可以看出,卦名與卦象確實存在聯繫,撰《易》者也可能考慮到了爻位等問題。因此,解釋卦爻辭時不能完全拋棄象數。由於水在下,火在上,與烹煮時水在上火在下相反,所以《象傳》得出"君子以慎辨物居方"。

汔,鄭玄:"幾也。"[1]"小狐汔濟,濡其尾",小狐狸在將渡完河時,弄濕了尾巴。

初六:濡其尾,吝。

【異文】

"吝",帛書作"闌"。上博簡此條爻辭殘損,衹剩一"利"字,陳劍認爲上博簡本初六爻辭本作"濡其尾,吝,无攸利"[2],可備參考。

【易傳】

《象》曰:"濡其尾",亦不知極也。

---

[1] 鄭玄:《周易鄭注》,載《儒藏》精華編第一册,北京大學出版社,2009年,第116頁。
[2] 陳劍:《上博竹書〈周易〉異文選釋(六則)》,載《戰國竹書論集》,上海古籍出版社,2013年,第146—167頁。

【釋義】

這裏的"尾"與既濟初九之"尾"同。在既濟初九,"濡其尾"是"无咎",此則"吝"。是因此處繫於初六之下,是陰爻。陰陽不同,且不同卦,故同遇一事而結果不同。

九二:曳其輪,貞吉。

【異文】

"曳",上博簡作"逸"①,與"曳"雙聲疊韻,可以通假。帛書作"抴"。"輪",帛書作"綸"。"貞吉",上博簡與今本同,帛書作"貞",脫"吉"字。上博簡在最末多一句"利涉大川",可能是因六三爻而衍。

【易傳】

《象》曰:九二"貞吉",中以行正也。

【釋義】

輪,當讀爲綸,與既濟初九同。貞吉,堅固不變則吉。過河弄濕了飾物,但終究危險不大,所以不宜大驚小怪,而宜堅固不變。

六三:未濟,征凶。利涉大川。

【異文】

"濟",上博簡作"淒"。"征",帛書作"正"。

---

① 此字從何琳儀、程燕、房振三《滬簡〈周易〉選釋(修訂)》(《周易研究》2006 年第 1 期)一文的意見。

【易傳】

《象》曰:"未濟,征凶",位不當也。

【釋義】

自朱熹起,就疑"利"字上脱"不"字①,然就帛書、上博簡看,都没有"不"字。若從《别卦》看,卦名作"濟",此處作"濟,征凶,利涉大川",則不存在問題。今本六十四卦的卦名爲了更加直接地反映卦之間非覆即變的關係,可能在流傳過程中做過改動。卦名改動後,爻辭雖然跟着做了改動,但改動時未考慮到兼顧上下文,導致出現六三這樣的情況。這個細節表明,《易經》的成書經歷過改編,帛書、上博簡都是改編之後的本子。

九四:貞吉,悔亡。震用伐鬼方,三年,有賞于大國。

【異文】

上博簡此條殘缺。"悔",帛書作"愳"。"賞",帛書作"商",通作"賞"。"國",《集解》作"邦",今本"國"字當是漢時避劉邦名諱而改。

【易傳】

《象》曰:"貞吉,悔亡",志行也。

【釋義】

"震"字當釋作"振旅"之"振"。"用",以也。所謂"震用伐鬼方",意即整頓兵馬以攻鬼方。大國當指殷商,這條爻辭説的是周人伐鬼方,獲得殷人的獎賞。

---

① 朱熹:《周易本義》,中華書局,2009年,第219頁。後陳夢雷《周易淺述》(九州出版社,2004年,第364頁)、高亨《周易古經今注》(重訂本)(中華書局,1984年,第348頁)等都有此説。

此爻先説"貞吉",即强調宜固執不變。然後又説"悔亡",可見"貞吉"確實有堅固不變之義。

六五:貞吉,无悔。君子之光,有孚,吉。

【異文】

"无悔",帛書作"愳亡",此異文可證今本"悔亡"即相當於"无悔"。"孚",帛書作"復"。

【易傳】

《象》曰:"君子之光",其暉吉也。

【釋義】

光,光彩。"君子之光"是形容君子之品行、德性的影響力,就像光一樣,無人不感其光耀照人。有孚,有應驗,這裏是説君子因其光彩而獲得回報。《象傳》"其暉吉也",是説君子之明亮照人是吉利的。

此爻"貞吉"與"无悔"連用,與上爻之"貞吉,悔亡"意義相同,可相互參看。

上九:有孚于飲酒,无咎。濡其首,有孚失是。

【異文】

兩"孚"字,帛書均作"復"。"飲",帛書作"歓",即"飲"字。

【易傳】

《象》曰:"飲酒"濡首,亦不知節也。

【釋義】

"有孚于飲酒",意即飲酒之事得以應驗。據《象傳》的意思及上九的語境,"濡其首"者不是水,而是酒。因此,這裏的"濡其首"是描寫人喝得酩酊大醉,手之舞之時將酒灑到了頭上,這是得意忘形。是,代詞,指前文的"无咎"。飲酒本是樂事,但縱樂過度,以至酒都灑到頭上了,那就不再是"无咎"。

主要參考文獻

高亨:《周易大傳今注》,齊魯書社,1979年。
阮元校刻:《十三經注疏》影印本,中華書局,1980年。
尚秉和:《周易尚氏學》,中華書局,1980年。
李鏡池:《周易通義》,中華書局,1981年。
屈萬里:《讀易三種》,聯經出版事業公司,1983年。
高亨:《周易古經今注》(重訂本),中華書局,1984年。
段玉裁:《説文解字注》,上海古籍出版社,1988年。
孫星衍:《周易集解》,上海書店,1988年。
黃壽祺、張善文:《周易譯注》,上海古籍出版社,1989年。
丁壽昌:《讀易會通》,中國書店,1992年。
李道平:《周易集解纂疏》,中華書局,1994年。
《景刊唐開成石經》,中華書局,1997年。
王引之:《經義述聞》,江蘇古籍出版社,2000年。
廖名春:《〈周易〉經傳與易學史新論》,齊魯書社,2001年。
吳新楚:《〈周易〉異文校證》,廣東人民出版社,2001年。
馬振彪:《周易學説》,花城出版社,2002年。
李富孫:《易經異文釋》,《續修四庫全書》總第27冊,上海古籍出版社,2003年。
吕祖謙:《古易音訓》,《續修四庫全書》總第2冊,上海古籍出版社,2003年。
馬承源:《上海博物館藏戰國楚竹書》(三),上海古籍出版社,2003年。

宋翔鳳:《周易考異》,《續修四庫全書》總第 28 册,上海古籍出版社,2003 年。

韓自強:《阜陽漢簡〈周易〉研究》,上海古籍出版社,2004 年。

王念孫:《廣雅疏證》,中華書局,2004 年。

季旭昇:《上海博物館藏戰國楚竹書(三)讀本》,萬卷樓圖書股份有限公司,2005 年。

劉大鈞:《今、帛、竹書周易綜考》,上海古籍出版社,2005 年。

黃焯:《經典釋文彙校》,中華書局,2006 年。

李光地:《周易折中》,巴蜀書社,2006 年。

李學勤:《周易溯源》,巴蜀書社,2006 年。

劉大鈞、林忠軍:《周易經傳白話解》,上海古籍出版社,2006 年。

濮茅左:《楚竹書〈周易〉研究:兼述先秦兩漢出土與傳世易學文獻資料》,上海古籍出版社,2006 年。

惠棟:《周易述》,中華書局,2007 年。

李尚信:《卦序與解卦理路》,巴蜀書社,2008 年。

廖名春:《帛書〈周易〉論集》,上海古籍出版社,2008 年。

張立文:《帛書周易注釋》(修訂本),中州古籍出版社,2008 年。

保巴:《周易原旨·易源奧義》,陳少彤點校,中華書局,2009 年。

北京大學《儒藏》編纂中心:《儒藏》精華編第一册,北京大學出版社,2009 年。

侯乃峰:《〈周易〉文字彙校集釋》,臺灣古籍出版有限公司,2009 年。

朱熹:《周易本義》,中華書局,2009 年。

劉大鈞等:《百年易學菁華集成初編·周易經傳》(肆),上海科學技術文獻出版社,2010 年。

鄭玉姍:《出土與今本〈周易〉六十四卦經文考釋》,花木蘭文化出版社,2010 年。

鄧秉元:《周易義疏》,上海古籍出版社,2011 年。

丁四新:《楚竹書與漢帛書〈周易〉校注》,上海古籍出版社,2011年。

王夫之:《船山全書》第一册,嶽麓書社,2011年。

陳鼓應、趙建偉:《周易今注今譯》,商務印書館,2012年。

焦循:《易章句》,陳居淵主編《焦循著作集》,鳳凰出版社,2012年。

連劭名:《帛書周易疏證》,中華書局,2012年。

廖名春:《〈周易〉經傳與易學史續論》,中國財富出版社,2012年。

張政烺:《張政烺文集·論易叢稿》,中華書局,2012年。

李零:《死生有命,富貴在天:〈周易〉的自然哲學》,生活·讀書·新知三聯書店,2013年。

李學勤主編:《清華大學藏戰國竹簡》(肆),中西書局,2013年。

黄懷信:《周易本經匯校新解》,清華大學出版社,2014年。

馬衡:《漢石經集存》,上海書店出版社,2014年。

陳居淵:《周易今古文考證》,商務印書館,2015年。

劉大鈞:《周易概論》(增補修訂本),巴蜀書社,2016年。

王筠:《説文解字句讀》,中華書局,2016年。

周錫䪖:《易經詳解與應用》(增訂本),東方出版中心,2016年。

楊軍:《周易經傳校異》,中華書局,2018年。

後　記

從 2012 年起,我計劃在異文辨析和古今注釋的基礎上,釋讀《周易》卦爻辭。2015 年在美國賓夕法尼亞大學訪問時完成初稿,此後經過多次修改,今天終於可以付梓。書稿之所以拖延了這麽長的時間,是因爲在 2016 年至 2020 年間,我還同時參與了另外兩項課題的研究。雖然對書稿仍有許多不滿的地方,但我短期內不想再做修改。再過若干年,等想法更成熟時,也許會再修改。

2015 年上半年在費城寫作這本書時,基本天天把自己關在房子裏"閉門造車"。幸好賓夕法尼亞大學圖書館中國文化方面的藏書還算不少,尤其是港臺文獻,正好彌補此前在國內編撰的資料長編的不足。完成初稿之後,又寫了幾篇相關的論文。回國後,隨着书稿的修改,我慢慢發現這組論文還不夠深入,所以這次沒有一起出版。想給自己再多一點時間,思考得更深一點。

在初稿的寫作過程中,幸遇闕光賢先生,他在美國生活多年,不僅英文好,人也周到熱情,給我的生活提供了許多幫助。闕光賢先生是抗日名將闕漢騫將軍的後人,也算是湖南人,所以我們有一些共同話題。到周末時他把我和其他租客組織在一起,或介紹我認識一些朋友,大家聚餐、逛街、聊天,鼓動我給大家占卜、解讀《周易》。

在 2016 年時,我把初稿給楊效雷先生、何宗美先生看過,兩位先生提了一些意見,對我很有幫助。2017 年,將書稿中的部分文字綜合成一篇札記在《周易研究》上發表。2018 年,將書稿中討論屯卦的文字擴充成一篇論文參加學術會議,得到孟蓬生先生的一些建議。同年,還將書稿中引用《詩經》的文字與卦爻辭進行比較,撰成一文,先在成都參加學術會議,第二年又在北京參加學術會議,得到一些學者的熱心建議。

　　在書稿的校對過程中,高月、江玲、邱雯蓉、田雪梅、范育均等同學幫忙看過書稿,發現了很多錯誤。在書稿修改階段,我還曾與西南大學《易經》研究會的同學研讀《周易》,講過書中的一些內容,鄧玲等同學在討論中提出過一些很好的意見。在編輯過程中,責編李浩強先生非常認真細緻,多得他提醒,更正了書中的一些錯誤。儘管經歷了多次修改,但書中肯定還有不少錯誤。古人云"《詩》無達詁,《易》無達占",書中值得討論的地方肯定還會更多。

　　書稿即將出版,心情仍然忐忑不安,所以一直拖着不寫這篇"後記"。寒假裏看書,發現有相關內容,馬上翻出自己的書稿,還是會找出一些不滿意的地方。書寫起來很快,修改起來却很慢,都快把自己逼成強迫癥。不過,事情不可能没完没了,總得有個了斷。撰寫此書的初衷是想儘可能讀懂《周易》,到書寫完時,我却完全不敢説自己讀懂了這本古老的典籍。書中有太多謎團,也許以後會解開一些,也許一個也解不開。